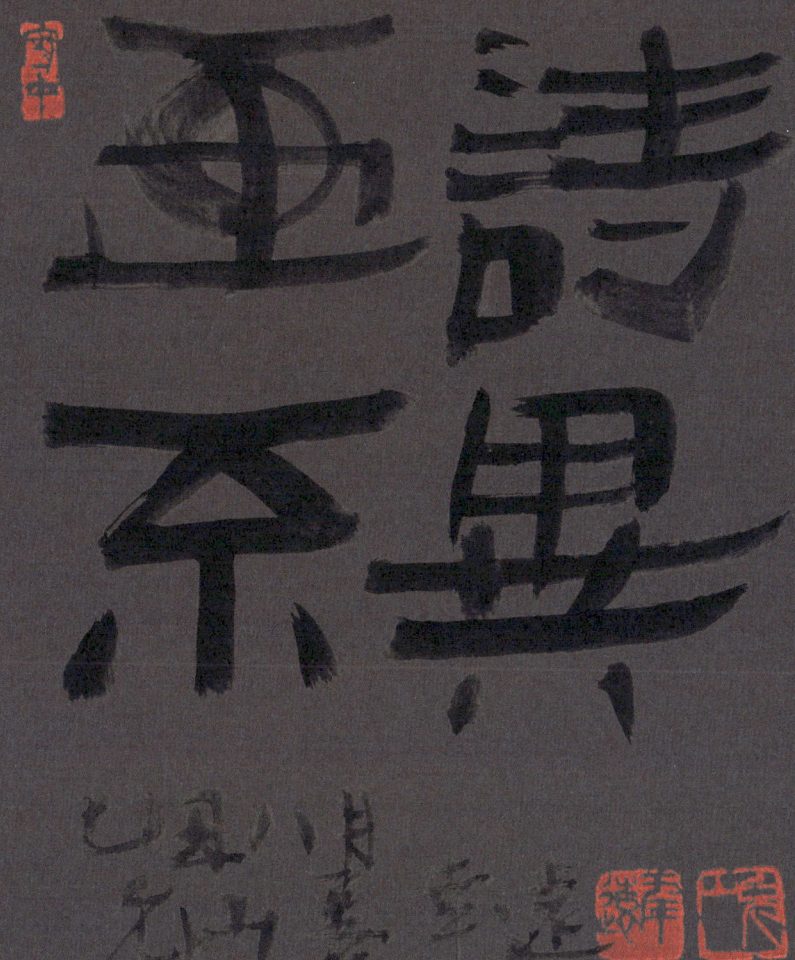

한국 유명 시인 화가 223인의
까세 육필 시화집

최석로 편

서문당

까세 시화집을 내면서

내가 언론 출판에 뛰어든 지도 어언 50여 년, 서문당을 창업한지 올해로 43년에 접어든다. 직업으로서 출판, 생업으로서의 출판 외에 나는 늘 컬렉션에 의한, '세상에 흔치 않는 책' 만들기를 좋아했다. 그래서 펴 낸 책이 '민족의 사진첩(전4권)', '옛 그림엽서', '오늘의 역사', '시를 위한 명언' 등이 있고, 수집에 많은 비용이 드는 예술품은 주로 사진을 촬영해서 슬라이드로 모아 책으로 냈다. '한국의 민화' 시리즈와 '한국의 민속용구'(미간) 등이 그것이다.

수집벽이 있던 나는 시와 그림을 늘 가까이 하던 터라 이를 받아 시화집 내기를 즐겨 했다.

시나 그림이란 자연, 인생 등 모든 사물에 대하여 정서, 감흥, 상상, 사상 등을 일종의 운율적, 또는 시각적으로 표출하여 우리 마음을 울리는 종이며 가장 행복하고 선량한 인간의, 선량하고 행복한 기록일진대 사람이 살아가는 과정에서 감성의 표출의식이란 필시 있게 마련이라는 것은 어쩌면 너무나도 당연한 일이기도 한 것이다.

느낌이란 수동적인 감성의 한 단계로서 인간의 기본 감성의 한 부분이라고 하겠는데, 나는 그런 감성이 유별난 탓으로 출판계에 입문 한 것이 아닌가 싶고, 그 때문에 시집, 화집, 그리고 시화집을 유독 많이 출간했다. 그 중에는 노천명, 모윤숙, 구상, 박두진, 박목월, 김춘수 선생님, 그리고 화가로서 시화를 맡아주신 변종하, 변영원, 김윤식, 김세종, 정준용 화백 등은 이미 고인이 되었다.

최근 외국에서 돌아온 시인에게서 들은 애기로, 선진국에선 전통 있는 출판사들이 창사 기념으로 으레 자사 저자들의 자필(自筆), 자화(自畵)나 사진 등을 모아 육필문집을 출간 한다는 것이다.

   나는 이 말을 귀띔으로, '늦다고 생각하는 것이 빠르다는 생각으로' 곧바로 기획에 들어갔다. 소중한 역사적 예술자산을 후대에 기리 남기는 일이란 출판업에 주어진 하나의 소명일진대, 원로 예술인을 많이 만나고 교류 했던 한 출판인으로서 큰 보람으로 알고 서둘러 이 책의 편찬 작업에 착수하게 되었다.

   까세(Cachet)란 프랑스어로 소인(消印)이라는 뜻으로, 우리나라에서도 우편물의 우표 등에 찍는 일부인(日附印)과 같은 것이다. 옛날 유럽에서는 편지를 보낼 때 봉투를 접어 붙인 다음 집안의 심볼이 새겨진 반지를 찍어 봉인했던 데에서 유래했다고 하며, 또한 판화업계에서도 작가의 유족에 의한 '대행 서명'이라는 뜻으로 서명한 것을 까세라고 했다. 그러나 이 책에서는 일부인적 의미로 사용하였다.

   약 3개월이라는 짧은 기간 동안에 손수 정성 드려 그림을 그리고 시를 써 주신 시인 화가 여러분들께 새삼 깊은 감사의 말씀을 드린다. 또한 이 까세 시화집이 나오기까지 여러 모로 도움을 준 전규태 교수께도 고마움을 표하며, 이후에도 이 시리즈를 여느 예술분야까지 넓혀 속간했으면 하는 마음을 가져본다.

2010년 2월 10일

펴낸이 최석로

Contents

김규동 / 10
김남조 / 12
김구림 / 14
강경호 / 16
강민 / 18
강상중 / 20
강영호 / 22
강우식 / 24
강은교 / 26
강태열 / 28
강행원 / 30
공석하 / 32
곽순애 / 34
곽현숙 / 36
구명숙 / 38
길용숙 / 40
김가배 / 42
김경옥 / 44
김계덕 / 46

김광림 / 48
김규화 / 50
김금분 / 52
김년균 / 54
김대규 / 56
김명아 / 58
김명진 / 60
김명환 / 62
김봉군 / 64
김부희 / 66
김석기 / 68
김선주 / 70
김성우 / 72
김소엽 / 74
김시철 / 76
김양숙 / 78
김양식 / 80
김여정 / 82
김영자 / 84

김영주 / 86
김영호 / 88
김옥엽 / 90
김용철 / 92
김월산 / 94
김월한 / 96
김자현 / 98
김재권 / 100
김재현 / 102
김종상 / 104
김지향 / 106
김초혜 / 108
김태정 / 110
김해성 / 112
김혜린 / 114
김호걸 / 116
김홍규 / 118
김후란 / 120
나호열 / 122

남궁연옥 / 124
노숙자 / 126
노재순 / 128
두시영 / 130
마광수 / 132
마해성 / 134
맹주상 / 136
문덕수 / 138
문혜자 / 140
문효치 / 142
박경석 / 144
박기운 / 146
박미산 / 148
박상윤 / 150
박영율 / 152
박용인 / 154
박은숙 / 156
박이도 / 158
박자원 / 160

박재릉 / 162
박재천 / 164
박정온 / 166
박정향 / 168
박정희 / 170
박제천 / 172
박지혜 / 174
박진환 / 176
박찬구 / 178
박철 / 180
박하연 / 182
박혜경 / 184
박희숙 / 186
배상필 / 188
백기완 / 190
석성우 / 192
석인공 / 194
선정주 / 196
성기조 / 198

성지월 / 200
성춘복 / 202
손일 / 204
송근도 / 206
송현숙 / 208
신규호 / 210
신기선 / 212
신달자 / 214
신동춘 / 216
신순애 / 218
신영옥 / 220
신영은 / 222
신제남 / 224
신중섭 / 226
신현국 / 228
신희숙 / 230
신희순 / 232
안혜초 / 234
오기환 / 236

Contents

오동춘 / 238
오세영 / 240
오양심 / 242
왕수영 / 244
용혜원 / 246
우희정 / 248
우희춘 / 250
위상진 / 252
유금호 / 254
유성규 / 256
유자효 / 258
유지화 / 260
이경렬 / 262
이경희 / 264
이근신 / 266
이기반 / 268
이길원 / 270
이동식 / 272
이명수 / 274

이봉호 / 276
이상범 / 278
이서지 / 280
이석규 / 282
이성교 / 284
이성근 / 286
이솔 / 288
이수화 / 290
이시영 / 292
이애정 / 294
이양우 / 296
이어령 / 298
이영희 / 300
이일향 / 302
이정신 / 304
이종선 / 306
이종현 / 308
이준영 / 310
이지연 / 312

이진영 / 314
이충이 / 316
이충재 / 318
이향아 / 320
임두빈 / 322
임무상 / 324
임미옥 / 326
임보 / 328
임성숙 / 330
임솔내 / 332
임영길 / 334
임정현 / 336
임종만 / 338
임종순 / 340
장은지 / 342
장인숙 / 344
장인숙 / 346
전규태 / 348
전덕기 / 350

전연옥 / 352
전재승 / 354
정강자 / 356
정계헌 / 358
정문규 / 360
정소파 / 362
정승화 / 364
정영남 / 366
정일남 / 368
정정희 / 370
정차석 / 372
정찬경 / 374
정태궁 / 376
조남익 / 378
조병무 / 380
조윤정 / 382
조해성 / 384
차일만 / 386
차재홍 / 388

최광선 / 390
최금녀 / 392
최금자 / 394
최선영 / 396
최순향 / 398
최신자 / 400
최연숙 / 402
최영숙 / 404
최원규 / 406
최윤정 / 408
최은하 / 410
최의수 / 412
추영수 / 414
추은희 / 416
한광구 / 418
한분순 / 420
함동선 / 422
허영자 / 424
허영환 / 426

허윤정 / 428
허은화 / 430
허일 / 432
허형만 / 434
홍병선 / 436
홍윤기 / 438
홍윤숙 / 440
황경애 / 442
황금찬 / 444
황명걸 / 446
황성이 / 448
황송문 / 450
황순구 / 452
황정자 / 454

한국 유명 시인 화가 223인의
까세 육필 시화집

김규동 시인

김규동(金奎東) 시인 : 1925년 함경북도 두만강 변 종성에서 태어나 '경성고보' 시절 영어를 가르치는 시인 김기림 선생을 만나 이분의 영향을 많이 받았다. 광복 후 서울로 김기림 선생을 찾아 월남, 선생의 지도를 받았다.

1948년, 「예술조선」지를 비롯한 신문 잡지에 시를 발표하고 1955년 시집 〈나비와 광장〉을 발간, 이후 〈깨끗한 희망〉, 〈느릅나무에게〉 등의 시집을 냈다. 만해문학상, 은관문화훈장 등을 받았으며, 현재는 회고록을 집필 중이다.

당부 김규동

가는 데까지 가거라
가다 막히면
앉아서 쉬거라

쉬다보면
보이리
길이.

대한민국 우표
REPUBLIC OF KOREA
20
1975 UN창설 30주년기념
서울성
2009. 7. 8
121251
인연
사랑이 식기 전에
가야 하는 것을
낙엽지면
찬서리 내리는 것을.
김규동

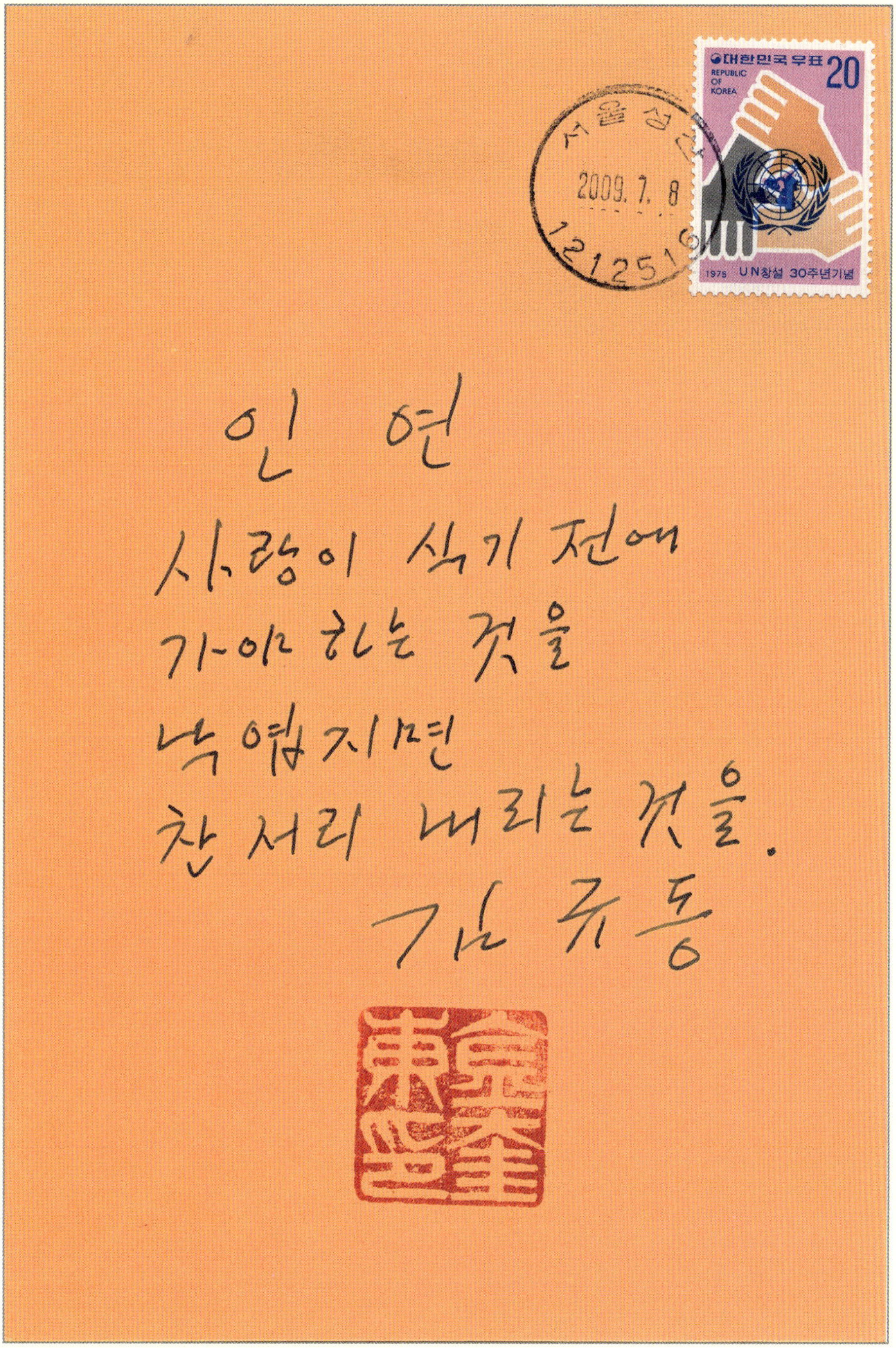

김남조 시 인

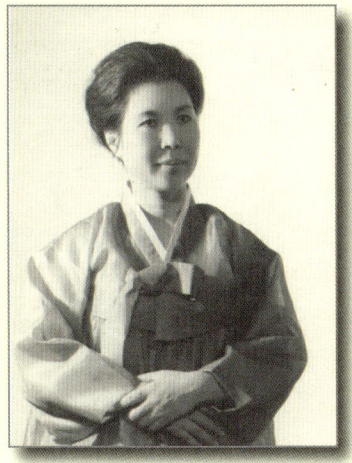

김남조(金南祚) 시인 : 1927년 경북 대구에서 출생. 1951년 서울대학교 사범대학 국문과를 졸업하고 고교 교사, 대학 강사 등을 거쳐 숙명여자대학교 교수(1955~93년) 역임, 현재 명예교수. 「연합신문」, 「서울대 시보」 등에 작품을 발표했으며, 1953년 시집 <목숨>을 간행. 이후 16권의 시집과 <김남조 시전집>(서문당), 그리고 <여럿이서 혼자서>(서문당) 등 12권의 수상집 및 콩트집 <아름다운 사람들> 과 <윤동주 연구> 등 몇 편의 논문과 편저가 있음.

한국시인협회, 한국여성문학인회 회장을 지냈으며, 1990년 예술원 회원, 1991년 서강대학교에서 명예문학박사 학위를 받음. 한국시인협회상, 서울시문화상, 대한민국문화예술상, 12차 서울세계시인대회 계관시인, 3·1문화상. 예술원상, 일본지구문학상, 영랑문학상, 만해대상, 등을 수상했으며, 국민훈장 모란장과 은관문화훈장을 받음.

사진 : 서문당에서 시집 <사랑 草書>(1974년)를 낼 무렵.

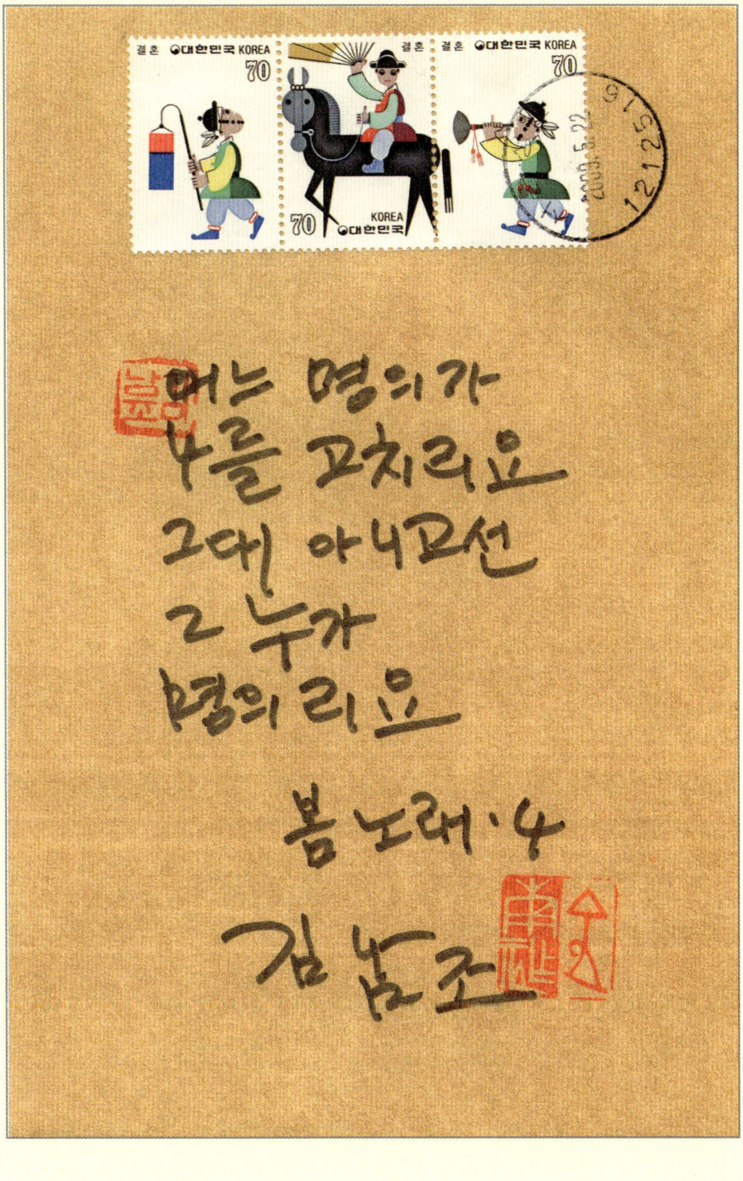

결혼
대한민국 KOREA
70
어느 명의가
나를 고치리요
그대 아니고선
그 누가
명의리요
봄노래·4
김남조

우함이여
정신문화의 진수는
어느 누구에게나
그저 저절로
청명이며
치유이느니

김남조
2009. 6. 5.

김구림 화 가

김구림(金丘林) 화가 : 1936년 대구에서 출생. 1958년부터 최근까지 국내외를 넘나들며 40여 회의 개인전을 가졌다. 주요 기획전으로는 백남준아트센터 개관전과 독일 뮌헨을 시작으로 나폴리, 상파울로를 거쳐 파리에서 순회전을 연 'Performing the City. KunstAktionismus im StadtRaum der 1960er~1970er jahre'가 있으며, 국립현대미술관에서의 '한국의 행위미술', 덕수궁미술관에서의 '드로잉의 새로운 지평', 미국 찰리위쳐치 갤러리에서의 '김구림 백남준 2인전', 일본 시즈오카 현립미술관에서의 '친목의 대화 서구와 일본의 정물화', 미국 아트센터 뉴저지에서의 '오늘의 6인' 등에 초대되었다. 2006년 이인성 미술상을 수상했으며, 저서로는 화집 <김구림>(서문당, 2000)과 <판화 컬렉션>(서문당, 2007)이 있다.

사진 : Performance(Zen, 1970년)

강경호 시인

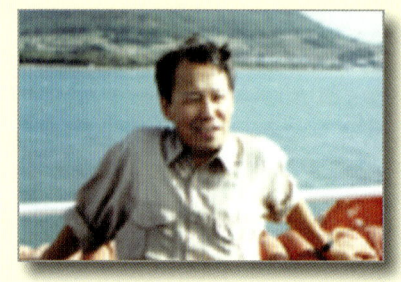

강경호(姜慶鎬) 시인 : 1947년 丁亥生, 호는 다형(茶兄). 진주에서 나서 자라고 진주 중·고등학교를 거쳐, 1970년 서울교대를 졸업하고, 건국대학에서 문학박사 학위를 받았다. 교직 생활 40년 째로 현재 서울교대 교수.

1996년「시조생활」지로 신인문학상을 수상, 시를 쓰기 시작했으며 2006년에는 <시천시조문학상>을 받았다. 三然會, 覓南會, 茶香會, 南江會 同人. 시조생활 이사, 문학상 심사위원, 동시조 시인협회 부회장, 한국문인협회 회원이고, 시조교육학회 회장, 한국어문학회 회장을 지냈으며 시조집 <南江은 말이 없어라> 등이 있다.

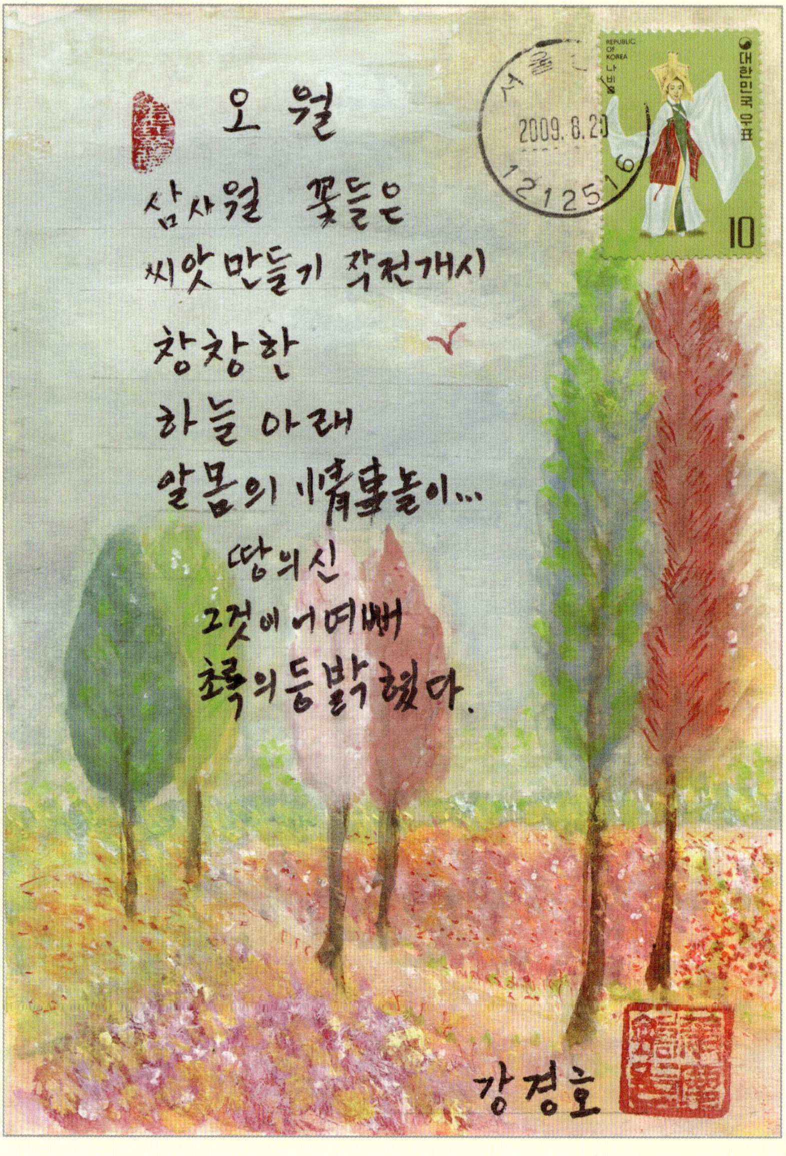
REPUBLIC OF KOREA
나비춤
대한민국 우표
10
2009. 8. 20
오월
삼사월 꽃들은
씨앗만들기 작전개시
창창한
하늘 아래
알몸의 情事놀이...
땅의신
그것이 어여뻐
초록의등 밝혀줬다.
강경호

강 민 시인

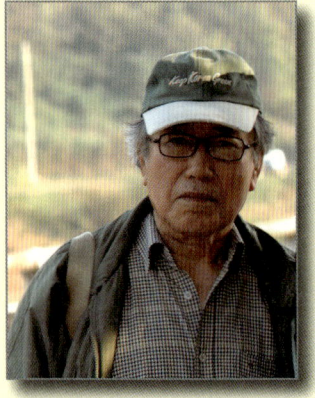

강민(姜敏) 시인 : 본명 성철(聲哲), 1933년 서울에서 출생. 1951~1953년 공군사관학교, 1954~1957년 동국대학교 국문학과, 1962년 <자유문학>지를 통해 등단, 1963년 시동인지 <현실>에 참여, 1963년 <네오 드라마> 동인, 1965~1972년 도서출판 <학원사>에 입사, 편집국장으로 재직, 1967~1968년 한국잡지기자협회 회장, 1973~1990년 금성출판사 상무이사로 재직.

동국문학인회 회장 역임, 도서출판 <무수막>을 창업 운영, 1993년 시집 <물은 하나 되어 흐르네> 간행, 윤동주문학상 본상 수상, 2002년 시집 <기다림에도 색깔이 있나 보다> 간행, 2006년 강민, 이행자 2인시화집 <꽃, 파도, 세월> 간행 동 시화전 개최.

한국문인협회 이사, 국제펜클럽 한국본부 이사, 민족문학작가회의 자문위원 역임.

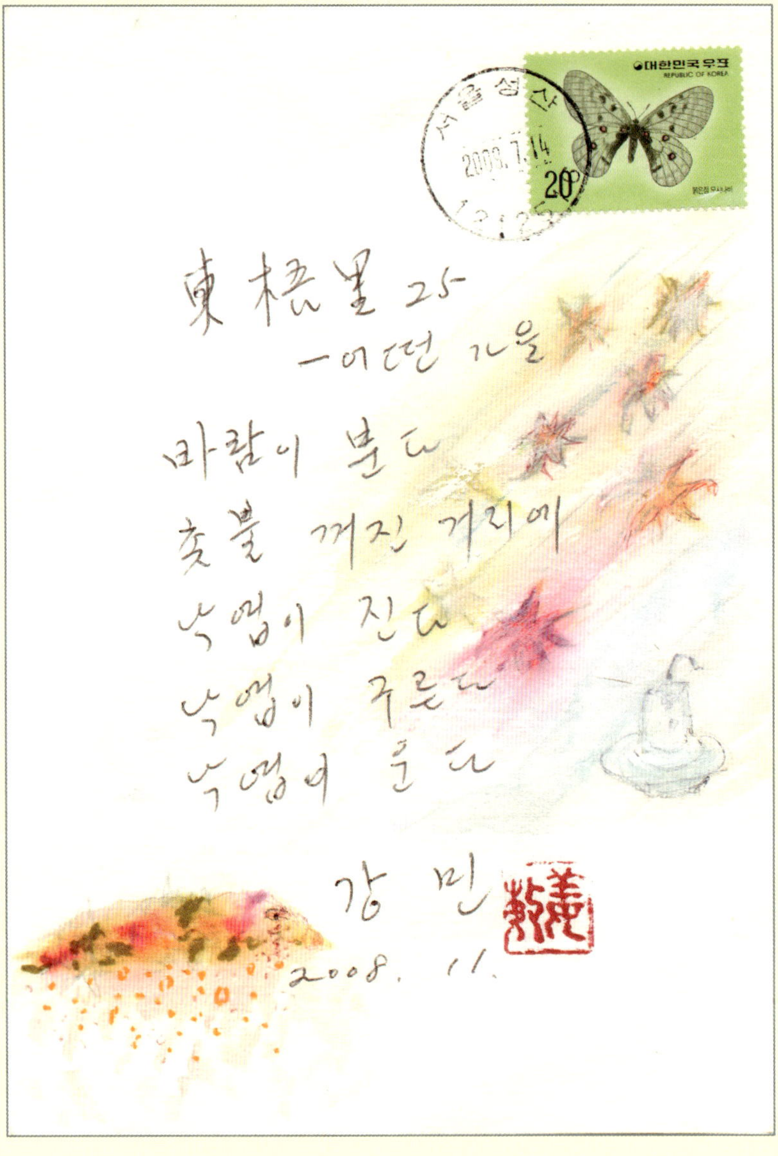

대한민국 우표
REPUBLIC OF KOREA
20
東橋里 25
—어떤 가을
바람이 분다
촛불 꺼진 거리에
낙엽이 진다
낙엽이 구른다
낙엽이 운다
강 민
2008. 11.

밤기차에서·1

이상한 일이다
밤기차에 흔들리며
旅愁에 젖어 가는데
마음속 어딘가에서
들려오는 소리
아니다
아니다
우리 갈 곳 거기가 아니다
백두와 지리, 한라에서 흐르는
눈물의 모임
거기가 어딘가
거기가 우리 갈 곳이란다

姜敏 [인]

강 상 중 화가

강상중(姜相中) 화가 : 1986년 홍익대학교 미술대학 서양화과 졸업, 1989년 홍익대학교 대학원 서양화과 졸업, 홍익대학교 교육대학원 겸임교수 역임, 현재 인천가톨릭대학교 조형예술대학 회화과 교수.

개인전 25회 개최 (1986~2009), 한국-스페인 현대작가 국제 교류전(칼멘데라꾸라 미술관, 스페인), 한국-베트남 현대작가 국제 교류전(호치민미술관, 베트남), 한국, 요하네스버그 중진작가 초대전(Alliance af Franccasise, 요하네스버그, 남아프리카), 한국 국제아트페스티발 (KIAF) (코엑스전시장, 서울), 화랑미술제(예술의 전당 한가람미술관, 서울), 광주비엔날레 특별전 외 국내외 단체전 300여회 참가.

대한민국미술대전 심사위원, 행주미술대전 심사위원, 평화미술대전 심사위원, 안견미술대전 심사위원, 무등미술대전 심사위원, 대한민국 환경미술대전 심사위원, 세계평화미술대전 심사위원, 국립현대미술관 미술은행 심사위원 역임.

한국미술협회, 서울미술협회, 오리진미술협회, 한국현대판화가협회, 홍익판화가회 회원, 환경미술협회 이사.

강상중

강영호 화가

강영호(康榮浩) 화가 : 홍익대학교 서양화과 졸업, 조선대학교 대학원 졸업. 개인전 14회, 도일 개인전(대만, 고려 현대미술관), 제주도문화상 수상, 아세아 미술대전 초대 출품(일본 동경), 서양화 중견작가 11인 초대 출품(뉴욕, Alpine Gallery), 한·러시아 교류전 초대 출품(Koznetsky Most Gallery), 불가리아 작가연맹 초청, 한·불가리아(소피아)전, 한국의 빛깔전(Paris Unesco 미로미술관) 및 현지참가 새천년 전라남도 미술대전 조명전 초대(남도미술회관), 한국작가 100인 초대전(L.A. 한스아트 Gallery)

전라남도 미술대전 심사위원, 겸제진경 공모대전 운영위원, 제주도 미술대전 운영위원장, 심사위원장 역임, 대한민국 미술대전 심사위원 역임.

ㄱ

상냥호

강우식 시인

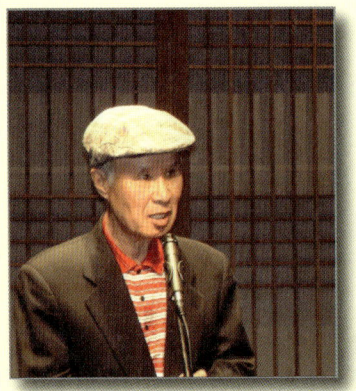

강우식(姜禹植) 시인 : 나는 조그마한 어촌인 강원도 주문진에서 태어났다. 초등학교, 중학교, 고등학교를 졸업하는 동안 고향을 한번도 떠나보지 못한 청소년시절을 보냈다. 그것이 내 시에 큰 보탬이 되었다고 믿는다. 바다와 태백산맥의 밑자락에서 자란 청소년시절이 내 시에 용해되어 자연 친화력적인 경향을 낳았다고 믿고 있다. 1966년 「현대문학」지를 통하여 서정주 추천으로 시인이 되었다. 성균관대학교 국어국문학과를 졸업하고 모교에서 시학교수를 하며 시를 쓰고 그것을 일생의 직업으로 살았다. 저서로는 <강우식 시전집>등이 있다. 수상경력으로는 제20회 현대문학상, 제15회 한국시인협회상, 제6회 한국펜클럽문학상, 제34회 월탄문학상 등을 받았다. 지금은 정년하여 시작에 전념하고 있다.

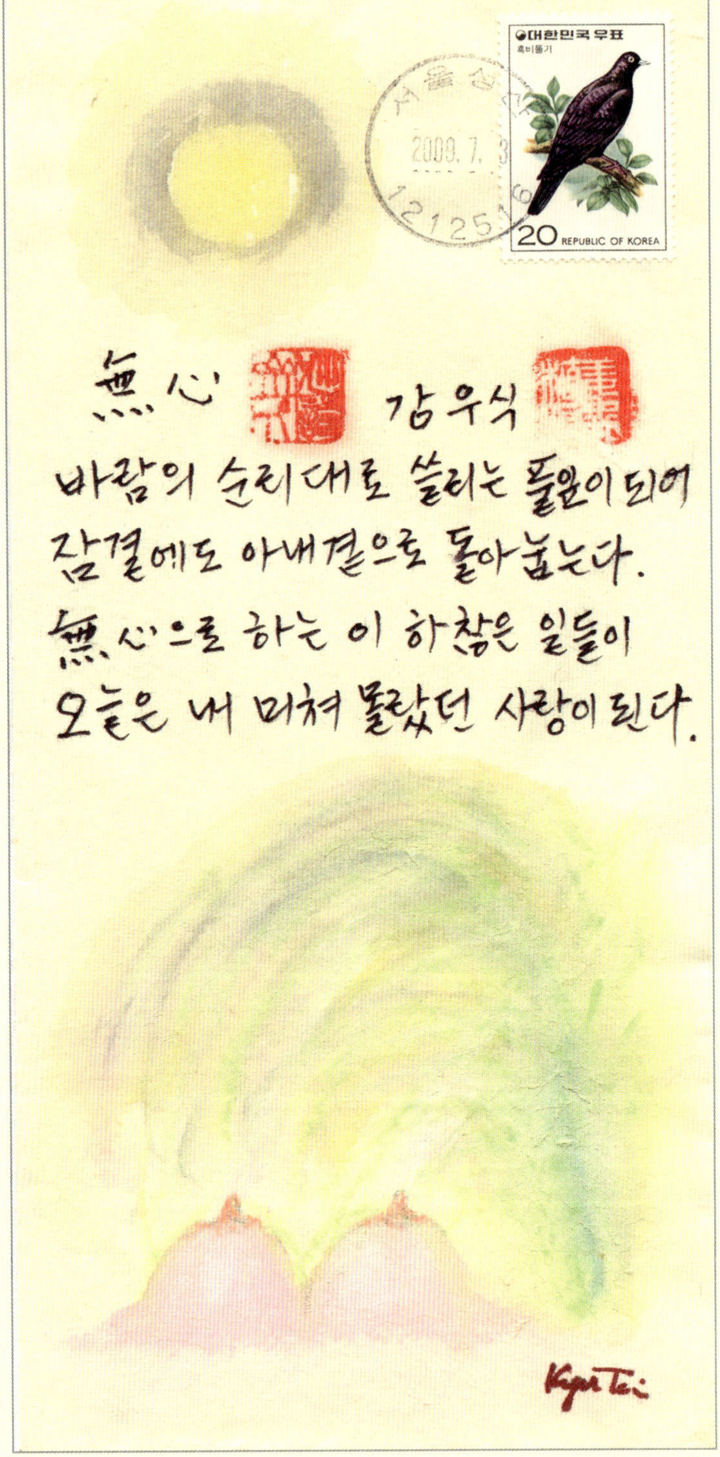
대한민국 우표
흑비둘기
20 REPUBLIC OF KOREA
2009. 7. 3
無心
강우식
바람의 순리대로 쓸리는 풀잎이 되어
잠결에도 아내곁으로 돌아눕는다.
無心으로 하는 이 하찮은 일들이
오늘은 내 미처 몰랐던 사랑이 된다.

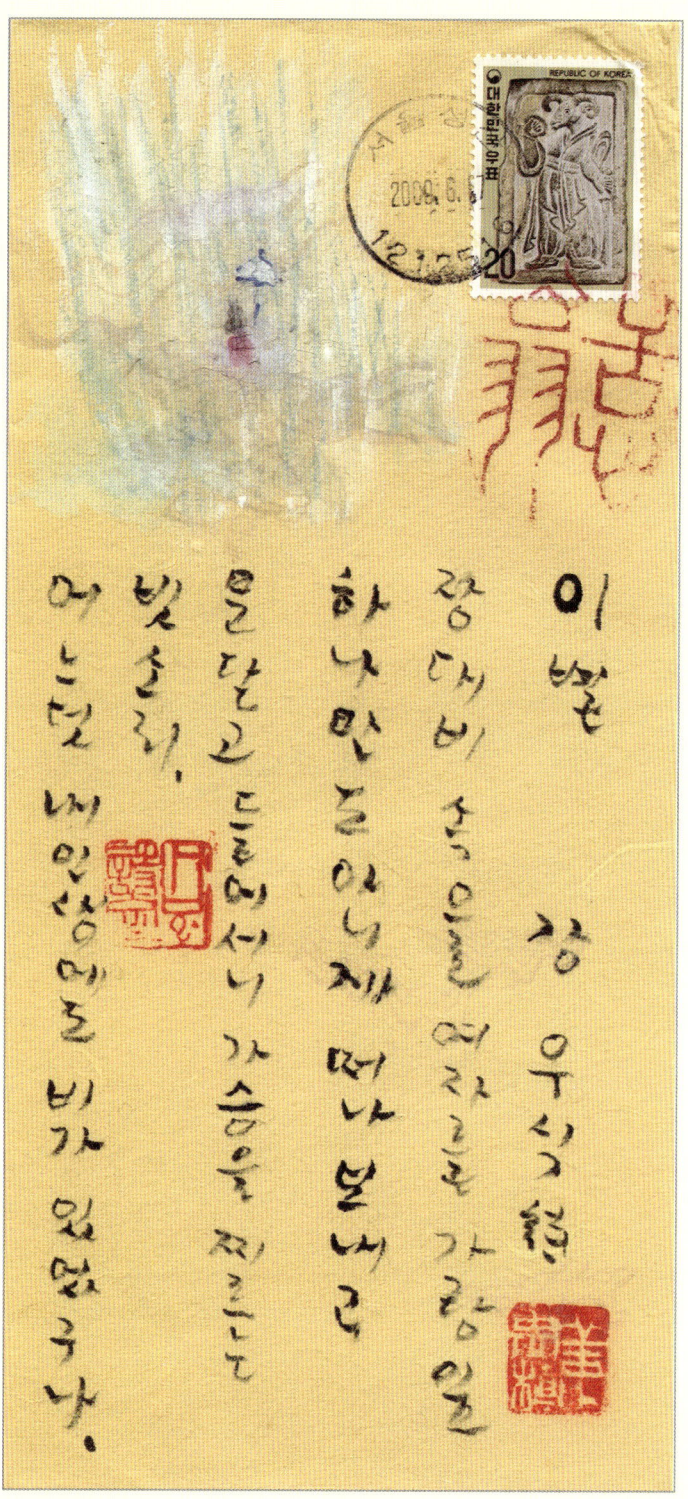

이별은 장 우산 깃
장대비 쏟아 억수로 가랑일
하나만 이래 떠나보내고
온달고 다른 산에 가슴은 찢는다
빗소리.
어느면 내 얼굴에도 비가 있었구나.

강은교 시인

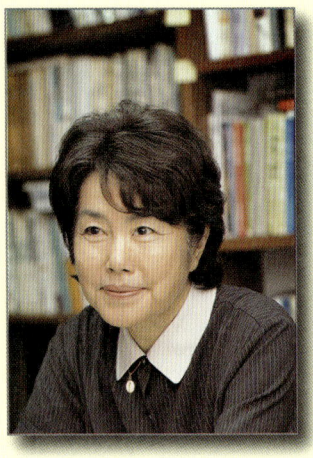

강은교(姜恩喬) 시인 : 1945년 출생. 연세대 영문과 및 동 대학원 국어국문학과 졸업. 1968년 「사상계」 신인문학상으로 등단. 저서로 시집 <허무집>, <풀잎>, <빈자 일기>, <소리집>, <붉은 강>, <오늘도 너를 기다린다>, <벽 속의 편지>, <어느 별에서의 하루>, <등불 하나가 걸어오네>, <초록거미의 사랑>, 육필시선 <가장 큰 하늘은 그대 등 뒤에 있다> 외 다수. 시산문집으로 <젊은 시인에게 보내는 편지>, <무명 시인에게 보내는 편지>, <시에 전화하기>.

수필집으로 <추억제>, <그물 사이로>, <잠들면서 잠들지 않으면서>, <허무수첩>, <사랑법> 외 다수가 있다. 그 외에 역서로 K.Gibran의 <예언자>, H.D.Thoreau의 <소로우의 노래>, 시동화 <강은교의 시세계(유성호 엮음)> 외 다수. 현재 동아대학교 문예창작학과 교수.

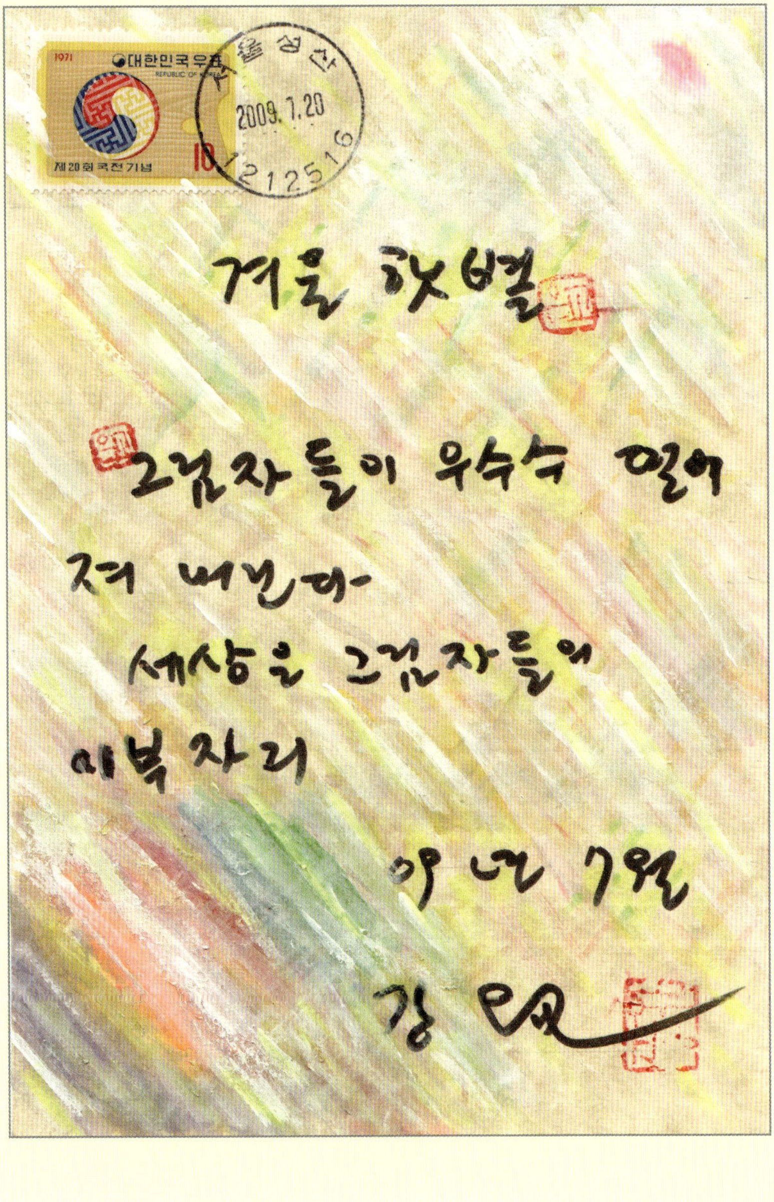
1971
대한민국우표
제20회국전기념
10
2009. 7. 20
겨울 햇볕
그림자들이 우수수 떨어져 버린다
세상은 그림자들의 이부자리
09년 7월
강은교

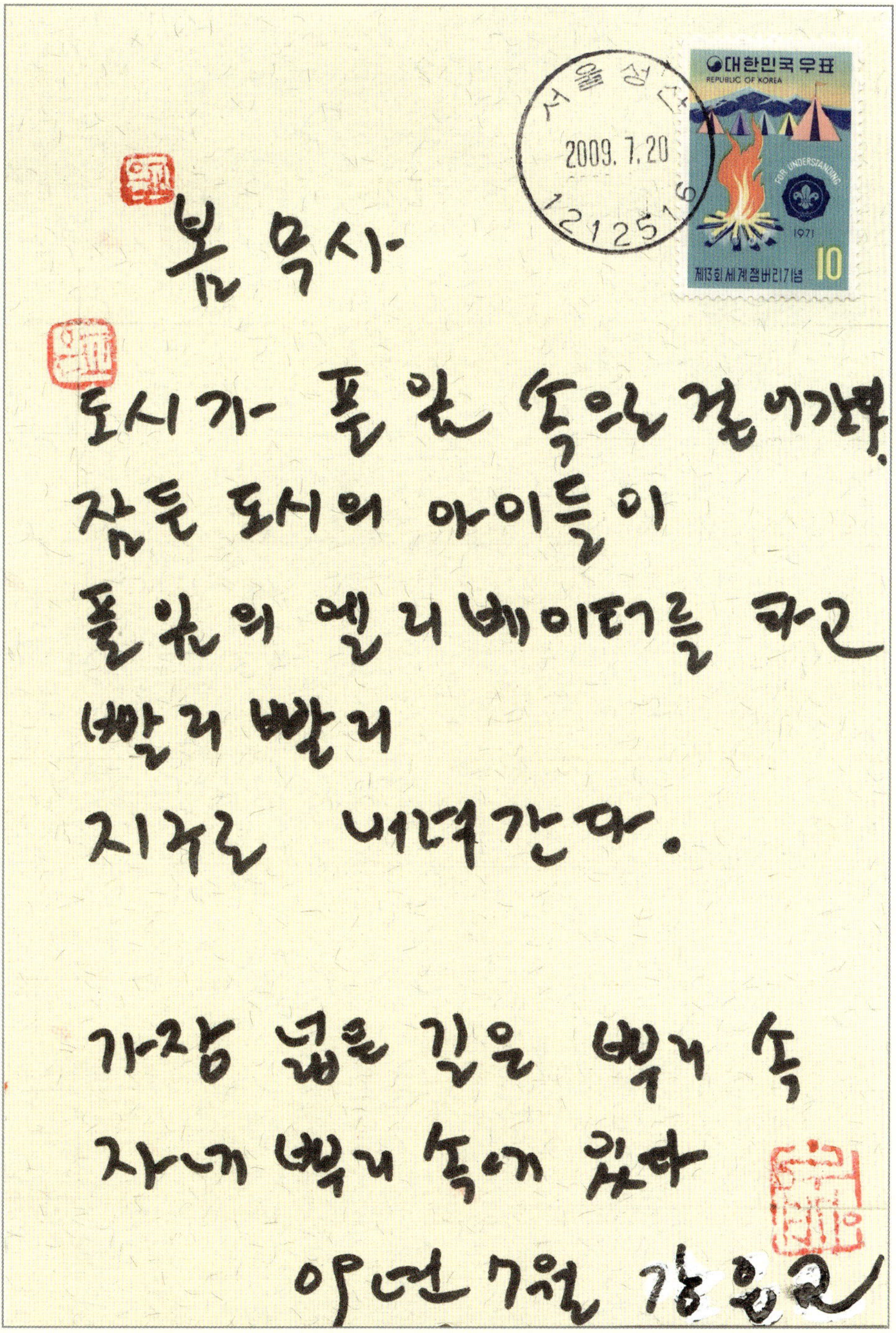

봄 목사-

도시가 풀밭 속으로 걸어가면
잠든 도시의 아이들이
풀밭의 엘리베이터를 타고
빨리 빨리
지구로 내려간다.

가장 넓은 길은 벽지 속
잔에 벽지 속에 있다
  이연 7월 강은교

강태열 시인

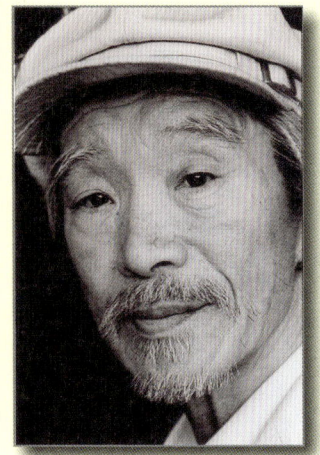

강태열(姜泰烈) 시인 : 1932년 광주광역시에서 태어나 전남대학교 문리대 철학과를 거쳐 동국대학 불교대학 철학과 수학. 시집으로 <상록집>(1952), <영도(零度)> 1,2,3,4집(1955~1956) <뒷창(窓)>, <우주연가>(2000) 등이 있고, 1969년 한국문인협회 감사, 민족문학작가회의 이사, 박봉우 시비 '휴전선' 건립 추진위원장, 자문위원, 고문 등 역임. 현재 한국작가회의 회원, 인천작가회의 고문, 한국문화예술위원회 원로문예인.

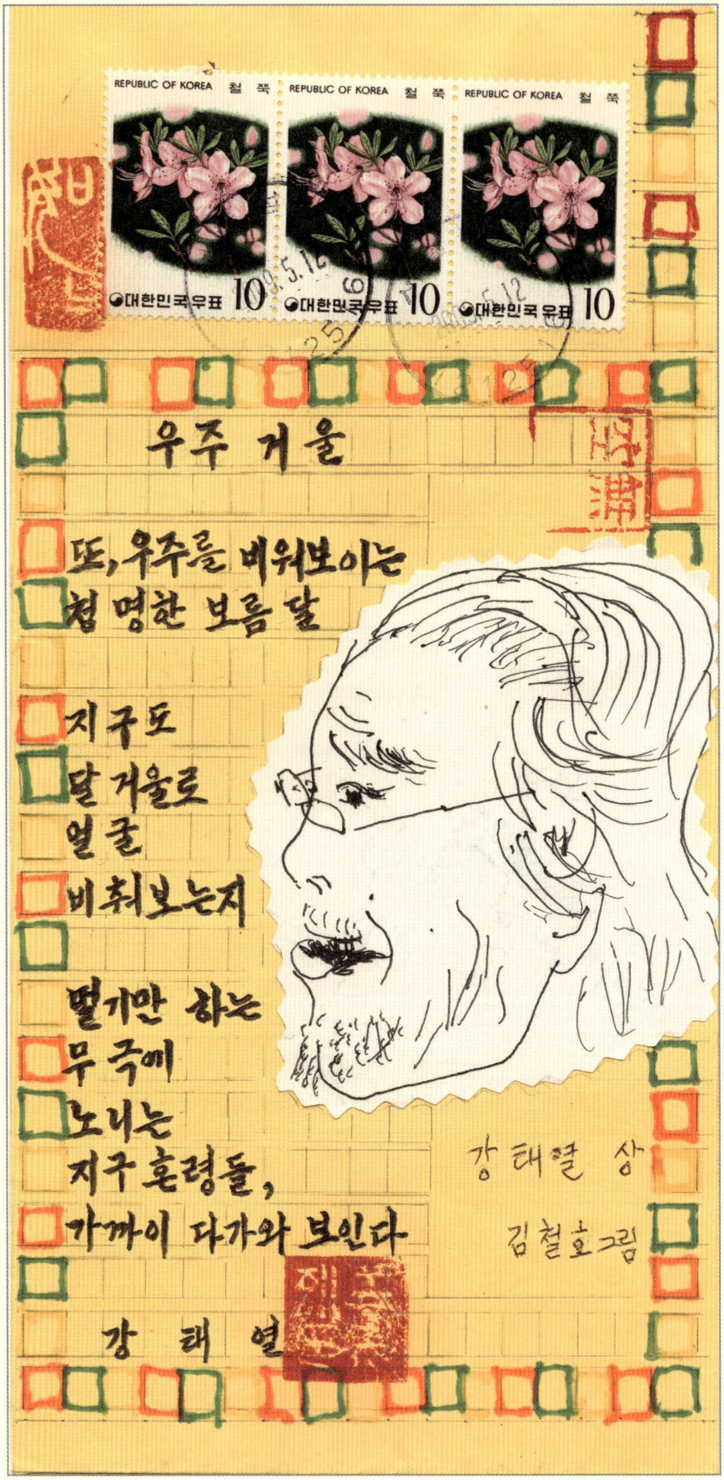
REPUBLIC OF KOREA 철 쭉
대한민국우표 10
우주 거울
또, 우주를 비워보이는
청명한 보름 달
지구도
달 거울로
얼굴
비춰보는지
떨기만 하는
무극에
노니는
지구 혼령들,
가까이 다가와 보인다
강 태 열
강태열 상
김철호 그림

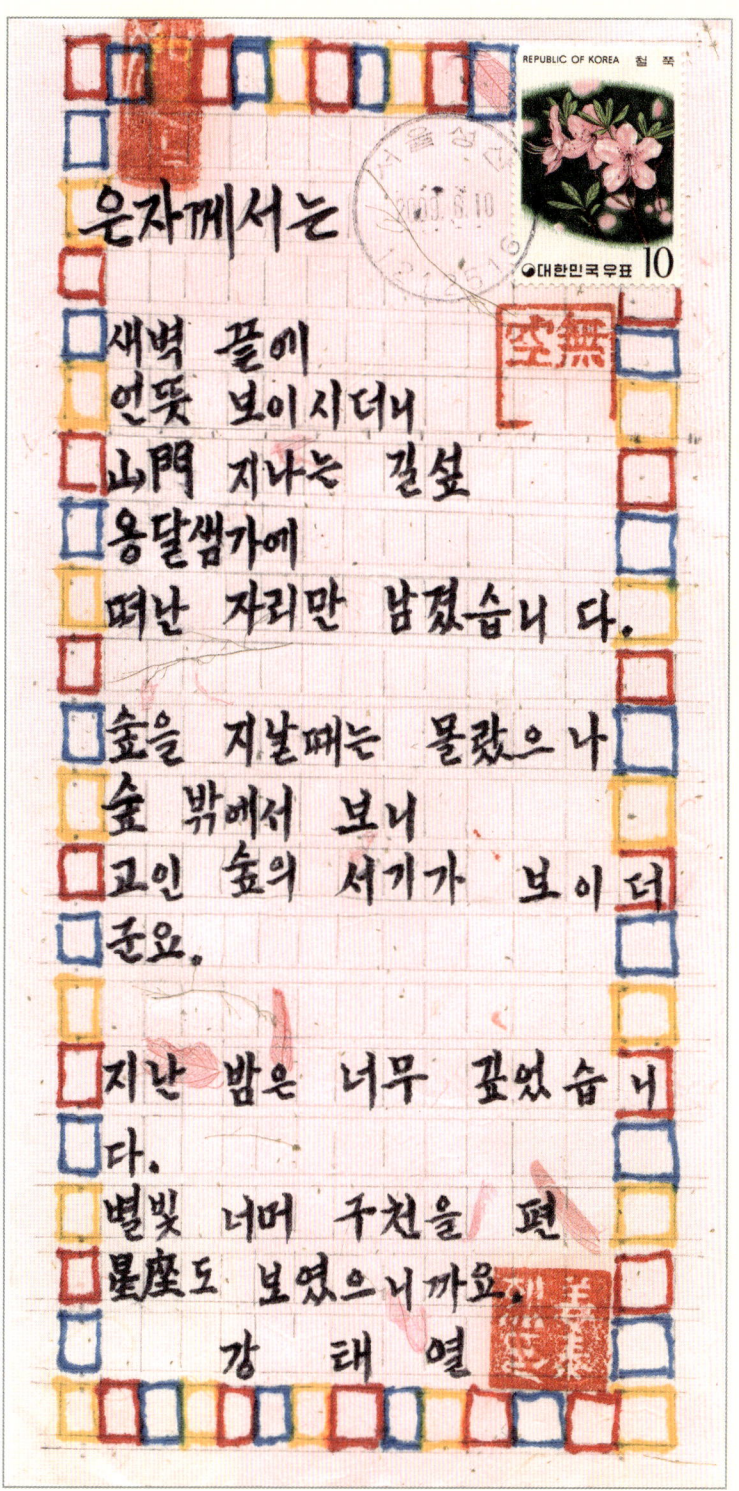

강 행 원 화가

강행원(姜幸遠) 화가 : 1947년 무안에서 태어나, 1982년 동국대학교 대학원 미술과를 나와 화가로 데뷔하였다. 1985년 국립현대미술관 초대작가가 되어 미술대전 운영위원 및 심사위원장을 역임했다. 성균관대학교, 경희대 교육대학원, 단국대 및 동대학원 등에서 강의를 했고 민족미술협회 대표, 참여연대 자문위원, 가야미술관 관장을 지냈다. 1993년 권일송 선생 천료로 문단에 나와 시집 <금바라꽃 그 고향>, <그림자 여로> 등을 냈으며, 저서에 <문인화론의 미학>(서문당)이 있다.

공석하 시인

공석하(孔錫夏) 시인 : 1941년 경기도 안성에서 출생. 동국대학교 국문과 졸업. 덕성여자대학 등 출강, 현재 덕성여대 평생교육원 교수.

1960년 제1회 「자유문학」 신인상 시 부문 수상(심사:양주동). 시집 <像의 呪文>, <사물의 빛>, <겨울 抒情> 등. 소설로 <이 휘소>, <삼풍백화점>, <첨성단을 찾아서>, <프로메테우스의 간>, <우리 동네 구두박스 속의 엄대철 사장을 말 한다>, <畵人> 등.

감상집으로 <고도를 위하여>, <21세기의 孔子>, <예수는 없다> 등이 있다. 현재 계간 문화지 「뿌리」 대표.

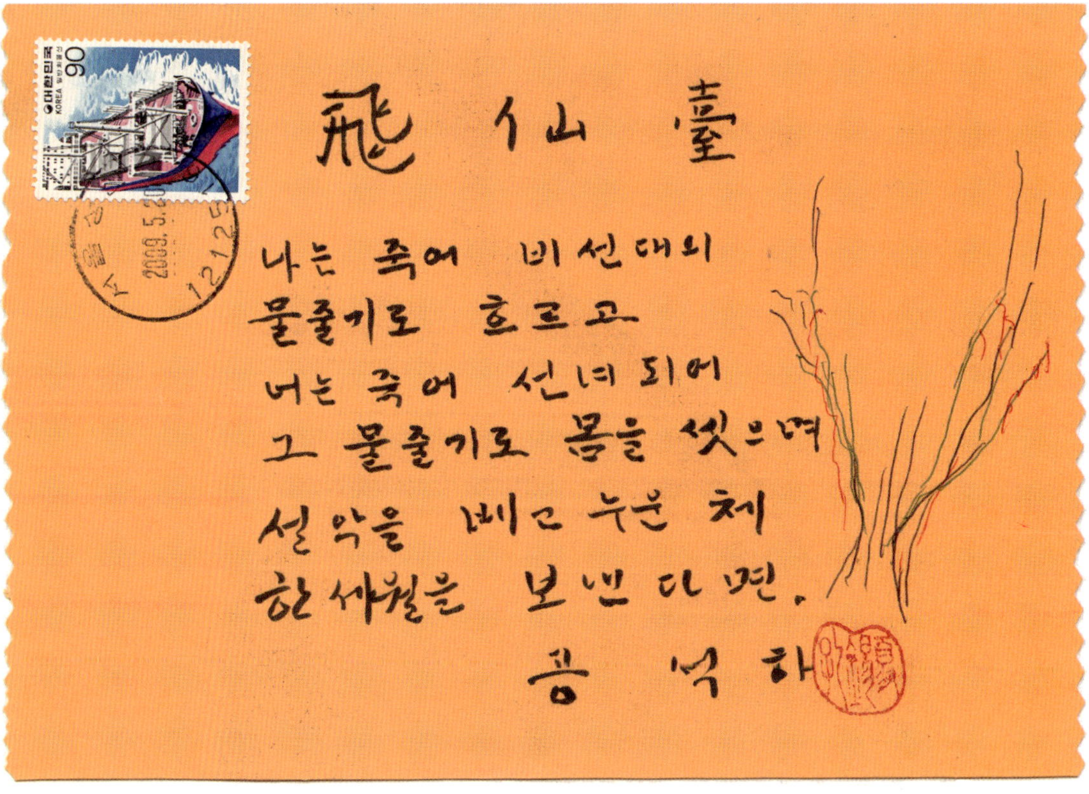

飛仙臺

나는 죽어 비선대의
물줄기로 흐르고
너는 죽어 선녀되어
그 물줄기로 몸을 씻으며
설악을 베고 누운 채
한 세월을 보낸다면.

공 석 하

온 누리에 가득한 당신

깊은 산 계곡의 파아란 바람꽃 되어
머언 먼 바다의 하이얀 파도빛 되어
당신만을 사랑한다고 소리칩니다.
그러면 산도 바다도 다 사라지고
온 누리 가운데 당신만이 가득줍니다.

　　　　　공 석 하

곽순애 시인

곽순애(郭淳愛) 시인 : 1949년 2월 5일 생. 명지대학교 국어국문학과 문학박사. 「문학과 의식(意識)」으로 문단에 등단하였으며, 한국문인협회 회원, 국제펜클럽 한국본부 회원, 「흐름」 동인.

현재 전국약사문인회 회장, 종로문화원 부원장(현재), 현대문학포럼 회장(현재), 종로 청소년 & 주부백일장 심사위원 및 주최. 창조문학가 협회 이사, 한국국어교육학회 이사, 한국여약사회 부회장, 명지전문대 문예창작과 겸임교수.

사랑, 별, 그리고……
하늘
별을 향해
돌아눕던 날
그땐
이미
사랑이
저물고 있었다.

곽순애

곽현숙 시인

곽현숙(郭賢淑) 시인 : 경남 진해 출생, 마산에서 성장. 서라벌예술대학 문예창작학과 졸업. 1963년 5월 28일자 한국일보 신록 여류시 엽서 추천, 1974년 「현대문학」 9월호 추천 완료. '경부선을 지나며', '꽃샘추위 진혼곡'.

일본여류시인상, 노산문학상, 황희문학상, 공간시인상 받음. 한국여성시 고문(부산), 마산 문협 사무국장, 고양 문협 부지부장 국제펜클럽 경기도지회 부지회장 역임. 시집은 <포인세치아>(서문당, 1987) 등 11권.

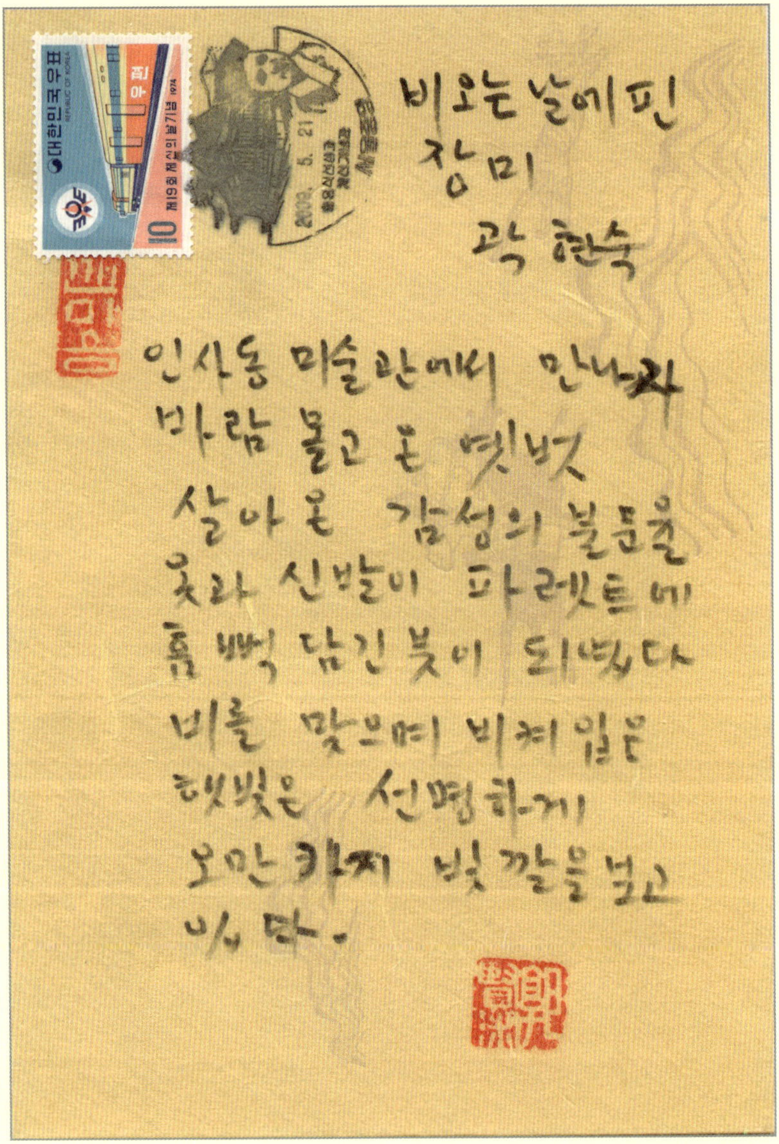

비오는 날에 핀 장미
곽현숙

인사동 미술관에서 만나자
바람 몰고 온 옛벗
살아온 감성의 불꽃을
옷과 신발이 파렛트에
흑백 담긴 붓이 되었다
비를 맞으며 비에 젖은
햇빛은 선명하게
오만가지 빛깔을 넣고
있다.

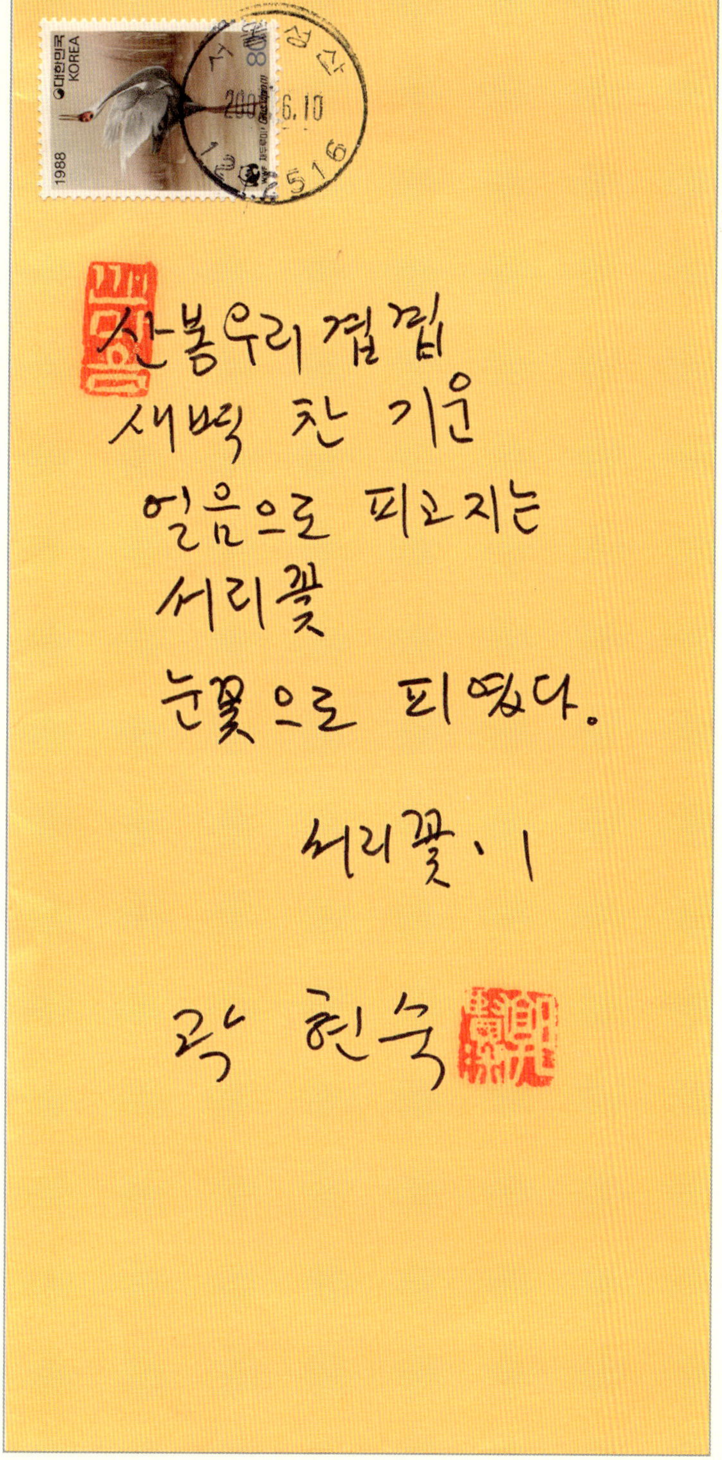

산봉우리겹겹
새벽 찬 기운
얼음으로 피고지는
서리꽃
눈꽃으로 피었다.

서리꽃 · 1

곽현숙

구명숙 시인

구명숙(具明淑) 시인 : 충남 논산 출생으로 숙명여대 국문과와 동 대학원을 졸업하고, 독일 빌레펠트대학교에서 문학박사 학위를 취득하였다. 일본 와세다대학 객원교수, 숙명여대 리더십개발원장, 한국여성문학학회 회장 등을 역임했다. 1999년 「시문학」을 통해 시인으로 등단하였으며, 2009년 시와 시학에 재등단하여 활동하고 있다. 현재 숙명여자대학교 인문학부 국어국문학 전공 교수로 숙명여대 박물관장·문화원장, 한국어문화연구소 소장을 맡고 있으며, (사)글로컬여성네트워크 회장과 한국양성평등교육진흥원 이사장을 겸하고 있다.

쑥 향

구명숙

지하철 계단 끝에
할머니 화석이 앉아 있다

소나무 등피 같은 할머니 손등
자잘한 봄 햇살이 일구어놓은 주름살들은
이 땅, 가꾸어갈 자식들의
눈물꽃일까 웃음꽃일까

"중국산 아니여!
내가 직접 따 온 겨어!"

덥썩 집어드는 고사리 한 줌에서
정직하게 살아온 외길 인생을 본다

할머니, 할머니에게선
봄 쑥향기가 묻어 나온다

채송화

구 명숙

갈라진 길바닥 틈새에
꽃 한 송이
배시시 웃고 있다

독한 시멘트 길바닥 틈새에
뿌리를 내리고
흙바람 속에서 내민
앙징한 안쓰러운 손

무성한 상처를 끌어안고
가슴엔 무수한 별을 심은
너의 초록 눈길이
풀속처럼 다사롭다

홀로 세상을 이기고
조용히 웃음짓는
그녀의 웃음꽃 송이가

길용숙 시인

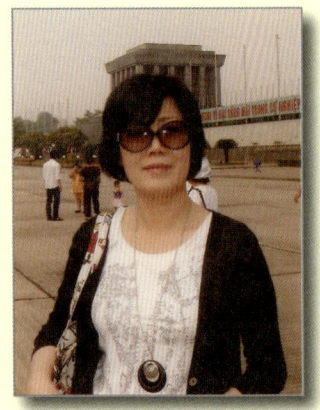

길용숙(吉勇淑) 시인 : 이화여대를 졸업하였고 1990년 계간 「문학과 의식」으로 등단. 시집으로는 <술잔에 세상을 빠뜨리고>가 있으며 현재 '솔바람 복지센터 어린이 글쓰기 교실' 강사로 활동 중이다.

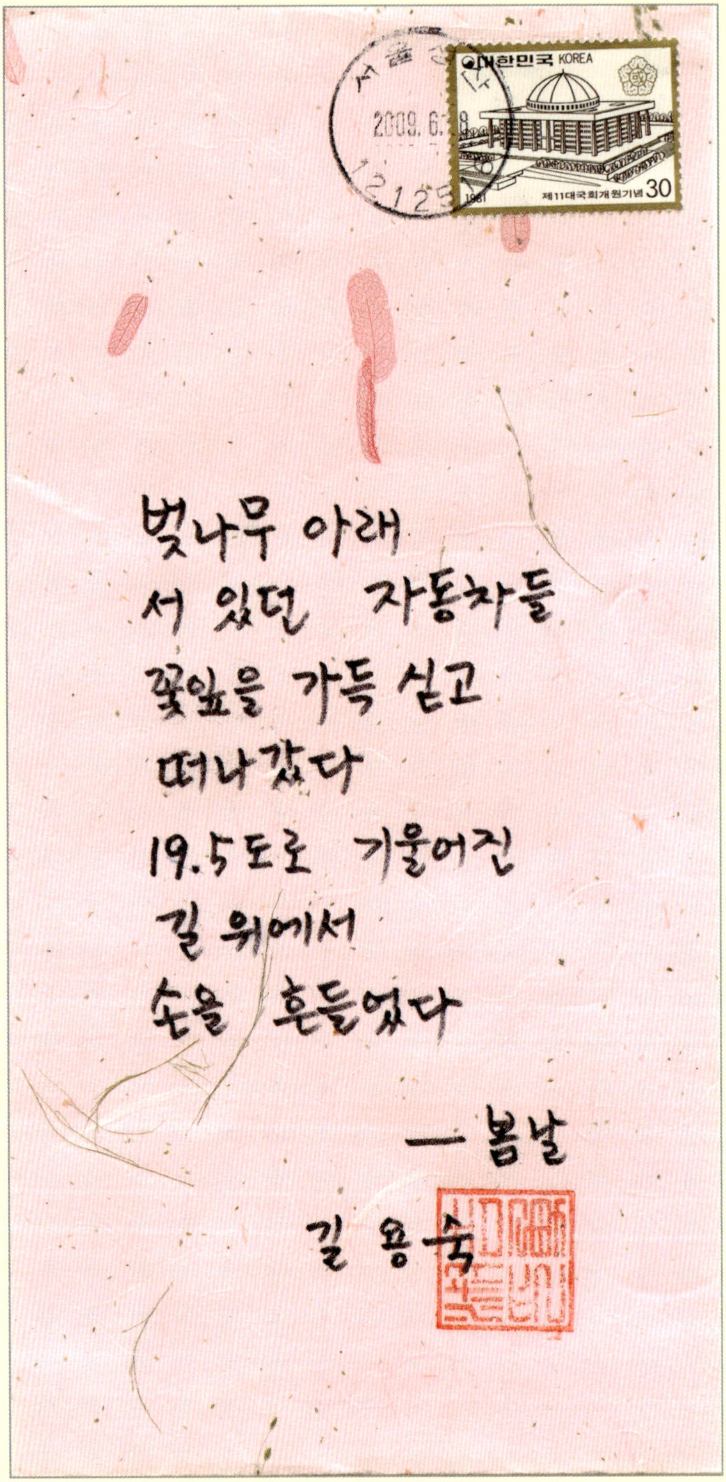

대한민국 KOREA
1981
제11대국회개원기념 30
2009. 6.
벚나무 아래
서 있던 자동차들
꽃잎을 가득 싣고
떠나갔다
19.5도로 기울어진
길 위에서
손을 흔들었다
— 봄날
길용숙

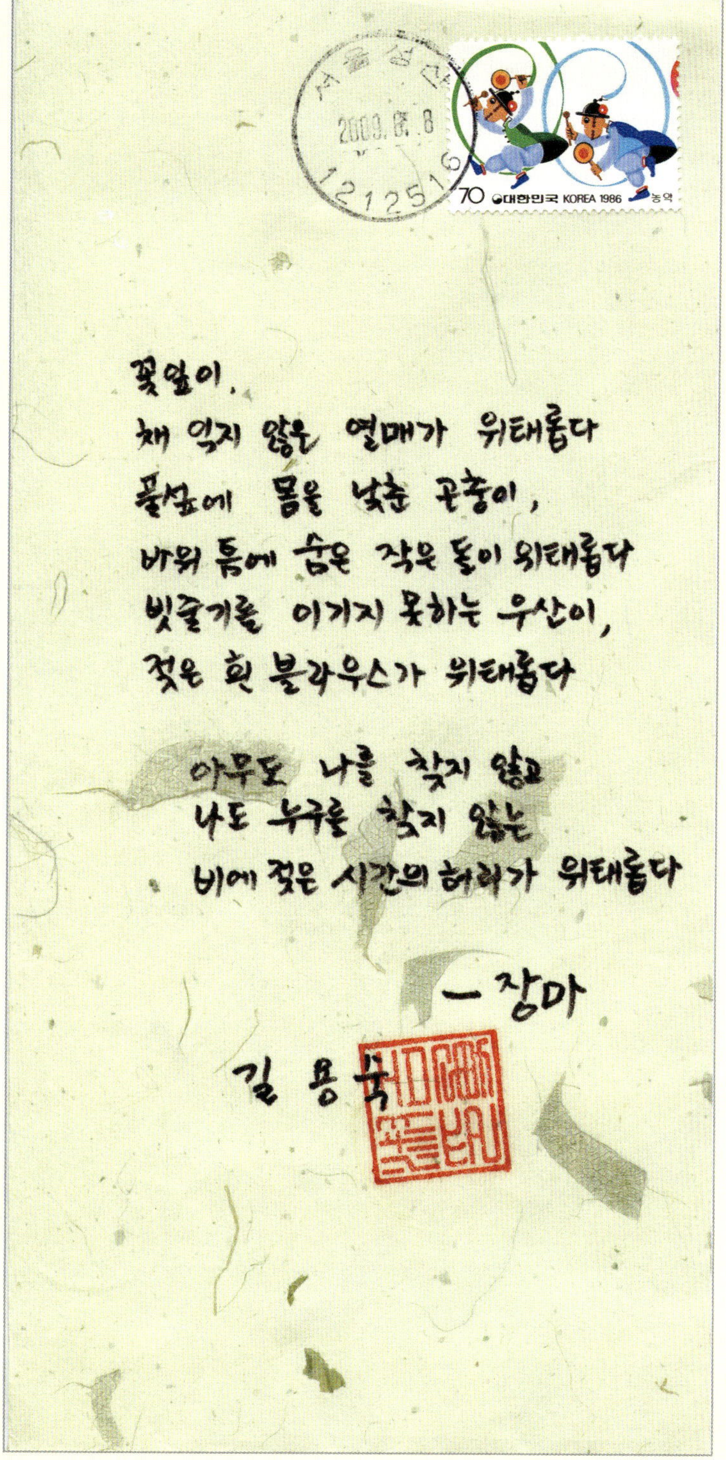

꽃잎이,
채 얹지 않은 열매가 위태롭다
풀숲에 몸을 낮춘 곤충이,
바위 틈에 숨은 작은 돌이 위태롭다
빗줄기를 이기지 못하는 우산이,
젖은 흰 블라우스가 위태롭다

아무도 나를 찾지 않고
나도 누구를 찾지 않는
비에 젖은 시간의 허리가 위태롭다

— 장마

길용숙

김가배 시인

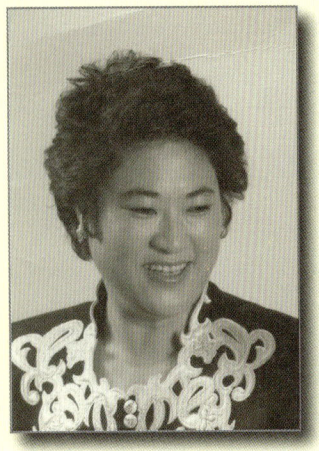

김가배(金可培) 시인 : 충남 공주에서 출생하였으며, 「문예사조」를 통해 시인으로 등단했다.

시집으로 <바람의 書>, <나의 미학2>, <섬에서의 통신>, <풍경속의 풍경> 외 5권. 한국현대시인협회 이사, 수주문학제 운영위원, 부천신인문학상 운영위원, '소나무 푸른 도서관' 관장으로 재직 중이며, 문예사조 문학상, 세계시인상 본상, 「오늘의 신문」 문화부문상을 수상했다.

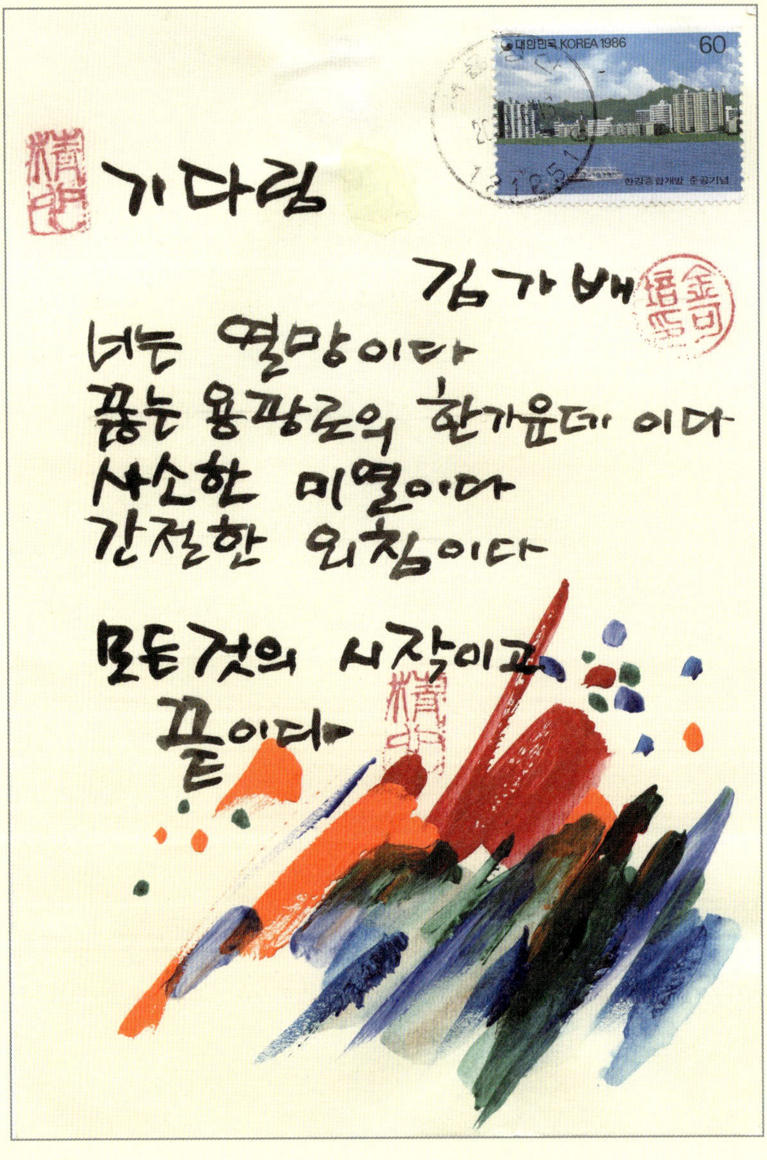
대한민국 KOREA 1986
60
한강종합개발 준공기념
기다림
김가배
너는 열망이다
끓는 용광로의 한가운데 이다
사소한 미열이다
간절한 외침이다
모든것의 시작이고
끝이다

김경옥 조각가

김 경옥(金炅玉) 조각가·화가 : 홍익대학교 미술대학 조소과 졸업. 성신여자대학교 대학원 졸업. 개인전 16회, 아세아 현대미술초대전(동경), 대한민국 미술대전 심사위원 및 운영위원 역임, 서울시 미술장식품 심사위원 및 단원미술제 심사위원 역임. 목원대, 경희대, 동덕여대, 서울예전, 홍익대 강사 역임, 서울시 초대작가.

현 재 한국구상조각회 운영위원, 춘천 MBC 현대조각전 상임위원.

김경옥

김계덕 시인

김 계덕(金桂德) 시인 : 한국문인협회 이사. 국제펜클럽 한국본부 이사, 한국현대시인협회 부회장 역임.
시 문학상, 윤동주문학상(본상) 수상. 저서에 <김계덕 시전집>, <김계덕 시세계> 외.

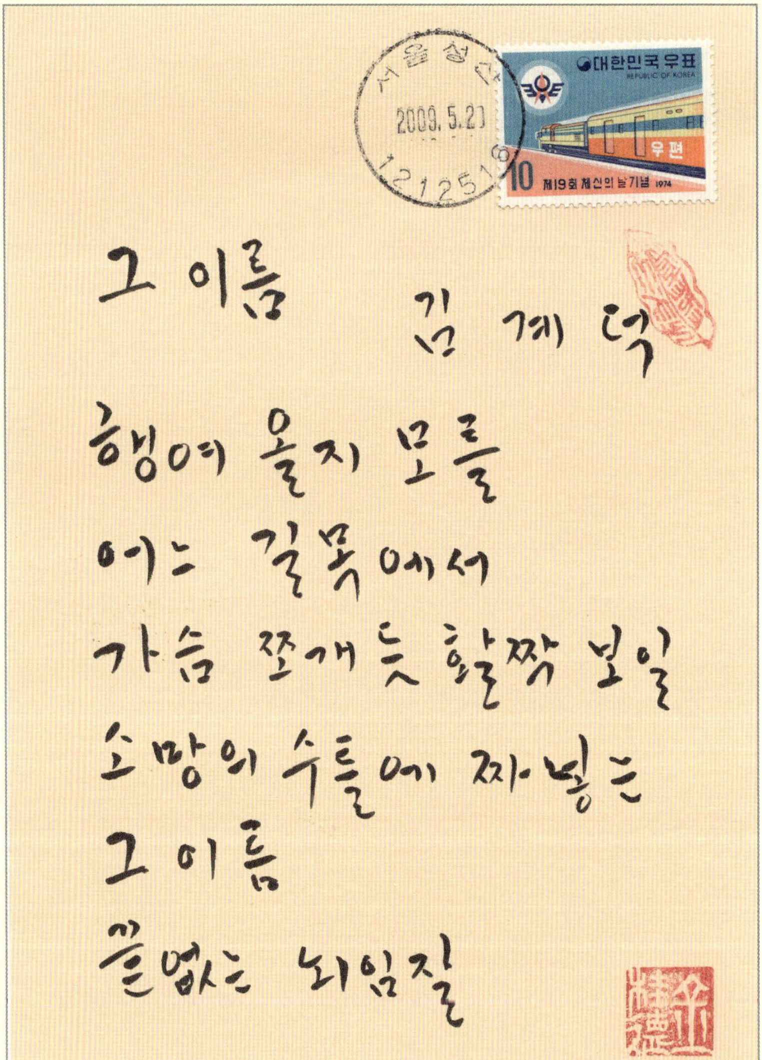

그 이름   김 계 덕

행여 올지 모를
어느 길목에서
가슴 쪼개듯 활짝 보일
소망의 수를에 재 넣는
그 이름
끝없는 뇌임질

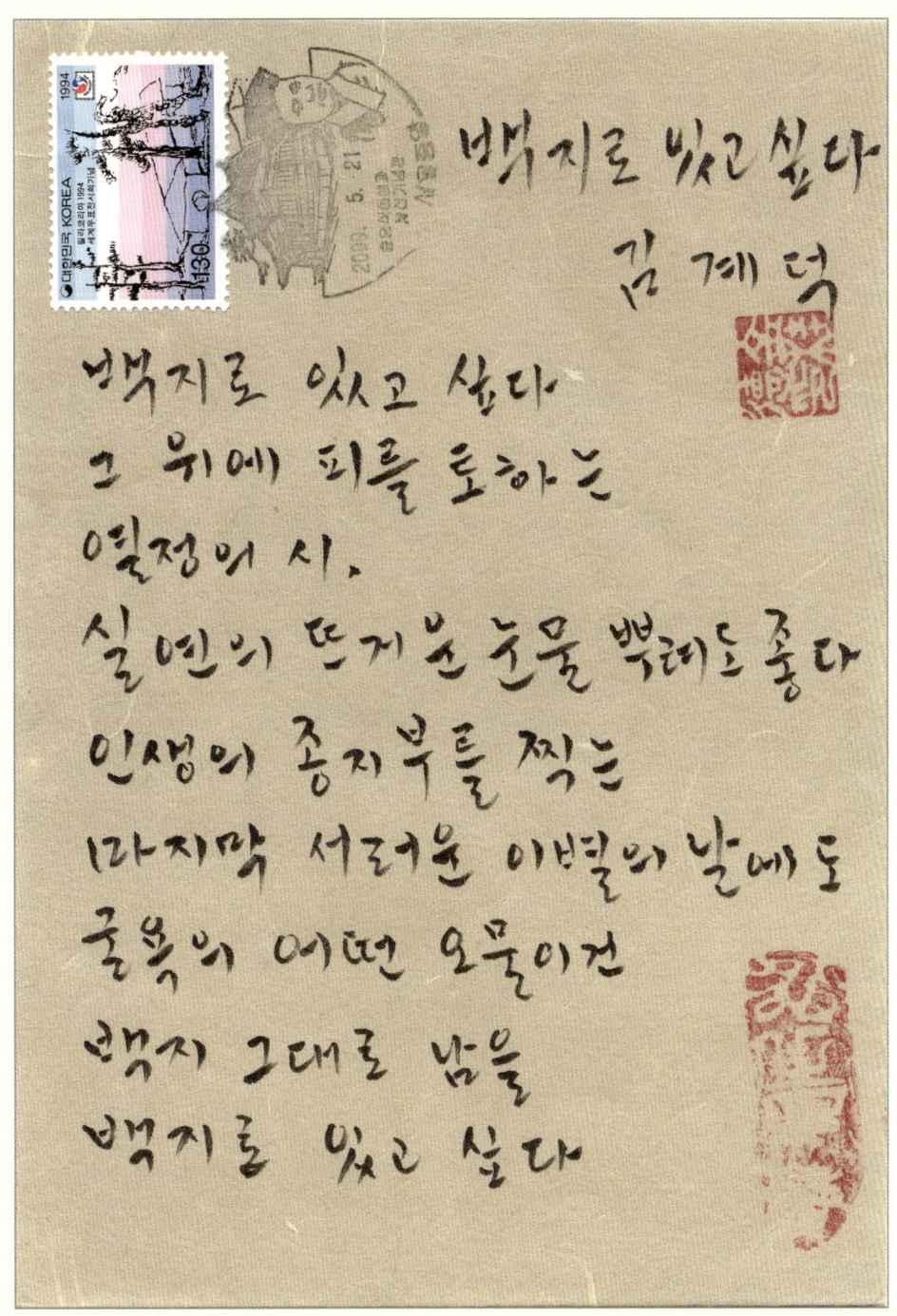

백지로 있고 싶다

김세덕

백지로 있고 싶다
그 위에 피를 토하는
열정의 시.
실연의 뜨거운 눈물 뿌려도 좋다
인생의 종지부를 찍는
마지막 서러운 이별의 날에도
굴욕의 어떤 오물이건
백지 그대로 남을
백지로 있고 싶다

김광림 시인

김광림(金光林) 시인 : 1929년 함남 원산에서 출생. 1947년에 월남하였으며, 이듬해에 시 '문풍지'를 발표한 후 1957년에 김종삼, 전봉건과의 공동시집 '전쟁과 음악과 희망'을 발간하면서 본격적인 시작 활동을 시작하였다. 1959년에는 첫 시집 <상심하는 接木>을 상자하였고 계속하여 전란의 상처를 다룬 작품을 발표하다가 1960년대에 들어 시집 <心象의 밝은 그림자>, <오전의 투망>을 내놓으면서 순수 이미지 추구로 관념성이 거의 배제된 시를 썼다.

김광림

천근의 우수

아무도 이 무게를
들어올릴 수는 없다
하지만 내 얼굴은
능히 이를 감내 한다
아무렇게나 움켜잡아
내던지는
코레인 일수는 없지만
나일강의 흙탕물을
들이켜도
말 없는 스핑크스처럼

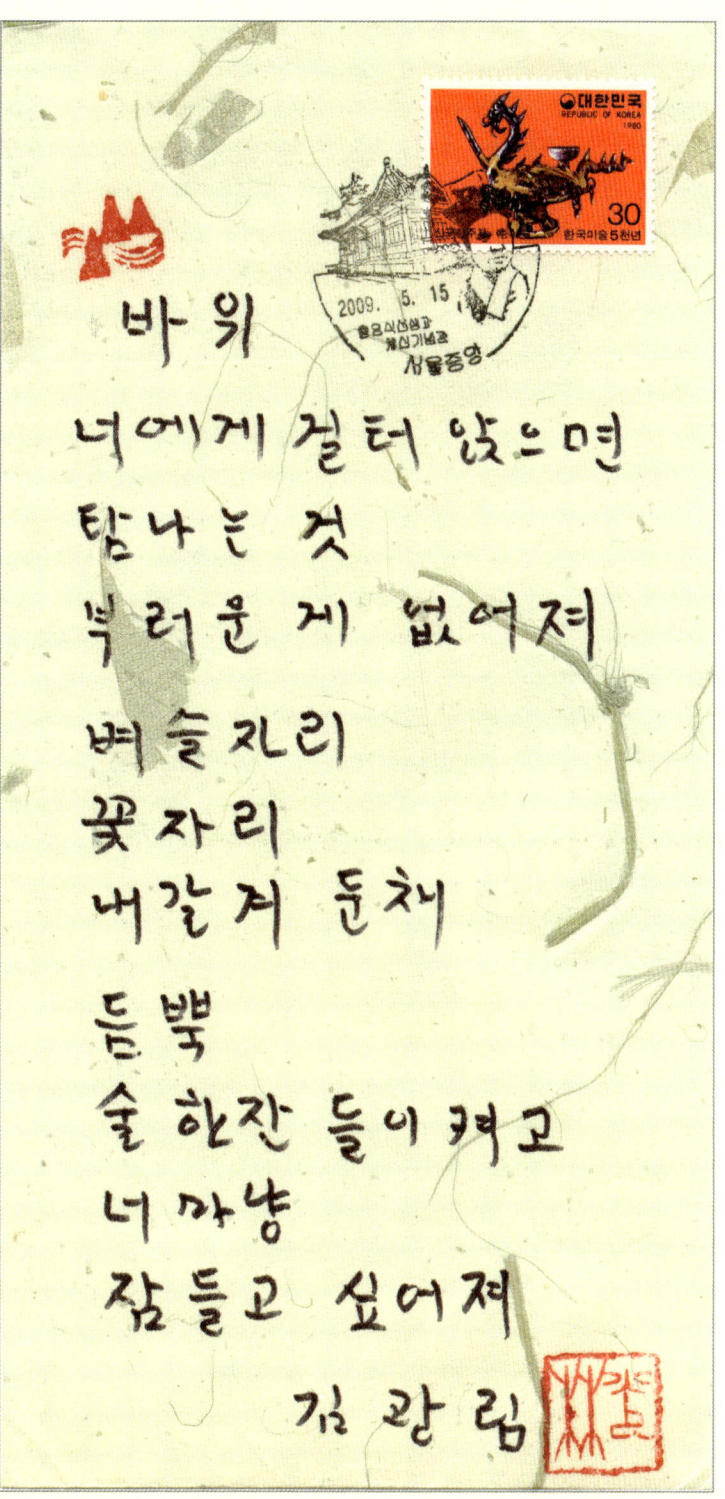

김규화 시인

김규화(金圭和) 시인 : 「현대문학」으로 등단(1966), 시집 <이상한 기도>, <노래내기>, <관념여행>, <평균서정>, <망량이 그림자에게>, <멀어가는 가을>, <떠돌이배> 등.

현재 월간 「시문학」 발행인이며 한국문학상, 현대시인상, 동국문학상 등 수상.

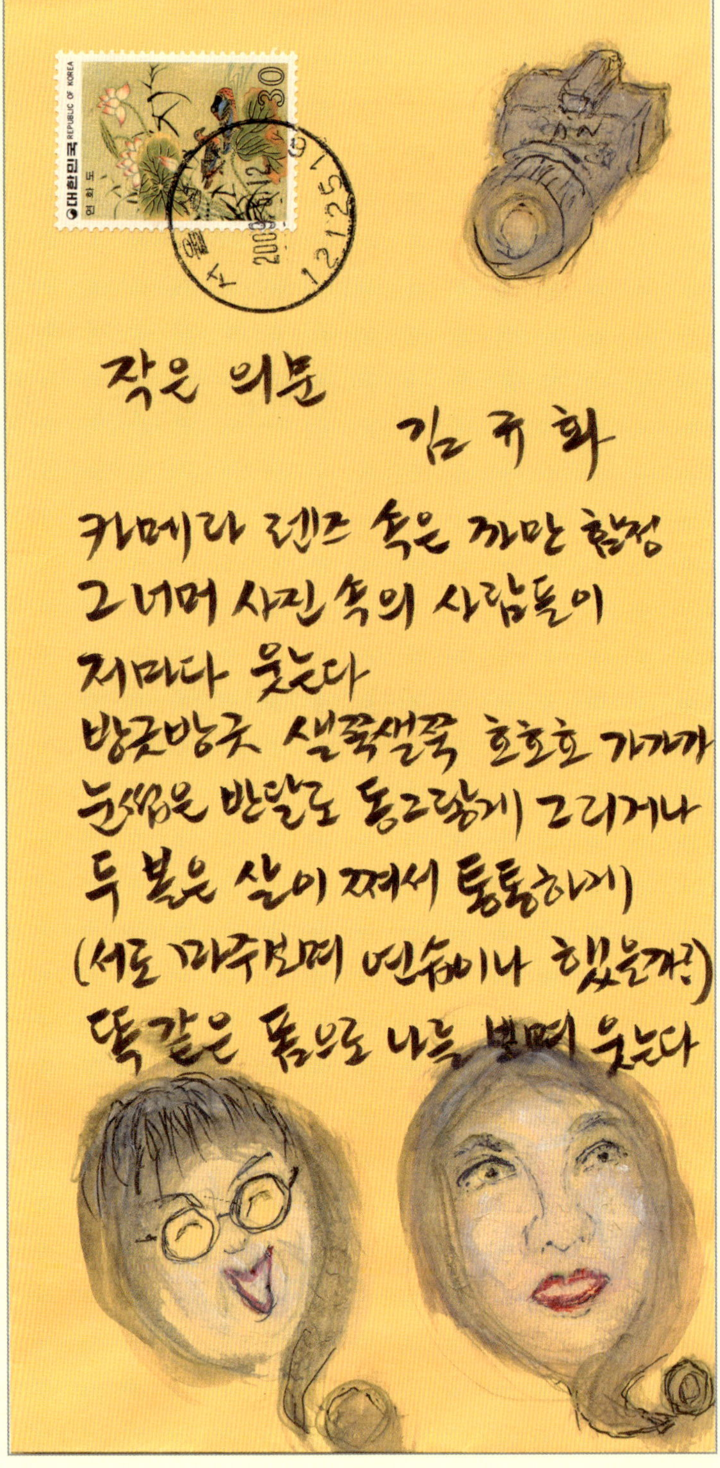

작은 의문

김규화

카메라 렌즈 속은 까만 함정
그 너머 사진 속의 사람들이
저마다 웃는다
방긋방긋 생글생글 호호호 까르까르
눈썹은 반달로 동그랗게 그리거나
두 볼은 살이 쪄서 통통하게
(서로 마주보며 연습이나 했는걸)
똑같은 폼으로 나는 볼 때 웃는다

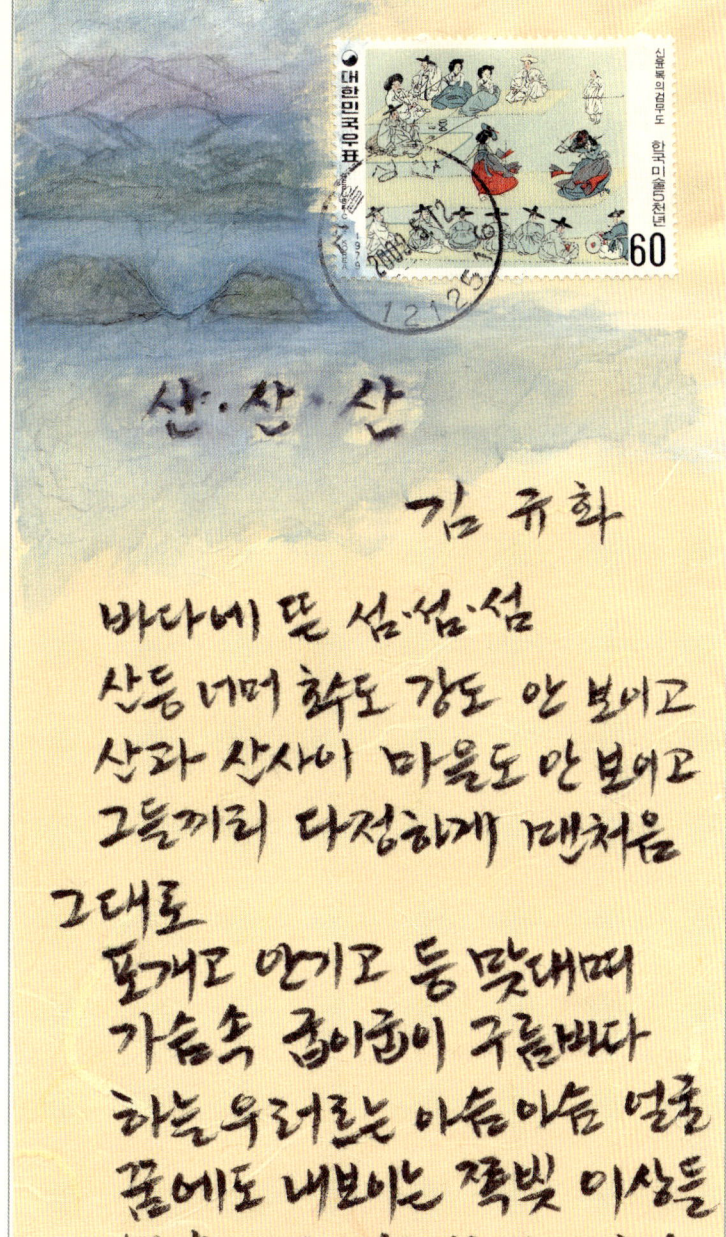

산·산·산

김규화

바다에 뜬 섬·섬·섬
산등너머 호도 강도 안 보이고
산과 산 사이 마을도 안 보이고
그들끼리 다정하게 맨처음
그대로
포개고 안기고 등 맞대며
가슴속 굽이굽이 구름바다
하늘 우러르는 아슴아슴 얼굴
꿈에도 내보이는 쪽빛 이상들
눈앞에서 멀리서 가까이서
아예 다물어버린 입술인 채
그 품만 열어보이고 있구나

김금분 시인

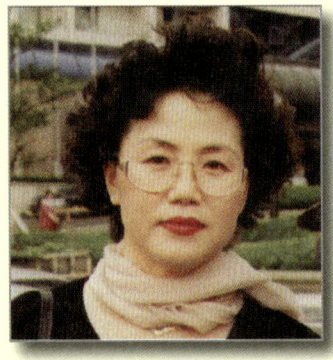

김금분(金錦芬) 시인 : 1955년 춘천의 시골동네 광판리에서 태어났다. 들판을, 산길을 친구처럼 동행하면서 자연과 연애편지를 시작했다. 그곳은 시인의 길로 들어서는 초입새였다.

한림대 대학원에서 국문학을 마치기까지 모든 교육을 춘천에서 마치고, 1990년에 「월간문학」 신인상으로 시인이 되었으며, 두 권의 시집을 세상에 내놓았다. 삶과 죽음의 주제가 내 시의 시작과 끝이 되기도 하였으며, 이제는 일상의 모든 일들을 경이롭고 따스하게 표현하고 싶어진다.

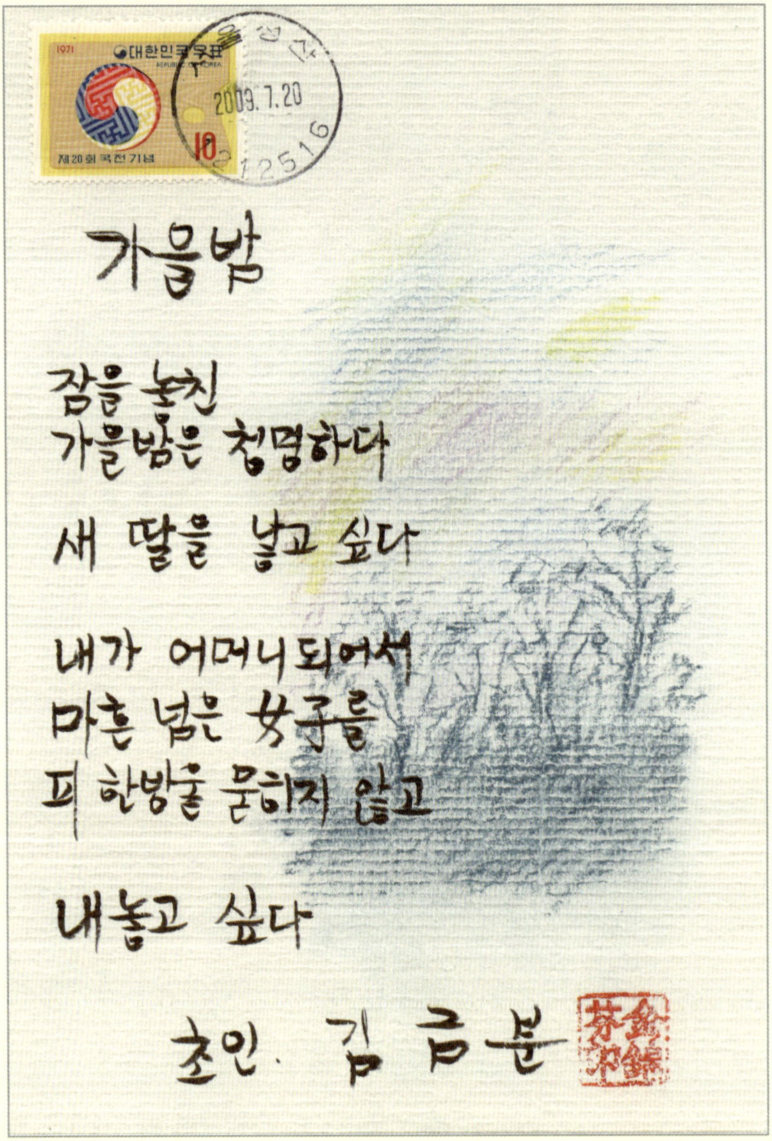
1971
대한민국우표
제20회 국전기념
10
2009. 7. 20
가을밤
잠을 놓친
가을밤은 청명하다
새 딸을 낳고 싶다
내가 어머니되어서
마흔 넘은 女子를
피 한방울 묻히지 않고
내놓고 싶다
초인. 김금분

門

땅에는 門이 많다
파보면, 우리가
다 들어갈 수 있는
보드라운 문고리,

신체를 경유해서
몇 정거장 끝에
다다르면
따는 사람이 임자인
門.

초인 김금분

김년균 시인

김년균(金年均) 시인 : 1942년 전북 김제 출생. 1972년 이동주 추천으로 등단. 저서로 〈장마〉, 〈갈매기〉, 〈바다와 아이들〉, 〈사람〉, 〈풀잎은 자라나라〉, 〈아이에서 어른까지〉, 〈사람의 마을〉, 〈나는 예수가 좋다〉, 〈하루〉, 〈오래된 습관〉, 〈그리운 사람〉 등의 시집과, 〈날으는 것이 나는 두렵다〉, 〈사람에 관한 명상〉 등 수필집이 있다. 한국현대시인상, 들소리문학상, 예총예술문화대상, 윤병로문학상 등을 수상. 현재 한국문인협회 이사장.

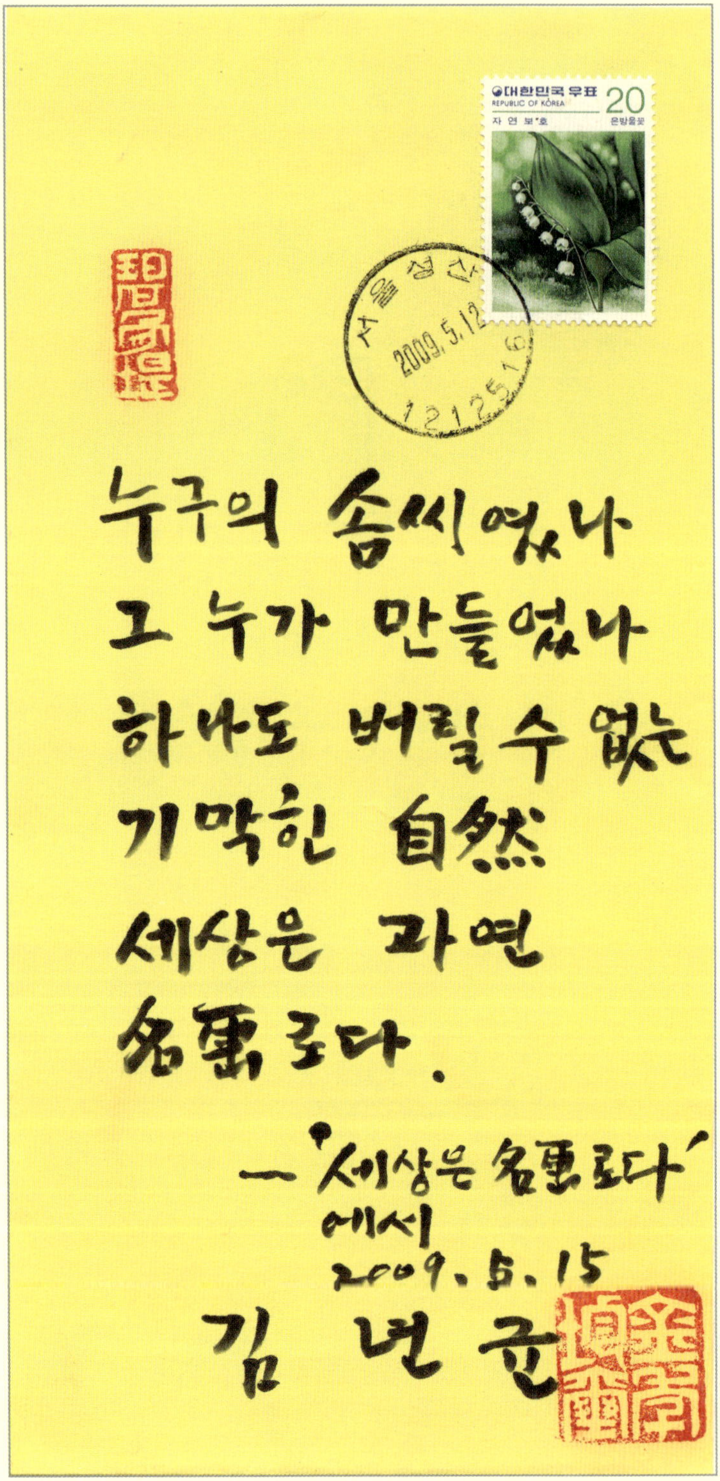

누구의 솜씨였나
그 누가 만들었나
하나도 버릴 수 없는
기막힌 自然
세상은 과연
名畵로다.

— '세상은 名畵로다'에서
2009. 5. 15
김년균

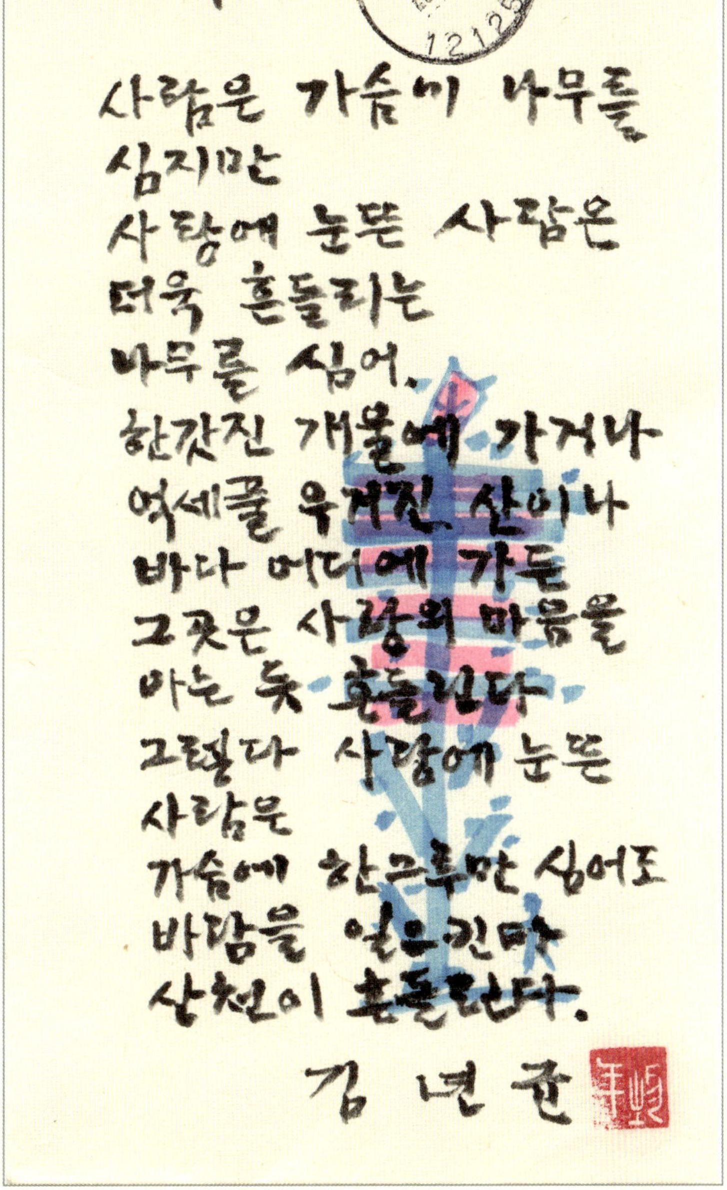

나무

사람은 가슴에 나무를
심지만
사랑에 눈뜬 사람은
더욱 흔들리는
나무를 심어.
한갓진 개울에 가거나
억세클 우거진 산이나
바다 어디에 가든
그곳은 사랑의 마음을
아는 듯 흔들린다
그렇다 사랑에 눈뜬
사람은
가슴에 한그루만 심어도
바람을 얻은건다
산천이 흔들린다.

김년균

김대규 시인

김 대규(金大圭) 시인 : 1942년생. 안양의 태어난 집터에서 지금까지 살고 있으며 시집 <靈의 流形>(1960)으로 등단 후, 연세대 국문과, 경희대 대학원 국문과를 졸업하고, 안양여고 교사, 연세대 강사, 안양대 겸임교수, 안양문인협회장, 안양예총회장, 경기도 문인협회장 등을 역임했다.

작 품집으로는 시집 <흙의 사상>, <흙의 시법>, <하느님의 출석부>외 10여 권, 흙의 문예상, 경기도문학상, 경기도예술대상, 경기도문화상, 편운문학상, 한글문학상, 후광문학상, 한국시인정신상 등을 수상했다.

평 생을 대외적 문단활동을 삼가고, 고향 안양에서 시작생활에 전념해오고 있다.

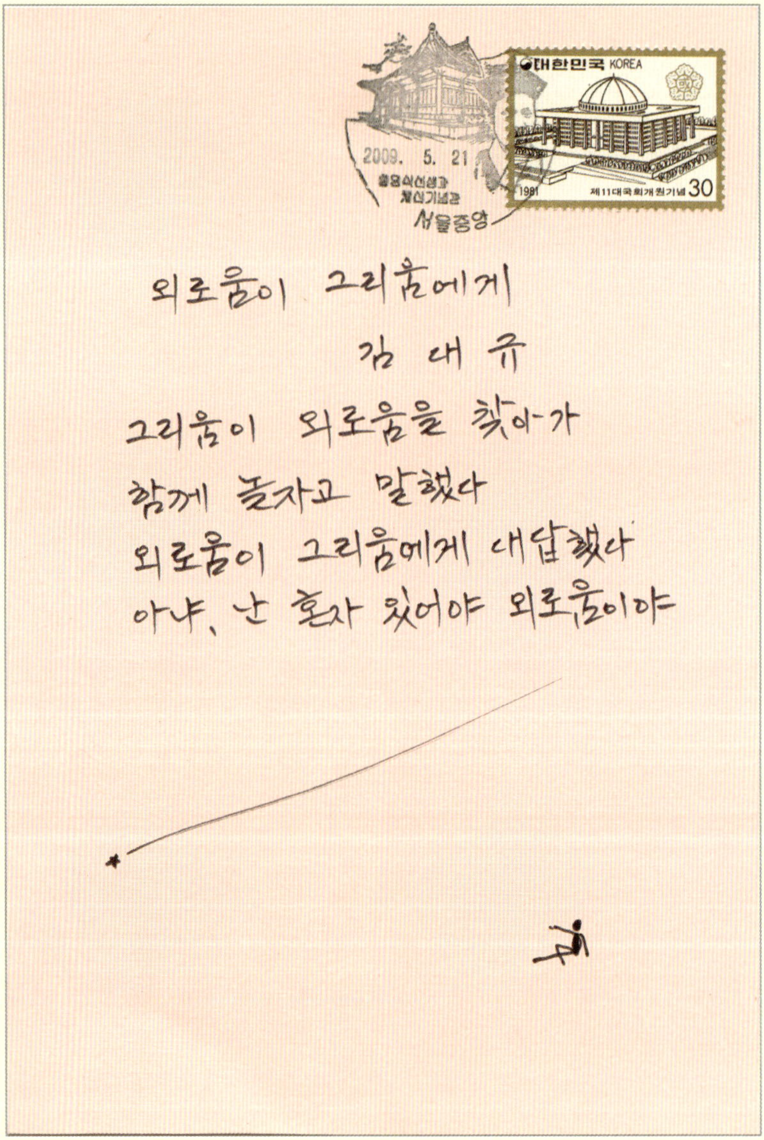

외로움이 그리움에게

김대규

그리움이 외로움을 찾아가
함께 놀자고 말했다
외로움이 그리움에게 대답했다
아냐, 난 혼자 있어야 외로움이야

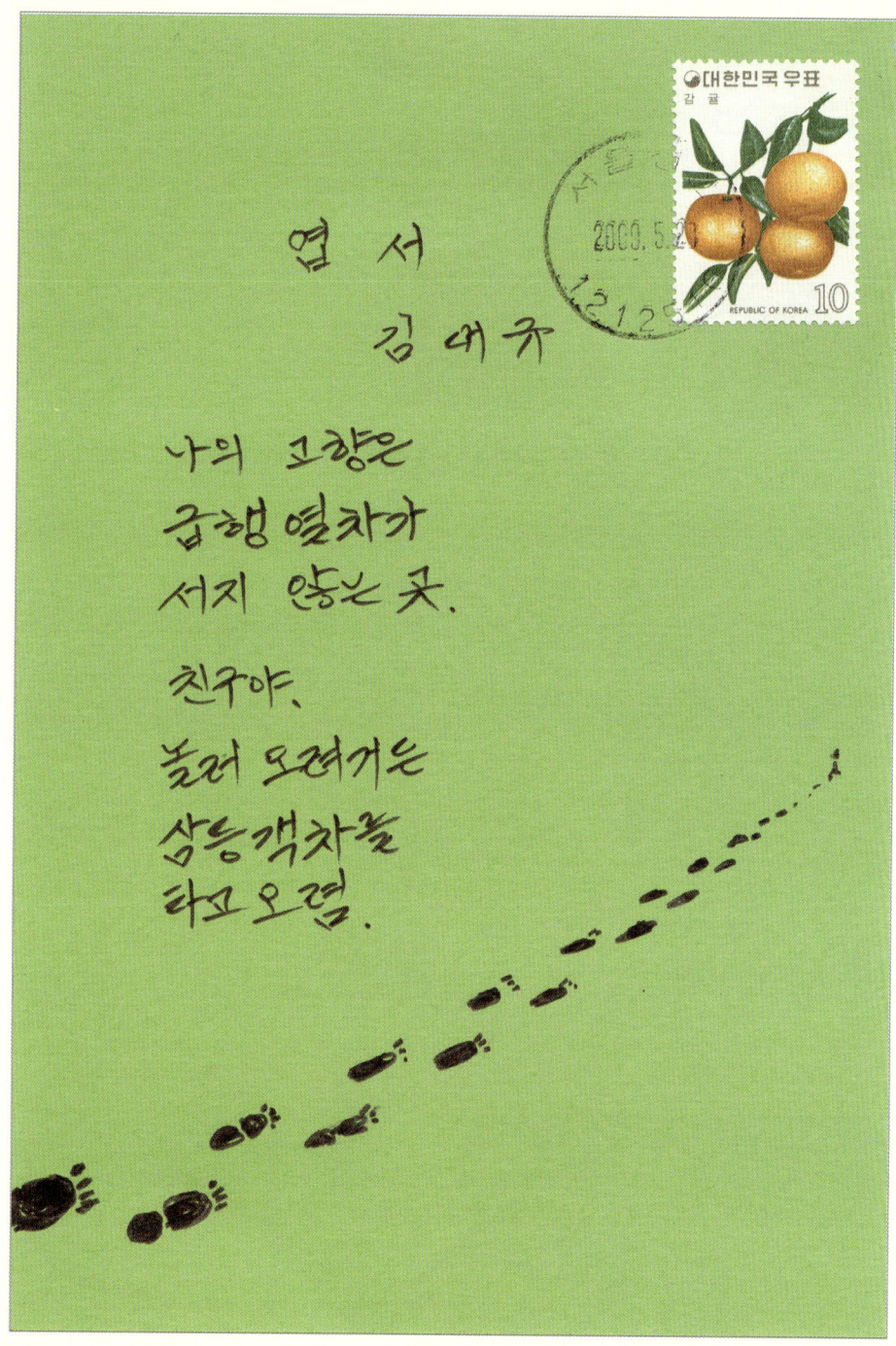

엽서

김대규

나의 고향은
급행열차가
서지 않는 곳.

친구야,
놀러 오려거든
삼등객차를
타고 오렴.

김명아 시 인

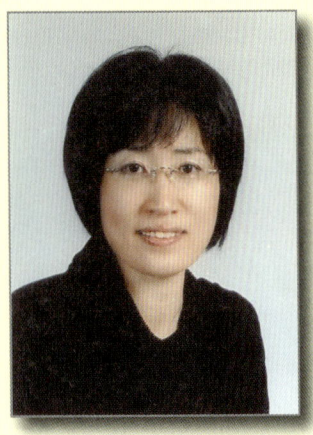

김명아(金洺我) 시인 : 1961년 여수에서 출생하였고, 「시와 산문」을 통해 등단하였다. 「시의 밭」 시인회 회원, 「시와 산문」 문학회 회원, 한국 녹색시인 협회 회원, 한국 현대시인 협회 회원으로 활동 중이다.

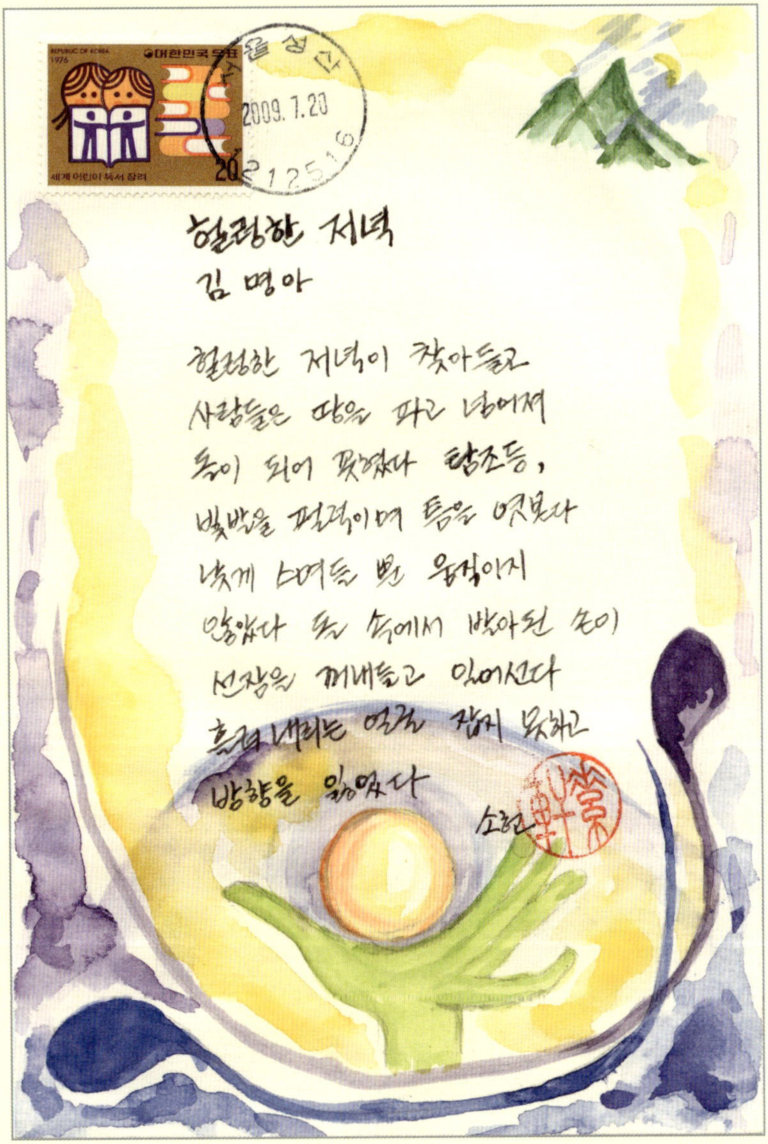

REPUBLIC OF KOREA
1976
대한민국 우표
세계 어린이 독서 장려
20
2009. 7.20
헐렁한 저녁
김 명아
헐렁한 저녁이 찾아들고
사람들은 땅을 파고 넘어져
돌이 되어 묻혔다 탐조등,
빛발을 펄럭이며 틈을 엿보다
낮게 스며들 뿐 움직이지
않았다 돌 속에서 밝아진 손이
선잠을 깨내들고 일어선다
흘러내리는 얼굴 잡지 못하고
방향을 잃었다
소헌

붉은 촛대를 켜든다

김명아

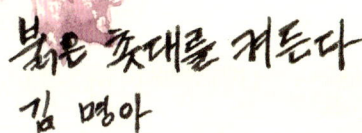

덩굴손이 간지럽다 담 밑에
웅크린 손끝이 저려온다
잎생축위 사이로 붉은 촛대를
켜든다 북서풍을 견디며
거머쥔 주먹으로 담을 타고
오를 수는 없었다 쪽문을 열고
첫발하는 바람의 손짓에
숨을 몰아쉰다 수천대는
틈새마다 가파른 눈을 뜨고
달려 나온다

김명진 화가

김 명진(金明珍) 화가 : 상명대학교에서 서양화를 전공하였으며, '고미술감정아카데미' 회원, 목우회 회원으로 있으며, 인사동 TOPOHAUS에서 개인전을 가졌다. 현재 종로문화원 서양화과에서 강사로 활약하고 있다.

김명진

김명환 시인

김명환(金明煥) 시인 : 1960년 경북 안동에서 출생하였고, 「문학21」 시부문으로 문단에 등단하였다. 현재 박태진 문학회, 기픈구지 시인회, 한국녹색시인회, 현대시인협회 회원으로 활동 중이다.

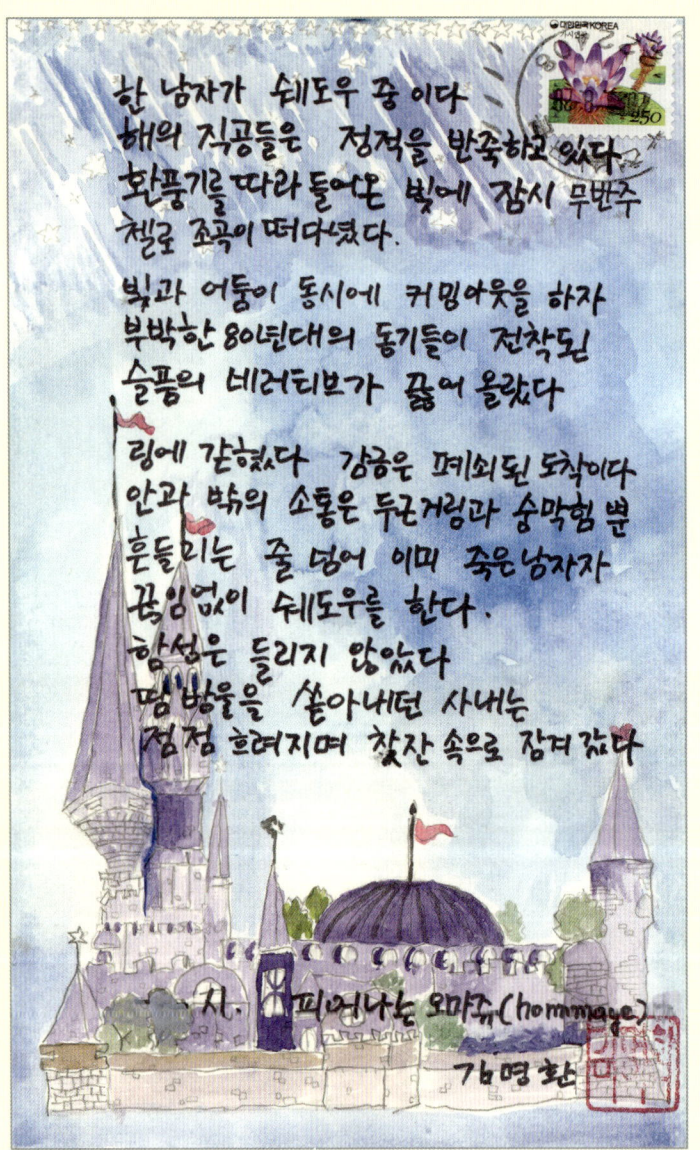

북부역 가는 날

지네발 계단을 오릅니다 연달아
액셀을 밟으며 따라오는 저녁 해 사이
완충지대에 우리를 허락하는 카페
민토가 나풀거립니다 접이식
광선검을 뺀 전철이 오만한 도시를
너덜컹 베며 지나가고
잘려나온 저녁 햇살에 블루와
그린이 섞여 듭니다

펑펑 터져 오르는 노을 꽃
물꼬러미 인형상자를 삼키던
배고픈 모퉁이도 반짝 눈을 뜨고
주머니 마다 신바람을 채우고
불빛을 다지며 달려 갑니다

함부러 호명할 수 없는 오렌지 나무는
너무 작아서 누도 알지 못하고
바람이 두통을 가져 갑니다
북부역 가는 날

김명환

김봉군 시인

김봉군(金奉郡) 시인 : 경남 남해 출신으로 서울대학교 국어과·법학과와 동 대학원서 공부하였으며, 문학박사, 시인, 문학평론가, 가톨릭대학교 명예 교수이다. 「새시대문학」, 「현대시학」, 「시조생활」로 등단하여 한국문학비평가협회장을 맡는 등 비평 활동에 주력해 왔다. 평론집 <다매체시대 문학의 지평 열기>, <한국현대작가론> 등 많은 저서와 논문이 있다.

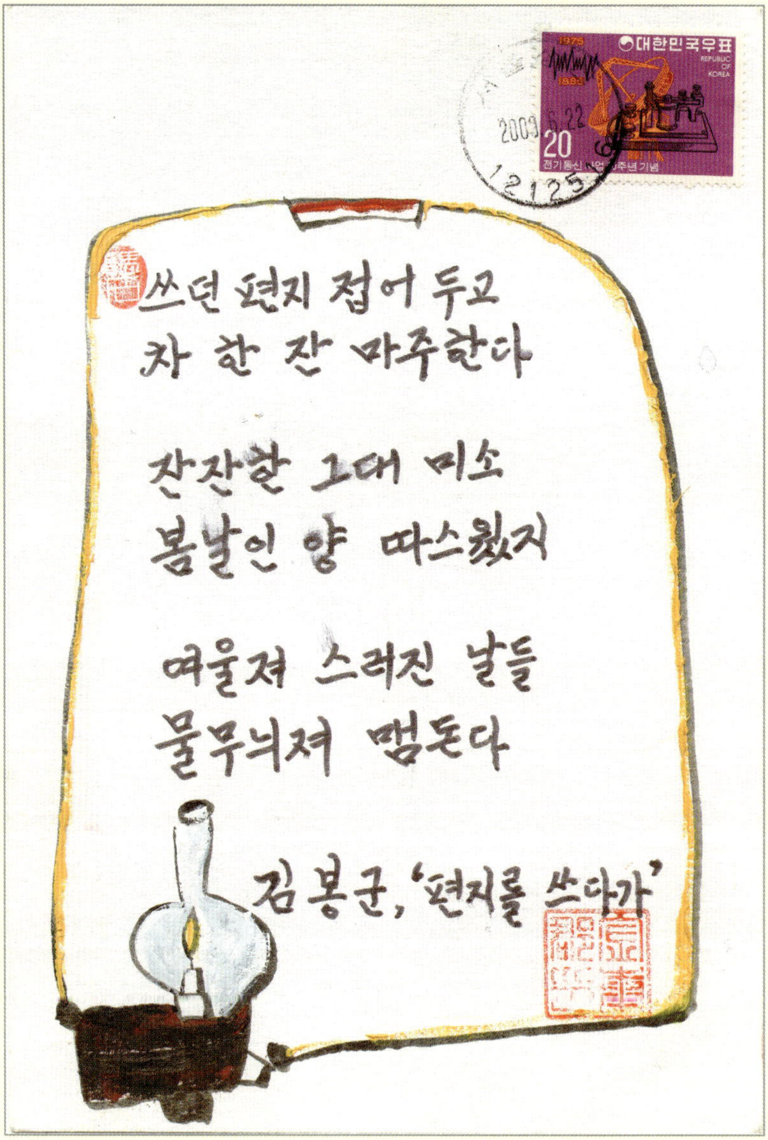

쓰던 편지 접어 두고
차 한 잔 마주한다

잔잔한 그대 미소
봄날인 양 따스웠지

여울져 스러진 날들
물무늬져 맴돈다

김봉군, '편지를 쓰다가'

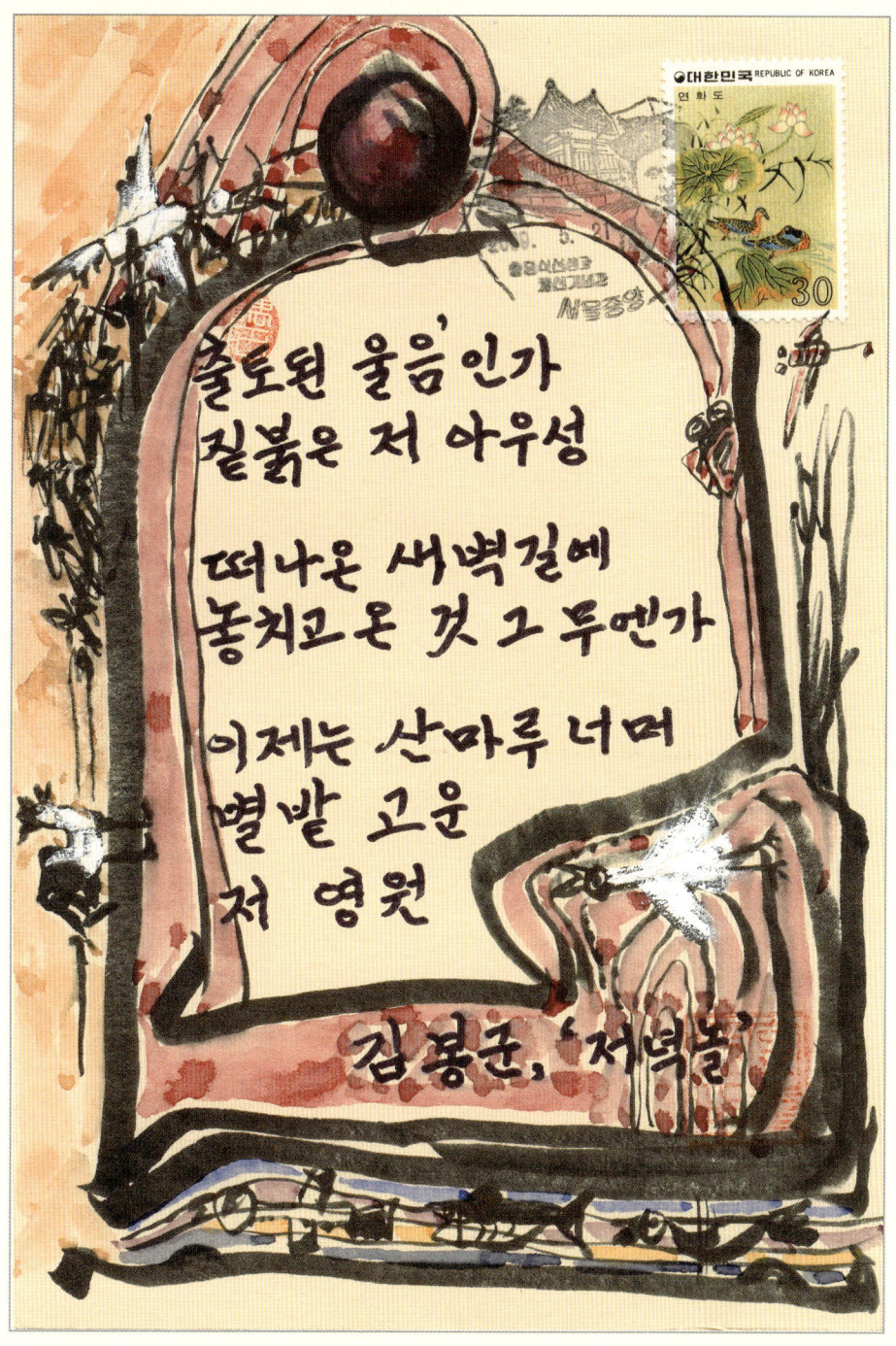

김봉군, '저녁놀'

김부희 시인

김 부희(金富姬) 시인 : 「문학과 의식」으로 등단. 한국문인협회 회원이며, 한국 기독교 문화예술 총연합회 사무국장을 역임했다. 현재 기독교여성문인회 편집위원, 새흐름, 재창조 동인으로 활동 중이다. 시집으로는 <열린 문 저편> 등이 있다.

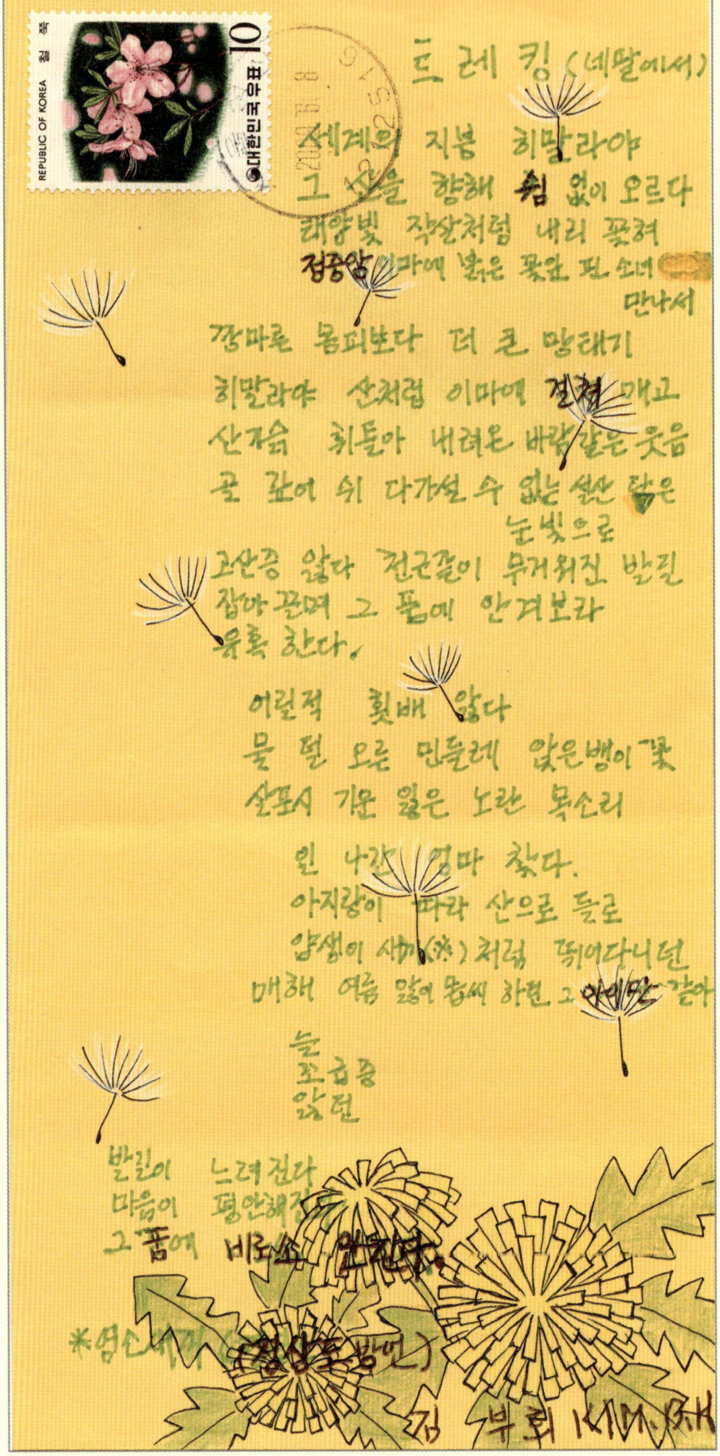

트레킹 (네팔에서)

세계의 지붕 히말라야
그 곳을 향해 쉼 없이 오르다
태양빛 작살처럼 내리 꽂혀
정중앙 이마에 붉은 꽃잎 핀 소녀
           만나서

깡마른 몸피보다 더 큰 말래기
히말라야 산처럼 이마에 걸쳐 매고
산자슭 휘돌아 내려온 바람 같은 웃음
굳 깊어 쉬 다가설 수 없는 선한 닮은
           눈빛으로

고산증 앓다 전근길이 무거워진 발길
잠아 끄며 그 품에 안겨보라
유혹 한다.

어릴적 횟배 앓다
물 덜 오른 민들레 앉은뱅이 꽃
산포시 기운 얼은 노란 목소리

인 나갔 엄마 찾다.
아지랑이 따라 산으로 들로
양생이 사까(さか) 처럼 뛰어다니던
매해 여름 앓아 몸씨 하현 그 아이만 같아

           늘
           조급증
           앓던

발길이 느려진다
마음이 평안해져
그 품에 비로소 안긴다.

*엄소네기 (왕성도방언)

김 부희 KIM, BH

사모곡·3

그리움이 안개처럼
            휘뿌진 날
목울대 치밀어 오르 ... 소리는
님 부르다

새 가슴 까마득히 끝 모를 낭떠러지로 내려앉고
겨우내 따스한 김 피워올리던 ... 처럼
그 단물
가슴을 타고 흘러
늘 소리가 살아 있던 고향집

감나무가지 휘청 내려앉은 우물가로 달음질
새벽부터 늦은 밤까지   치고
늘 물길소리 따라
낮은 음의 찬송소리는

나무두레박 타고 개춤 추며 오르내리고
추위에 얼어
벌겋게 터진 손등과 부은 발이 떠올라
두 눈을 질끈 감고 맙니다.

                    김 부 희 KIM.B.H

김석기 화가

김석기(雨松 金奭基) 화가 : 경희대학교 미술대학 한국화 전공. 동대학원 교육대학원 미술교육 전공. 경희대, 충남대, 한남대 미술과 강사 역임, 대전광역시 교육청 미술장학사 역임, 개인전 22회,(국제전 및 그룹전 총 460회 참가), 수상으로는 대일비호 문화대상(대전일보사장), 대통령 표창(대통령), 2007 대전광역시 문화상 수상.

저서로는 화집 <KIM SEOK KI>, 화가와 함께 산으로 떠나는 <스케치여행>(서문당) 등 4권이 있다. 현재 동양수묵연구원장, 회토회, 동질성회복전, 대전광역시 미술대전 초대작가, 충남미술대전 초대작가, 한남대학교 미술교육과 겸임교수.

김선주 시인

김 선주(金善珠) 시인 : 건국대학교 국문과 졸업, 건국대학교 대학원 졸업, 현 건국대학교 출강 교수, 「서울문학인」 신인상 수상.

저 서 : 서울문학 출판부-2009년 가을호(평론 : <추억과 그리움의 서정소곡>, 권민 시집 <읽다 기억을>(시 해설) 임순덕 시집 <내 가는길>(시 해설), 이경자 시집 <나운동 연가>(시 해설) 등.

초식동물   김선주

몽골 고원에 갔다
아직 사람이 되지 못한 초식동물 한 마리
없는 풀을 뜯고 있었다
地表를 뜯고 있었다

풀을 먹지 못해
아직도 사람이 되지 못한 푸지에
꽃 아가씨 푸지에도
모래알처럼 쟁 한 눈빛으로
풀 없는 지평선을 낮게 바라보고 있었다

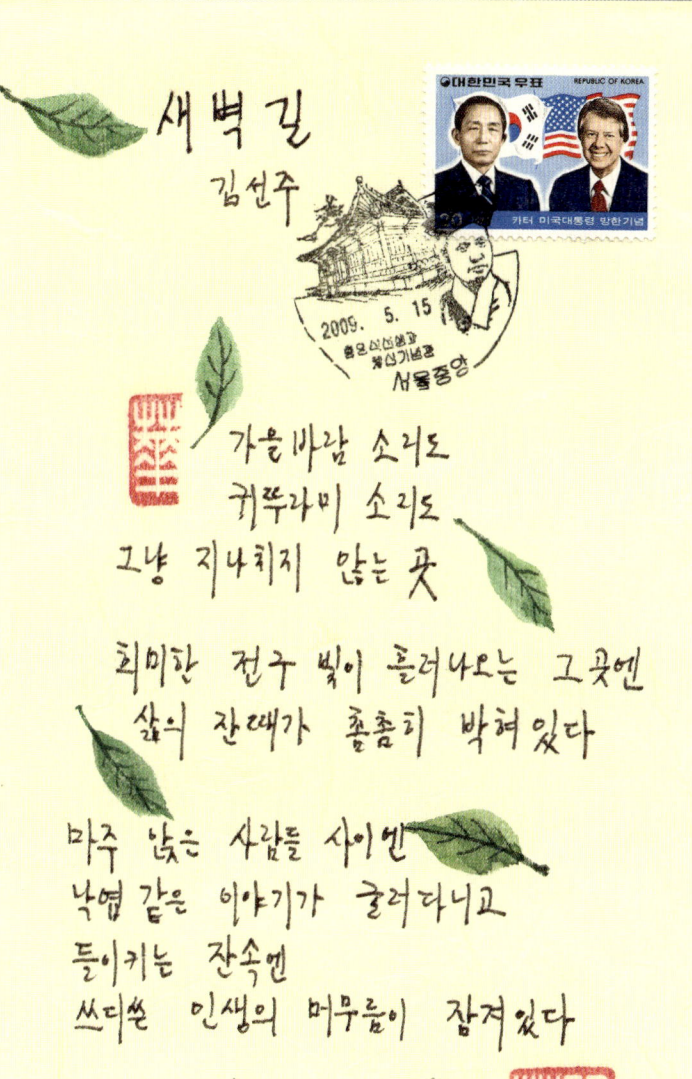

새벽길

김선주

가을바람 소리도
귀뚜라미 소리도
그냥 지나치지 않는 곳

희미한 전구 빛이 흘러나오는 그곳엔
삶의 잔때가 촘촘히 박혀있다

마주 앉는 사람들 사이엔
낙엽 같은 이야기가 굴러다니고
들이키는 잔속엔
쓰디쓴 인생의 머무름이 잠겨있다

김성우 명예시인

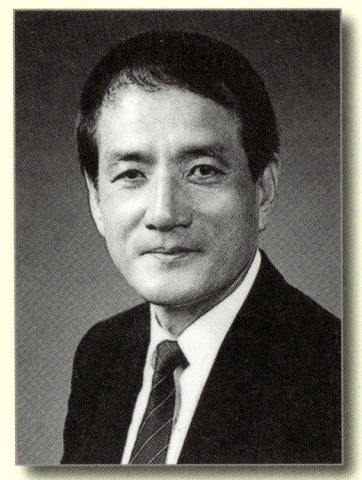

김성우(金聖佑) 명예시인 : 1934년 경남 통영시 욕지도에서 태어나 서울대학교 문리과대학 정치학과를 졸업한 뒤 한국일보사에 입사, 파리특파원, 편집국장, 주필, 상임고문 등을 역임하며 44년동안 신문사에 근속한 언론인.

우리나라 최초의 명예시인(한국시인협회, 한국현대시인협회 공동 추대)이자 우리나라 유일의 명예배우(한국연극협회 추대)다. 대한민국 문화예술상(문화 부문), 서울시문화상(언론 부문), 삼성언론상, 프랑스 국가공로훈장 등을 받았다.

저서로는 <세계문학 기행>, <세계음악 기행>, <백화나무 숲으로>(러시아문학 산책), <파리 지성기행>(인터뷰집), <문화의 시대>(칼럼집), <인생은 물음이다>(잠언집), <돌아가는 배>(자전 에세이), <시낭송 교실> 등이 있다.

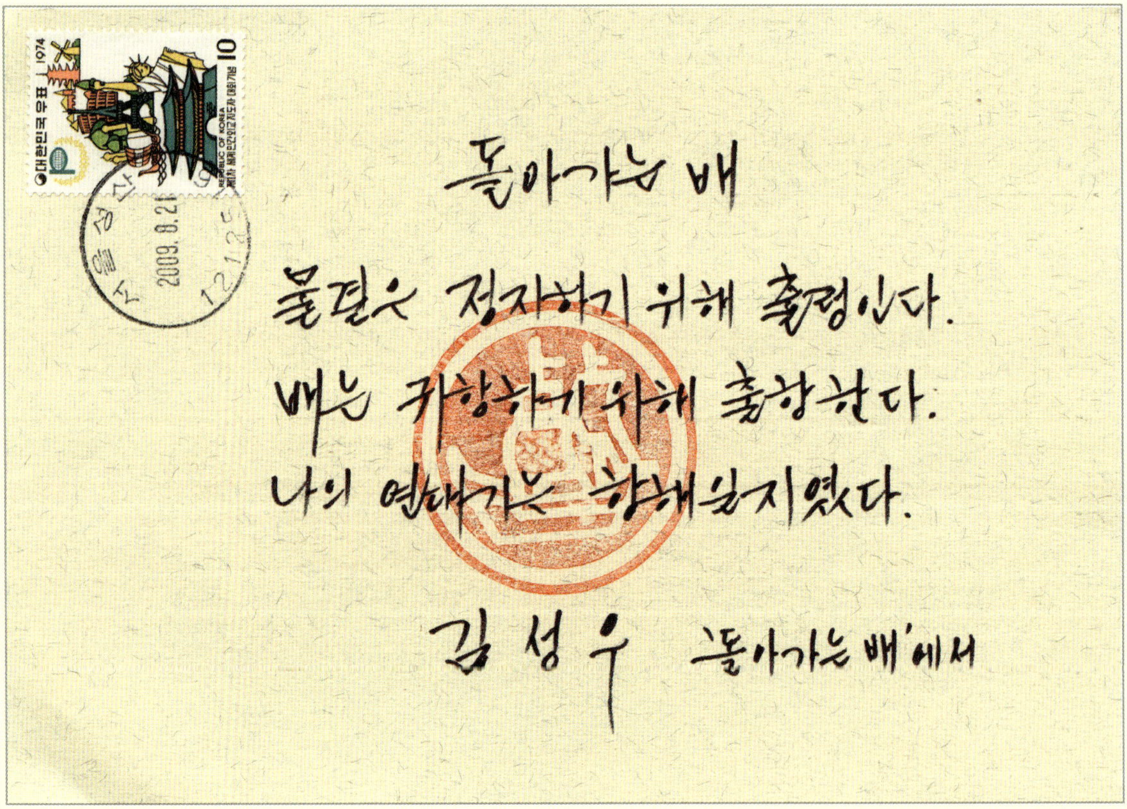

대한민국 우표
1974
10
REPUBLIC OF KOREA
2009. 8. 2
돌아가는 배
물결은 정지하기 위해 출렁인다.
배는 귀항하기 위해 출항한다.
나의 연대기는 항해일지였다.
김성우 '돌아가는 배'에서

돌아가는 배

나는 돌아가리라
내 떠나온 곳으로 돌아가리라.
빈 배에 내 생애의 그림자를
달빛처럼 싣고 돌아가리라.

김성우 '돌아가는 배'에서

김소엽 시인

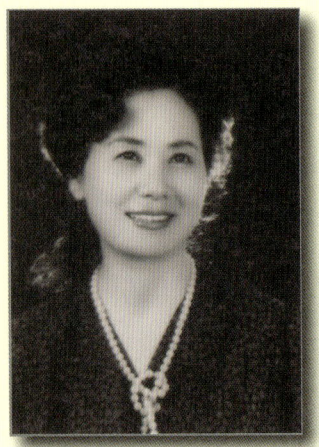

김소엽(金小葉) 시인 : 이화여대 문리대 영어영문학과를 거쳐 연세대학교 연합신학 대학원을 졸업하고, 보성여고 교사, 호서대학교 교수 역임. 현재 대전대학교 석좌교수. 1978년 「한국문학」에 '밤', '방황' 등이 미당 서정주 선생, 박재삼 선생의 심사로 당선되어 문단 등단.

시집으로는 〈그대는 별로 뜨고〉, 〈지난날 그리움을 황혼처럼 풀어놓고〉, 〈어느 날의 고백〉, 〈마음속에 뜬 별〉, 〈지금 우리는 사랑에 서툴지만〉, 〈하나님의 편지〉, 〈사막에서 길을 찾네〉 등 다수. 수상집으로는 〈사랑 하나 별이 되어〉, 〈초록빛 생명〉 등이 있으며 기독교문화대상. 윤동주문학상 본상 등을 수상하였다.

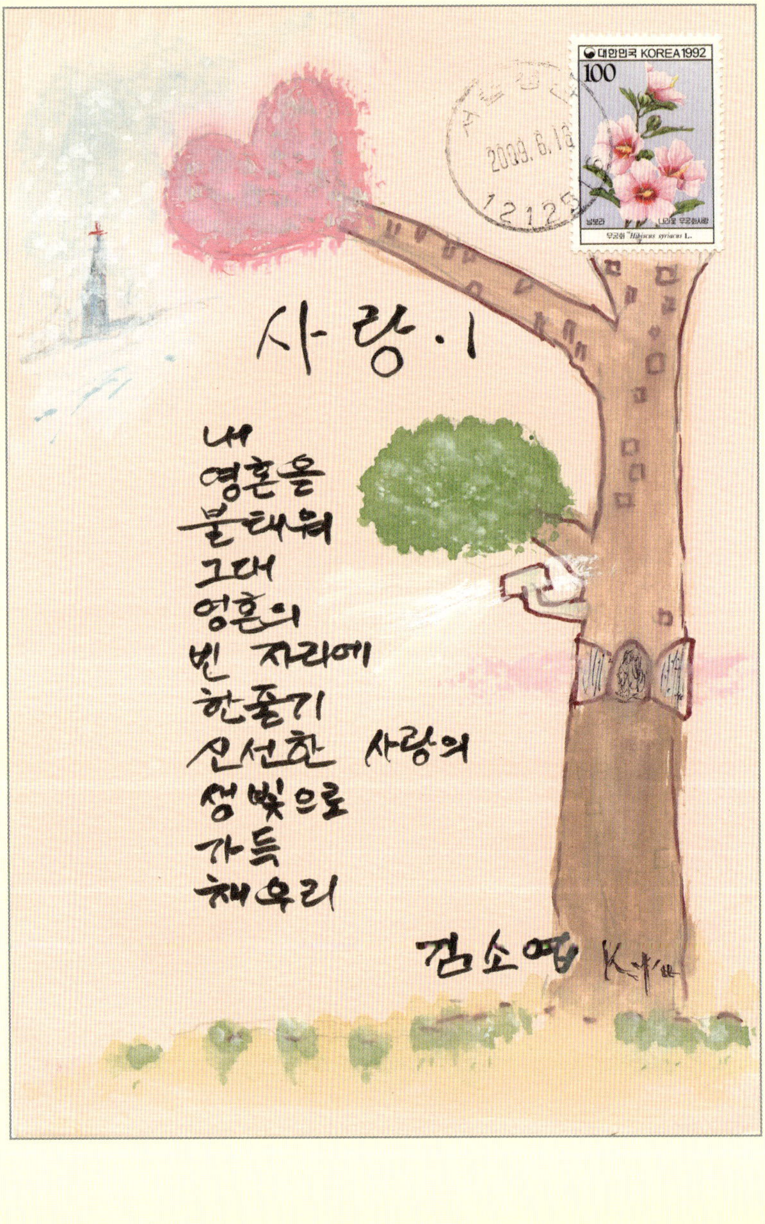

대한민국 KOREA1992
100
사랑·1
내
영혼을
불태워
그대
영혼의
빈 자리에
한줄기
신선한 사랑의
생빛으로
가득
채우리
김소엽

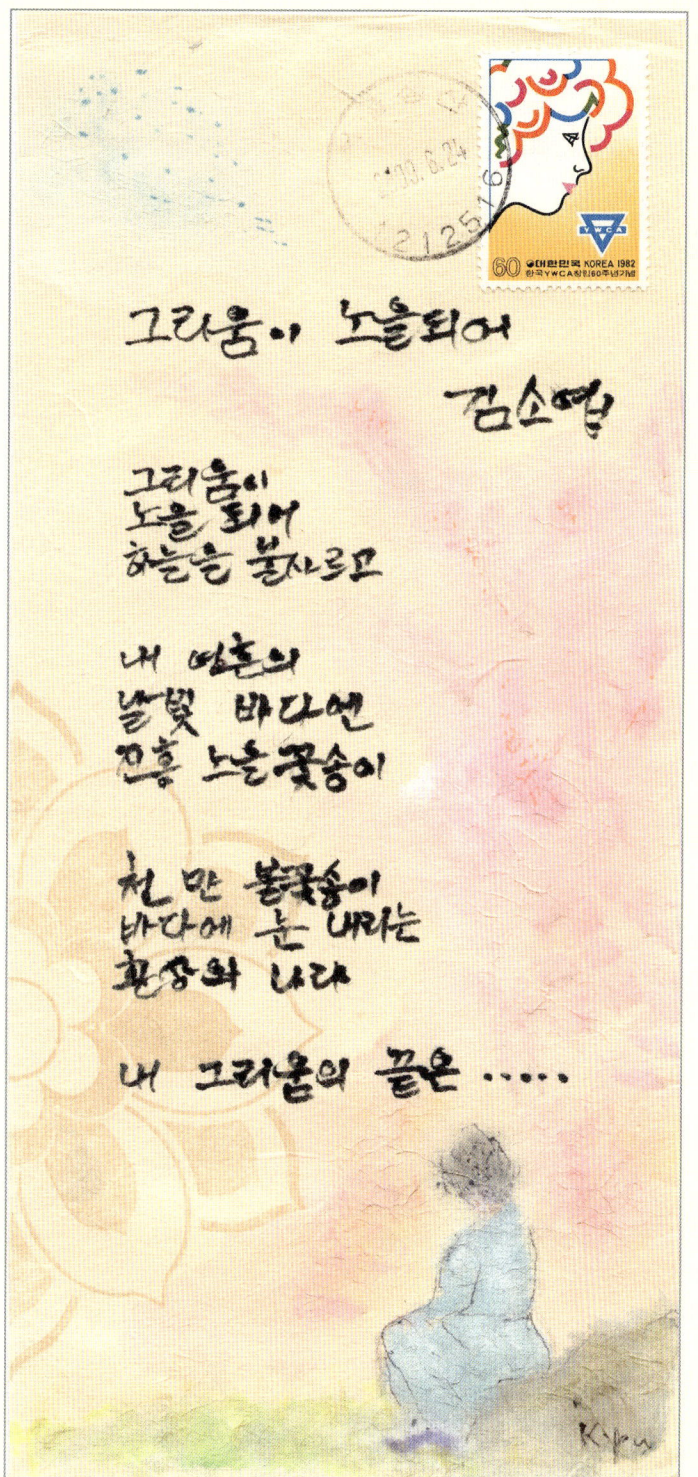

그리움이 노을 되어

김소엽

그리움이
노을 되어
하늘을 불지르고

내 영혼의
물빛 바다엔
연홍 노을꽃송이

천 만 봉오리송이
바다에 눈 내리는
환상의 나라

내 그리움의 끝은 ……

김시철 시인

하서(河書) 김시철(金時哲) 시인 : 1930년 함경북도 성진(城津)에서 태어나 50년 1·4 후퇴 때 자유를 찾아 월남, 이후 신문과 잡지 기자생활을 해오다가, 시인 김광섭 님에 의해 문단에 나왔으며 그분이 발행하던 문예지「자유문학」의 편집장을 4·19까지 지낸바 있다. 작품집으로는, 56년도에 펴낸 첫 시집 <능금(林檎)>을 비롯하여 12권, <물가의 인생>을 비롯한 수상집 5권, <문단 인물기> 3권 등 다수.

문단 경력으로는 한국문인협회 부이사장 2회, 국제펜클럽 한국본부 회장 2회를 지냈으며 한국문학상, 한국예술문화상 대상, 서울특별시문화상 등을 수상한 바 있다. 현재는 강원도 평창으로 둥지를 옮겨 空心山房에서 <김시철이 만난 원로문인들>이라는 문단 인물기를 월간으로「시문학」지에 6년 째 장기 연재 중이다.

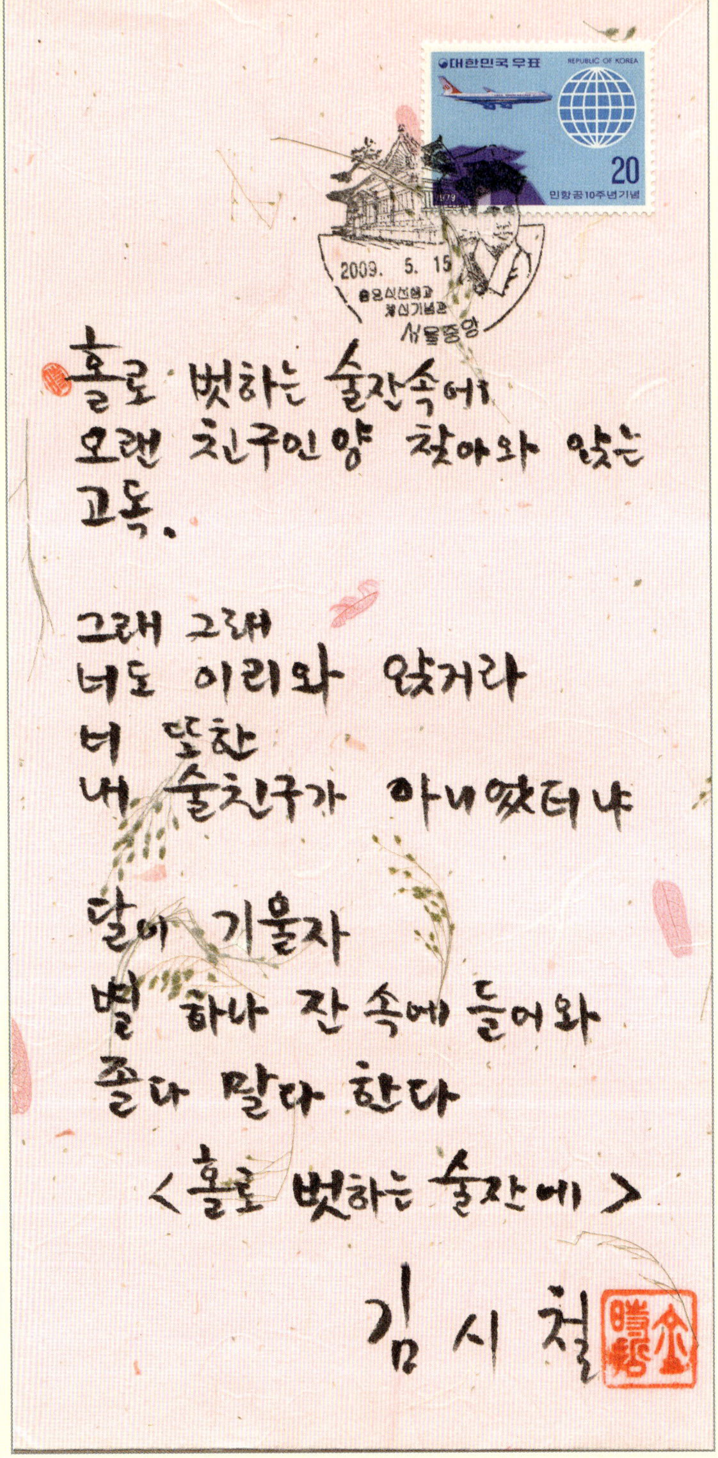

홀로 벗하는 술잔속에
오랜 친구인양 찾아와 앉는
고독.

그래 그래
너도 이리와 앉거라
너 또한
내 술친구가 아니었더냐

달이 기울자
별 하나 잔 속에 들어와
졸다 말다 한다

<홀로 벗하는 술잔에>

김시철

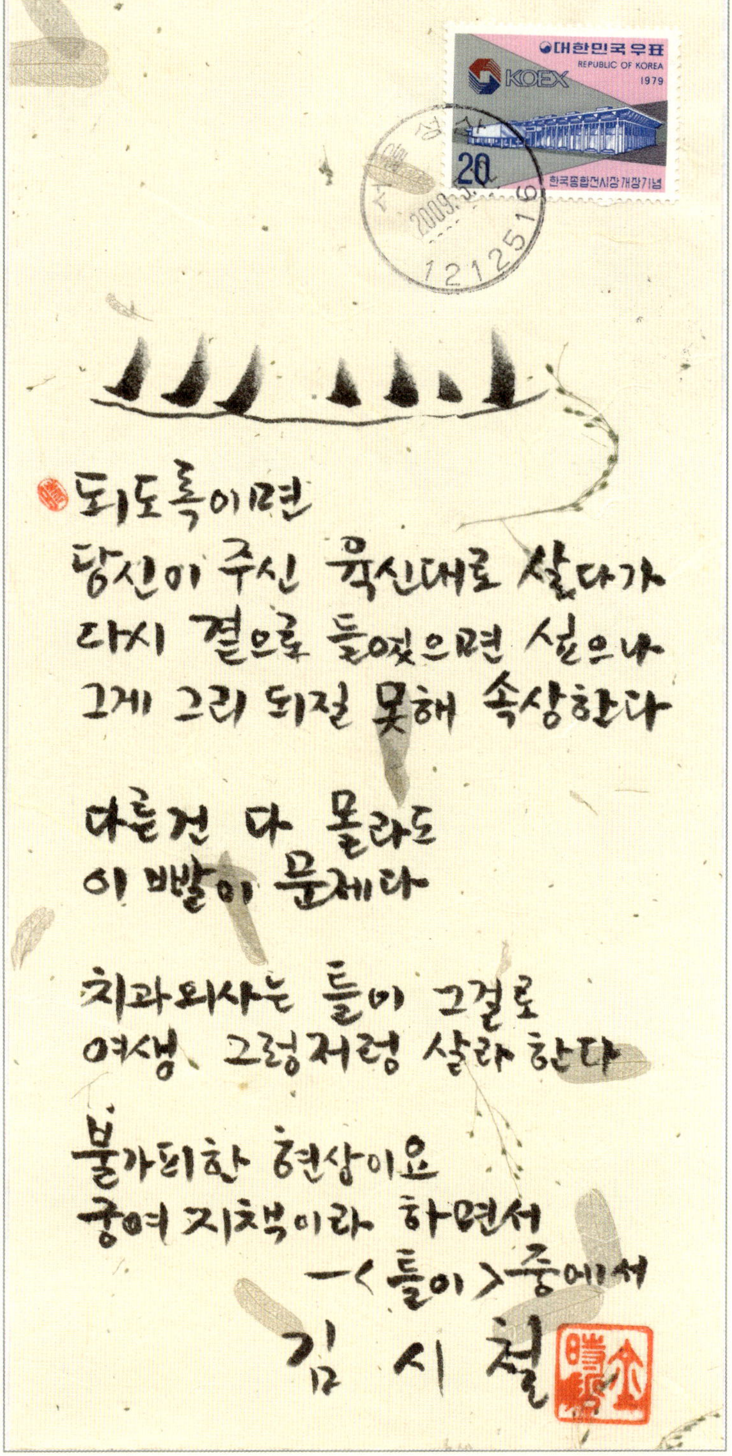

되도록이면
당신이 주신 육신대로 살다가
다시 곁으로 들였으면 싶으나
그게 그리 되질 못해 속상한다

다른건 다 몰라도
이 빨이 문제다

치과의사는 틀이 그걸로
여생 그럭저럭 살라 한다

불가피한 현상이요
궁여지책이라 하면서

—〈틀이〉중에서

김시철

김양숙 시인

김양숙(金良淑) 시인 : 제주도에서 1952년에 출생했으며, 1990년 「문학과 의식」으로 등단하였다. 방송통신대를 마쳤고, 제2회 서울시인상을 수상했다.

시집으로 <지금 뼈를 세우는 중이다>가 있으며, 한국문인협회, 현대시인협회 회원으로 활동 중이다.

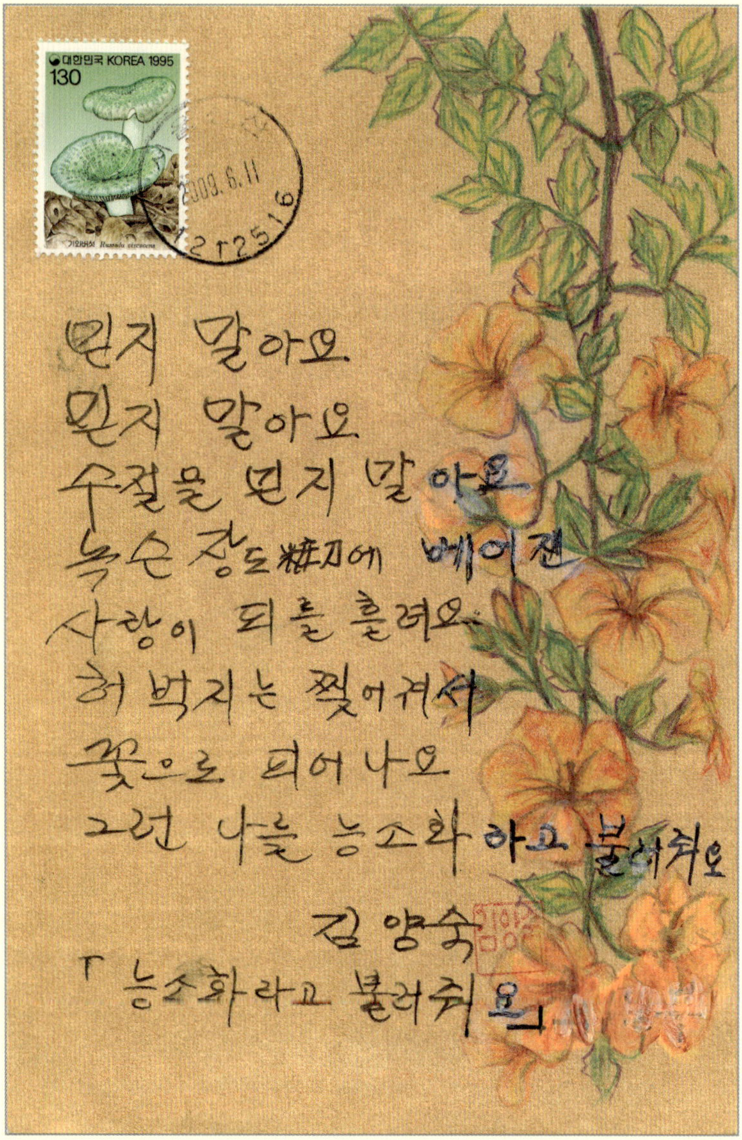

믿지 말아요.
믿지 말아요.
수절을 믿지 말아요.
녹슨 장도(粧刀)에 베어진
사랑이 되돌아와요.
허벅지는 찢어져서
꽃으로 피어나오
그런 나를 능소화하고 불러줘요

김양숙
「능소화라고 불러줘요」

김양식 시인

김양식(金良植) 시인 : 1931년 서울에서 출생했다. 이화여대 영문학과를 거쳐 동국대 대학원 인도철학과를 수료했다. 현재 韓印문화연구원 원장이며 저서로는 시집 <정읍후사> 등 10여 권이 있다. 한국현대시인상, 세계시인대회상, 펜문학상, 세계뮤즈상, 인도 파트다 슈쥐문화 훈장 등을 수상했다.

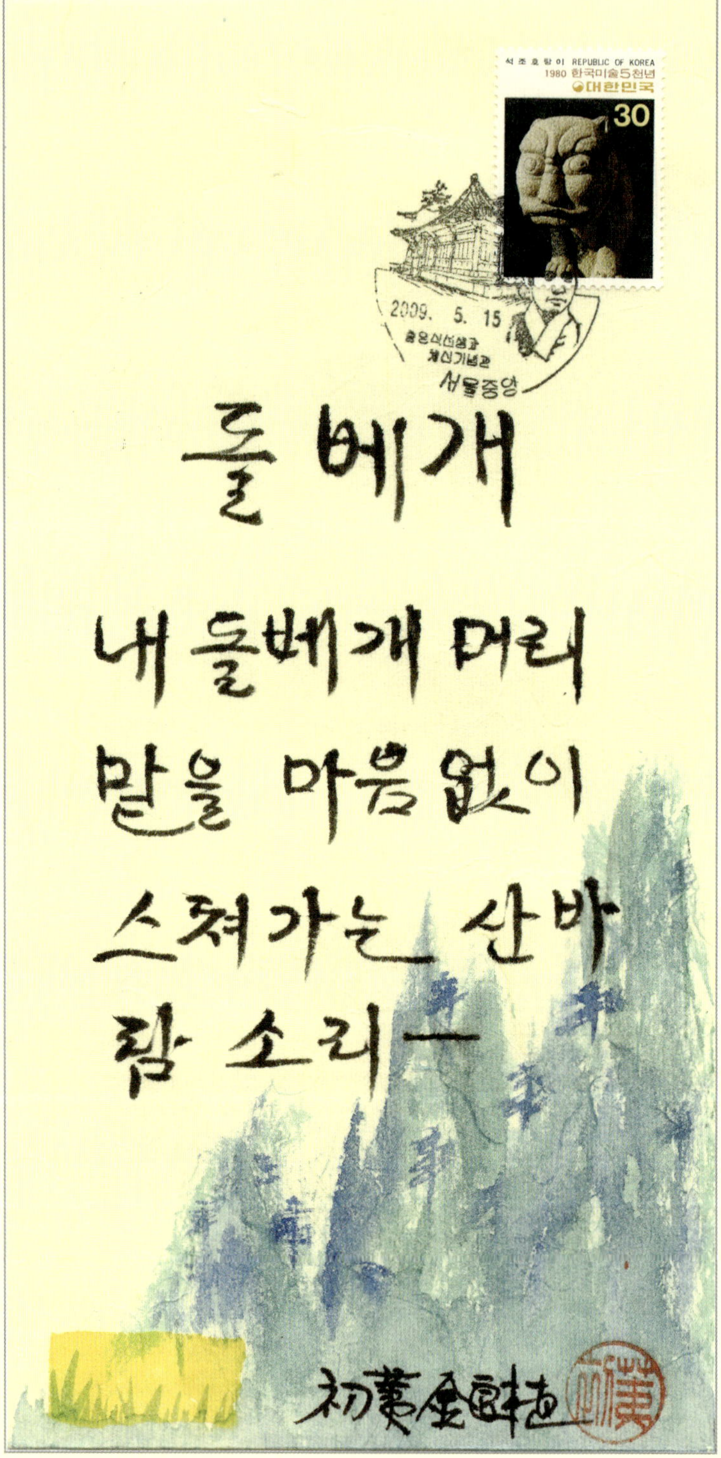

돌베개

내 돌베개 머리
말을 마음없이
스쳐가는 산바
람 소리—

날마다

날마다 고이
합장하는 마음은
그대로 향기로운
연꽃이어라

김여정 시인

김 여정(金汝貞) 시인 : 경남 진주 출생. 성균관대 국문과, 경희대 대학원 국문과 졸업. 1968년에 「현대문학」으로 등단하였고, 저서로는 시집 <화음>, <바다에 내린 햇살>, <겨울새>, <낡으는 잠>, <어린 神에게>, <해연사>, <사과들이 사는 집>, <봉인 이후>, <내안의 꽃길>, <초록 묵시록>, <눈부셔라, 달빛> 등 12권, 시선집으로 <레몬의 바다>, <그대 꿈꾸는 동안>, <흐르는 섬> 등, 시해설집 <현대시의 이해와 감상>, <별을 쳐다보며> 등.

시 전집 <김여정 시전집>, 수필집 <고독이 불탈 때>, <너와 나의 약속을 위하여>, <오늘은 언제나 미완성> 등.

대 한민국문학상, 월탄문학상, 한국시협상, 공초문학상, 남명문학상, 동포문학상, 성균문학상, 정문문학상, 시인들이 뽑은 시인상 등을 수상했다. 국제펜클럽 한국본부 이사, 한국시인협회 자문위원, 한국여성문학인회 자문위원, 한국문인협회 회원, 한국가톨릭문인회 고문, '청미(靑眉)' 동인, '시정신' 동인.

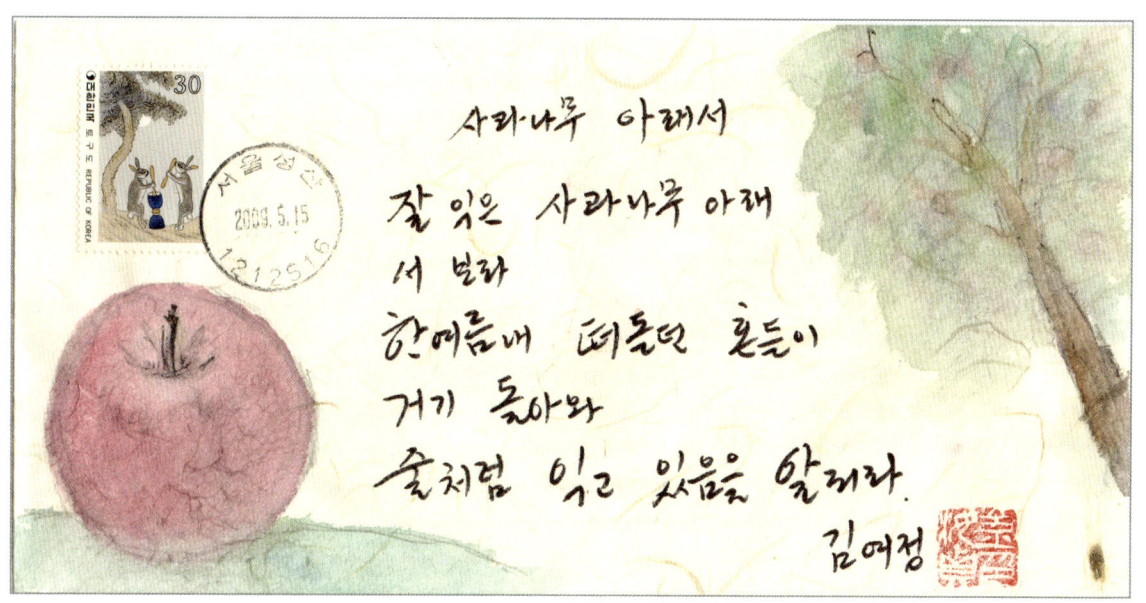

사과나무 아래서

잘 익은 사과나무 아래
서 보라
한여름내 떠돌던 흔들이
거기 돌아와
술처럼 익고 있음을 알게라.
　　　　　　　　김여정

김영자 화가

김영자(金英子) 화가 : 홍익대학교 서양화과 졸업. 개인전 아트앤컴퍼니 기획초대전(신한아트홀, 2009) 외 23회, 단체전 홍익여성작가회전(2006), 한일 국제회화교류전(일본, 고베, 2006), 제7,8회 상해 국제아트페어(2004,2005), 한국여류화가회 30주년 기념전(예술의 전당, 2002), 여류화가회전(1994), 한러초대작가 교류전(러시아), 서울국제현대미술제(국립현대미술관,1993), 한민족 여성문화교류전(중국,1992) 현대작가 초대전 출품(조선일보사 주최, 국립현대미술관, 서울 ,1963)외 다수.

한국여류화가회 회장, 홍익여성작가회 회장, 한국미술협회 서양화 제2분과 위원장 역임, 현재 한국미술협회 자문의원, 홍익여성작가회 고문, 한국여류화가회, 상형전 회원.

김영자

김영주 화가

김 영주(金泳珠) 화가 : 홍익대학교 대학원 동양화과를 졸업한 후, 2006년에 21세기예술가상(大賞)을 수상했다. 2007년 조선화랑에서 초대개인전과 2008년 롯데화랑에서 초대개인전을 했다. 수십회의 국내외 단체그룹전에 참가한 바 있으며 2009년엔 스위스 취리히-볼테르카바레에서 한국 최초로 기획 '초월-동방의 빛' 展에 초대 작품발표, 2008년 스위스 취리히 국제아트페어에 참가했고, 한국 국제아트페어(KIAF)에 참가, 2007년 평론가가 선정한 '한국미술의 신성(新星)' 展에 초대되었고, 자유정신 미술동인의 일원으로 '성리학과 한국의 넋'展을 연 바 있다.

최 근 중국 베이징의 'Young Generation Artists Korea'展에서 크게 호평을 받으며 작가로 활동 중.

김영호 화가

김영호(金榮好) 화가 : 1953년 충남 공주에서 출생하였고, 공주교육대학 졸업(1973년), 순천향 대학교 대학원을 졸업(2000년)했다. 현재 충남 아산시 모산초등학교에 미술교사로 근무 중이며 온양일요화가회 총무로 온양 화단에서 활동 중이다.

김영호

김옥엽 시인

김옥엽(金玉葉) 시인 : 1949년 부산 출생으로 수원신대, 총회신학교 신학과 졸업, 중앙대 예술대학원 문예창작과정을 수료하였으며 88년 「동양문학」당선 「시조문학」추천으로 문단에 나온 후 한국문협과 국제펜클럽, 여성문학인회, 크리스천 시인협회 등의 회원으로 또 순수문학인협회 상임이사로 활동하고 있다. 「여백」,「갈채」시 동인이며 저서로 <파아란 울음의 부피> 외 20여 권의 공저가 있다. 제5회 영랑문학상과 제11회 크리스천 문학상을 수상하였다.

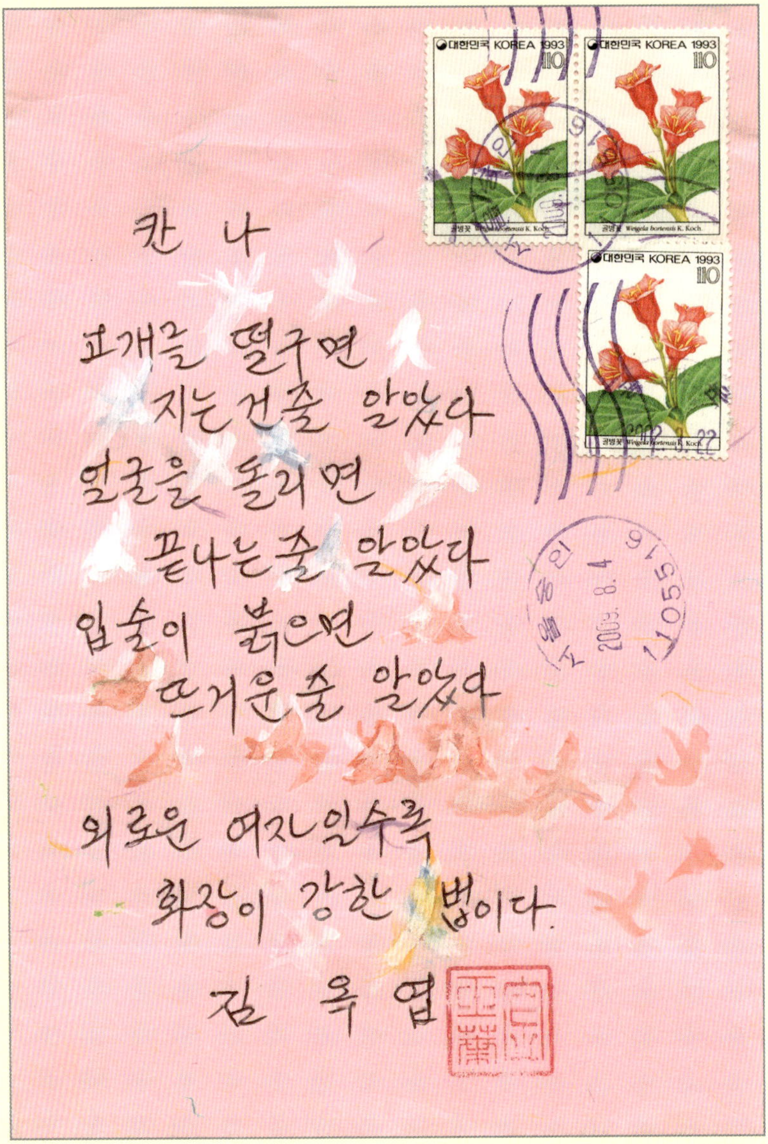

칸나

고개를 떨구면
 지는 건 줄 알았다
얼굴을 돌리면
 끝나는 줄 알았다
입술이 붉으면
 뜨거운 줄 알았다

외로운 여자일수록
 화장이 강한 법이다.

김옥엽

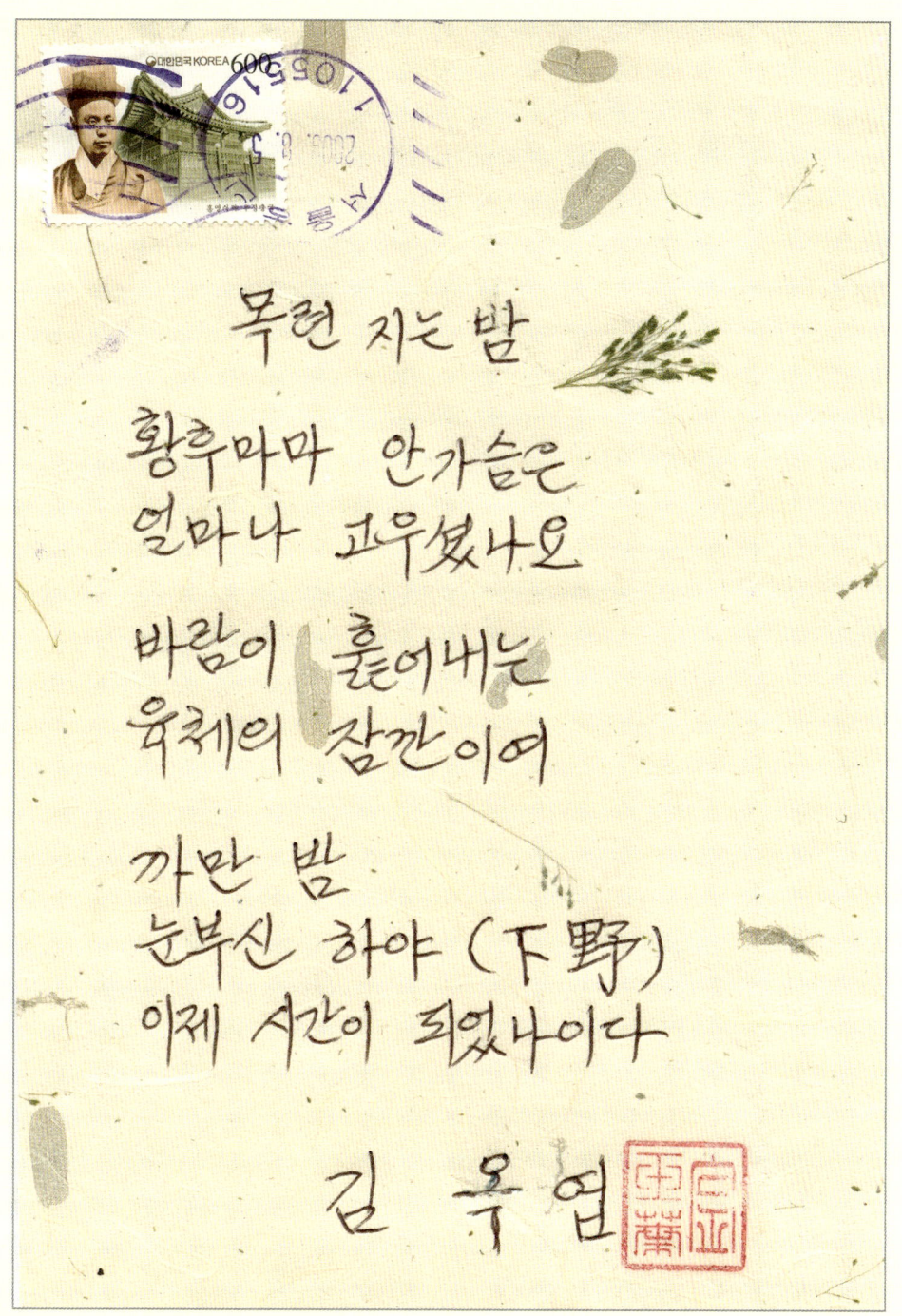

김용철 화가

김용철(金容哲) 화가 : 1949년 출생. 강화에서 성장하여, 서울에서 중고등학교를 마치고, 홍익대학교 미술대학 서양화과와 동 대학원을 졸업하였다. 국내외에서 여러 차례의 개인전과 단체전, 초대전을 가졌으며, 현재 홍익대학교 미술대학 회화과 교수로 있다.

작가는 대학 졸업 때 한 GROUP-X 창립 전 이후, 1970년부터 1980년 초까지 주로 사진매체로 제작한 시대 비판적인 회화 작업을 발표했다. 84년 개인전 이후로는 사랑의 상징인 하트의 형태를 광범위하게 등장시키며 '희망과 평화의 메시지'를 전한다. 그림은 인간에게 행복을 주는 역할을 해야 할 것을 강조하였다.

1990년대 이후 오늘날 한국 사회가 갈망하는 세계화 속에서 작가는 오히려 한국의 정체성의 문제를 들고 나와, 옛 그림의 소재와 주제를 현대적 방법으로 모색하였다. 전통적 도상들 즉 모란그림과 매화 그리고 한 쌍의 새가 있는 화조도, 수탉과 작가의 고향인 강화도의 자연 환경 등을 통해 가정의 행복, '부부 화합'과 같은 대중과 쉽게 소통할 수 있는 일상적이고 보편적인 모티브를 모아 명쾌한 시각언어로 재구성함으로써 현대적 방법론을 찾고자 하였다.

결국, 작가가 원한 것은 시대가 흘러도 변하지 않는 우리 정서와 삶의 메시지인 전통적 이미지들을 오늘의 세대로 전승하고자 하는 노력인 것이다.

김용철

김월산 화 가

김 월산(金月山) 화가 : 자연이 좋아서 친구들과 소풍 삼아 들로 바다로 강아지처럼 돌아다니다 보니 꽃과 나무들을 많이 접하게 되면서 그림을 그리기 시작하게 되었다. 꽃을 주제로, 채색과 아크릴로 표현.

대 한민국, 현대미술대전(최우수상), 여성미술공모전 (금상, 동상), 서화작가 협회(우수상). 개인전(인사아트 프라자), 목우회 공모전, 미술평론사(특선), 명인전, 회화대상전(특선), 각종 공모전에서 수상.

현 재 한국미협 전업작가, 창석회, 구상회 회원으로, 현대여성미술협회, 위원장으로 활동 중이다.

94 까네 육필 시화집

김월한 시인

김월한(金月漢) 시인 : 1934년 경북 문경 동로 출신으로 전국시조공모전으로 국회 의장 상(1971)을 수상. 조선일보 신춘문예 시조 당선으로 문학활동을 시작.

시조집 <솔바람 소리>, <다시 수유리에서>, <대추나무 四季> 등이 있고 평설집 1,2권. 수필집 등 다수가 있으며 제7회 현대시조문학상을 수상한 바 있다. 현재 한국문협, 펜클럽, 한국시조협회원으로 작품 활동을 계속하고 있다.

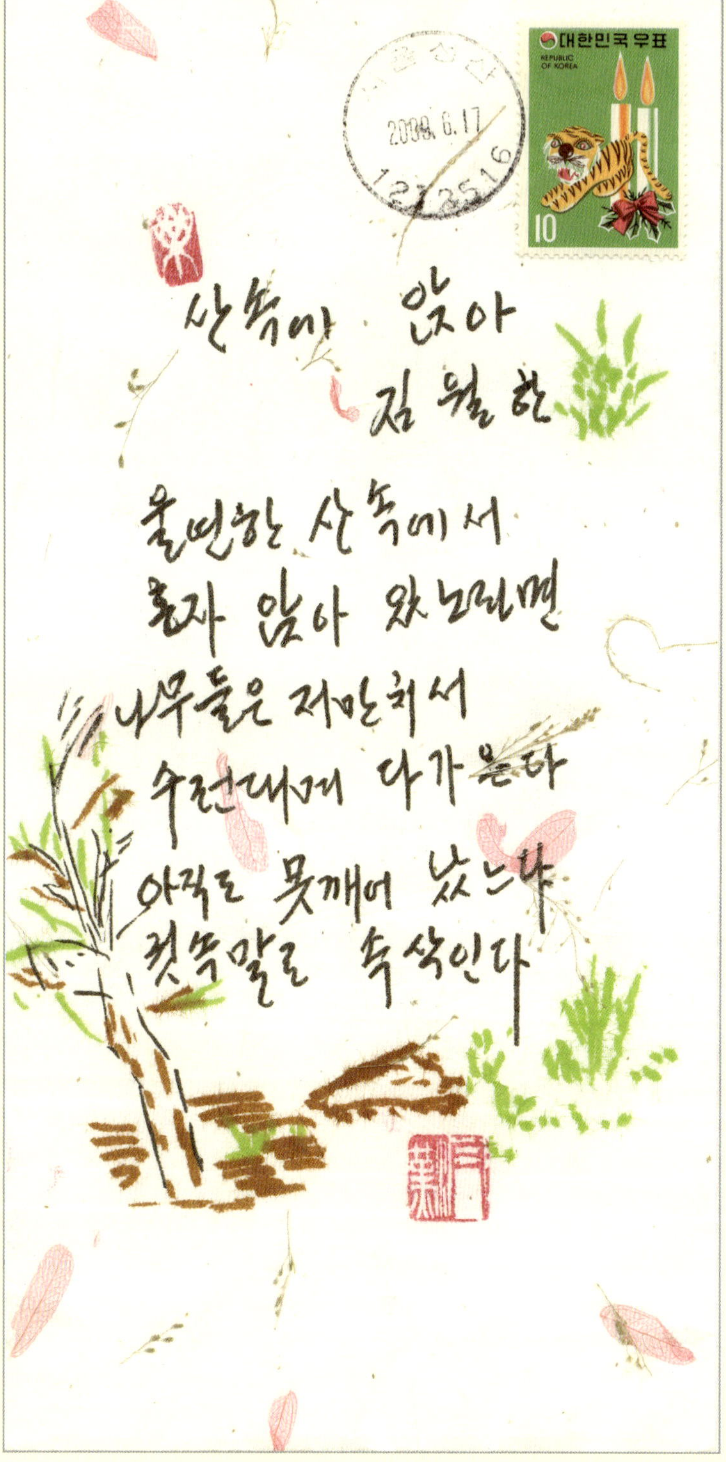

산속만 앉아 — 김월한

울먼한 산속에서
혼자 앉아 있노라면
나무들은 저만치서
수런대게 다가온다
아직도 못깨어 났느냐
귓속말로 속삭인다

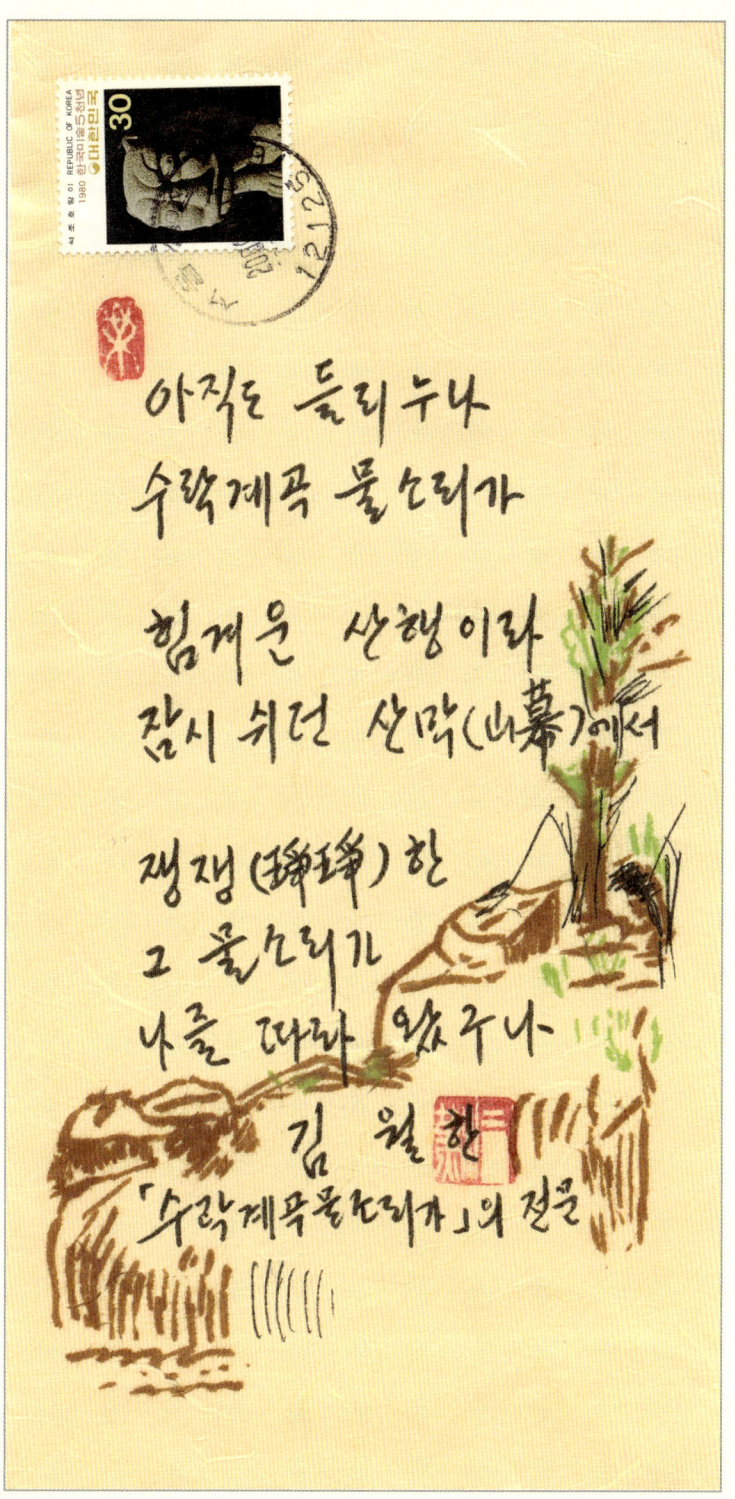

김 자 현 시인

김자현(金慈顯) 시인 :
기다려도 전방위로 묶인 포박을 풀어줄 사람은 보이지 않았다.
가을은 문턱을 두드릴 위기에 있고,
나는 연미복을 입은 창백한 사내가 내민
찬 손을 거절키 어려워
그의 붉은 입술에서 나온 검은 혀와 키스를 한다.
화인과 화인이 찍힌 몸은 타들어가고
포승에서 풀려 난 나는 춤을 추고 또 춤을 출 것이다.
팔랑대는 나비처럼 잡힐 듯 말듯, 빠른 템포로
혹은 우아하게 아니면 볼레로처럼 장중하게……
하루하루의 절명을 유보하기 위한 나의 날개짓 사이로
무성하게 자란 한해살이 들풀이
내 터를 넘실대며 넘보는 들판에서
가을을 맞은 살아있는 것들과 모두 모여 춤을 춘다
死의 祭典에서 죽음의 건반을 누르며
보일듯 말듯 날아오르는 신생의 춤사위.
「문학과 의식」으로 문단에 등단한 후.
2001년에 <화살과 달>(시집) 아래서
2002년 수필집 <고독한 벽화>에 조명을 달아
2006년 장편 해양 소설 <태양의 밀서>를 들고 운명이 아닌
숙명의 날개짓은 하늘의 눈을 찌른 사내와 악수를 한채 계속되고……

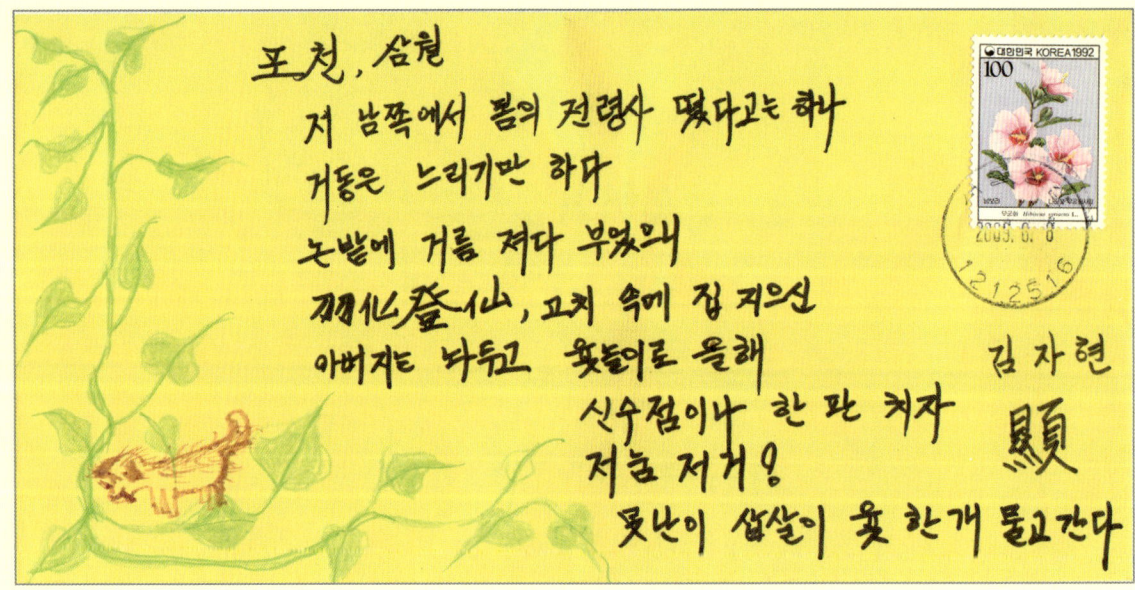

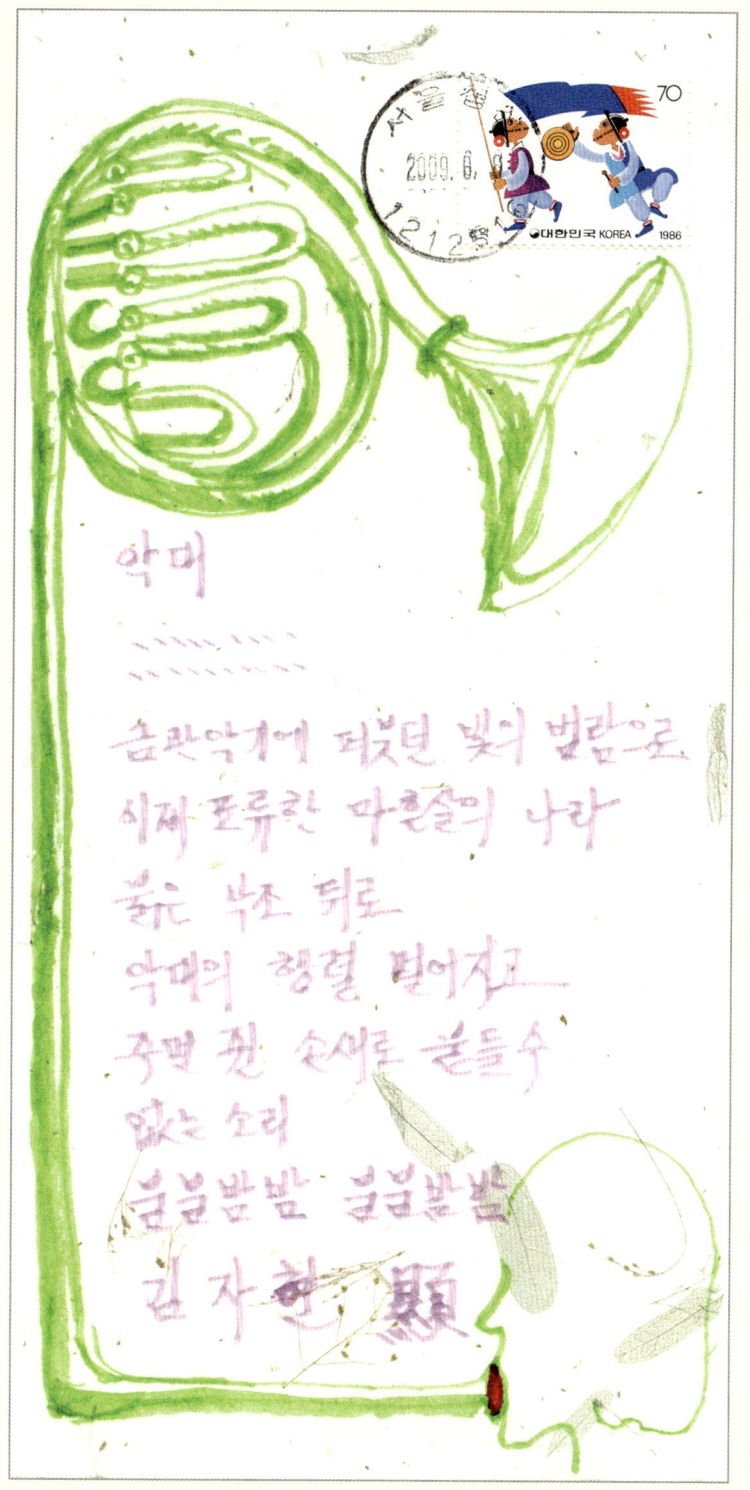

김재권 화가

김재권(金在權) 화가 : 1945년생으로, 파리조형예술학교 조형표현전공을 졸업하고 이어서 프랑스 국립, 파리제8대학교 조형예술학부를 졸업, 동교에서 D.E.A (조형예술학 초급박사 학위) 및 조형예술학 박사 (프랑스 정부 정규박사)학위를 취득하였다. 경희대학교 예술대학 겸임교수를 역임했고, 건국대, 인천대, 군산대, 협성대 등에서 현대미술 이론과 실기를 강의했다. 현재는 단국대 대학원과 예술의 전당 아카데미에서 미술이론과 실기를 강의하고 있다. 작품 활동으로는 1985년 8월 15일 남산타워에서의 「레이저이벤트」를 비롯하여 평면, 입체, 설치, 영상 등 총 15회의 개인 작품을 파리, 서울, 북경에서 발표한 바 있다. 그리고 1980년 「영국국제회화제」를 비롯하여 총 400여 회의 국제전 및 국내외 단체전에 작품을 출품한 바 있다. 「81 생제르망데프레스페인국제」에서 유럽예술가상을, 「81 프랑스 꿀뢰르 오쥬르디」 국제전에서 영예상을 수상한 바 있고, 파리오디오비쥬얼화랑 상설작가로 작품활동을 했으며, 대한민국미술대전 심사위원을 역임한 바 있다.

김세권

김제현 화가

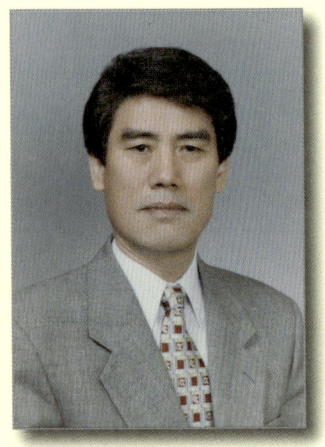

김제현(金濟鉉) 시인 : 1939년 전남 장흥 출생, 1960~63년 조선일보 신춘문예 및 「현대문학」 천료로 등단. 경희대학교 국문학과 졸업 및 동대학원 수료(문학박사).

시조집으로 <동토(凍土)>, <무상의 별빛>, <백제의 돌>외 다수가 있으며, 저서로는 <시조문학론>, <사설시조 문학론>, <현대시조 평설>, <현대시조 작법> 등이 있다. 가람시조문학상, 중앙일보 제정 중앙시조대상, 조연현 문학상(평론), 한국시조대상 등을 수상하였고, 경기대학교 교수 및 교육대학원장을 역임하였다. 현재 「시조시학」 발행인과 가람기념사업회 회장을 맡고 있다.

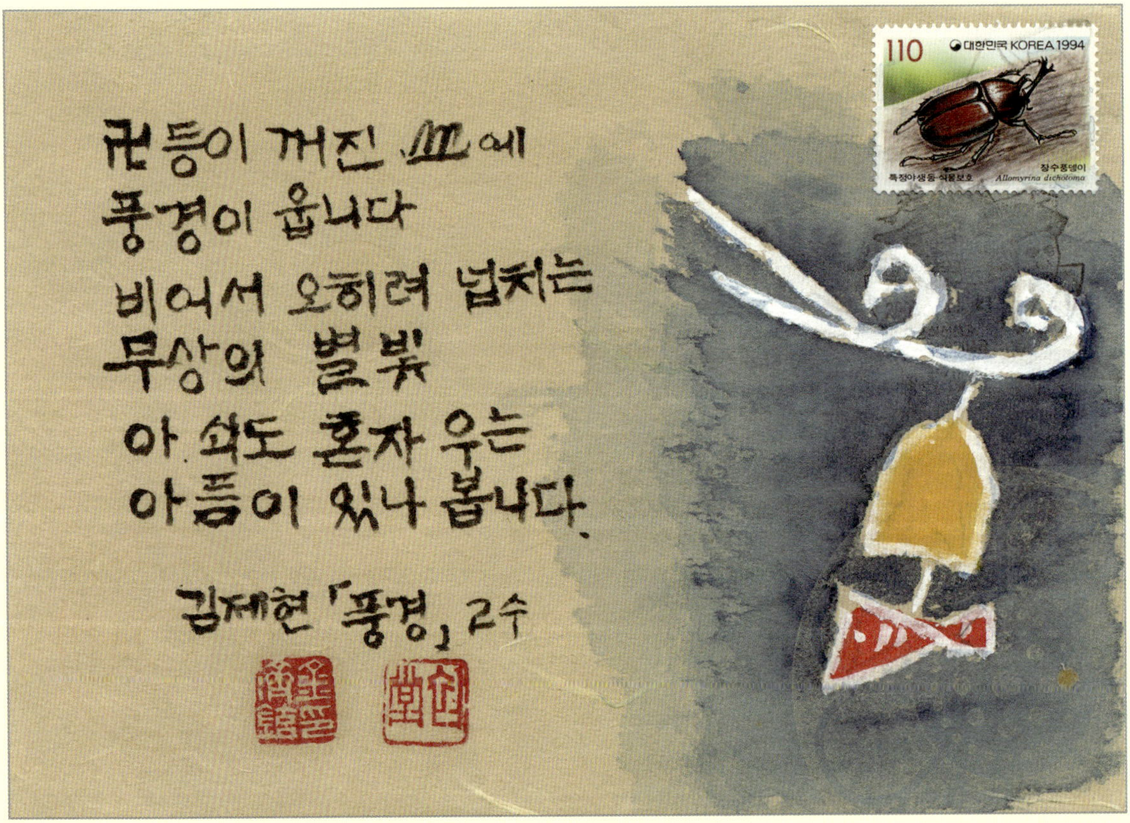
110
대한민국 KOREA 1994
특정야생동·식물보호
장수풍뎅이
Allomyrina dichotoma
큰등이 꺼진 山에
풍경이 웁니다
비어서 오히려 넘치는
무상의 별빛
아. 쇠도 혼자 우는
아픔이 있나 봅니다.
김제현 「풍경」 2수

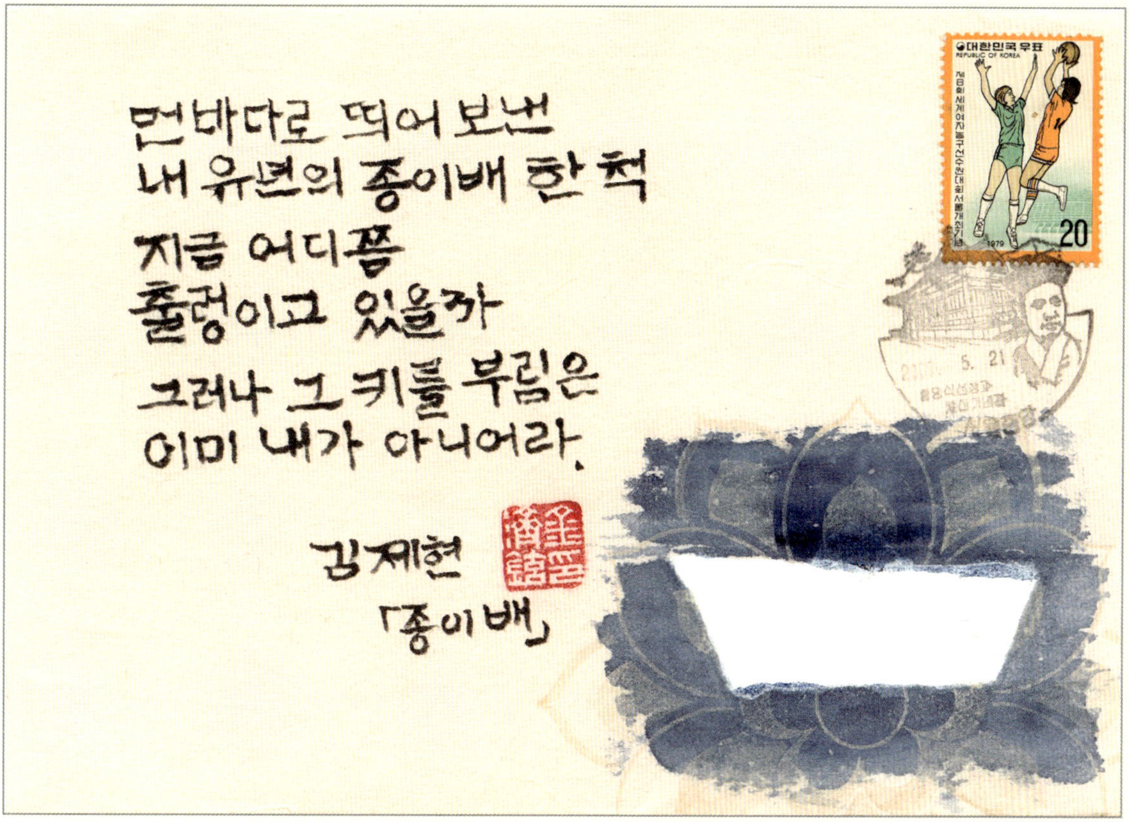

먼바다로 띄어 보낸
내 유년의 종이배 한 척
지금 어디쯤
출렁이고 있을까
그러나 그 키를 부림은
이미 내가 아니어라.

김제현
「종이배」

김종상 화 가

김종상(金鐘相) 화가 : 동국대학교 교육대학원 미술교육 전공, 1976년 국전 입선. 1976~8년 목우회 공모전 3회 특선. 개인전 23회(서울, 대구, 스위스, 일본 등), 각종 국제전에 참가, 대한민국 미술대전 심사위원, 신사임당 미술대전 심사위원 역임.

현재 싸울회 창립 상임위원, 분당작가협회 자문위원, 내설악예술위원회 자문위원.

김지향 시인

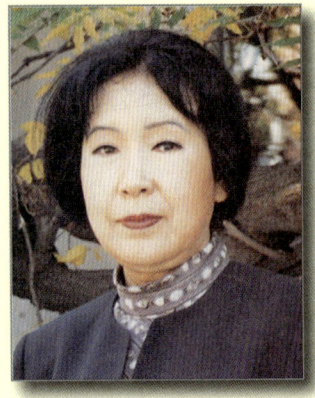

김지향(金芝鄕) 시인 : 경남 양산에서 성장했으며, 홍익대 국문과와 단국대 대학원 문학박사를 거쳐 서울여자대학 대학원에서 문학박사 학위를 받았다. 한양여자대학 문예창작과 교수, 한국여성문학인회 회장, 한국크리스천문학가협회 회장 등을 역임했다. 1954년 「태극신보」에 '시인 R에게'와 '조락의 계절' 등을 발표하고 1956년 첫 시집 <병실>을 발간했으며 1957년 시 '산장에서'를 「문예신보」에 시 '별'을 「세계일보」 등에 발표하면서 활동을 시작했다. 첫 시집 <병실> 등 24권의 창작시집이 있으며 기타 <김지향 시전집(20권 합본)>, 대역시집으로 <A Hut in a Grove(숲속의 오두막집)>와 에세이 집 <내가 떠나보낸 것들은 모두 아름답다> 등 6권과 시론집 <한국현대여성 시인연구> 등이 있다. 제1회 시문학상, 대한민국문학상, 한국크리스천문학상, 세계시인상, 제1회 박인환문학상, 윤동주문학상 등 문학상을 수상. 국제펜클럽 한국본부 자문위원, 한국시인협회 자문위원, 계간 <한국크리스천문학> 발행인 겸 주간 등을 맡고 있다.

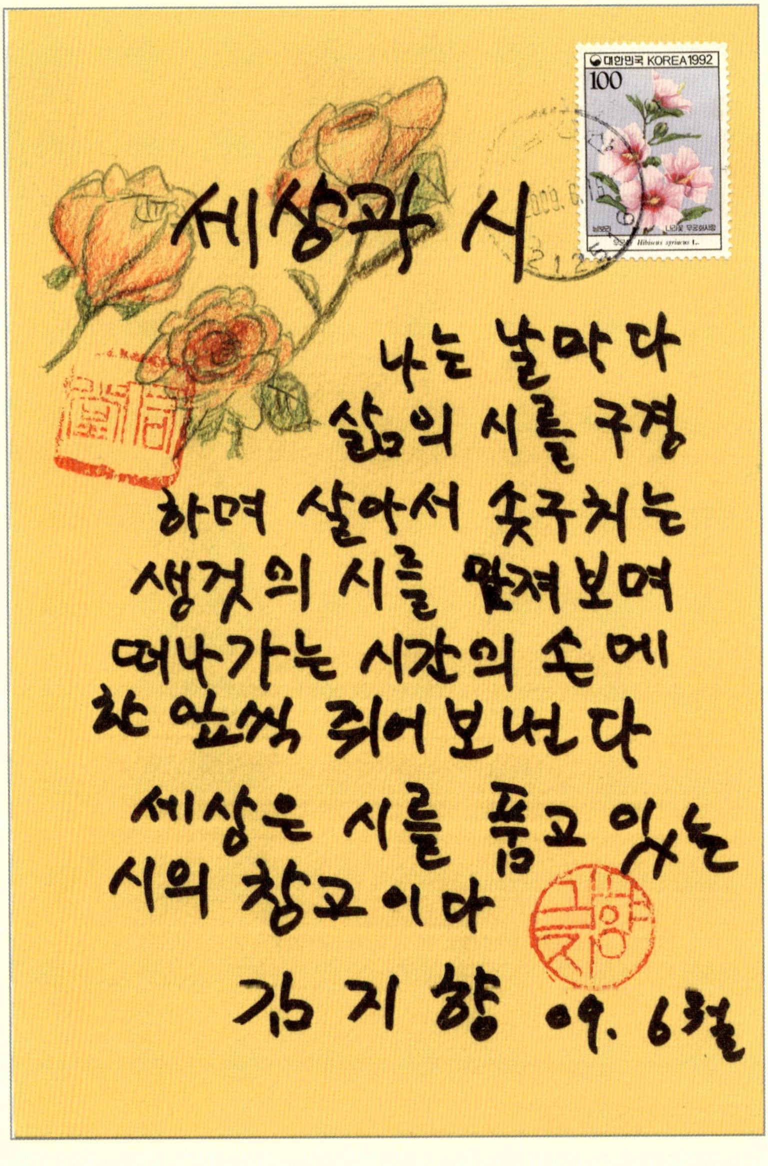
대한민국 KOREA 1992
100
Hibiscus syriacus L.
세상과 시
나는 날마다
삶의 시를 구경
하며 살아서 솟구치는
생것의 시를 만져 보며
떠나가는 시간의 손에
한 잎씩 쥐어 보낸다
세상은 시를 품고 있는
시의 창고이다
김지향 09. 6월

김초혜 시인

 초혜(金初蕙) 시인 : 1943년 서울에서 출생. 1965년 동국대 국문과를 졸업. 1964년에 「현대문학」지를 통해 시단에 등단하였으며 동구여상 교사, 육군사관학교 강사직을 역임했다. 1984년에 첫 시집 <떠돌이 별>을 출간했고 이 책으로 한국문학상을 수상했다. 1985년에 시집 <사랑 굿>을 출간. 한국시인협회상을 수상했고, 2008년에는 <마음 화상>으로 정지용문학상을 받기도 했으며 시집 2권이 프랑스 아르마땅 출판사에서 발간되기도 했다.

어머니

한몸이었다
서로 갈려
다른 몸 되었는데

주고 아프게
받고 모자라게
나뉘일 줄
어이 알았으리

쓴 것만 알아
쓸 줄 모르는 어머니
단 것만 익혀
단 줄 모르는 자식

처음대로
한몸으로 태어나
서로 바꾸어
태어나면 어떠하리

김초혜

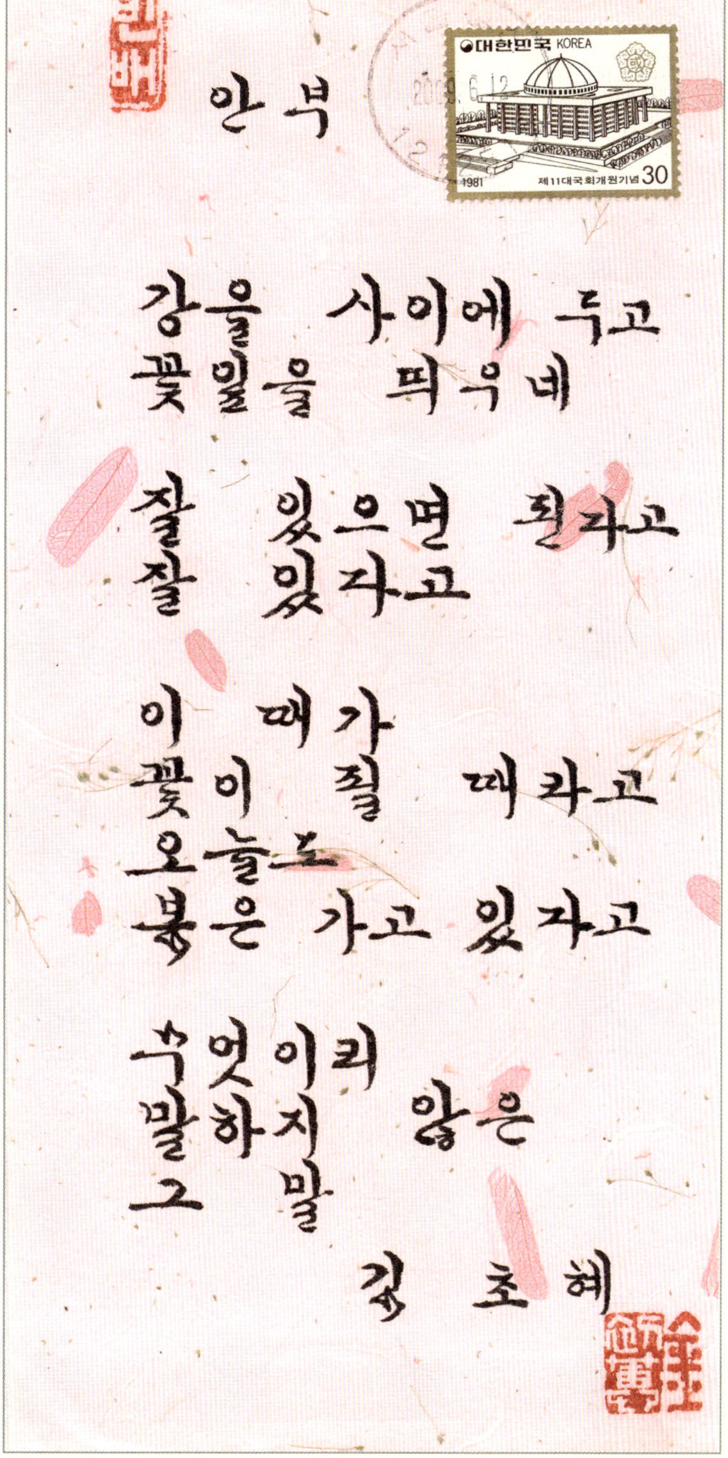

대한민국 KOREA
1981
제11대국회개원기념 30
안부
강을 사이에 두고
꽃잎을 띄우네
잘 있으면 된다고
잘 있다고
이 때가
꽃이 질 때라고
오늘도
봄은 가고 있다고
무엇이라
말하지 않은
그 말
김초혜

김태정 화가

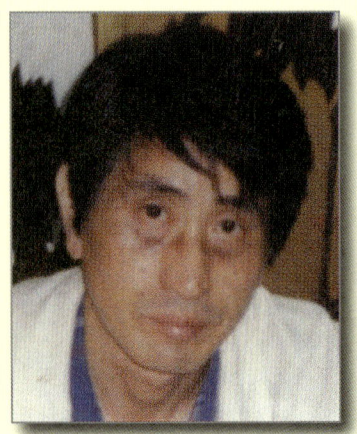

김 태정(金泰政) 화가 : 개인전 8회(서울, 동경, 오사카, 미국 LA, Utha 등), 진채화 3인전, 채색화 10인 초대전(롯데미술관, LA), 창조회 1회~12회, 춘추회 3회~15회, 일본 신원전 초대전, 몽골 스케치 여행전(SBS TV 주최-2001), 미국 유타 주립대학 초대전(트웨인 티켓 갤러리-2007), 대한민국 미술대전 심사위원, 롯데미술관장 역임(1987~2002), 생활과 예술사이에서(인사갤러리 초대전-2009), 겸재미술관 개관전 출품(2009).

현 재 한국미술협회 미국서부지회장, 창조회, 신원회 회원, LA블루웨이브 갤러리 대표.

김태녕

김해성 시인

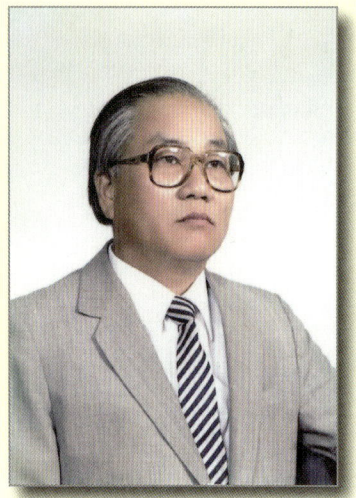

김해성(金海星) 시인 : 1935년 전남 나주 태생. 전주고와 경희대학, 대학원 졸업 후 동국대 대학원에서 문학박사를 받고, 서울대 신문대학원 수료. 대전대(현재 한남대) 조교수와 서울여대에서 정년퇴직 후 대불대에서 2006년 8월까지 근무하고 퇴직. 서울여대 대학원장, 대불대 대학원장 겸 보건대학원장을 지냈다. 한국시조시인협회장, 한국문인협회 부이사장, 펜클럽 이사 등을 지냈다.

시집으로는 <김해성 시전집>, <영산강> 외 31권이 있고, <한국현대시사>, <한국현대시인론>, <현대시 원론>, <현대시 작법> 등 16권을 간행하였다. 현재 「월간 한국시」지를 21년간 발행하고 있다.

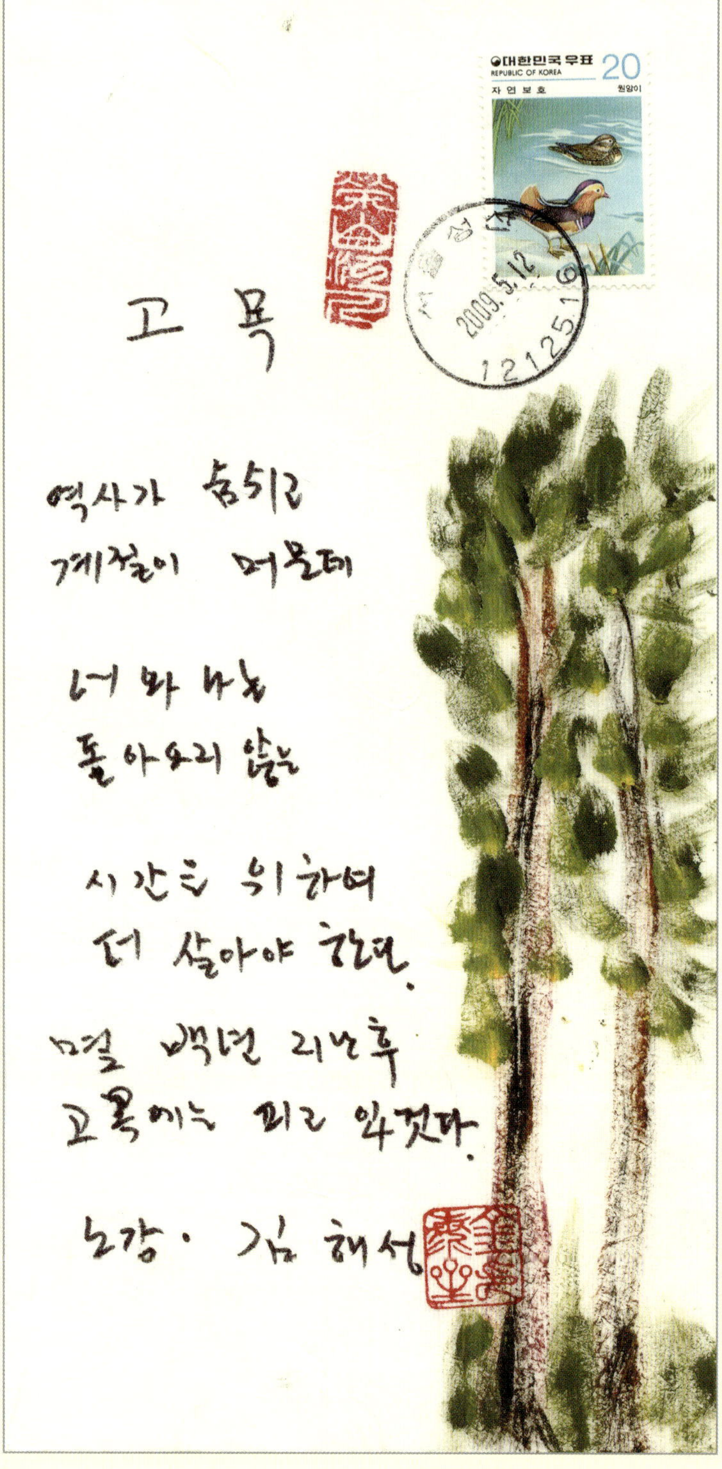
대한민국 우표 20
REPUBLIC OF KOREA
자연보호
원앙이
2009.5.12
121251
고목
역사가 숨쉬고
계절이 머물며
너와 나는
돌아오지 않는
시간을 위하여
더 살아야 한다.
몇 백년 지난후
고목에는 피고 있겠다.
노강 · 김해성

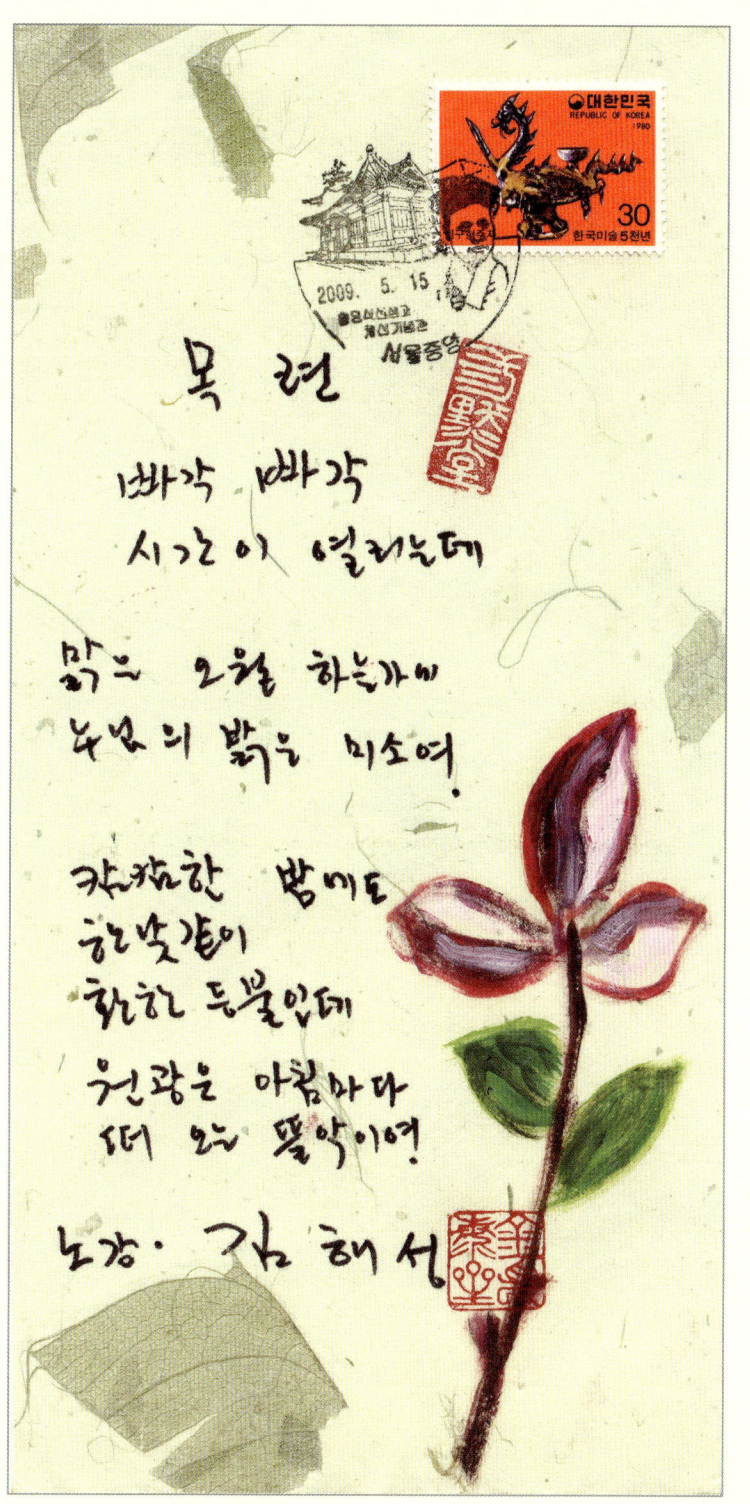

김혜린 화가

김혜린(金慧麟) 화가: 강릉에서 태어나 1983년 이화여자대학교 미술대학 동양화과를 졸업하였다. 1993년~2009년까지 국내외 개인전 9번을, 한국정서와 종교적 신념을 바탕으로 전시마다 주제가 있는 전시였다.

또한 미국 시카고와 뉴저지, 뉴욕, 인도, 프랑스, 태국, 러시아, 일본, 베트남 등 국제적 문화 수교 행사 전시에 참여하였으며 국내외 그룹전 120여회 출품하였다.

김혜린

김호걸 화가

김호걸(金虎杰) 화가 : 1934년 경북 영주 출생. 1957년 서울대학교 미술대 회화과를 졸업했다. 대한민국 미술대전, 서울시 미술대전, 불교문화 예술대전 등의 심사위원과 국전 운영위원 등을 역임했다. 1976년 문예진흥원에서 첫 개인전을 개최한 이래 일곱차례의 개인전과 국전 외 다수 단체전에 출품했다.

116 까네 육필 시화집

김호걸

김홍규 서예가

김홍규(金弘逵) 서예가 : 1936년 경북 상주에서 출생. 경북대학 사범대학 졸업. 여초 김응현 선생(서예)과 일랑 이종상 선생(문인화) 사사. 1971년에 동방연서회 입회. 국전과 여러 미전에서 입선. 현재 국제서법예술연합회 한국본부 자문위원이며 대한민국 서예문인화 원로총연합회 회원. 생활참선 석천선원 지도사범.

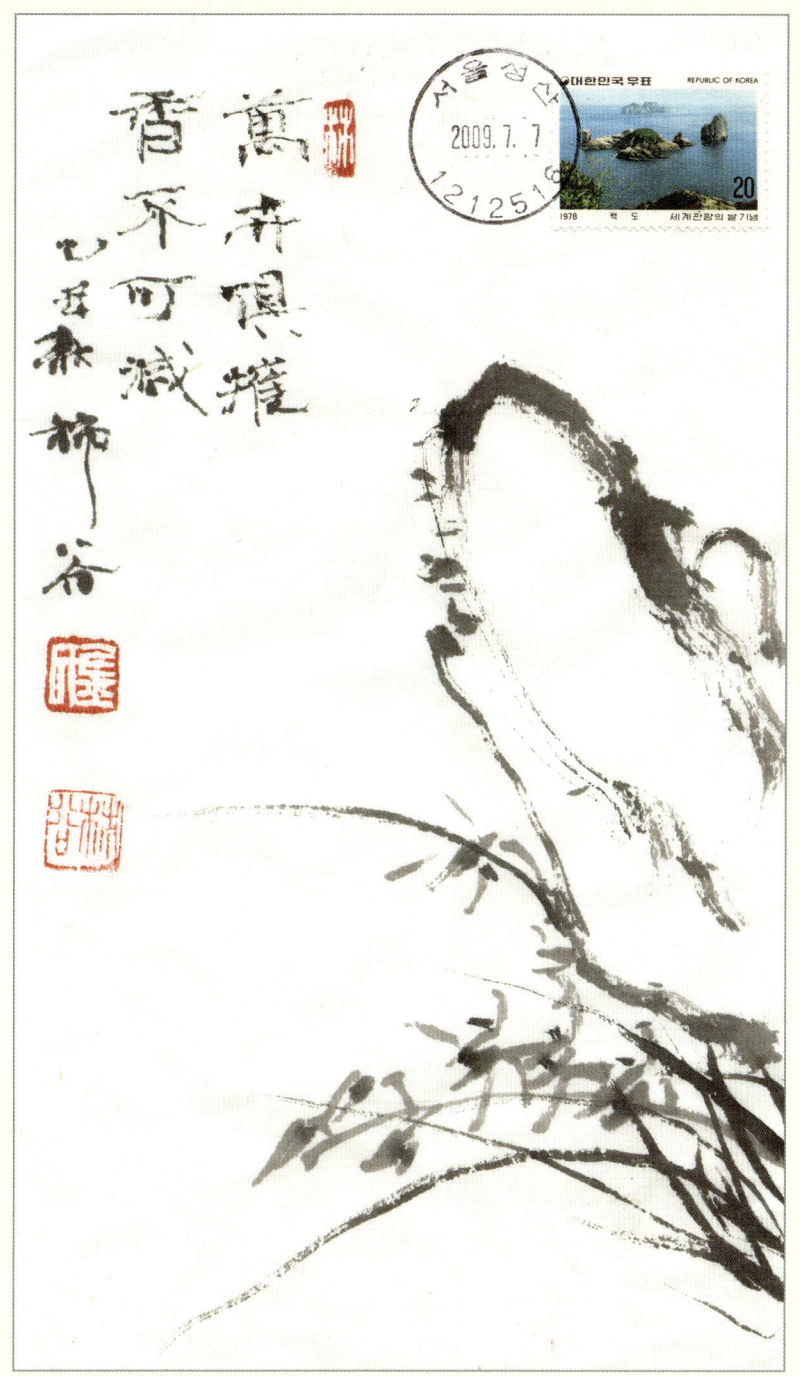

김후란 시인

김후란(金后蘭) 시인 : 서울 태생(1934년), 본명 김형덕, 서울사범대학 가정과 중퇴, 한국일보, 서울신문, 경향신문 문화부 기자를 거쳐 부산일보 논설위원, 한국여성개발원 원장, 여성정책 심의위원회, 한국방송공사, 문화방송 이사 등 역임.

「현대문학」(1960년)에 신석초 선생의 추천으로 등단, '청미' 동인으로 활동. 시집 <장도와 장미>, <사람 사는 세상에>, <우수의 바람>, <따뜻한 가족>, <세종대왕>, <눈의 나라 시민이 되어>(서문당) 등 10권의 시집과 산문집 다수.

현 대문학상, 월탄문학상, 한국문학상, 펜문학상 등 수상.

현재 '문학의 집-서울', 생명의 숲 가꾸기 국민운동 이사장 등.

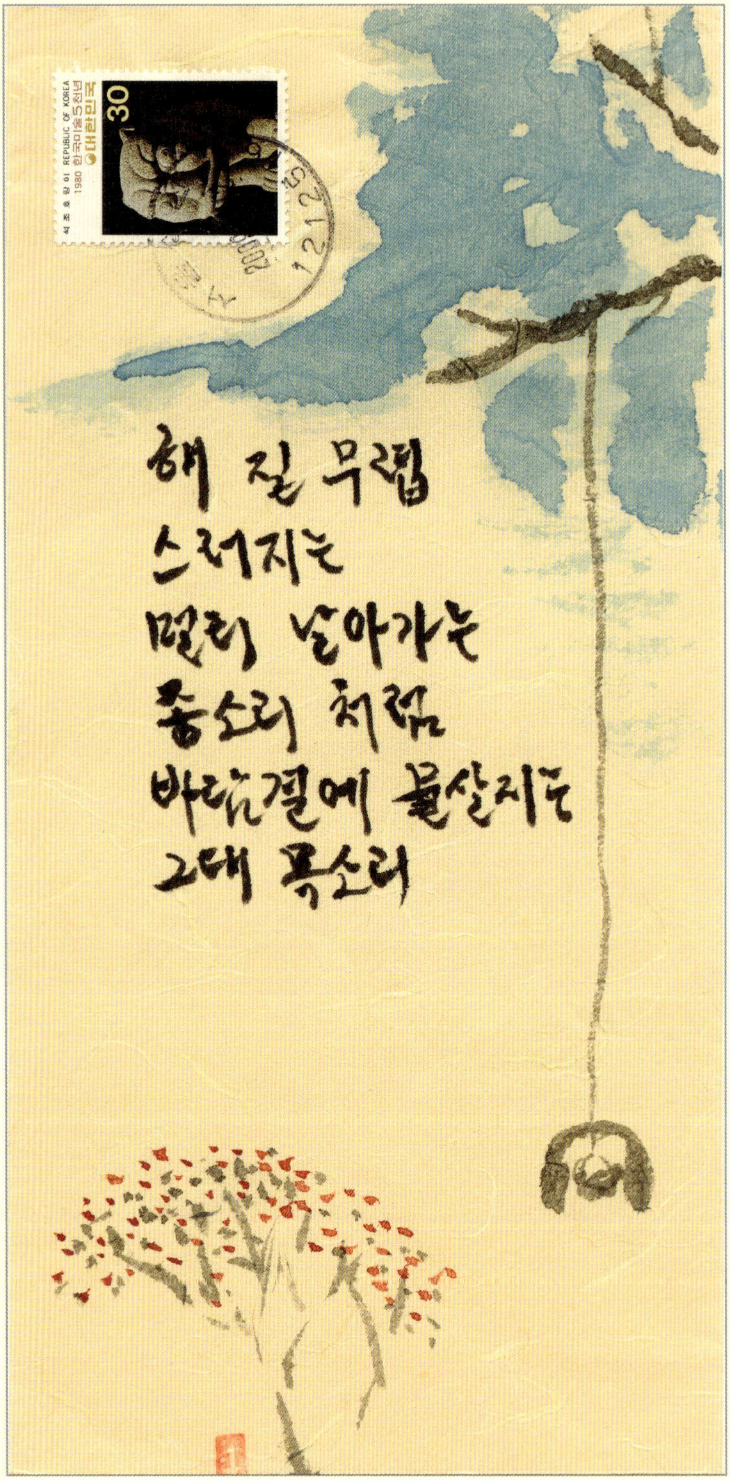

해 질 무렵
스러지는
멀리 날아가는
종소리 처럼
바람결에 흩날리는
그대 목소리

단 한번 펼쳐보는
아름다운 생애
바람결에 흔들리는
애틋한 꿈

김후란 詩
'바람결에' 中

나호열 시인

나호열(羅皓烈) 시인 : 충남 서천에서 1953년 출생. 경희대학교 철학과 석, 박사과정을 마침. 「울림시」동인(1982)으로 참여한 이후 「월간문학」신인상 수상(1986), 「시와 시학」중견시인상을 수상, 첫 시집으로 <담쟁이덩굴은 무엇을 향하는가>(1989), <낙타에 관한 질문>(2004) 등 10여 권을 발간. 2005년에는 녹색시인상을 수상했고, 현재 인터넷문학신문 발행인, 한국예총 정책위원, 문화예술위원회 지역소위원, 「시와 산문」편집위원을 맡고 있다.

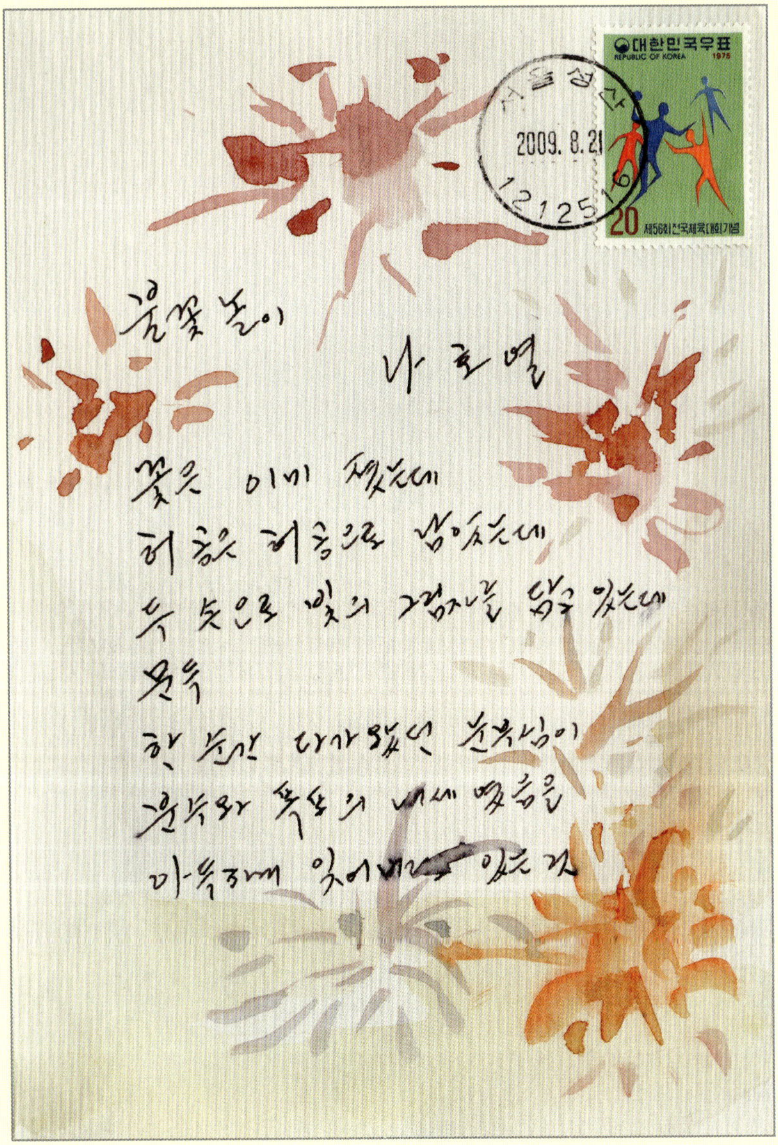

꽃불 놀이

나호열

꽃은 이미 졌는데
허공은 허공으로 남아있는데
두 눈으로 빛의 그림자를 담고 있는데
오늘
한 눈간 다가왔던 촛불님이
질투와 폭도의 냄새 맡음은
마음대꼐 잊어버리고 있는 것

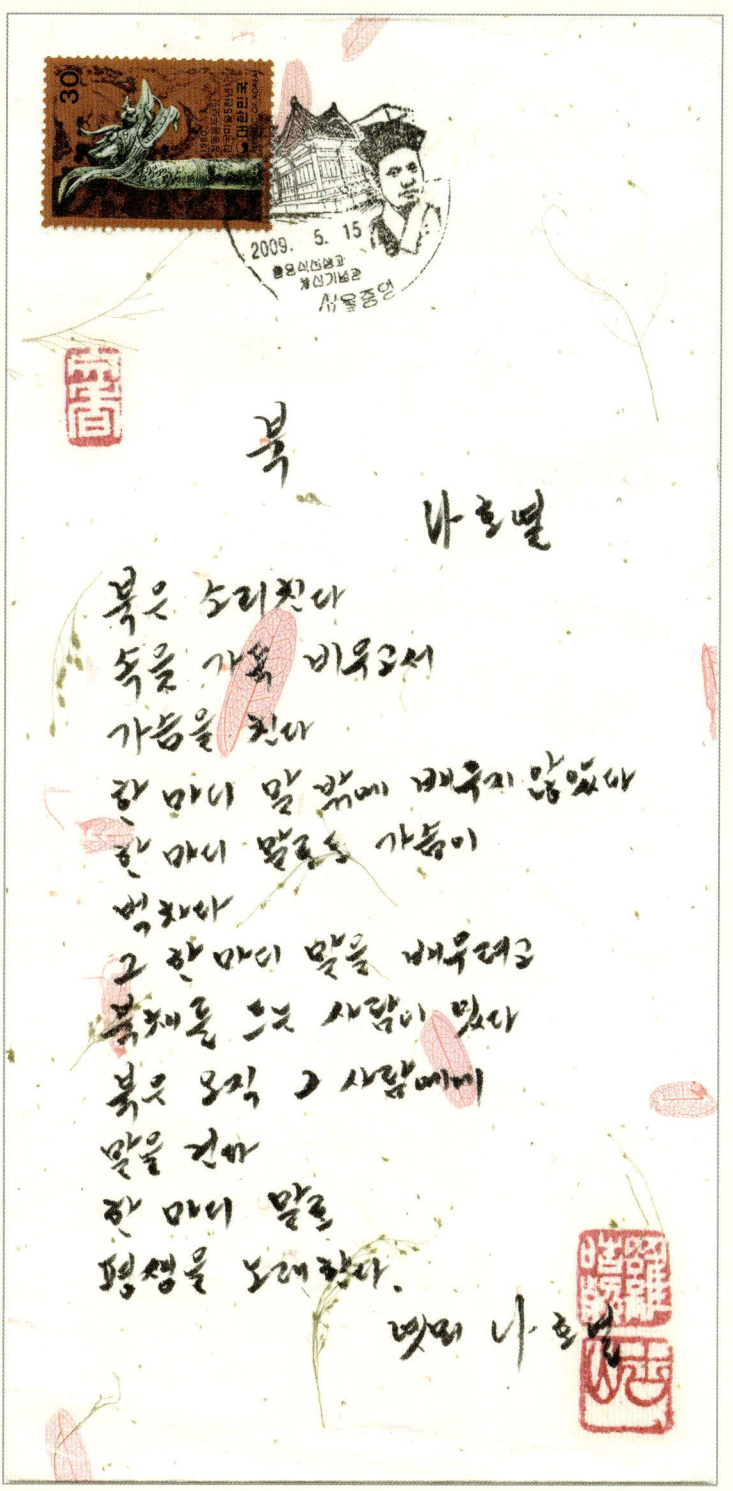

북   나호열

북은 소리친다
속을 가득 비우고서
가슴을 친다
한 마디 말 밖에 남았다
한 마디 말조차 가슴이
벅차다
그 한 마디 말을 배우려고
북채를 드는 사람이 많다
북은 오직 그 사람에게
말을 건다
한 마디 말로
평생을 노래한다.
            때때 나호열

남궁연옥 시인

남궁연옥(南宮姸玉) 시인 : 한국문인협회, 국제펜클럽 한국본부 회원. 1993년 지역 최초로 양평에서 문학동인을 결성하여 8년간 동인회장을 해오며, 서울, 성남 등의 동인들과 문학교류를 이루어 오다가 1998년 전회원 양평지부로 입회, 중앙일보, 국방일보, 조선법률, 불교신문, 지역신문 등에 활동 기재, 시집 <나는 늘 그 자리에 있다>, 2006년 경기도문협에서 문학상 수상, 경기도 문협기획실장(현), 2008년, 한국문협 낭송가회 회원, <책 함께 읽자>일환으로 황금찬 시 읽기, 전국마로니에 백일장, 김년균 시 읽기 등 낭송, 서울시단 낭송회원, 물 맑은 양평무용단원.

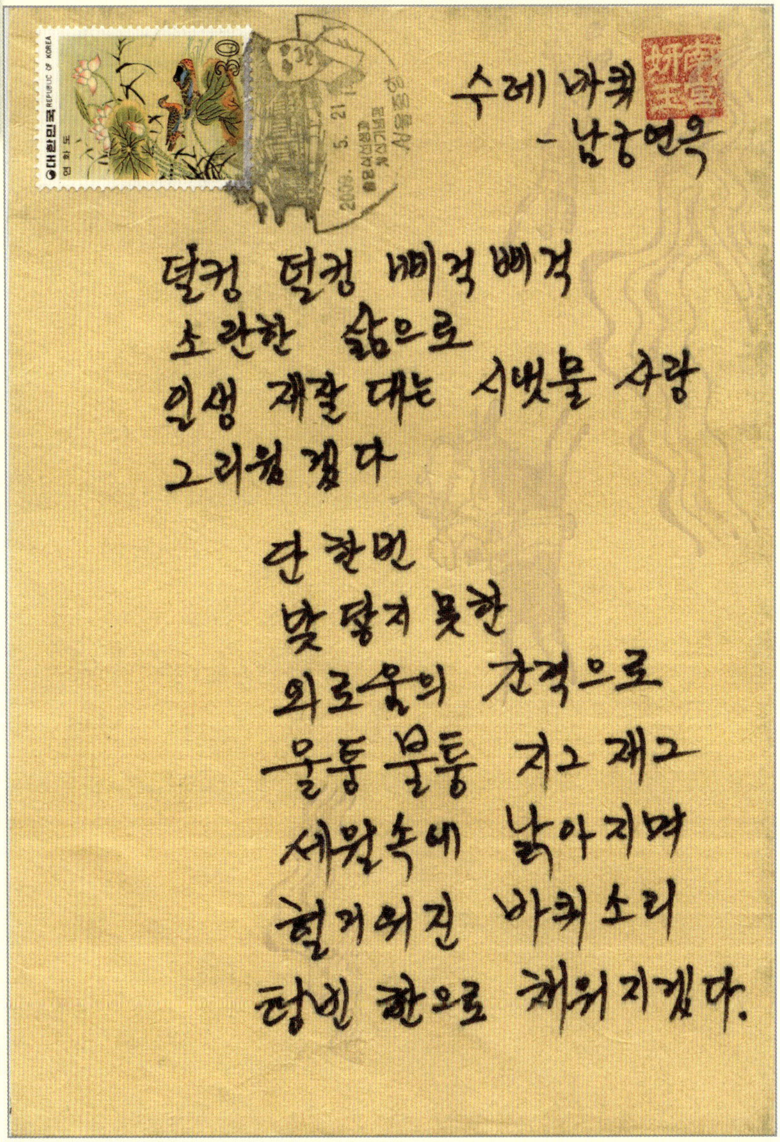

수레바퀴
— 남궁연옥

덜컹 덜컹 삐걱 삐걱
소란한 숨으로
인생 재갈 대는 시냇물 사랑
그리워 겠다

단 한번
맞닿지 못한
외로움의 흔적으로
울퉁 불퉁 지그재그
세월속에 낡아지며
헐거워진 바퀴소리
텅빈 한으로 채워지겠다.

소낙비
- 남궁연옥

드세고 거칠고나
어미를 닮았던지
애비를 닮았는지

하늘이 그러더냐
땅이 시키더냐
악다구니 질러대며 구르네

봄비를 보았느냐
오신듯 다녀가시는
겸손한 자태를
나직한 음성
자분자분한 발소리
여름 폭우야 가을비에겐
너를 닮지 말라 일러두어라

노숙자 화가

노숙자(盧淑子) 화가 : 1943년생. 우리 화단에서 '꽃의 작가'로 통한다. 유려한 색감, 섬세한 선묘, 완벽에 가까운 구성으로 갖가지 꽃들을 형상화한 그의 작품 세계 속에선 아름다운 서정과 격조가 넘친다. 현장 스케치로 꽃을 재현시키는 까닭에 그의 작품은 신선한 생명감을 깊이 느끼게 하며, 그 많은 꽃들이 우리와 더불어 숨쉬고 있음을 알게 한다.

서울예고, 서울대학교 미술대에서 회화를 전공한 그는 10대의 어린 시절부터 미술 전문교육을 받았고 그간 20여회의 개인전을 비롯하여 한국 국제아트페어, 샹하이 아트페어, 쾰른 아트페어 등 국내외 주요 전시회에서 왕성한 창작활동을 하고 있다.

덕성여대 경희대 삼성문화센터 등에서 후진을 양성했고 <한국의 꽃그림>(서문당), <노숙자 꽃그림 대표작집 1.2>(서문당) 등의 작품집을 출판했다.

노랑자

노재순 화가

노재순(盧載淳) 화가 : 홍익대학교 미술대학 미술교육과 졸업. 개인전 18회 (서울, 지바, 동경), 서울국제현대미술제, MANIF 특별전, 서울미술대전, 서울국제 아트페어, 소피아 트리엔날레 (소피아, 불가리아), 새천년 3.24전, 오늘의 현장 작가전, 국제 아시아화전 (중화민족문화궁), MANIF 7!01 서울국제 아트페어, MY ART FAIR 외 150여 회 참가.

대한민국미술대전 심사위원, 한국수채화대전 심사위원 (한국수채화협회 주최), 전라남도미술대전 심사위원, 무등미술대전 심사위원, 울산시 미술대전 심사위원 역임, 현재 한국미술협회 이사장, 단원미술대전 운영위원, 한국파스텔화협회 회장.

두시영 화가

두시영(杜始營) 화가 : 일본, 미국, 한국에서 개인전 10회 (89~09), 대한민국 미술대전(국립현대미술관), JAIIA전(동경도 국립현대미술관), 광주비엔날레 특별전(광주 시립미술관), 새야새야 파랑새야전(예술의 전당), 아시아의 만다라(동경도 국립현대미술관) 등 국내외 250여 회 출품.

2004년 문화예술 공로부문(문화관광부 장관상) 수상, 중원역사인물기록화특별전, 관악현대미술대전, 경기미술대전 심사위원 역임.

현재 민미협, 한국미협, 가톨릭미협, 전업미술가협회 회원, 관악미술협회 회장.

마광수 시인

마광수(馬光洙) 시인·소설가. 수필가. 평론가 : 1951년 서울 출생. 1969년 대광 고등학교 졸업, 1973년 연세대 국문과 졸업, 1975년 동 대학원 석사과정 졸업. 1983년 문학박사(연세대).

1977년 「현대문학」에 <배꼽에>, <망나니의 노래>, <고구려>, <당세풍(當世風)의 결혼>, <겁(怯)>, <장자사(莊子死)> 등 여섯 편의 시가 박두진 시인에 의해 추천되어 문단에 데뷔. 1989년 「문학사상」에 장편소설 <권태>를 연재하면서 소설가로도 등단. 홍익대 국어교육과 교수를 거쳐 현재 연세대 국문학과 교수.

마해성 시인

마해성(馬海成) 시인 : 1953년 2월 전남 목포에서 출생하여 명지대학교 대학원(문예창작학과) 등을 졸업하고 1992년 계간 「문학과 의식」지 겨울호의 시부문 신인상 수상을 통해 문단에 등단하였으며,

이후 한국농민문학회의 이사와 「문학과 의식」 동인회 회장, 예도시동인회 회장 등을 역임하였고.

현재 한국문인협회와 현대시인협회의 회원으로 활동 중이며, 수협중앙회 직원으로 30여년 근속하면서 홍보팀장으로 재직중에 있고 주요 저서로는, 시집 <그대 가슴에 시가 되어>와 논문집 <신동엽 시의 공간기호와 시 정신에 관한 연구> 등이 있다.

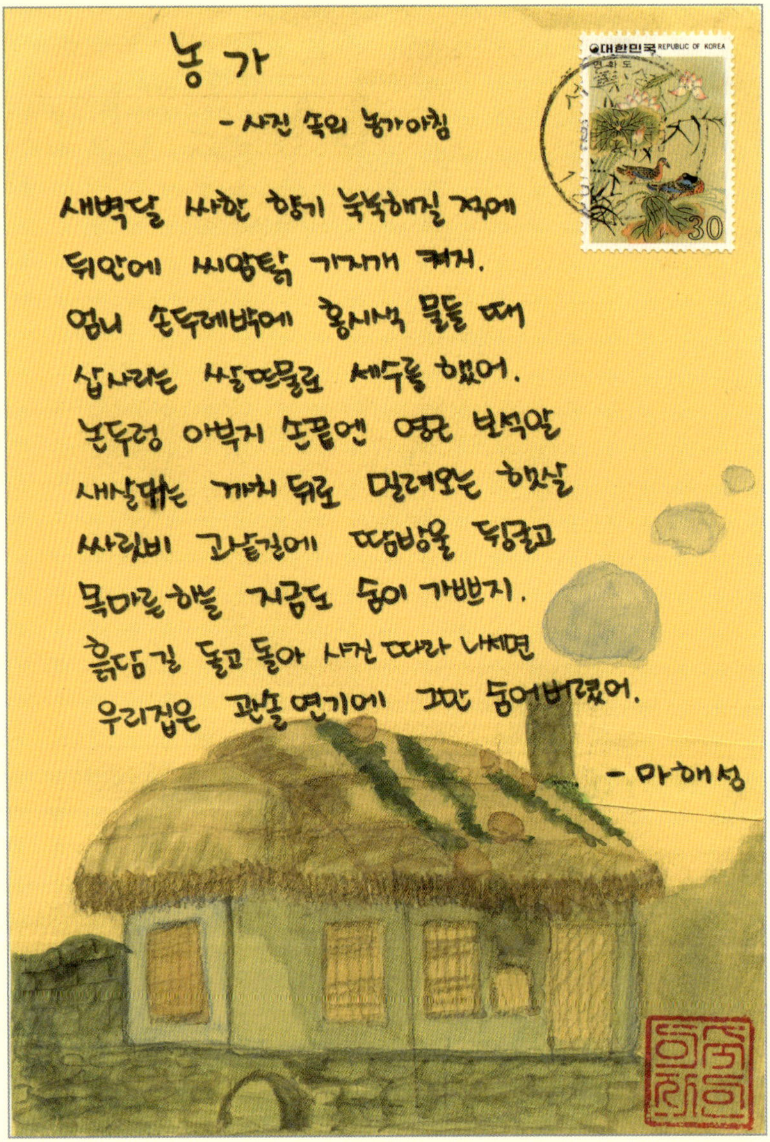

농가
- 사진 속의 농가아침

새벽닭 쌔한 향기 눅눅해질 적에
뒤안에 씨앗담 가지개 켜자.
엄니 손두레박에 홍시색 물들 때
삽사리는 쌀뜨물로 세수를 했어.
논두렁 아부지 손끝엔 영근 보석알
새참대는 까치 뒤로 밀려오는 햇살
싸리비 고샅길에 땀방울 뒹굴고
목마른 하늘 지금도 숨이 가쁜지.
흙담길 돌고 돌아 사진 따라 나서면
우리집은 관솔 연기에 그만 숨어버렸어.

— 마해성

십자가

삶과 죽음에서
방황할 때만 찾습니다.

사랑과 증오로
감당할수 없을 때만 찾습니다.

분수처럼 솟아오르는
아픔속에서만 찾습니다.

당신은 가까이
그리고 멀리 있습니다.
*엘리 엘리 라마 사막다니
그 침묵만
가슴에 파고듭니다.

　　　　　마 해 성

*아버지!
　아버지 어찌하여 저를 버리시나이까

맹주상 시인

맹주상(孟柱相) 시인 : 1962년 충남 아산에서 출생. 고려대학교 영어영문학과를 졸업하고 아동문예 문학상으로 등단하였다. 서울역과 천안시청 그리고 천안아산역 등에 소하체 친필로 시가 소장되어 있다.

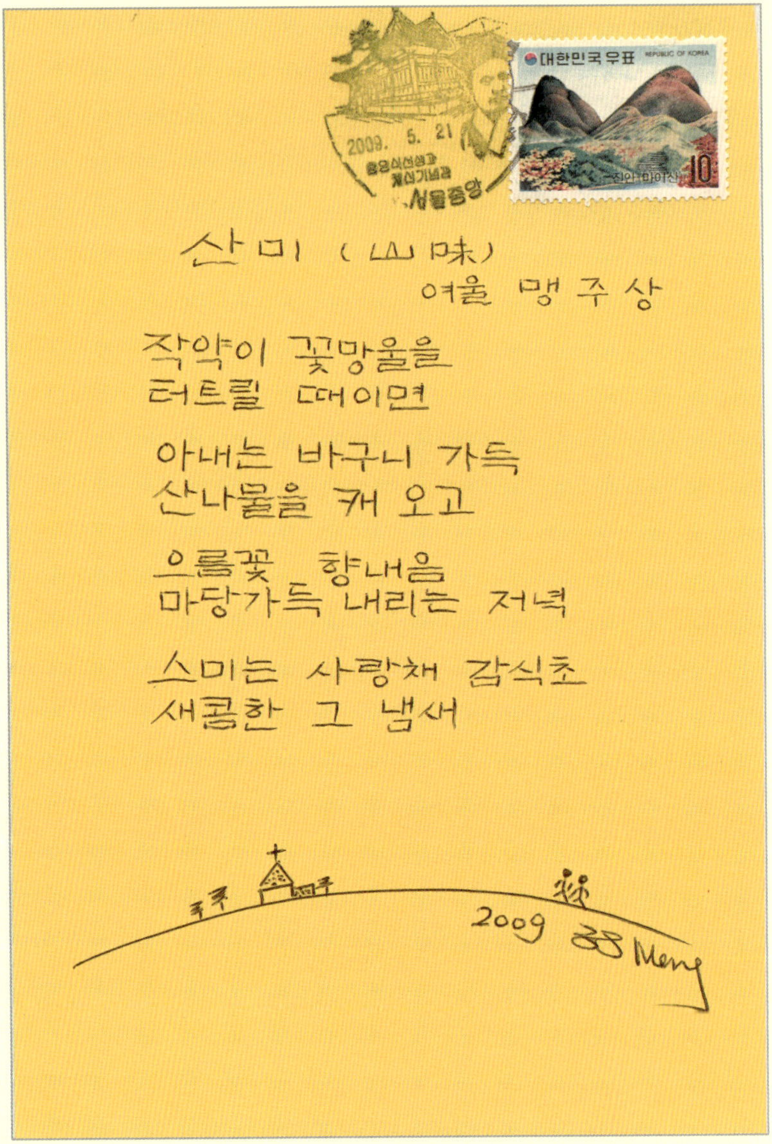

산미 (山味)

여울 맹주상

작약이 꽃망울을
터트릴 때이면

아내는 바구니 가득
산나물을 캐 오고

으름꽃 향내음
마당가득 내리는 저녁

스미는 사랑채 감식초
새콤한 그 냄새

2009 맹 Meng

하교

여울 맹주상

필몬트 언덕 아래
노란 유채밭 마을
빨랫줄에 걸어 논 하얀 기저귀가
바삭바삭 마르는 정오

신발주머니 크게 돌리며
유채밭을 가로질러
집으로 달려가는 아이들

엄마가
치즈랑 호밀빵으로
점심을 차리고 있나 보다.

문덕수 시인

문덕수(文德守) 시인 : 경남 함안에서 출생(본적지 마산), 1955년 「현대문학」지의 시추천으로 등단, 시집으로 <선·공간>(1966), <새벽바다>(75), <다리놓기>(서문당, 82) 등 18권. 논저 다수.
홍익대학교 사범대학장(82), 교육대학원장(82), 제12차 세계시인대회(서울) 집행위원장(90), 국제펜클럽 한국본부 회장(92), 한국문화예술진흥원장(95). 수상으로는 서울시문화상, 예술원상, 문화훈장. 현재 예술원 회원, 홍익대 명예교수.

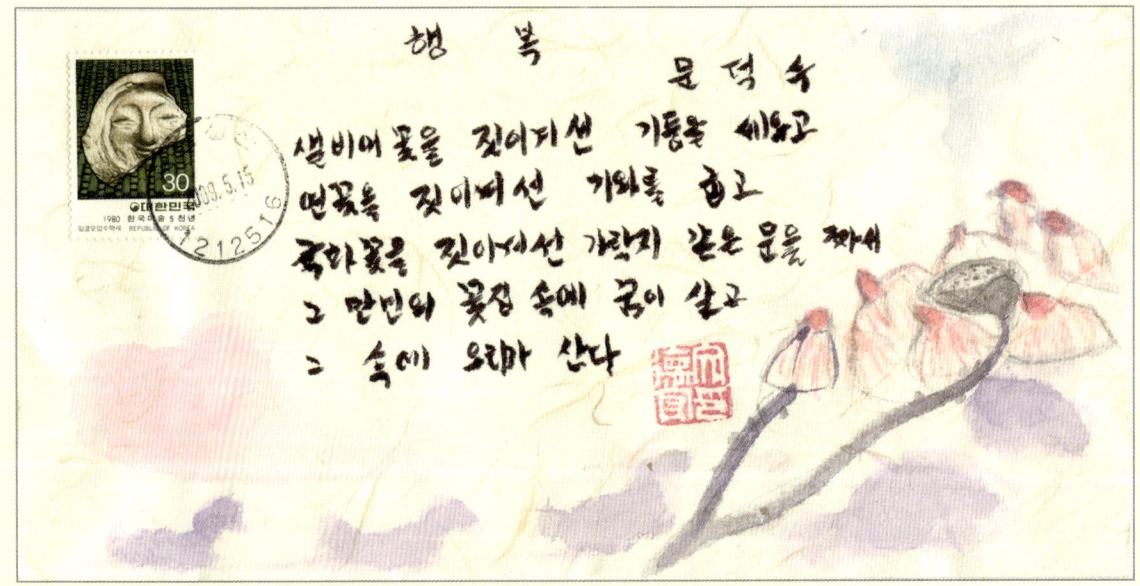

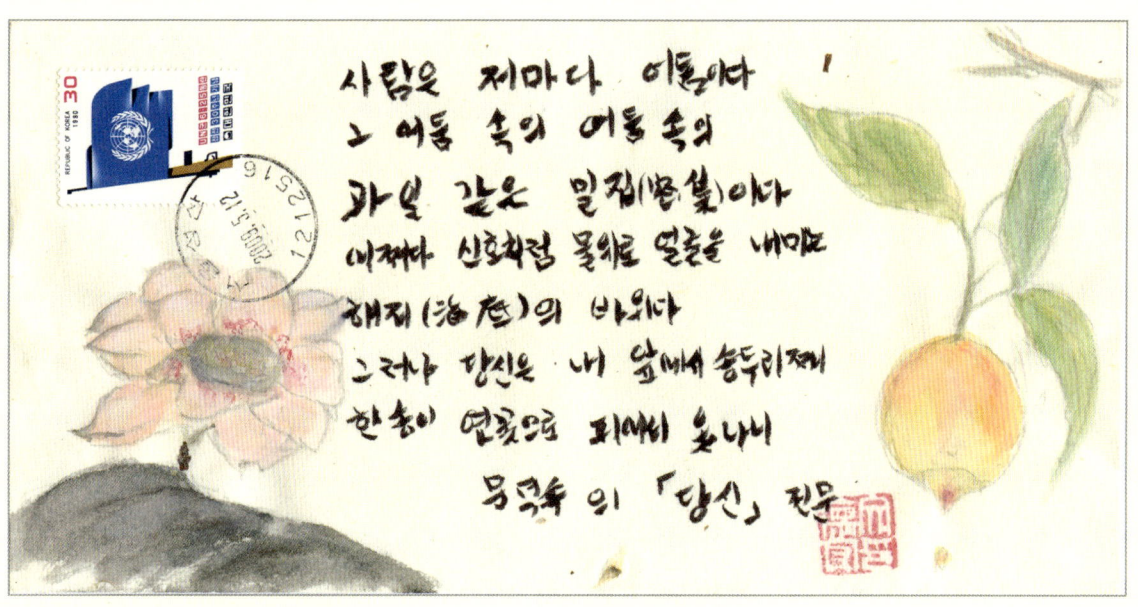

문혜자 화 가

문혜자(文惠子) 화가 : 홍익대학 조소과 졸업. 성신여대 조소과 대학원 졸업, 미국 메사츄세츠 미술대학, 대학원 추상화 수학, 국내외에서 개인전 20여 회. 이태리 Premio Ercole D'este 작가로 선정(회화-2008), 이태리 "Magic Paths of Art"전 초대(2006), 이태리 "Traces of Memory"전 초대, 프랑스 파리 제216회 Universal Art Le Salon에 초대(회화).

국내에서 중앙미술대상전 특선, 신인 예술상전, 국전, 대한민국 미술대전 입상, 국립현대미술관 초대작가전, '88 올림픽 기념전 '93 대전 EXPO 기념전 등 250여 회 그룹전 참가.

국전 운영위원 및 심사위원 역임, 서울특별시 예술장식품 심의위원 역임. 현재 장안대학교 교수, 이태리 TIA(Trevisan International Art)회원.

ㅁ

문혜자

문효치 시인

문효치(文孝治) 시인 : 1943년 전북 군산에서 출생했다. 동국대 국문과 및 고려대 교육대학원을 졸업했으며, 1968년 한국일보 및 서울신문 신춘문예에 당선되어 문단에 데뷔했다. 시집으로는 <남내리 엽서>, <무령왕의 나무새> 등 10여 권이 있고, 국제펜클럽 한국본부 이사장을 역임하기도 했다.

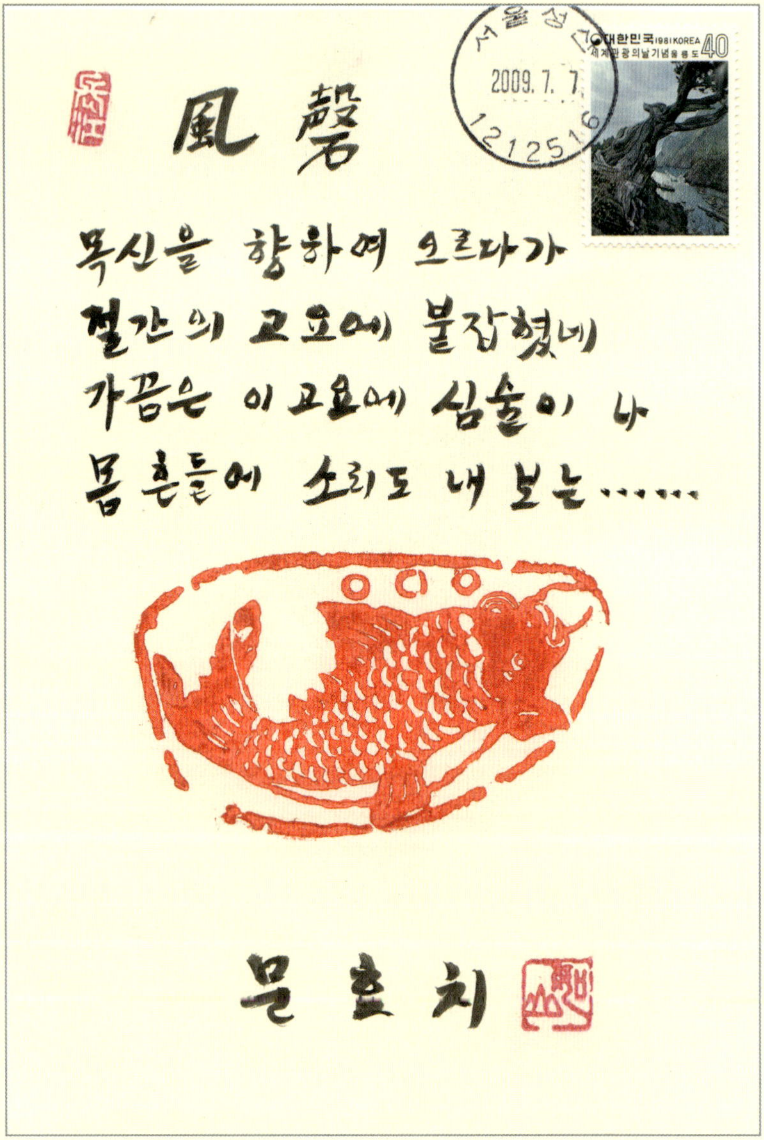

風磬

목신을 향하여 오르다가
절간의 고요에 붙잡혔네
가끔은 이 고요에 심술이 나
몸 흔들어 소리도 내 보는……

문효치

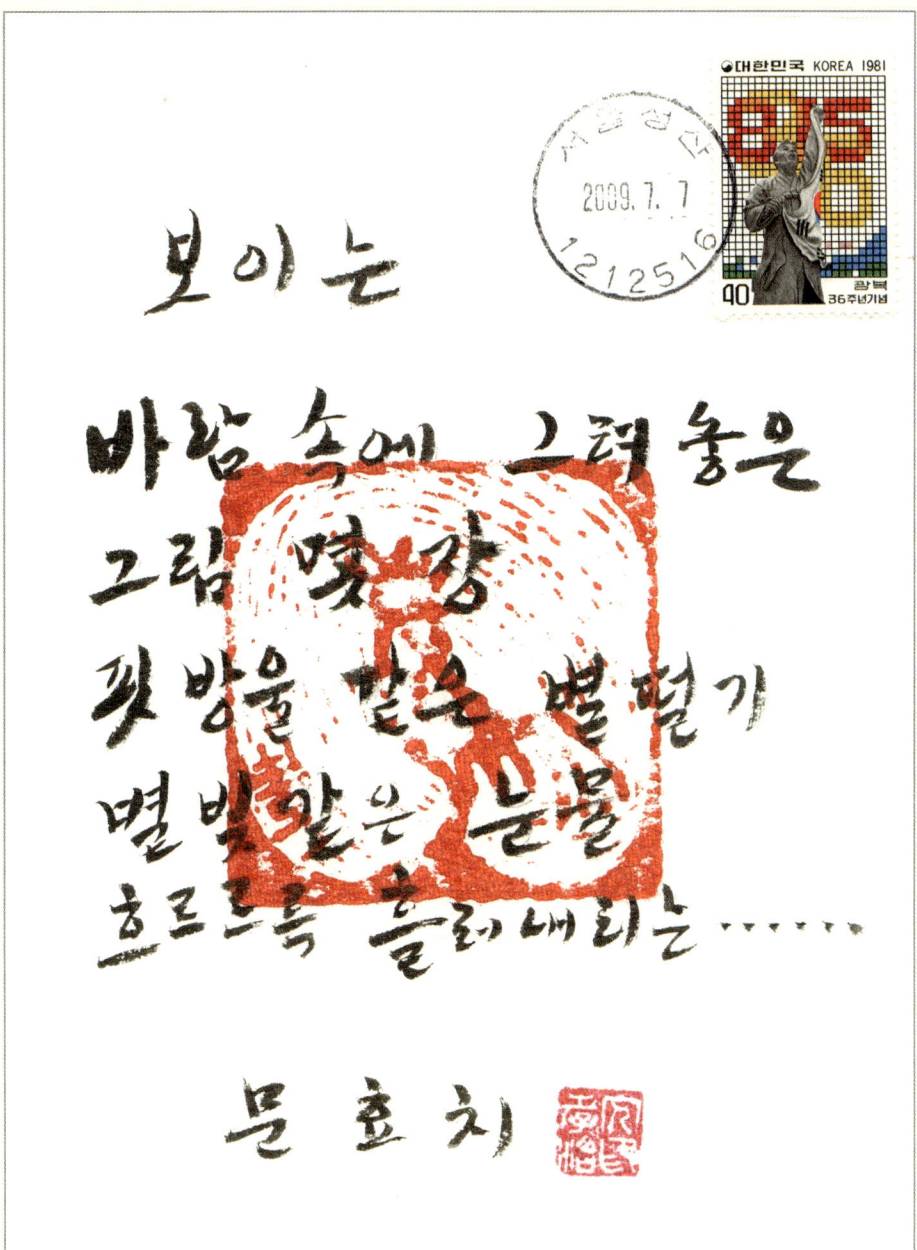

보이는

바람 속에 그려 놓은
그림 몇 장
핏방울 받은 별떨기
별빛 받은 눈물
흐느적 흘러내리는……

문효치

박경석 시인

박경석(朴慶錫) 시인 : 육사 출신의 전형적 야전지 휘관이었다. 현역 육군대위 시절, 필명 한사랑(韓史廊)으로 시집 <등불>과 장편소설 <녹슨 훈장>으로 등단, 현역시절에도 필명으로 꾸준히 작품활동을 해왔다. 1981년 12.12군란을 맞아 정치군인과 결별, 육군 준장을 끝으로 군복을 벗고 전업작가로 변신한 후 시집과 소설 등 73권의 단행본을 펴냈다. 특히 서울 용산 전쟁기념관의 박경석 시비 '서시', '조국'을 비롯하여 전국 각지에 12개의 박경석 시비가 있다. 현재는 한국시문학 평론학회 회장직을 맡고 있다.

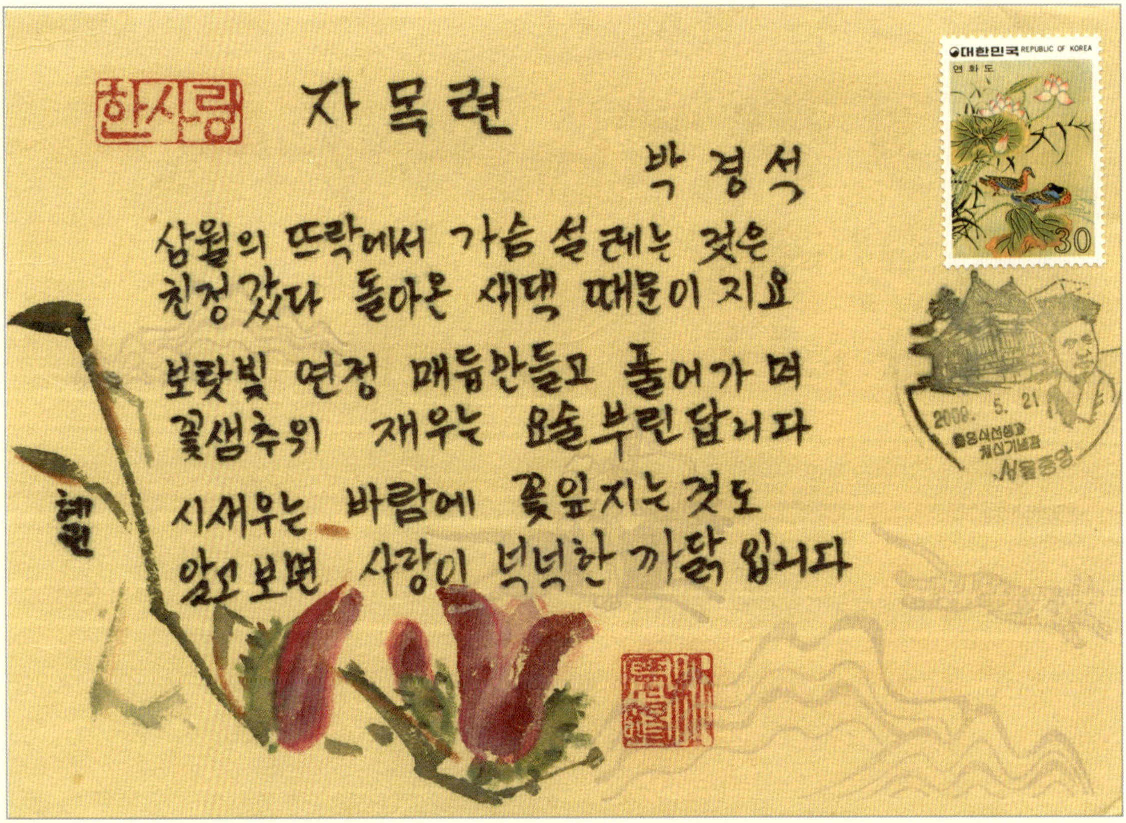

자목련

박경석

삼월의 뜨락에서 가슴 설레는 것은
친정 갔다 돌아온 새댁 때문이지요

보랏빛 연정 매듭만들고 풀어가며
꽃샘추위 재우는 요술 부린답니다

시새우는 바람에 꽃잎 지는 것도
알고 보면 사랑이 넉넉한 까닭 입니다

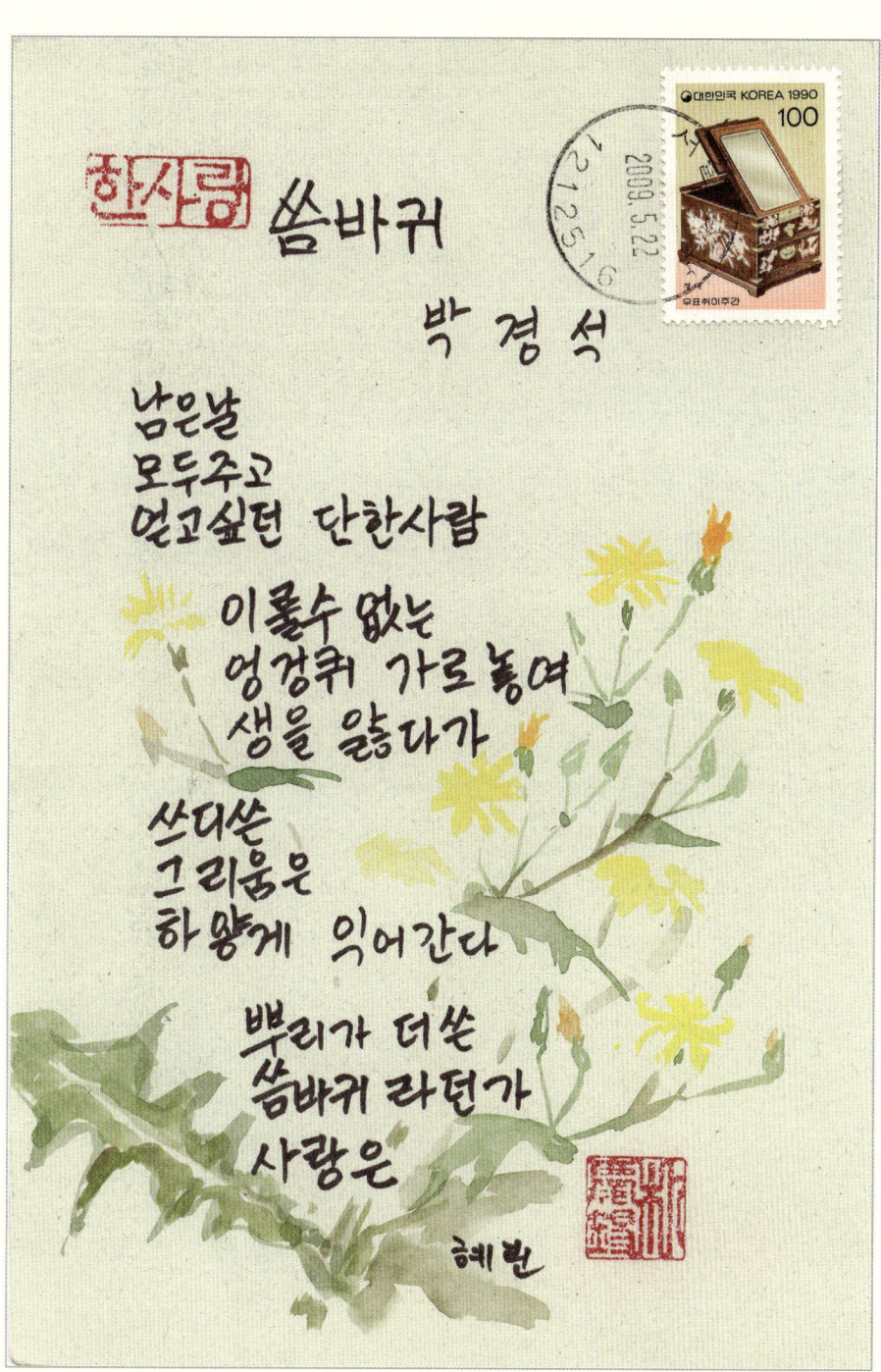

씀바귀

박경석

남은날
모두주고
얻고싶던 단한사람

이룰수 없는
엉겅퀴 가로 놓여
생을 앓다가

쓰디쓴
그리움은
하얗게 익어간다

뿌리가 더 쓴
씀바귀 라던가
사랑은

혜빈

박기훈 판화가

박기훈(朴己勳) 판화가 : 2006년 홍익대학교 판화과를 졸업하고 동대학 대학원 판화과 박사과정으로 미술학과의 판화를 전공했다. 개인전으로 'Galler I 기획 초대전' 「The Cosmos」-갤러리 아이, 「Monster」-홍익대학교 현대미술관(2007년), 「2008 단원미술대전 선정 작가 부스 개인전」-안산 단원 전시관(2008년), '2009 갤러리 우림 기획초대전' 「The Pirate」-갤러리 우림(2009년)과 단체전으로 「신화의 숲 展」-갤러리 쌈지 외 50여 회에 전시되었으며 시상으로는 제2회 경향 미술대전 (판화부문 최우수상) - 정동 경향갤러리 외 다수가 있고 전문교육으로 국립현대미술관 고양 미술창작스튜디오 3기 작가 입주(2007년)하였고, 현재 호서대학교와 대구예술대학교에서 강의를 맡고 있으며 현재 한국 북 아트협회 회원, 홍익 판화가 협회 회원, 사단법인 구상전 회원.

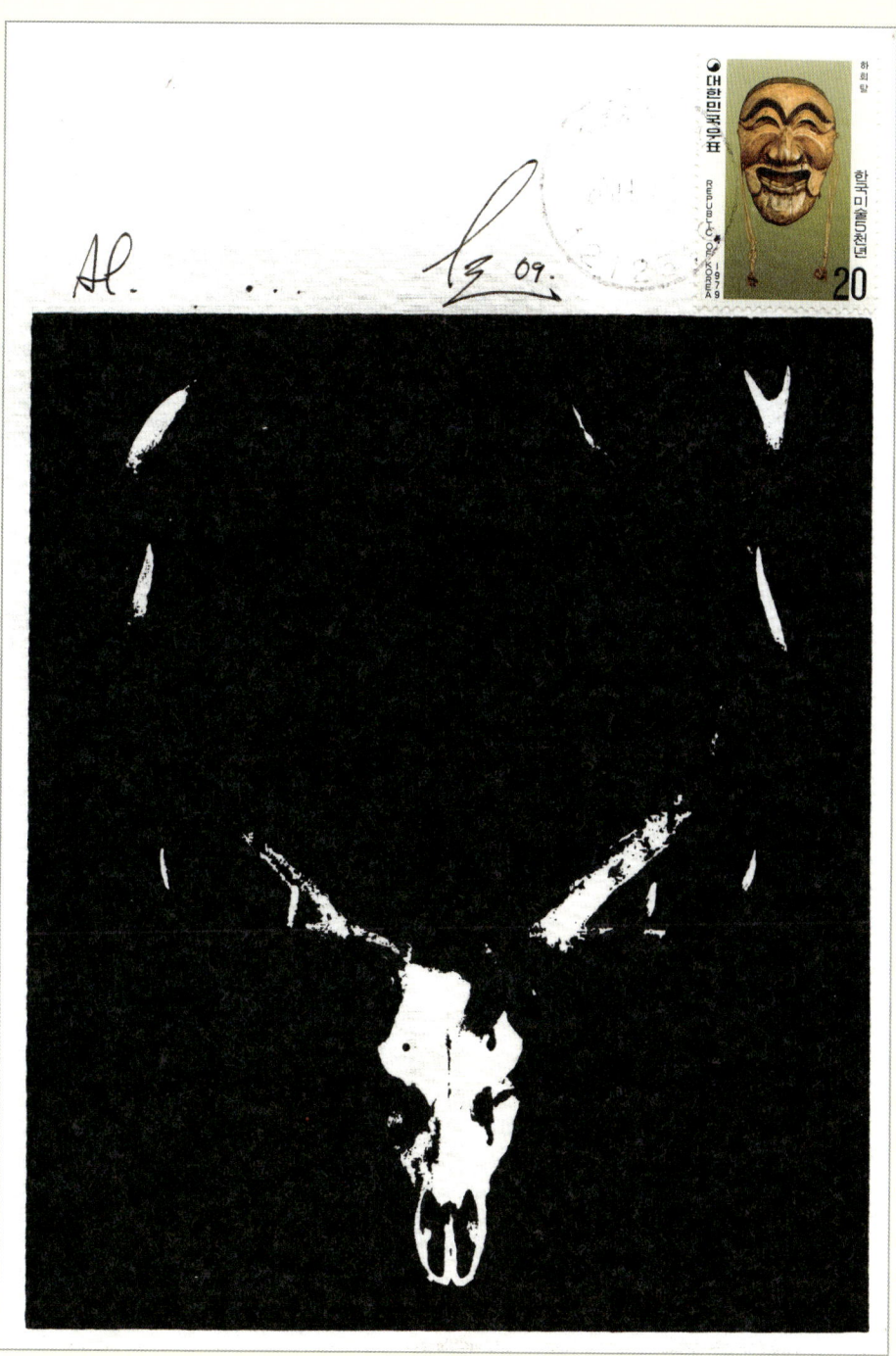

박미산 시인

박미산(朴美山 본명: 박명옥) 시인 : 인천에서 태어나 방송통신대학을 졸업하고 고려대학 국어국문과에서 현대시를 전공, 박사과정을 수료했다. 1992년 「문학과 의식」여름 호에 수필로 등단했고, 2001년에는 "생명의 빛, 인디아"로 개인 사진전을 했으며, 2006년에는 「유심」지로 시인 신인상, 2008년 세계일보 시 부문 신춘문예로 등단했다. 2007년 문예진흥기금을 수혜 받아 2008년 시집 <루낭의 지도>를 상재했다.

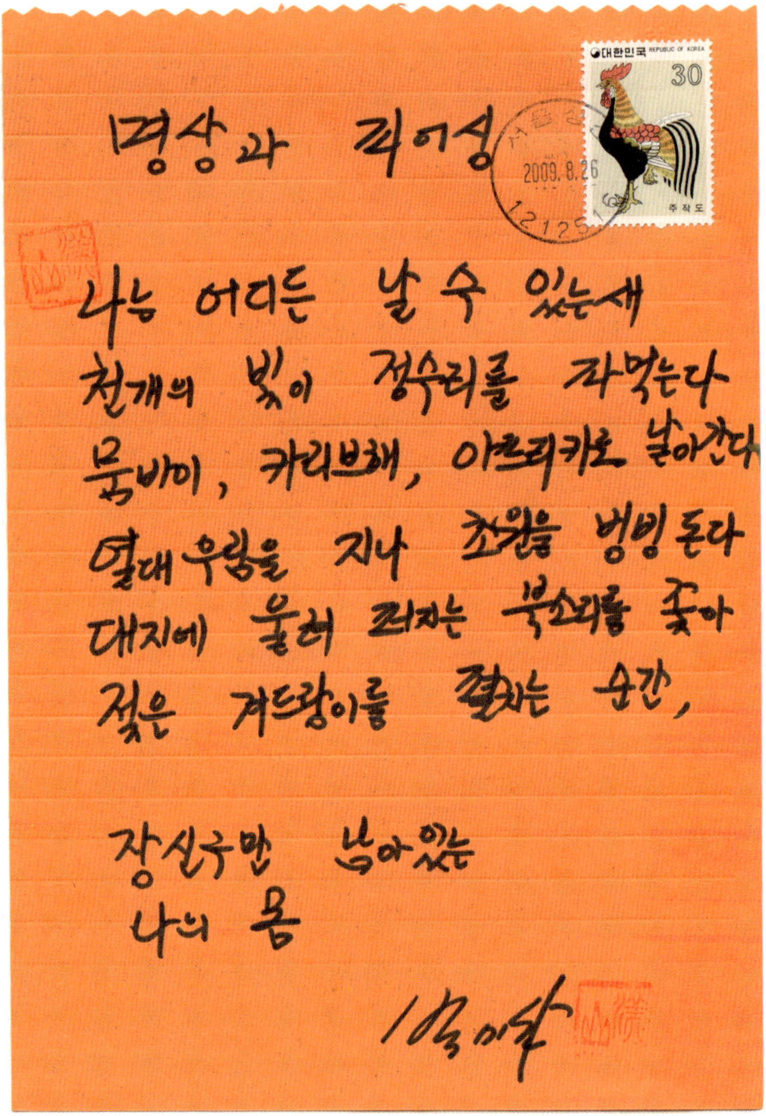

명상과 리어왕

나는 어디든 날 수 있는새
천개의 빛이 정수리를 쪼먹는다
몸바이, 카리브해, 아프리카로 날아간다
열대우림을 지나 초원을 빙빙 돈다
대지에 울려 퍼지는 북소리를 좇아
젖은 겨드랑이를 걷치는 순간,

장신구만 남아있는
나의 몸

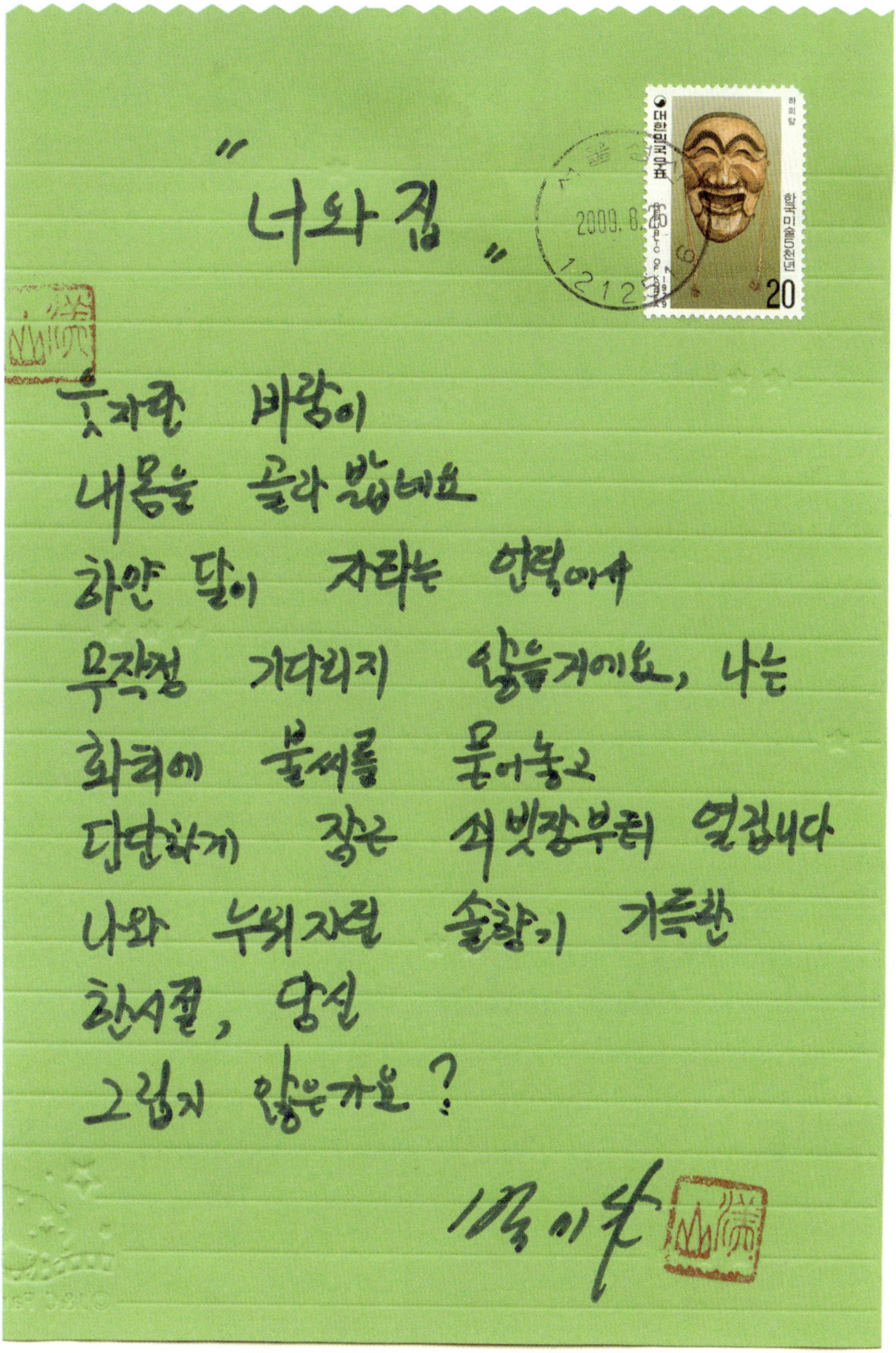

"너와 집"

늦자란 바람이
내몸을 골라 밟네요
하얀 달이 자라는 언덕에서
무작정 기다리지 않을거에요, 나는
화력에 불씨를 묻어놓고
단단하게 잠근 쇠빗장부터 열겁니다
나와 누워자던 솔향기 가득찬
한세월, 당신
그립지 않은가요?

박상윤 화가

박상윤(朴相潤) 화가 : 1943년 경기도 출생. 1968년 홍익대학교 미술학부 서양화과 졸업. 개인전 10회, 개인초대전 2회, 다양성의 공유전 5회, 아트-엑스포 2000(뉴욕전), 다화랑 개관전(초대), 오늘의 방법전, 오늘의 현장 작가전, 대한민국 미술대전 수채화분과 심사위원장 역임.

현재 구상전 고문, 수채화작가회 회원, 환경미협 자문위원장, 경기도 수채화 협회 고문, 한국미협회원이며, 성남아트센터, MBC문화센터, 월산아트센터에서 강의하고 있다.

박상물

박영율 화가

박영율(朴榮栗) 화가 : 1958년 서울 출생. 홍익대 미술대학 서양화과 졸업. 동 대학원 회화 전공. 예술의 전당 미술관 (MANIF 6!), 아미아트 갤러리(엠베서더 호텔) 2000 등 개인전 26여 회. 제네바 아트페어, 타이페이 아트페어, 아르헨티나 비엔날레 특별전, 방글라데시 비엔날레, 말레이시아 아트페어, KCAF, 초월주의전(공평아트센터), 황금날개전 (모란미술관 기획) 등에 참가.

박용인 화가

박용인(朴容仁) 화가 : 1944년 경기도 양주에서 태어나 홍익 고등학교를 거쳐 홍익대학 서양화과를 1966년에 졸업했다. 그 후 파리로 건너가 1981년부터 1982년까지 Academie De La Grande Chaumiere에서 수학했다.

귀국 후 경희대학에 근무하면서 국립현대미술관에서 기획한 현대미술 초대작가전 및 서울 국제 현대 미술제에 초대 출품됐으며 서울미술대전 및 남서울 분관 개관기념전에 초대 출품했다.

1989년 일본 고오베 이기전에서 고베 신문사 대상을 수상했으며, 33회의 개인 초대전을 예화랑, 선화랑, 표화랑, 포스코 밀레니엄 힐튼호텔 등에서 가졌으며, 서울시립미술관 자문위원, 서울시 미술장식 심의위원회 위원 및 대한민국 미술대전 운영위원 및 심사위원을 역임했고 현재 상형전 회장직을 맡고 있다.

박용인

박은숙 화가

박은숙(朴銀淑) 화가 : 홍익대학교 미술대학 회화과 서양화를 전공, 동 대학원을 졸업. 개인전 12회 전시(현대아트, 선화랑, 본화랑, 모인, 성남아트센터, 까르셀루블, 에바라 파리, 가나아트스페이스, 예술의 전당, 한가람미술관 외), 100인 작가 초대전(조선화랑), 오늘의 한국미술전(예술의 전당), 한국-스웨덴 작가전(베스베미술관, 스웨덴), 한·중수교 기념 기획초대전(상상미술관, 북경), CHAMALIERE(Galerie dART Contemporisim, 프랑스), 한국현대작가 뉴질랜드 초대전, Société Nationalé des Beaux Arts전(까루셀루불미술관, 파리) 외 150여 회 전시.

한국미술협회, 한국여류화가, 홍익여성, 문우회, 세계미술교류협, 전업미술가회, 아트미션회 회원.

156 까세 육필 시화집

박이도 시인

박이도(朴利道 아호:石董) 시인
: 1938년 평북 선천에서 출생, 경희대 국문학과 및 동 대학원을 졸업 했으며 1959년에 자유신문, 62년에 한국일보 신춘문예를 통해 시단에 데뷔했다. 경희대 교수를 역임했고, 현재 창조문학 주간직을 맡고 있다. 시집으로는 <회상의 숲>(1968), <북향>(1968), <폭설>(1975), <바람의 손끝이 되어>(1980), <불꽃놀이>(1983) 등이 있다.

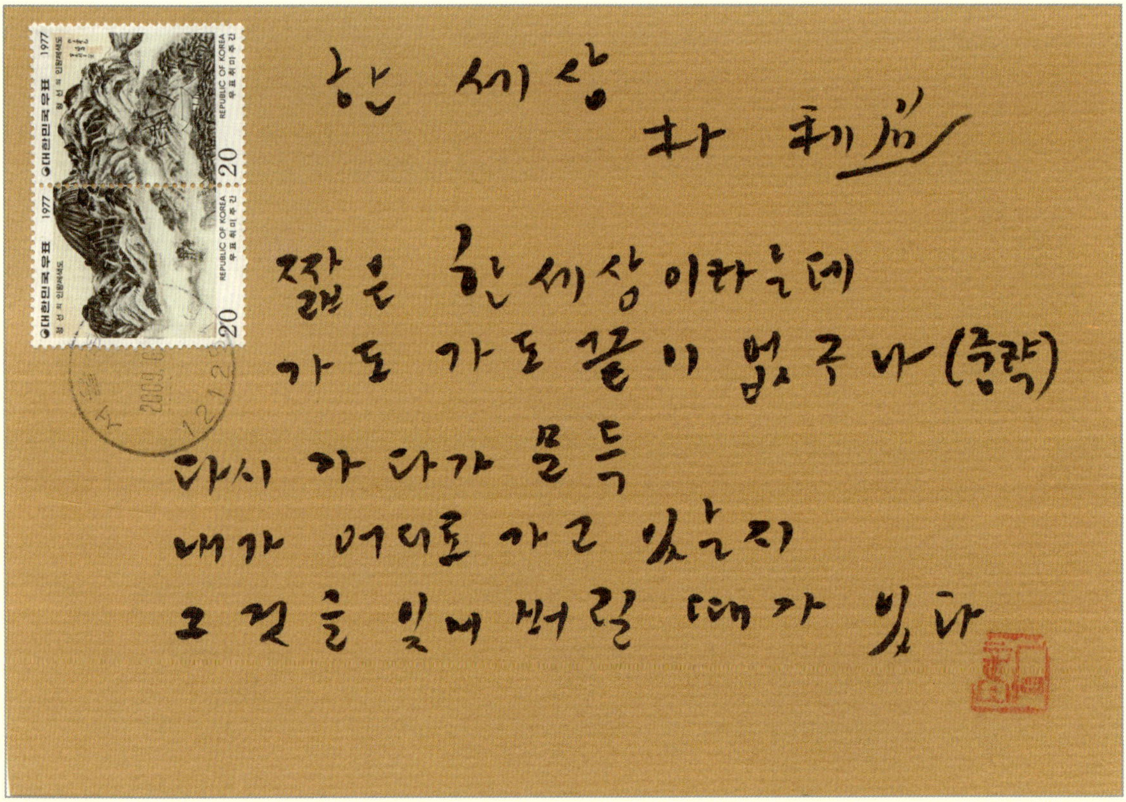

한 세상

  朴 利道

짧은 한세상이라는데
가도 가도 끝이 없구나 (중략)

다시 가다가 문득
내가 어디로 가고 있는지
그것을 잊어버릴 때가 있다

축제의 노래
박제영

호릅불 내어 걸고
성친 축하 손을 맞이하면
그 새벽
어둠의 길이를 재듯
눈이 내리며
내 마음을 적시는데
(헛 연)

박자원 시인

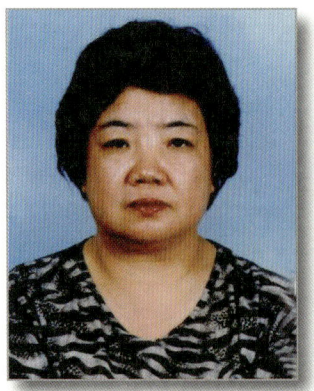

박자원(朴慈元) 시인 : 서울 출생, 홍익대학교 미대 졸업, 「시대문학」으로 등단(1999년), 한국시인협회 회원.
주요 시집으로는 <꿈을 팝니다>, <세상의 문을 향하여> 등이 있다.

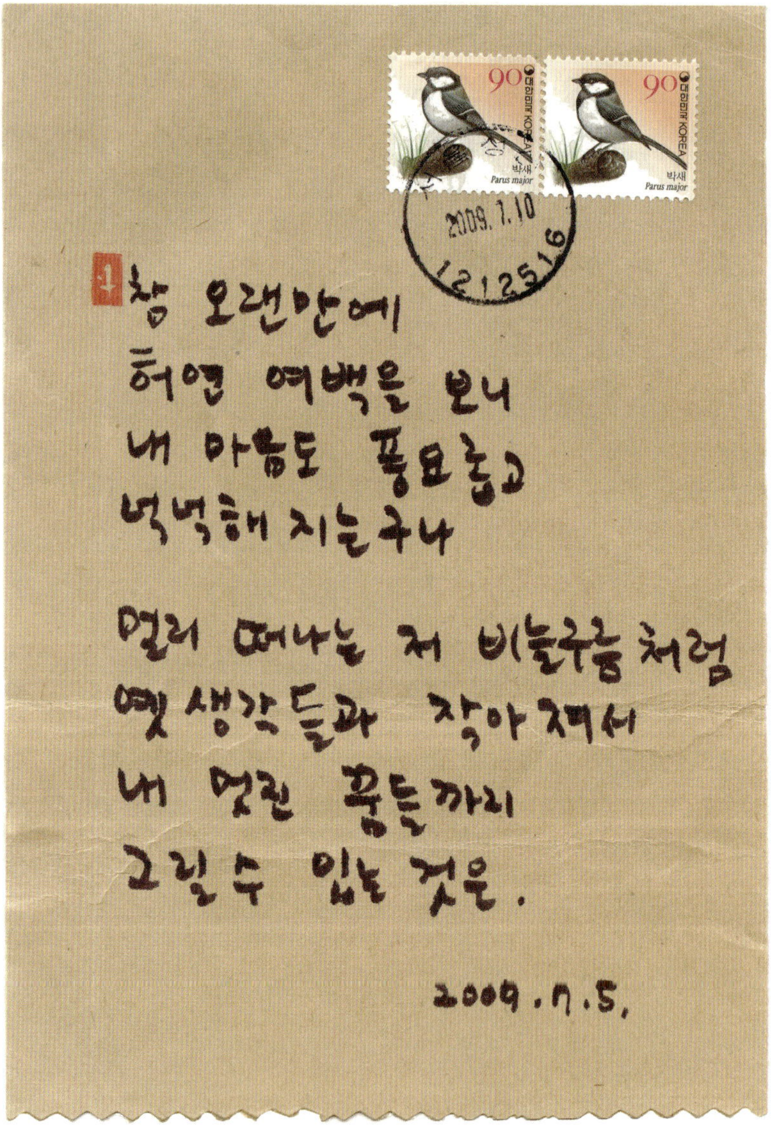

참 오랜만에
허연 여백을 보니
내 마음도 풍요롭고
넉넉해 지는구나

멀리 떠나는 저 비늘구름처럼
옛 생각들과 작아져서
내 멀린 꿈들까지
그릴수 있는 것을.

2009. 7. 5.

박자원

박재릉 시인

박재릉(朴栽陵) 시인 : 연세대학교 국문과 졸업. 1961년 「자유문학」지로 등단. 한국현대시인협회 이사장 역임, 한국현대시인협회 고문 및 평의원, 국제펜클럽 한국본부 자문위원, 한국문인협회 한국사편찬위원

시집으로는 <작은영지 1집>, <작은 영지 2집>, <꺼지지 않는 잔존>, <밤과 연화와 상원사>, <망부제>, <삭발하고 분바르고>, <박재릉 시 99선>, <박재릉 시전집> 등이 있고 수상은 현대문학상, 현대시인상, 한국문학상을 받았다.

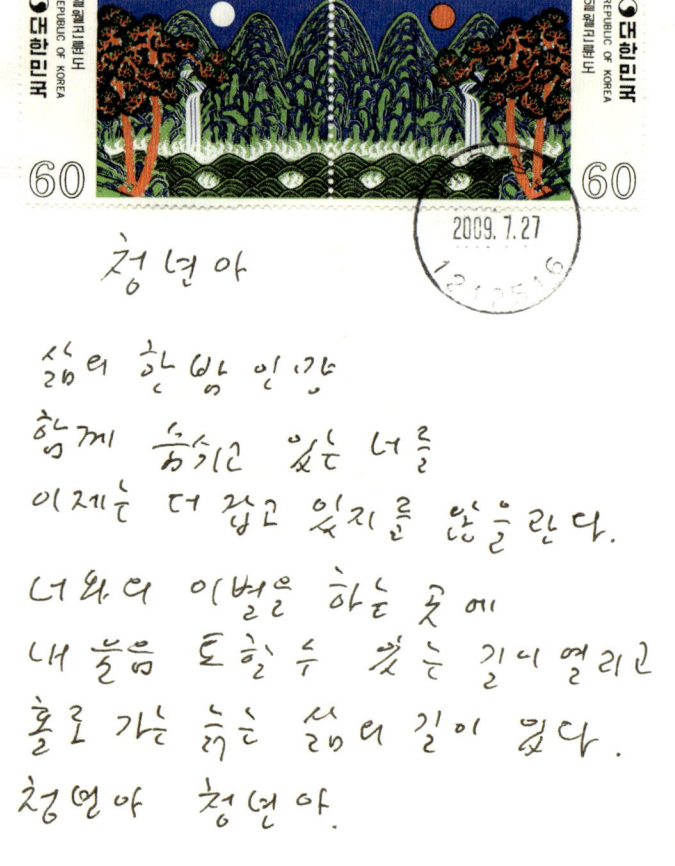

청년아

삶의 한밤인양
함께 숨쉬고 있는 너를
이제는 더 잡고 있지를 않을란다.
너와의 이별을 하는 곳에
내 늙음 토할 수 있는 길이 열리고
홀로 가는 늙는 삶의 길이 있다.
청년아 청년아.

박재릉

환생하는 네 모습

눈물 글썽이는 초승달이 실에
한밤 내내 어둠속을 기울다가
동틀 무렵 뜨는 저승달 모습인가
가시덤불 헤치고 넘고 넘어서
이제야 소생하는
참된 인간의 그 모습인가

박재릉

박재천 시인

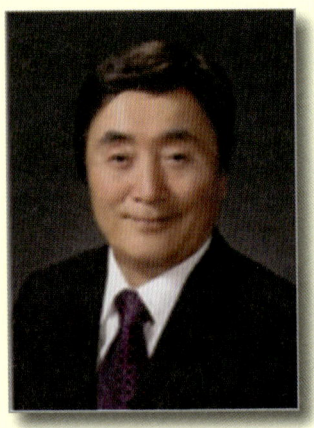

박재천(朴在泉) 시인 : 경북 칠곡 출생으로 대구 계성고 시절 백일장에 입상하여 문학의 꿈을 키웠으며 명지대 대학원에서 국문학을 전공하였다. 월간 「문예사조」 신인상에 당선되어 문단에 등단하여 한국문인협회 회원으로 한국 목양문학회 회장, 총신문학회 회장을 역임하였으며 한국 목양문학상을 수상하였고 현재 목양문학상 심사위원장으로 활동하고 있다.

시집으로 <존재의 샘>, <존재의 빛>, <존재의 꿈>, <속 신애보> 등을 비롯하여 21권의 저서가 있으며 현재 연흥교회 담임목사, 한국가정사역학회장으로 활동하고 있다.

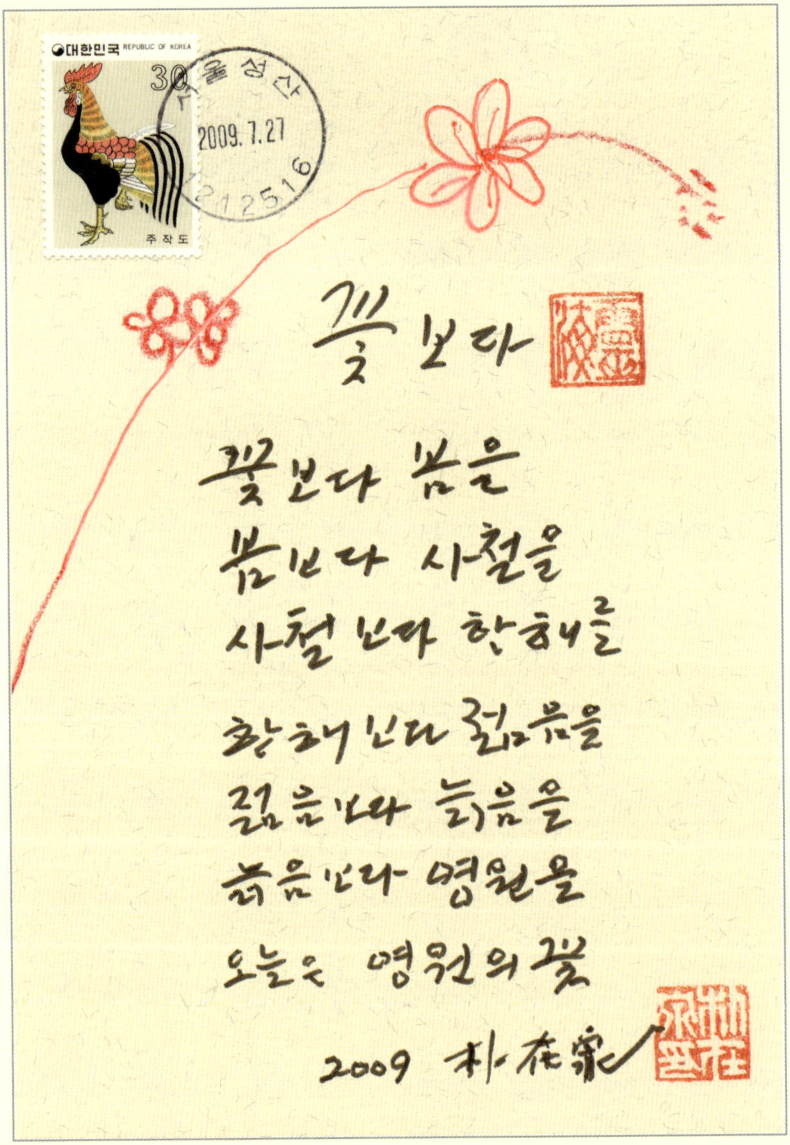
대한민국 REPUBLIC OF KOREA
30
주작도
2009. 7. 27
꽃보다
꽃보다 봄을
봄보다 사철을
사철보다 한해를
한해보다 젊음을
젊음보다 늙음을
늙음보다 영원을
오늘은 영원의 꽃
2009 朴在泉

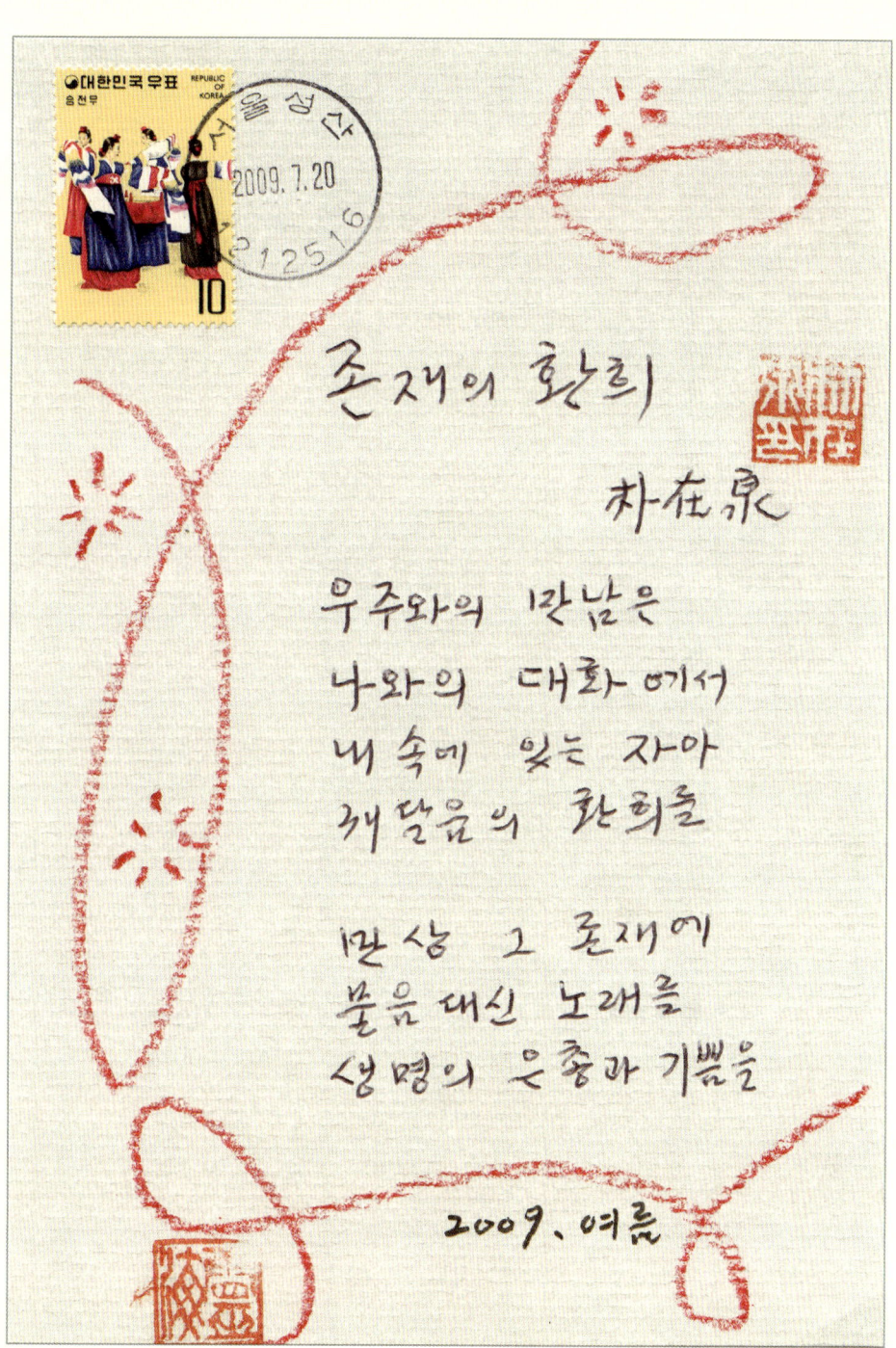

존재의 환희

朴在泉

우주와의 만남은
나와의 대화에서
내 속에 있는 자아
깨달음의 환희를

만상 그 존재에
물음 대신 노래를
생명의 은총과 기쁨을

2009. 여름

박정온 시인

박정온(朴定熅) 시인 : 1926년 전남 장흥 출생. 1953년「시와 산문」을 통해 문단에 데뷔했다. 그동안「교원」, 잡지 편집인 등을 역임했고, 1957년 첫 시집 <최후의 서정>을 상자했고 <이 산하를>, <밤은 아침을 위하여>, <새여 고뇌의 새여>, <광주의 깃발>, <길은 그날을 위하여> 등 6권의 시집과 <현대시 입문>, <현대시 교본> 등 시 해설서를 출간했다.

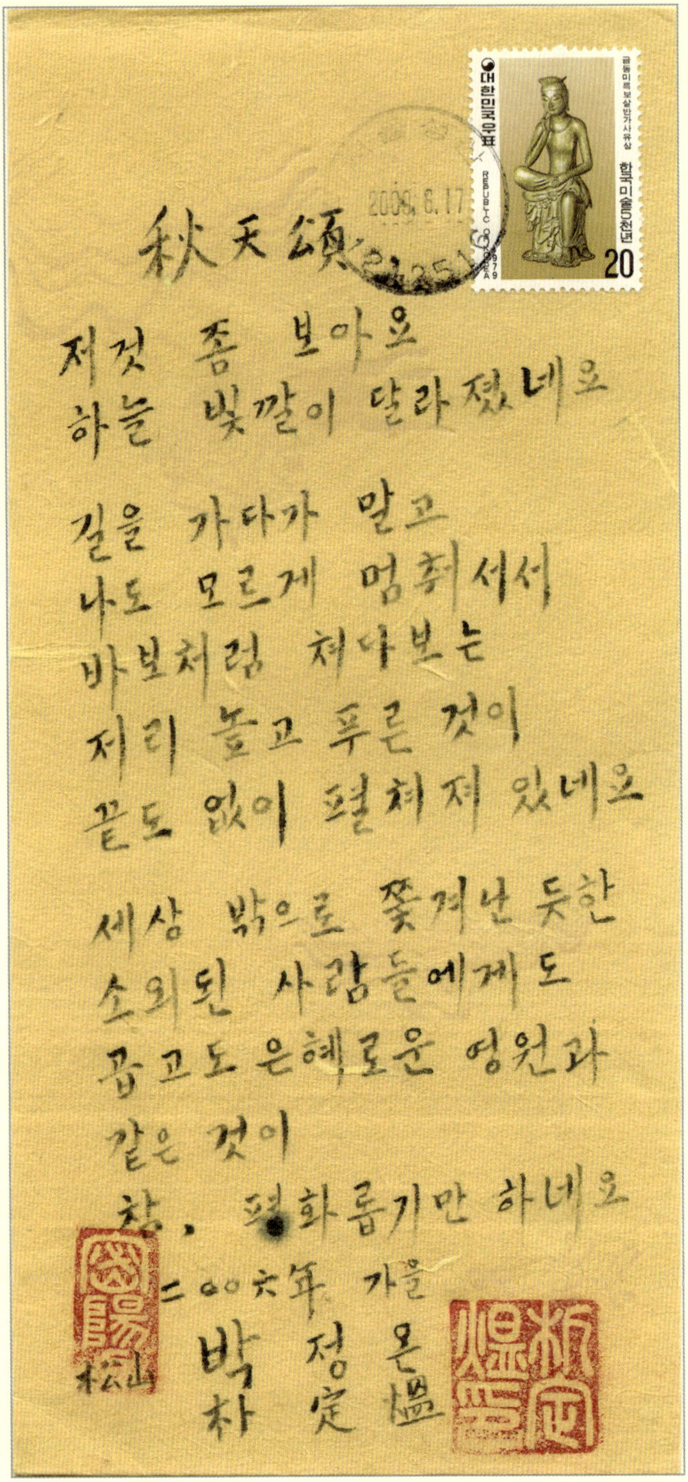

秋天頌

저것 좀 보아요
하늘 빛깔이 달라졌네요

길을 가다가 말고
나도 모르게 멈춰서서
바보처럼 쳐다보는
저리 높고 푸른 것이
끝도 없이 펼쳐져 있네요

세상 밖으로 쫓겨난 듯한
소외된 사람들에게도
곱고도 은혜로운 영원과
같은 것이
참, 평화롭기만 하네요

二00六年 가을
박 정 온
朴 定 熅

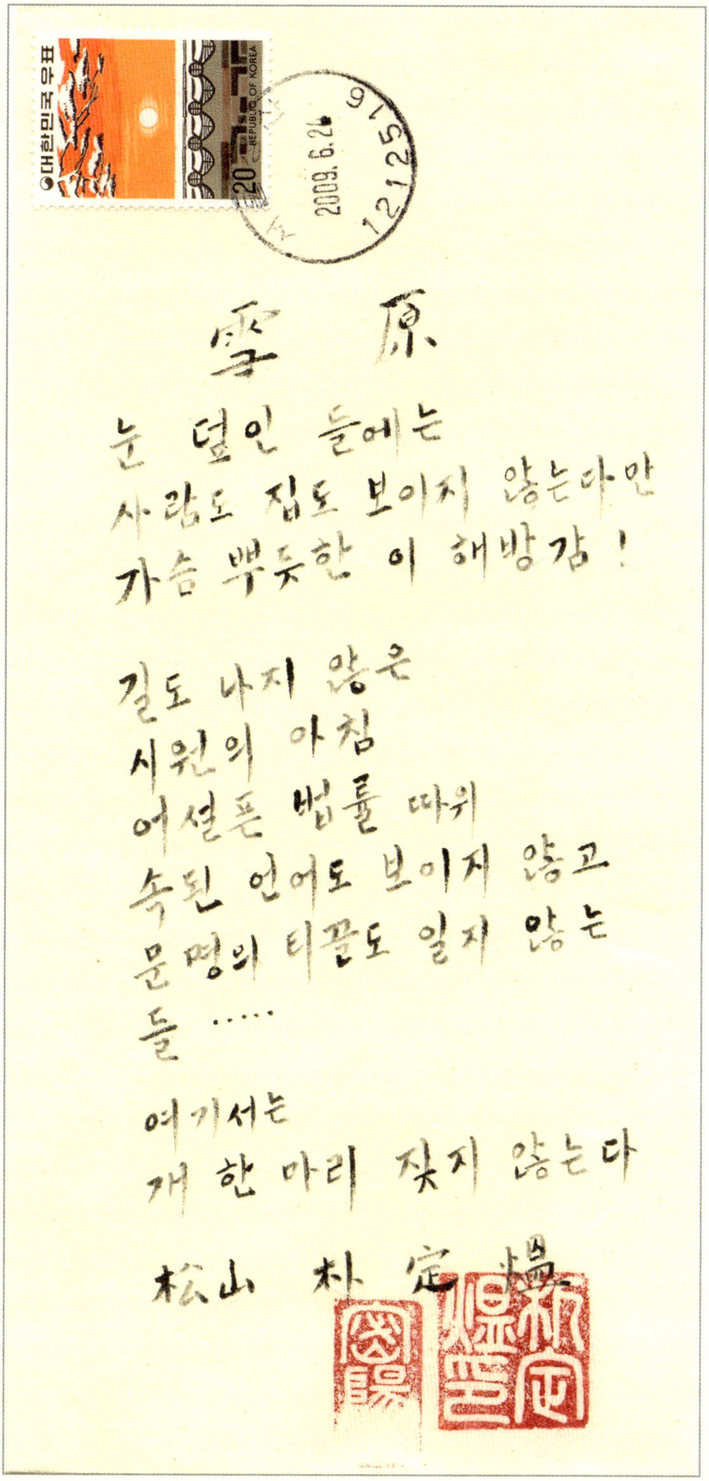

雪原

눈 덮인 들에는
사람도 집도 보이지 않는다만
가슴 뿌듯한 이 해방감!

길도 나지 않은
시원의 아침
어설픈 법률 따위
속된 언어도 보이지 않고
문명의 티끌도 일지 않는
들……

여기서는
개 한 마리 짖지 않는다

松山 朴 定 煬

박정향 시인

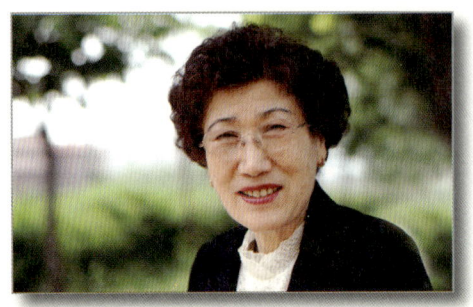

박정향(朴庭香) 시인 : 전북 부안 출생. 중앙대학교 영문학과 졸업. 전북대학교 교육대학원 교육심리학 석사. 2000년 교직 퇴직. 「문예사조」로 시와 수필부문 등단. 한국문인협회 회원. 서초심상시인방 동인·관악문인회 회원. 저서로는 시집 <나무가 일어서는 가슴에>, 수필집 <나, 살아 있음에> 등 다수.

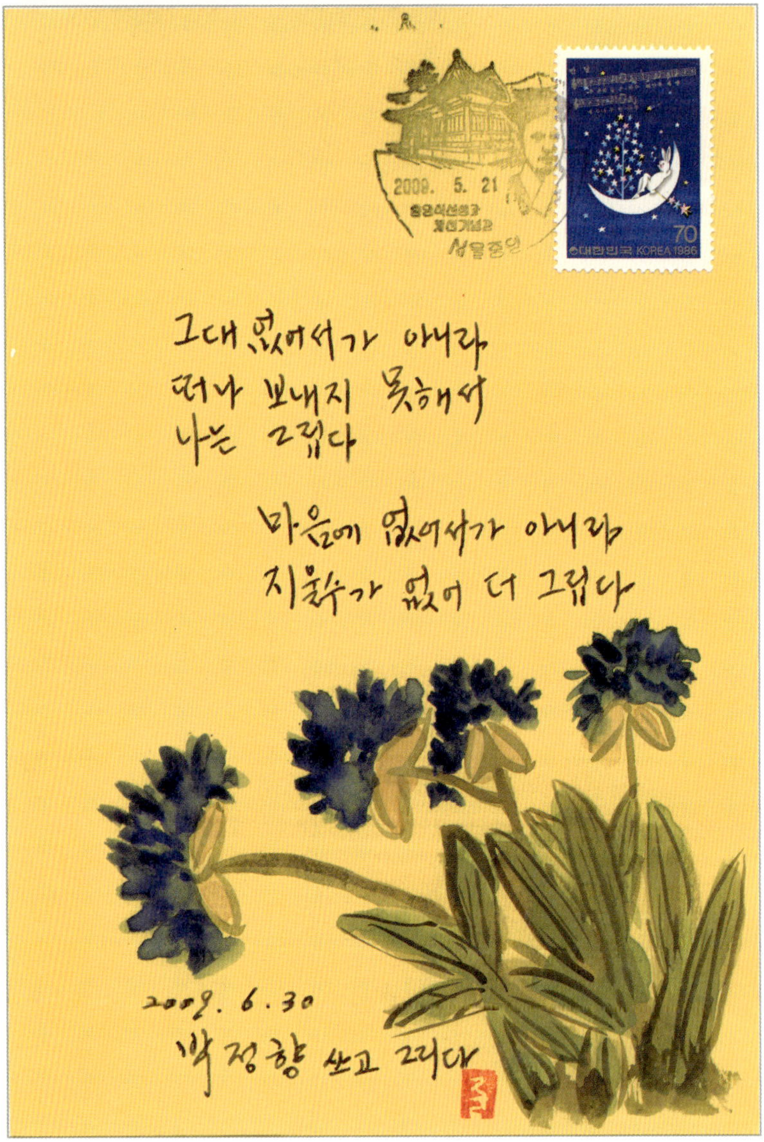
2009. 5. 21
70
대한민국 KOREA 1986
그대 없어서가 아니라
떠나 보내지 못해서
나는 그립다
마음에 없어서가 아니라
지울수가 없어 더 그립다
2009. 6. 30
박정향 쓰고 그리다

박정희 시인

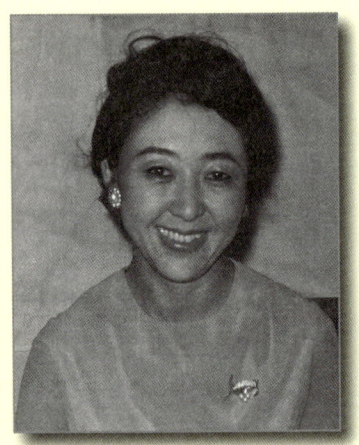

박정희(朴貞姬) 시인 : 1957년 「현대문학」으로 등단, 시집으로는 <내실>, <문풍지>, <주둔지>, <술래의 편지>, <꽃웃음> 등 다수의 작품집이 있다. 한국문학상, 동국문학상, 자유문학상 등을 수상하였고, 한양여자대학 교수를 역임하였다.

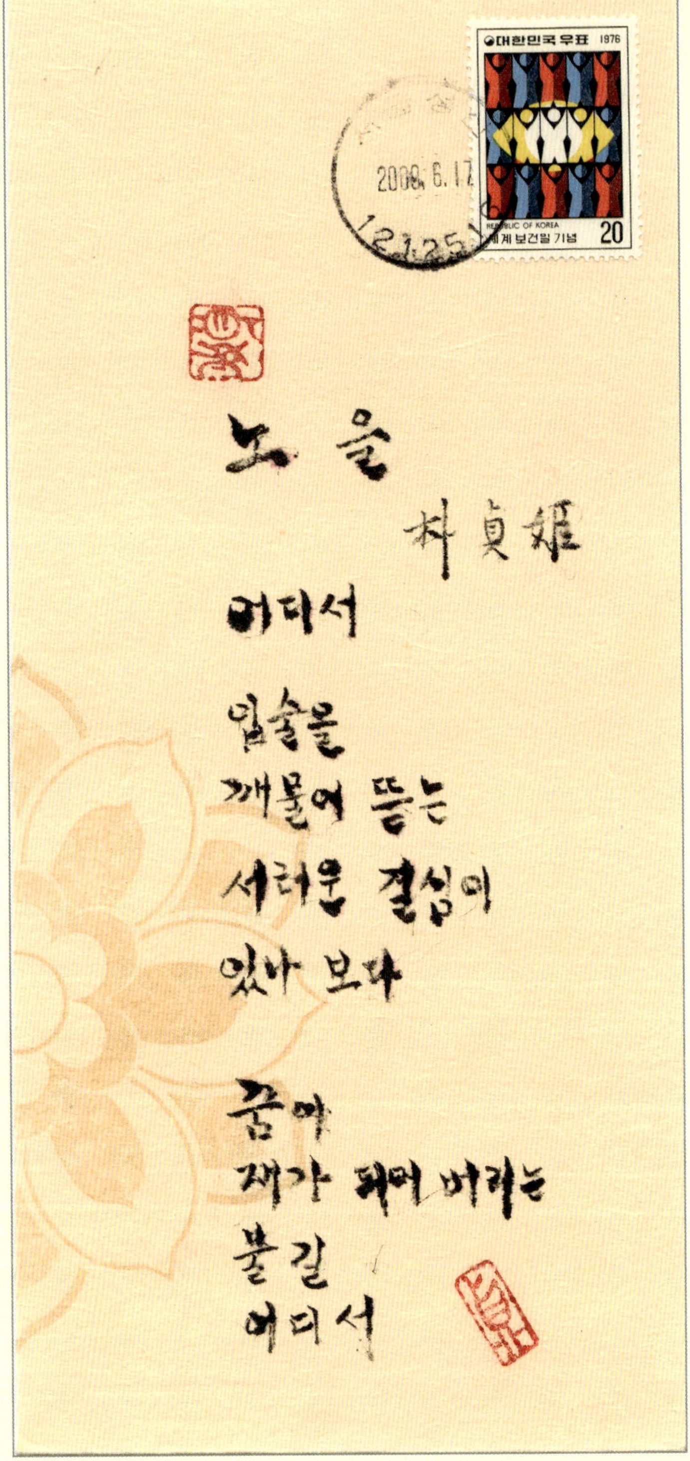

노을

朴貞姬

어디서

입술을
깨물어 뜯는
서러운 결심이
있나 보다

꿈이
재가 되어 버리는
불길
어디서

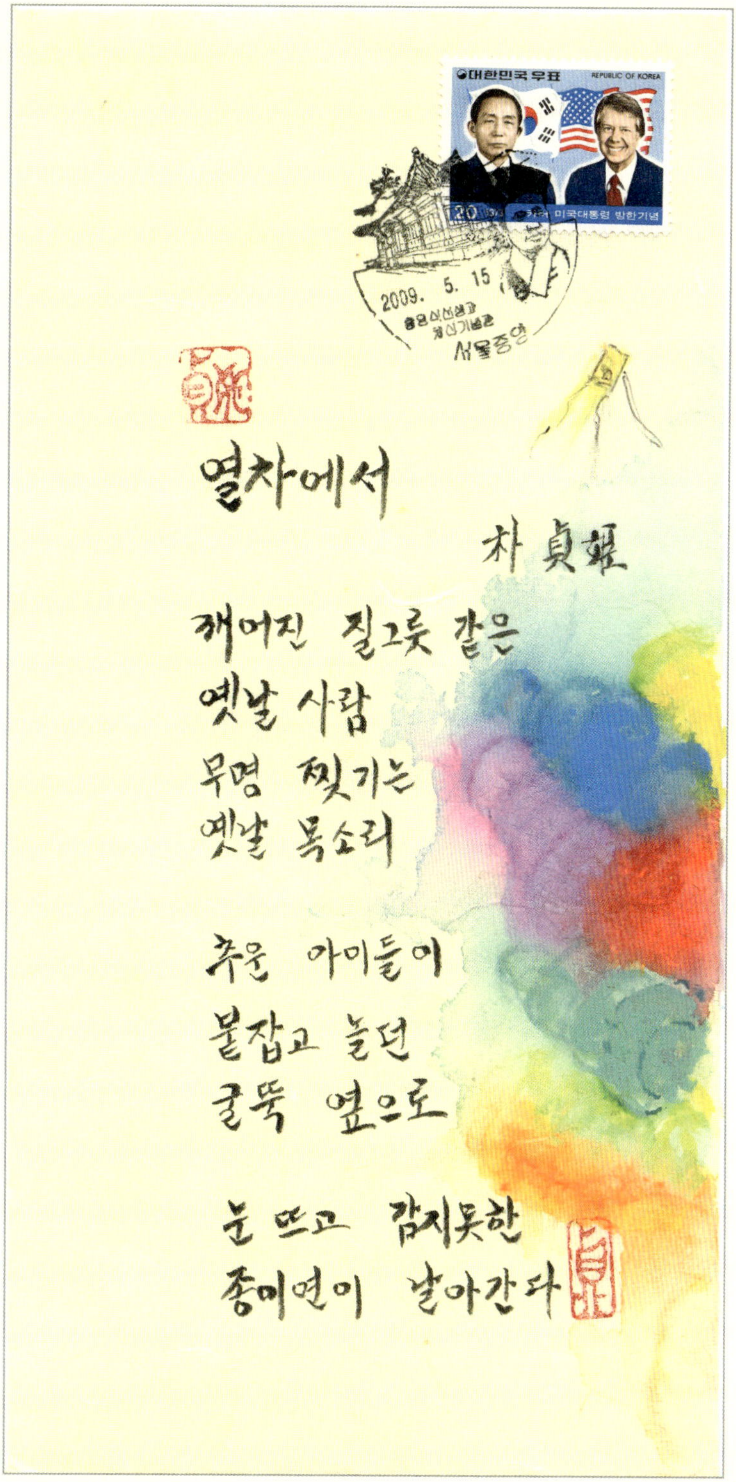

대한민국 우표
REPUBLIC OF KOREA
20
미국대통령 방한기념
2009. 5. 15
서울중앙
열차에서
朴貞姬
깨어진 질그릇 같은
옛날 사람
무명 찢기는
옛날 목소리

추운 아이들이
불잡고 놀던
굴뚝 옆으로

눈 뜨고 감지못한
종이연이 날아간다

ㅂ

박제천 시인

박제천(朴堤千) 시인 : 1965~6년 「현대문학」으로 등단. 동국대 국문과. 시집 으로는 <장자시>, <아> 등 11권. <박제천 시전집>(전5권)
저서 <시를 어떻게 쓸 것인가>(공저), <시를 어떻게 고칠 것인가> 등 영역시집(미국 코넬대), 일어, 스페인어 번역시집 등. 한국시협상, 현대문학상, 윤동주문학상, 월탄문학상, 공초문학상, 펜문학상 등 수상. I.W.P.(미국 아이오와대 국제창작프로그램) 1984년 초청시인. 현재 문학아카데미 대표.

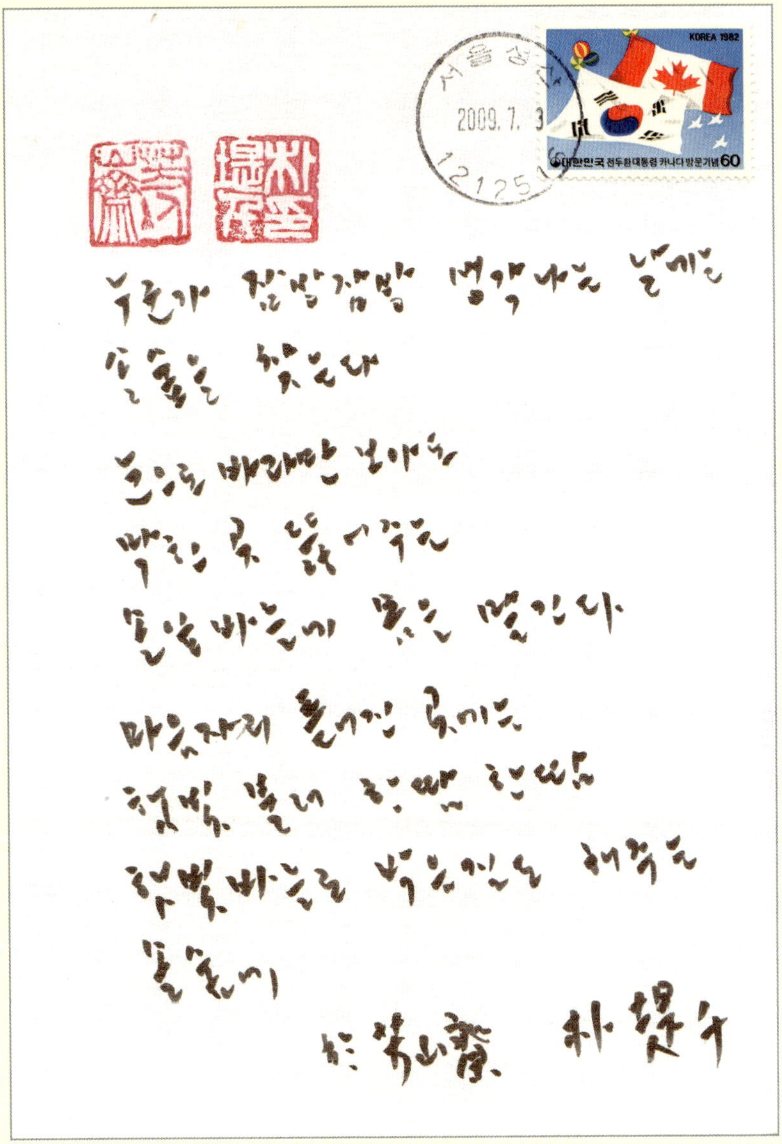

이슬방울이 화석을 늦깨하고 놀다
매구리가 우는 연못이 있고.
그 연못에 떠 있는
연잎에 방금 생겨난 이슬방울
해도 달도 그 안에 넣어두는,
내 애인의 눈동자 속에 담겨있는
이슬방울 화석을 보내주고 싶다

朴堤千

於 菊心齋

박지혜 시인

박지혜(朴智惠) 시인 : 대전여중, 호수돈여고, 숙명여자대학교 가정과 졸업. 시카고 신학대학(하나님의 성회)에서 수학. 한국시인협회, 숙대문인회 회원, 한국여성문학인회 이사, 세계 성신클럽 초대 여성위원장 (1991), 한국공간시인상 본상 수상(1995년 5월 20일 추천인 : 조병화, 윤병로), <사랑의 우체통> 편지위원. 충남 보령 개화예술공원에 시 비가 세워짐(2006), (1964년에 발표된 대표작 장미)
시집으로는 <초막의 노래>, <겨울 일기>, <꽃잎이 지는 자리마다>, <이 시대의 아담>, <꿈꾸는 골방> 등이 있다.

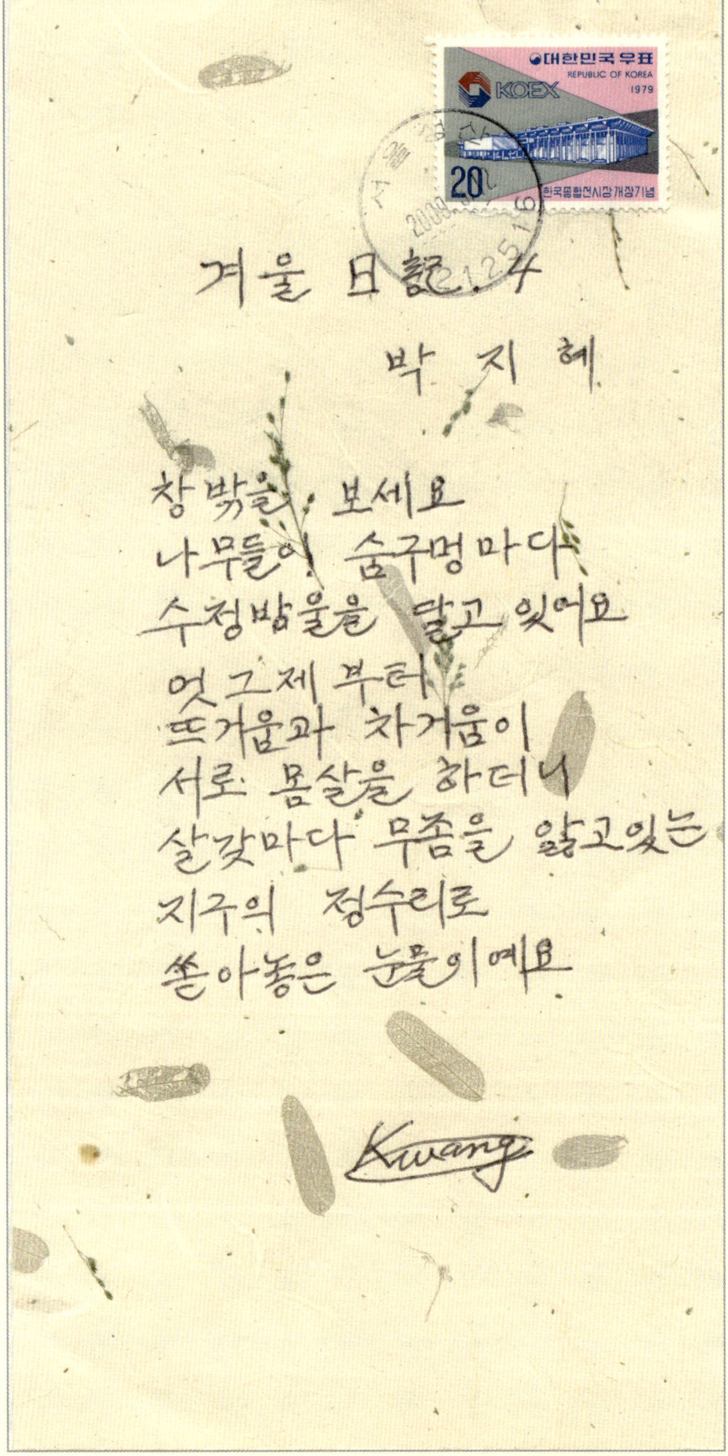

겨울 日記124

박지혜

창 밖을 보세요
나무들이 숨구멍마다
수정방울을 달고 있어요
엊그제 부터
뜨거움과 차거움이
서로 몸살을 하더니
살갗마다 무좀을 앓고있는
지구의 정수리로
쏟아놓은 눈물이예요

Kwang

집 짓기

박지혜

생각의 넓이만큼
터를 닦고
깊이만큼 기둥을 세워

마름질 해보는
사각의 창문

나의 안에서
나에게 외치는 소리
나의 안에서
나를 허무는 소리

보오얀 모래틈으로
여과되어 고이는 눈물로
한 장 두 장 쌓아 올리는 벽

Kwang

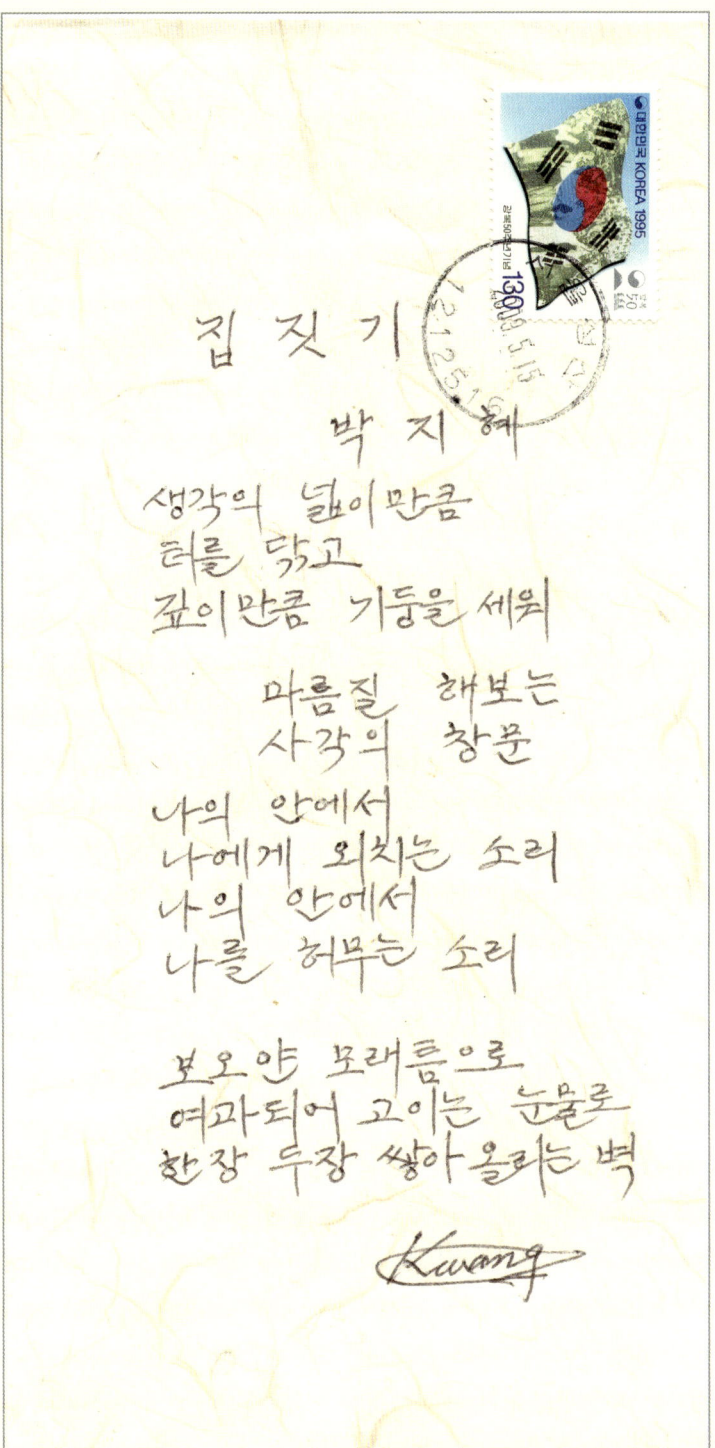

박진환 시인

박진환(朴鎭煥) 시인 : 1936년 전남 해남 출신으로 동국대 국문학과와 중앙대 대학원을 수료했다.(문학박사) 동아일보 신춘시와 「자유문학」문학평론으로 데뷔했으며 한서대학교 문창과 교수와 예술대학원장을 역임했다. 저서에 시집 <귀로>, <사랑법>, <諷詩調>등 27권이 있으며 평론집으로 <한국시의 공간구조연구>, <현대시론>, <21C시학과 시법> 등 다수가 있고, 현재 월간 「조선문학」 발행인 겸 주간으로 있다.

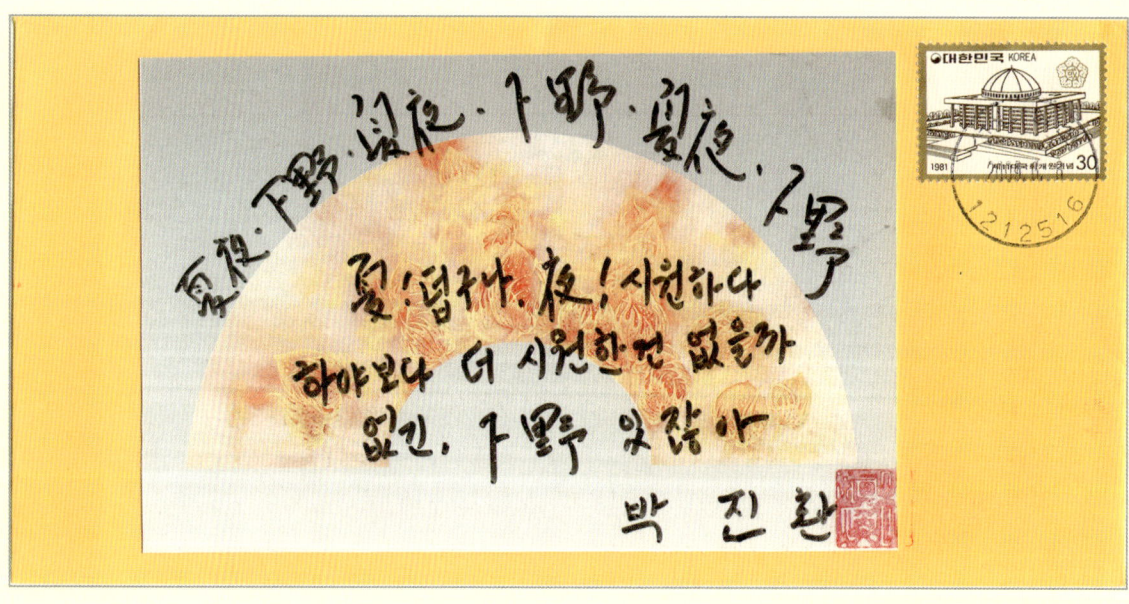

히히 제집애야
꽃그늘기 들지말거라
옴오르면 재수없듯이
가슴에 꽃물들면
행여
속살로나 터지는
화냥끼 도질라

살구꽃

박진환

박찬구 시인

박찬구(朴燦久) 시인 : 1937년 경북 영양에서 출생했고, 서울사대 국어교육과를 졸업했다. 「시조생활」을 통해서 등단하였고, 덕수중, 연주중, 대영고, 양재고 교장을 역임, 서울시 교육연구원 원장, 서울시 성동교육청 교육장, 교육부 학교정책실 실장, 제4대 서울시 교육위원회 교육 위원, 전민족 시조생활화 운동본부 회장 등을 역임했다. 문입협회 회원으로 시집 <귀거래사> 등을 출간하였으며, 국민훈장 동백장, 난대시조공로상, 시천시조문학상 등을 수상했다.

산맥

박찬구

갈기를 곧추 세운
준마의 기상으로

물안개 헤쳐 가며
바다를 건너뛰며

만삭의
수평선 핏덩이
쓸어안고 웃는구려

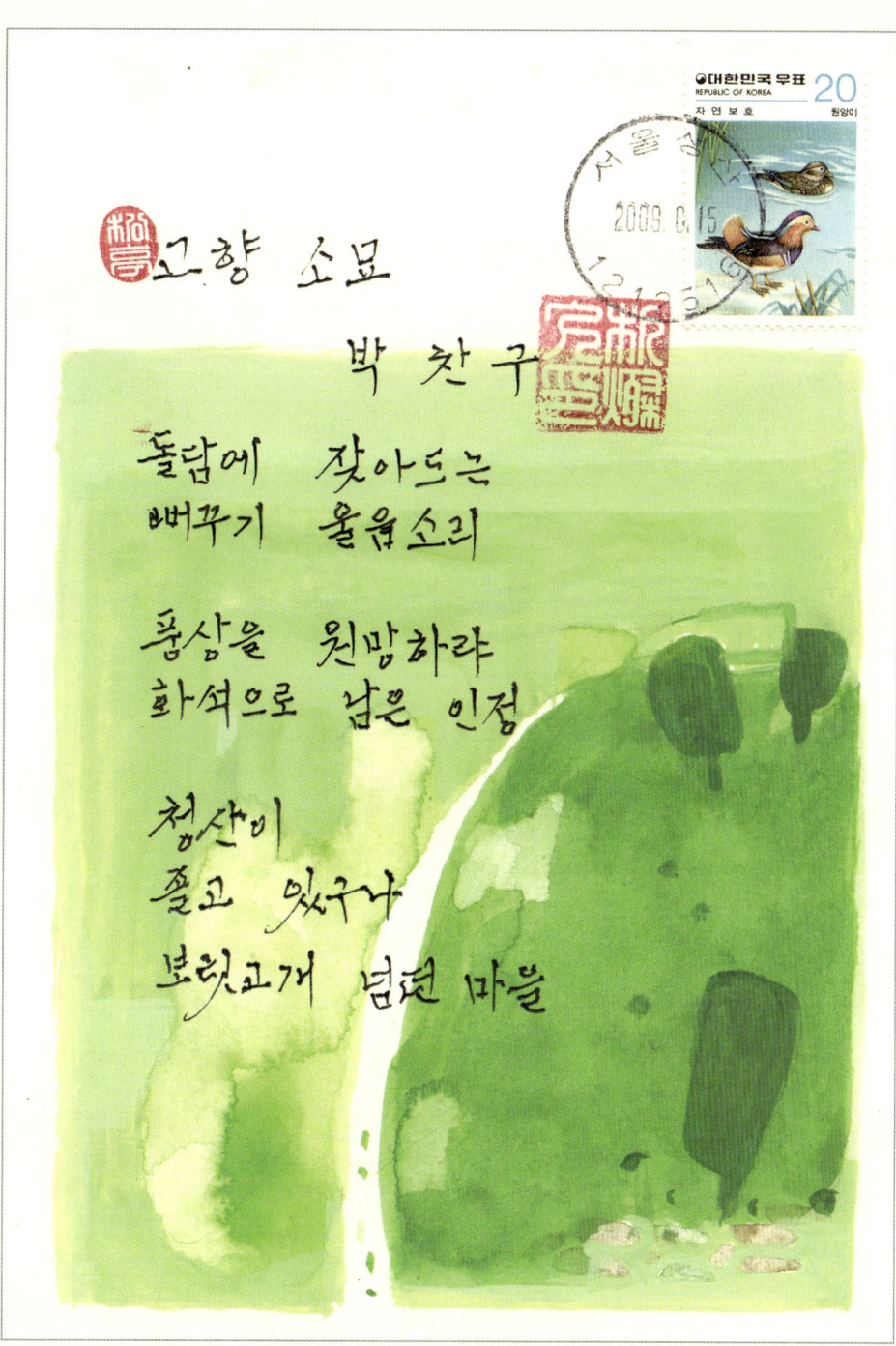

고향 소묘

박찬구

돌담에 잦아드는
뻐꾸기 울음소리

풍상을 원망하랴
화석으로 남은 인정

청산이
졸고 있구나
보릿고개 넘던 마을

박 철 화가

박철(朴哲) 화가 : 1950년 경북 문경 점촌에서 태어나 홍익대학교 서양화과와 경희대 대학원을 졸업 하였으며, 지금까지 38회의 개인전(Posco 미술관, 워커힐 미술관, 동경, Paris, Amsterdam, Rijnsburg, Vancouver 등) 과 쾰른, 마이애미, 동경, 베이징, 상하이 등 각종 국제아트페어에 참가하였으며, 국립현대미술관, 서울시립미술관, 부산시립 미술관 등에 작품이 소장 되어있다.

작품은 우리 정서가 담겨있는 한지를 다루고 있으며 담백하고, 은은하며, 편안하고, 따뜻함이 있는 한지를 다양한 현대회화 속에서 새로운 분야로 자리 매김하여 한지의 세계화에 매진하고 있다.

박하연 시인

박하연(朴河姸) 시인 : 서울 출생으로 이화여중고에서 박목월, 박태진 선생님에게 시와 영시를 배웠다. 고려대 숙명여대에서 조지훈, 김남조 선생님에게서 시공부를 하였고, 중앙대 대학원에서 시나리오 작법 공부.

시집으로 <일곱 햇살의 문>, <바람만 걸려 있는 정거장> 등과 <보통 사람 어디 숨었나?>, <강남, 강북> 등의 칼럼과 수필 등 <한국의 민속품>, 기행문 등 다수.

한국 문인협회, 국제펜클럽 한국본부, 타골문학회, 문학과 역사, 부회장, 이사 역임.

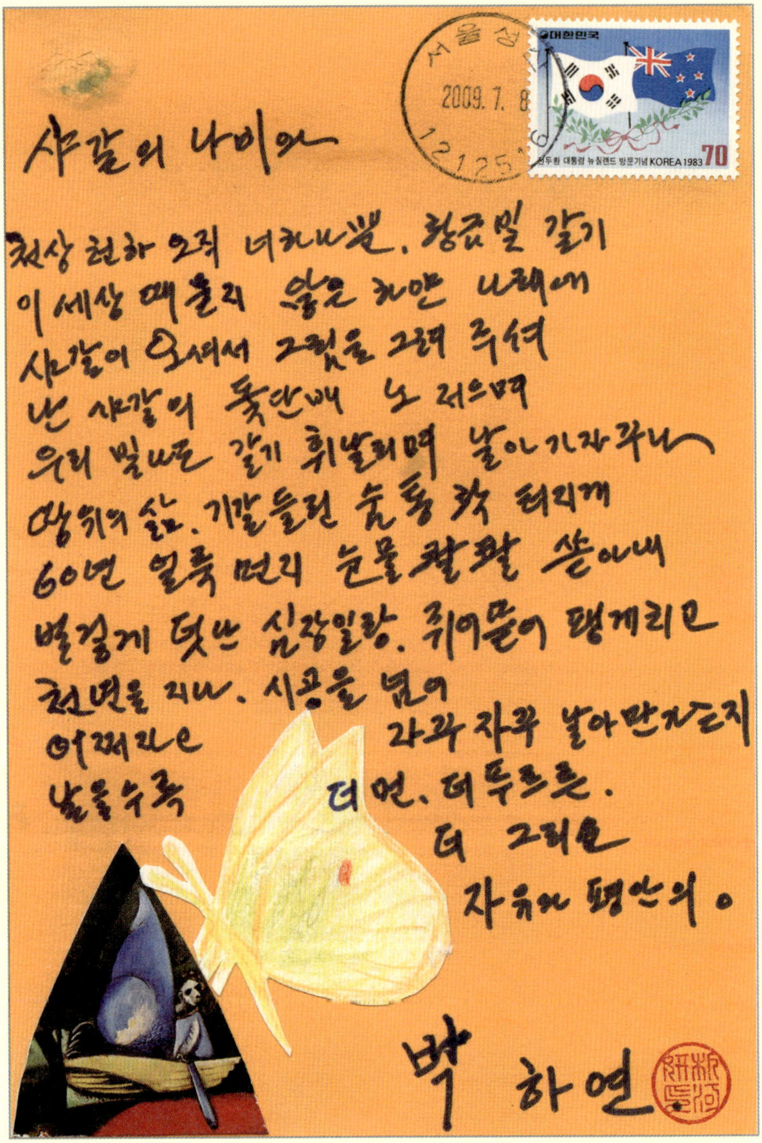

샤갈의 나비여

천상 천하 오직 너 하나뿐. 황금빛 같기
이 세상 매혹리 않고 차안 내세에
샤갈이 오셔서 그렸을 그려 주셔
난 샤갈이 동안에 노 러으며
으리 빛깔 같이 휘날리며 날아가자구나
앙위지 않. 기쁨을 던 숨통 꽉 터지게
60년 얼룩 먼지 눈물 콸콸 쏟아내
벌겋게 덧쓴 심장일랑. 쥐어뜯어 팽개치리
천년을 지나. 시공을 넘어
어쩌라고   과과 자꾸 날아만 가는지
날을수록   더연. 더 두근은.
                   더 그리운
                      자유에 펼샤의.

박하연

김 치

배추. 무. 초록 진한 에너지
천일염 꽉 절여 숨 죽인다
독에서 조선 옹기 단지 가득 담겨
다시 태어난 어머지 숨결
다듬고. 썰기. 다지고 저며. 버무린
얼크란 깊은 감칠 맛
안에서 익는 톡톡, 맛으로 깨어나
한국여인의 톡 쏘는 손맛
짜릿하게 당기는 중독성
몽기 포개 진달래 꽃으로 피어난
오천년의 기인 긴
댓을 끓으오.

박 하 연

박혜경 화가

박혜경(朴惠璟) 화가 : 이화여대 미술대학에서 서양화를 전공했으며, 약 10년간 작업을 중단하다가 1989년 한국여류수채화가 협회전을 계기로 작가 활동을 시작하게 되어, 2001년에 삼성 아트스페이스에서 첫 개인전을 가졌다. 2005년부터 L.A 한국문화원 초대전 등 여섯 차례 개인전을 가졌다. 2008년에는 중국 상하이에서 코스모스 갤러리 초대로 상하이 아트페어에 참여하였다.

현재 아카데미 회원이며 광진미협 회원이다.

작품명 '그럼에도 불구하고 인생은 아름답다' 종이 위에 아크릴.

박희숙 화가

박희숙(朴熺淑) 화가 : 동덕여자 대학교 예술대학 미술학부 졸업, 성신여자 대학교 조형대학원 미술학과 졸업. 9회의 개인전 및 다수의 그룹전과 다수 공모전에서 입상을 했으며 강릉대학교에서 강사를 역임. 2004년 12월부터 월간 조선 현재「인물탐험」연재, 월간 이코노플러스 연재 등 잡지와 방송에 그림이야기를 연재하고 있으며 화가, 시인으로 활동하고 있다.

저서로는 〈그림은 욕망을 숨기지 않는다〉(북폴리오), 〈서양의 미술 클림트〉(서문당) 등 다수.

배상필 화가

배상필(유초 裵相畢) 화가 : 곽남배(백포), 신현조(운원), 우희춘(석당) 선생에게 사사를 받았으며, 세종문화회관 등에서 개인전을, 현대미술 대전 최우수상, 여성작가 공모전 금상, 일본 전일전 대상 1회(준대상 2회), 동경 전일전 평론가상, 세계 여성 미술대전 우수상 등을 받았다.

현재 한국미술협회, 종로미술협회, 창석회 회원으로 활동 중이다.

백기완 시인

백기완(白基玩) 시인·재야운동가: 1933. 1. 24 황해 은율에서 출생. 1960년대 중반 한일협정반대운동을 계기로 통일민주화운동에 앞장섰으며, 3선 개헌 반대와 유신철폐 등 1970년대 제3공화국 하 민주화운동에 참가 하고, 그 후 대통령 선거에 출마했다. 저서로 <통일 이야기>와 자전적 에세이 <부심의 엄마 생각>이 있다.

현재 통일문제연구소 소장. 민족 작가회의 회원(시부문).

뿌리 꺾인 이들을 보면
왜 애 슬픈지라 싶을까
아 이들들아
숨독까지 깨는 슬픔이
이에 있더라냐 내 이들들!

백기완

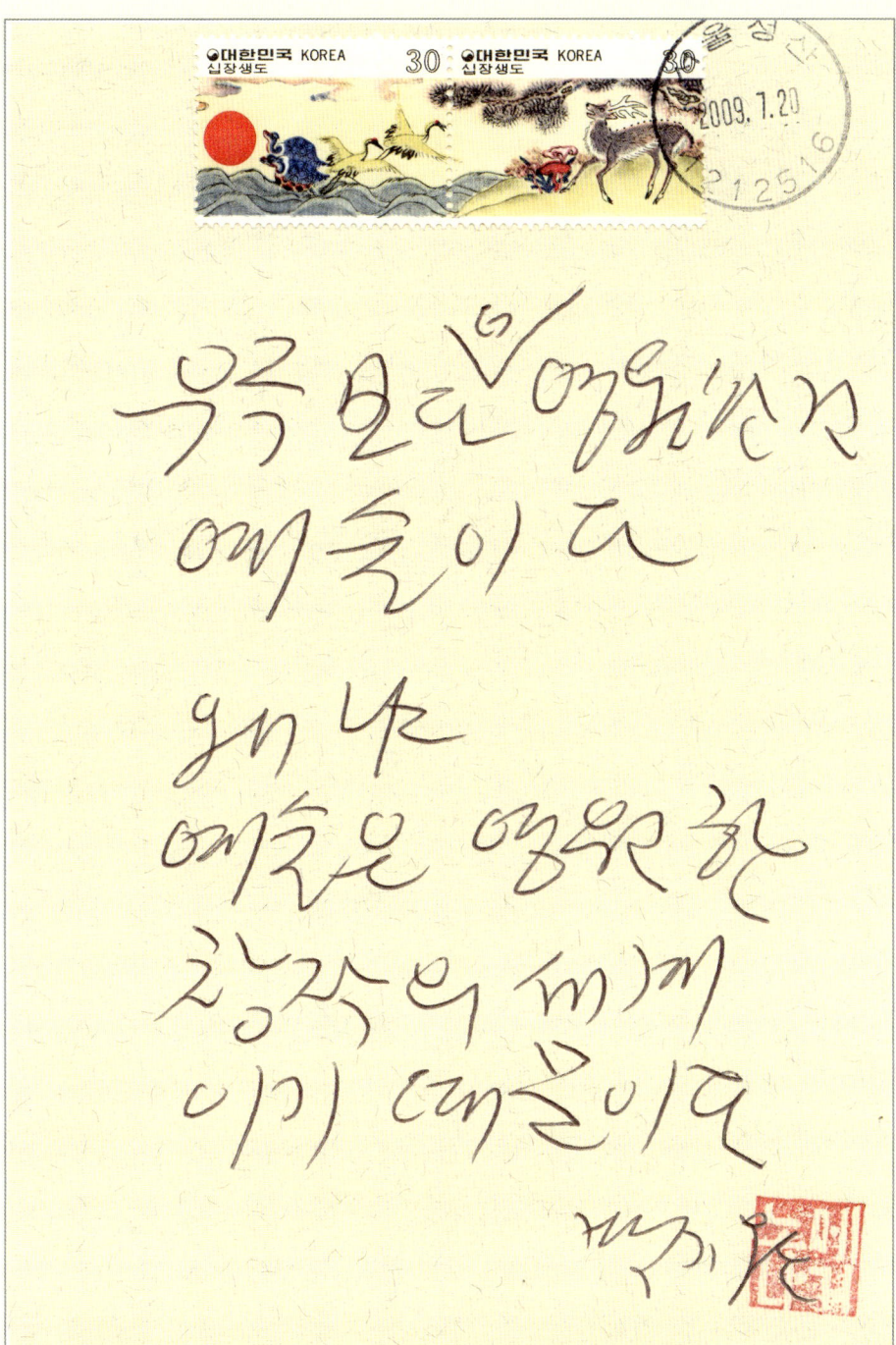

석성우 시인

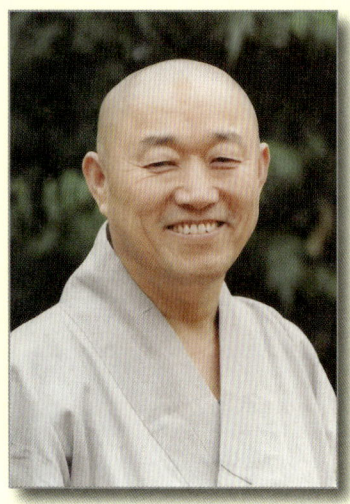

석성우(釋性愚) 시인 : 1969년 「시조문학」 추천. 1970년 「월간문학」 신인상 수상. 1971년 중앙일보 신춘문예 당선.

저서는로는 <산란>(시집)외 7권. (주) 불교TV(BTN) 대표이사.

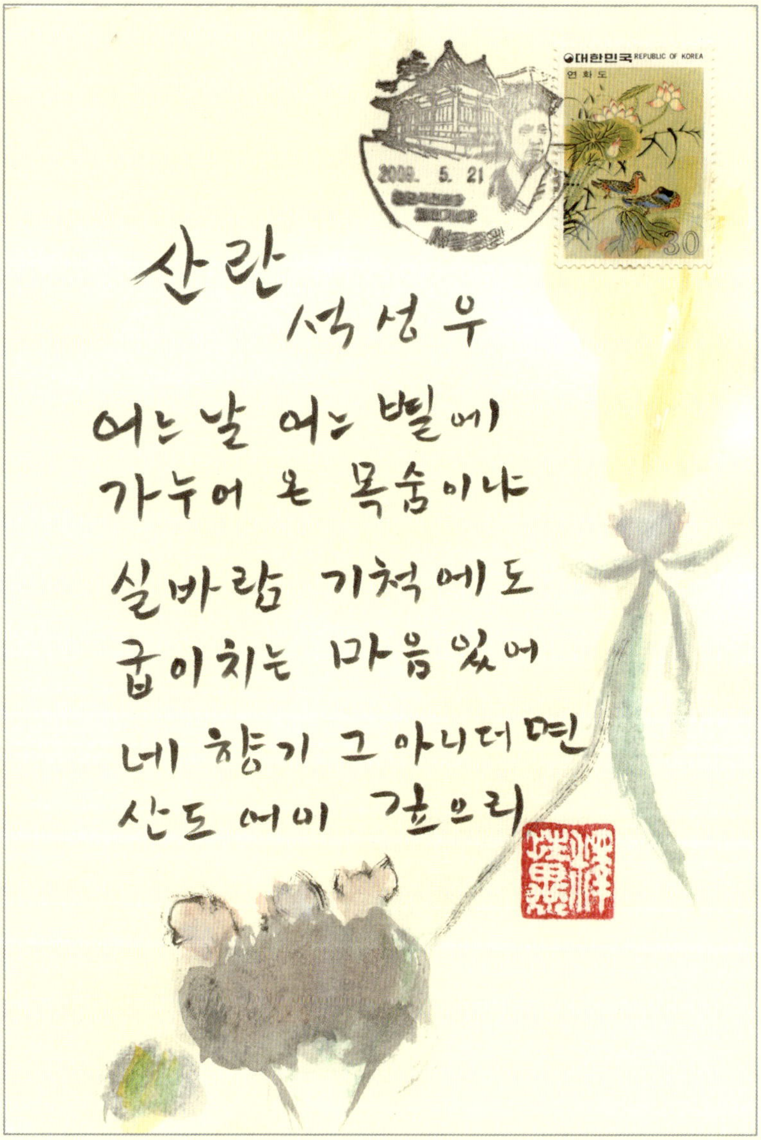
대한민국 REPUBLIC OF KOREA
연화도
30
2009. 5. 21
산란
석성우
어느 날 어느 별에
가누어 온 목숨이냐
실바람 기척에도
굽이치는 마음 있어
네 향기 그 아니더면
산도 어이 깊으리

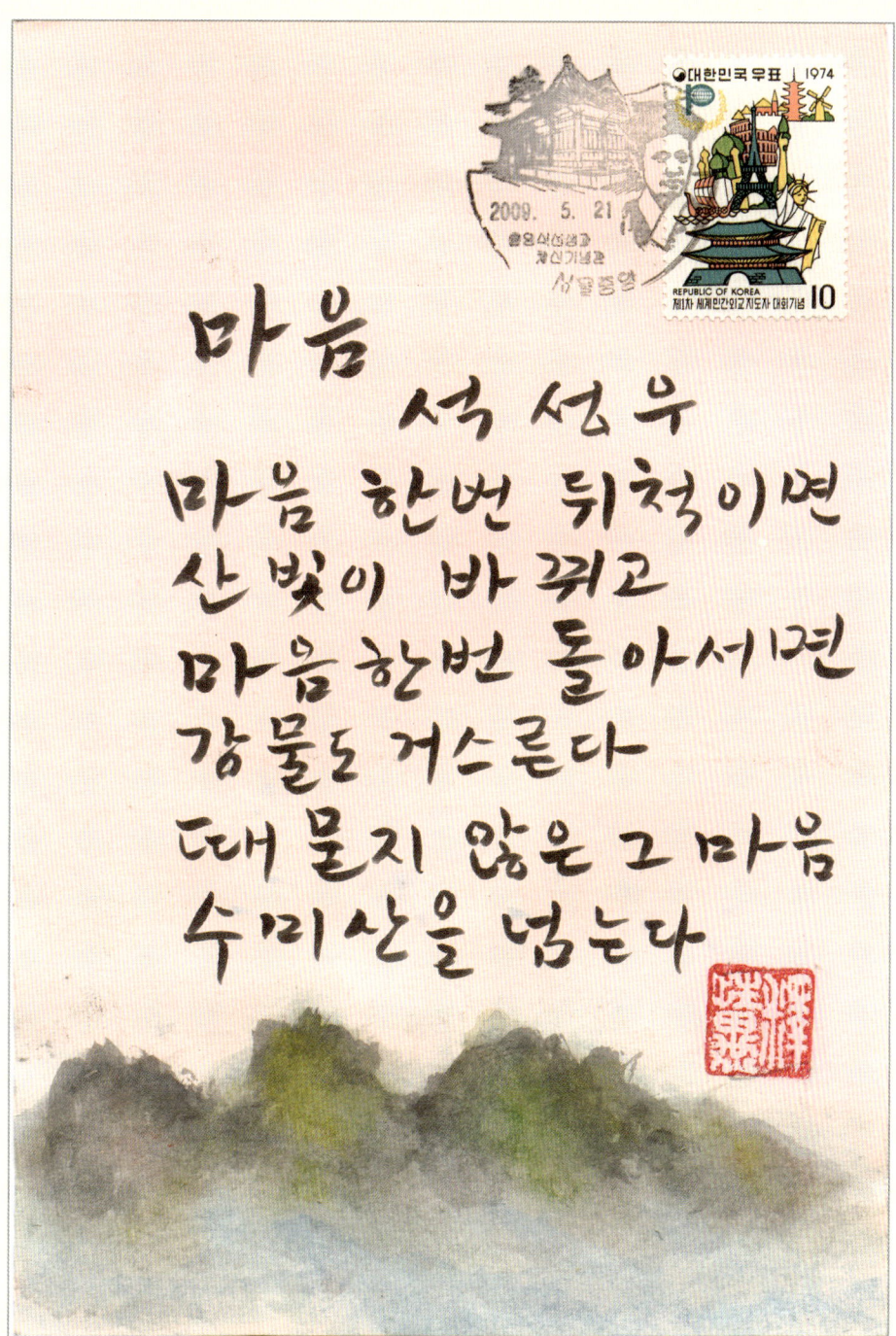

마음

석성우

마음 한번 뒤척이면
산빛이 바뀌고
마음 한번 돌아서면
강물도 거스른다
때묻지 않은 그 마음
수미산을 넘는다

석인공 태고종 총무원장

석인공(釋印空) 태고종 총무원장 : 1957년, 남벽해 화상을 은사로 조일파 화상을 계사로 득도하였고, 1970년에는 한국불교 태고종 초대 중앙종회 의원으로 취임하였으며, 1996년에는 태고종 총무원 부원장, 한국종교협의회 부의장에 취임했다.

1998년, 봉원사 주지, 태고종 중앙종회 의장에, 2009년에는 태고종 제24대 총무원장에 피선 되었다. 국민훈장 서훈, 2008년, 고희문집으로 "空으로의 旅印"을 상자하였다.

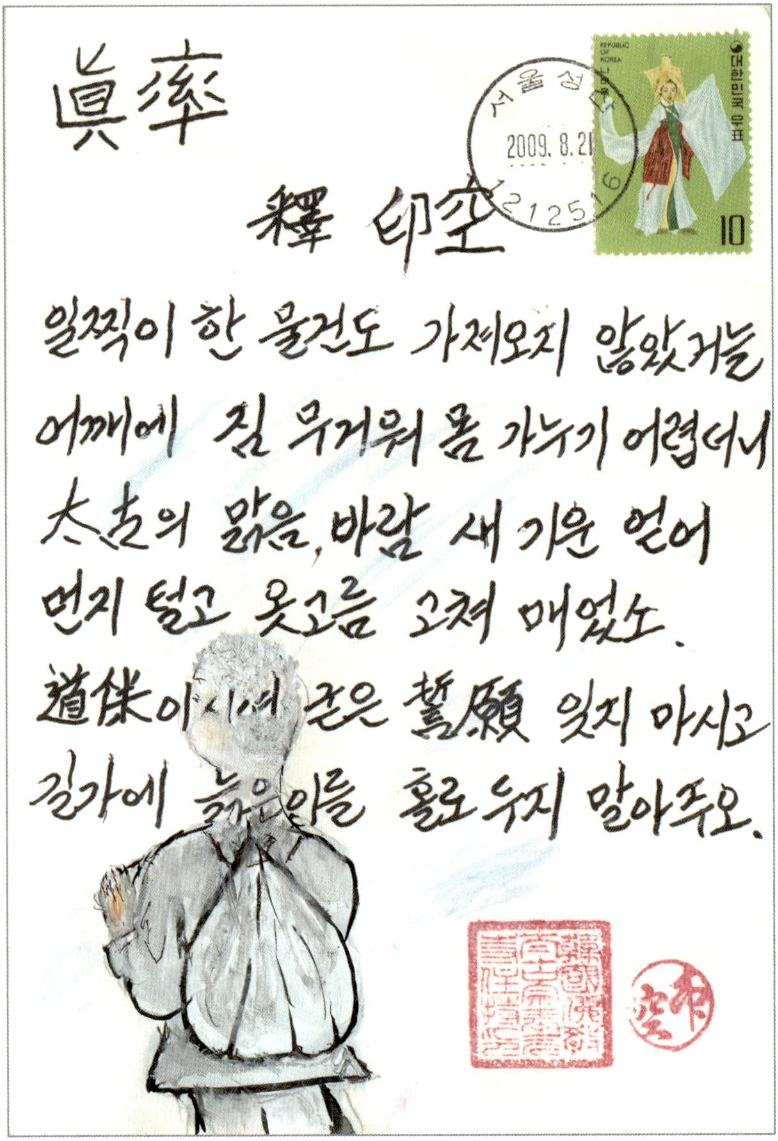

眞率

釋 印空

일찍이 한 물건도 가져오지 않았거늘
어깨에 짐 무거워 몸 가누기 어려서
太초의 맑은, 바람 새 기운 얻어
먼지 털고 옷고름 고쳐 매었소.
道侶이시여 굳은 誓願 잊지 마시고
길가에 늙은이를 홀로 두지 말아주오.

선정주 시인

선 정주(宣珽柱) 시인 : 1935년 경남 고성에서 출생하였으며 향리에서 청소년 시절 문학동인회를 조직하여 문학 수업을 했었고 1970년에 등단하여, 시집 <겨울 청산도> 외 8권을 출간하였으며 가람시조문학상과 현대시조문학상을 받았다.

현 재 국제펜클럽 한국본부 회원이며 한국문인협회 이사를 역임하였고 시조 전문지 계간 「새시대 시조」 주간이며 또한 서울성림교회 담임목사로 시무 중이다.

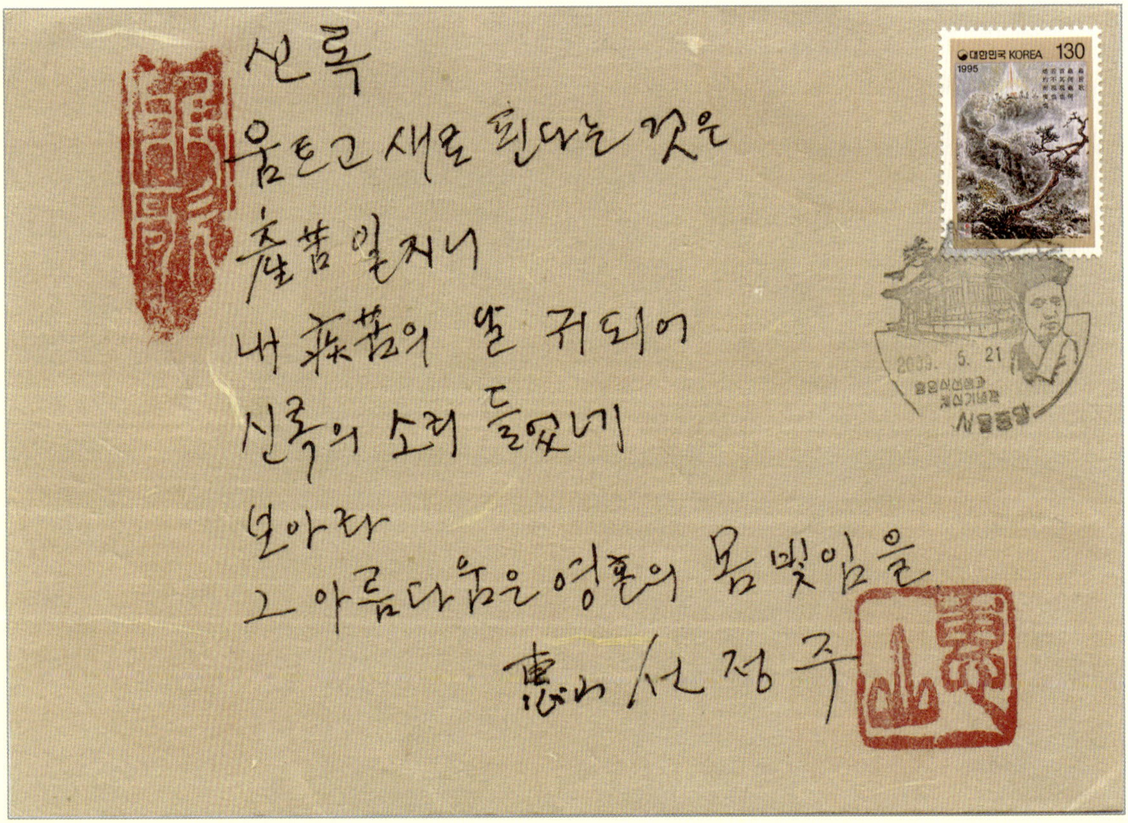

신록

움트고 새로 핀다는 것은
춤뜸일지니
내 춤뜸의 날 귀되어
신록의 소리 들으니
보아라
그 아름다움은 영혼의 몸빛임을

惠山 선정주

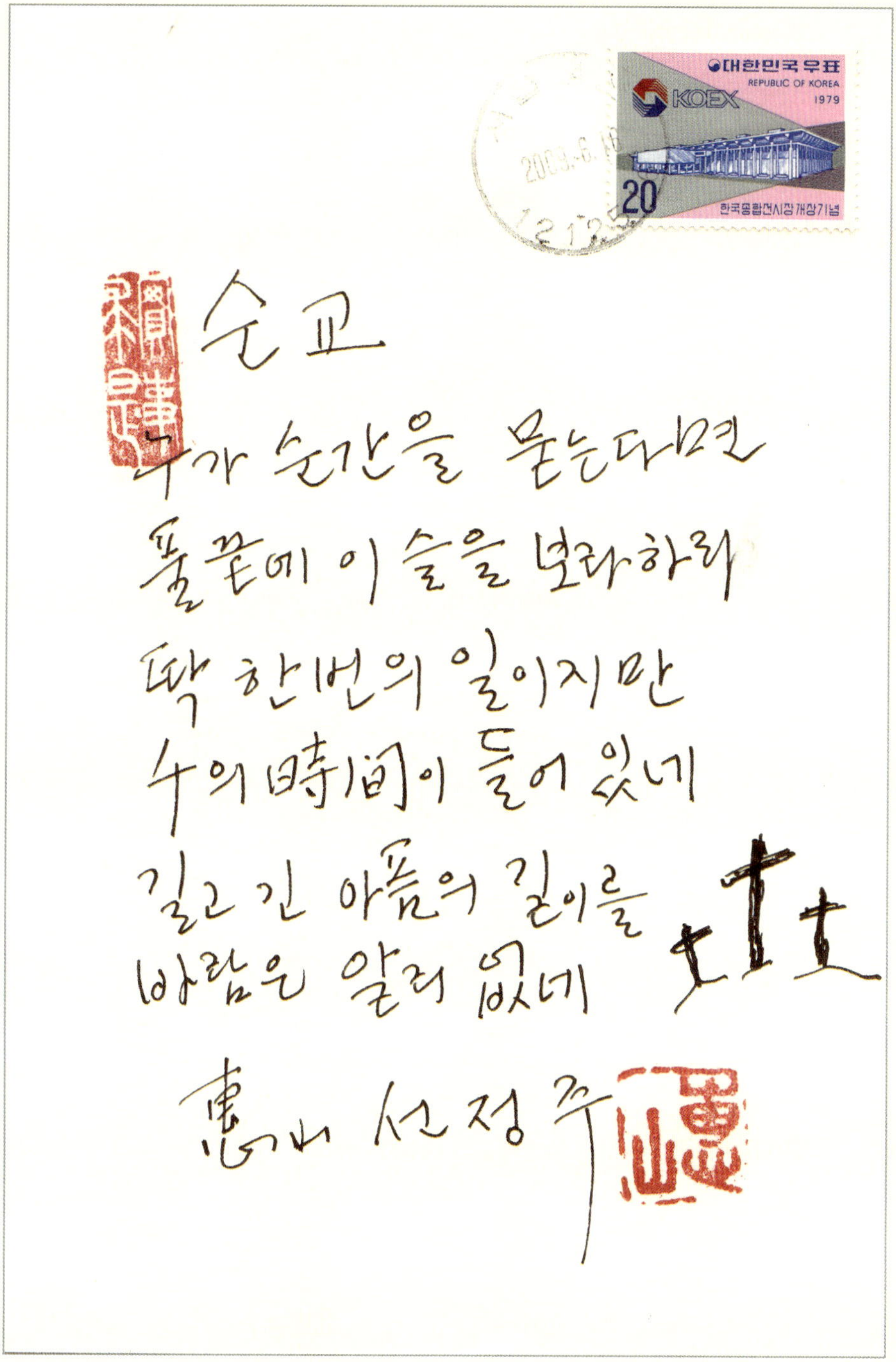

순교

누가 순간을 묻는다면
풀끝에 이슬을 보라하리
딱 한번의 일이지만
수의 時間이 들어 있네
길고 긴 아픔의 길이를
바람은 알리 없네

惠山 신정구

성기조 시인

성기조(成耆兆) 시인 : 1931년 충남 홍성에서 출생했다. 1960년 경희대학교 대학원을 졸업. 1958년 「시와 시론」에 시 '절규'를 발표했고, 1963년에는 첫 시집 <별이 뜨는 대낮>을 출간했으며, 호서대학교 교수직을 역임하였다. 한국문인협회, 펜클럽 이사장을 역임하기도 했고, 현재 한국 예총 부이사장과 「수필시대」 발행인직을 맡고 있다.

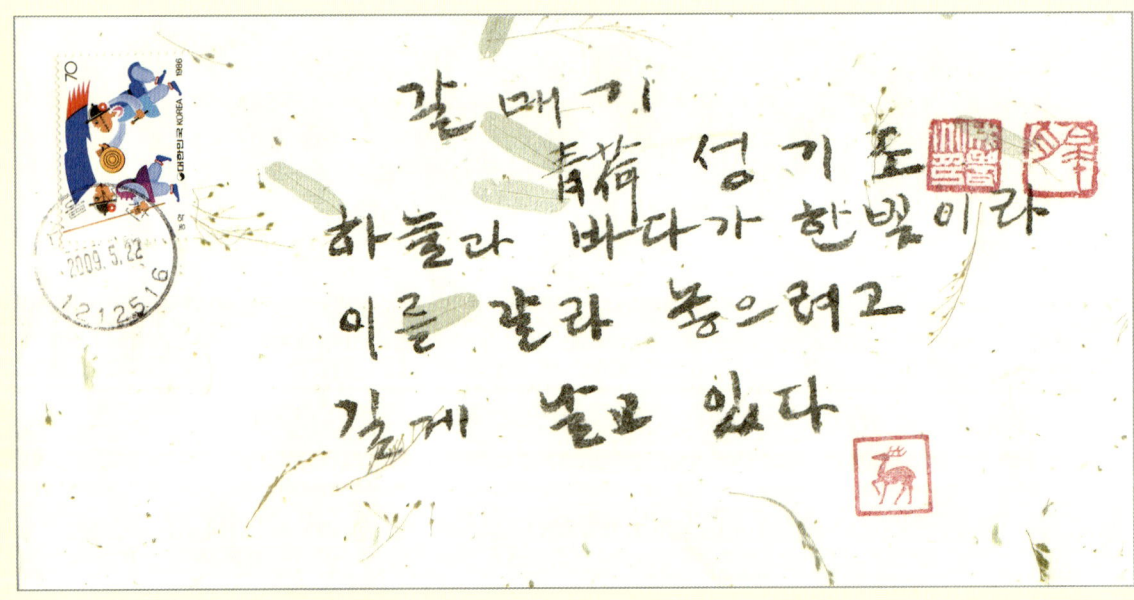

갈매기

하늘과 바다가 한빛이다
이를 골라 놓으려고
길게 울고 있다

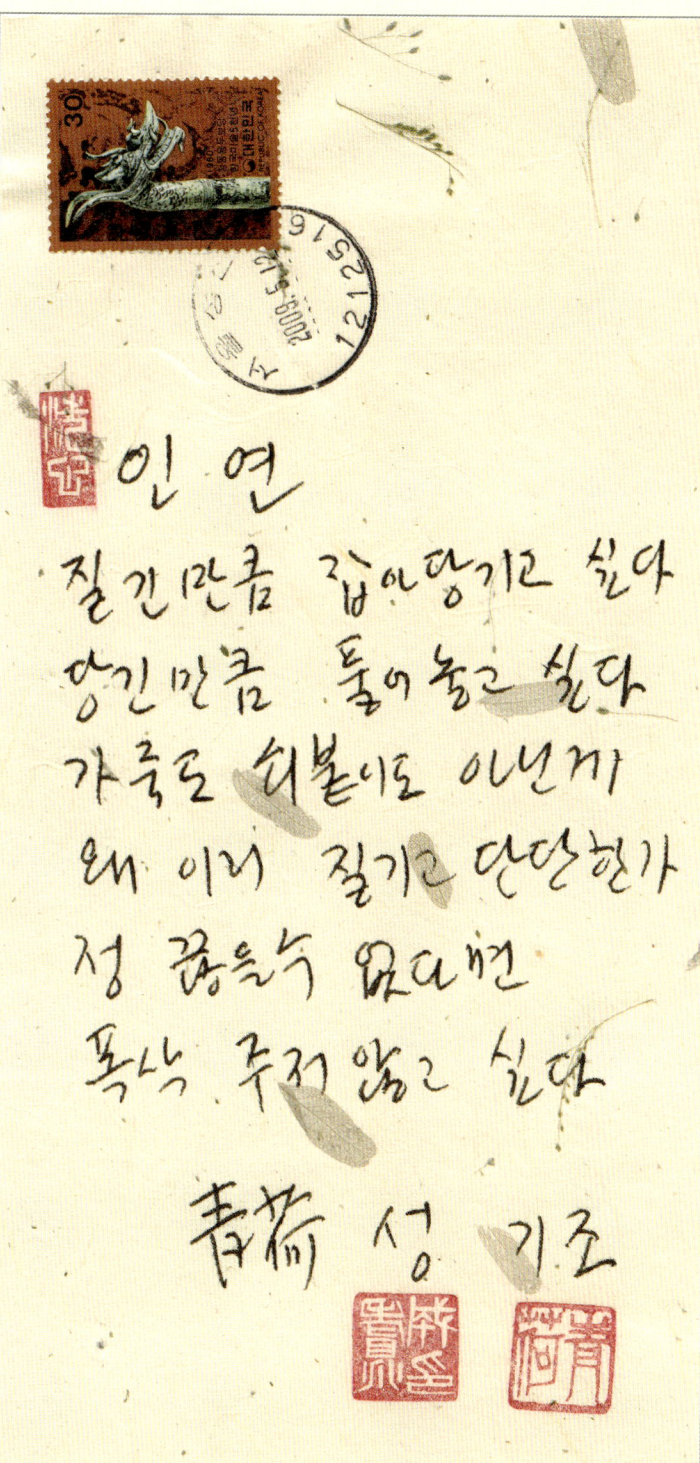

인연

질긴만큼 잡아당기고 싶다
당긴만큼 놓아놓고 싶다
가죽도 헝겊이도 이번께
왜 이리 질기고 단단헌가
성 꽁을수 없다면
폭삭 주저앉고 싶다

青荷 성기조

성지월 시인

성현

지월(成芝月) 시인 : 1932년 경기 이천 출생. 1963년 「시와 시론」 및 「한양」지에 발표해 문단 데뷔. 1967년 첫 시집 <석상> 출판 외 10집. 대시인협회 이사 및 중앙위원. 예총 경기지회 예술대상. 이천시문화상. 외 다수.

1959~ 동인활동, 1965 개인시화전 1966~68 문학동인 활동 1967~68 제 1,2회 단종제 백일장 및 시화전 주관 1979~ 한국문인협회 가입 1981 신문예협회 창립 회원 및 이사 역임, 1984~85 참전시인협회 사무국장 역임, 1987 국제펜클럽 한국본부 회원 가입 1988~90 한국전쟁문학회 부회장 역임, 1992~93 이천 설봉문학회 창립 초대회장 역임.

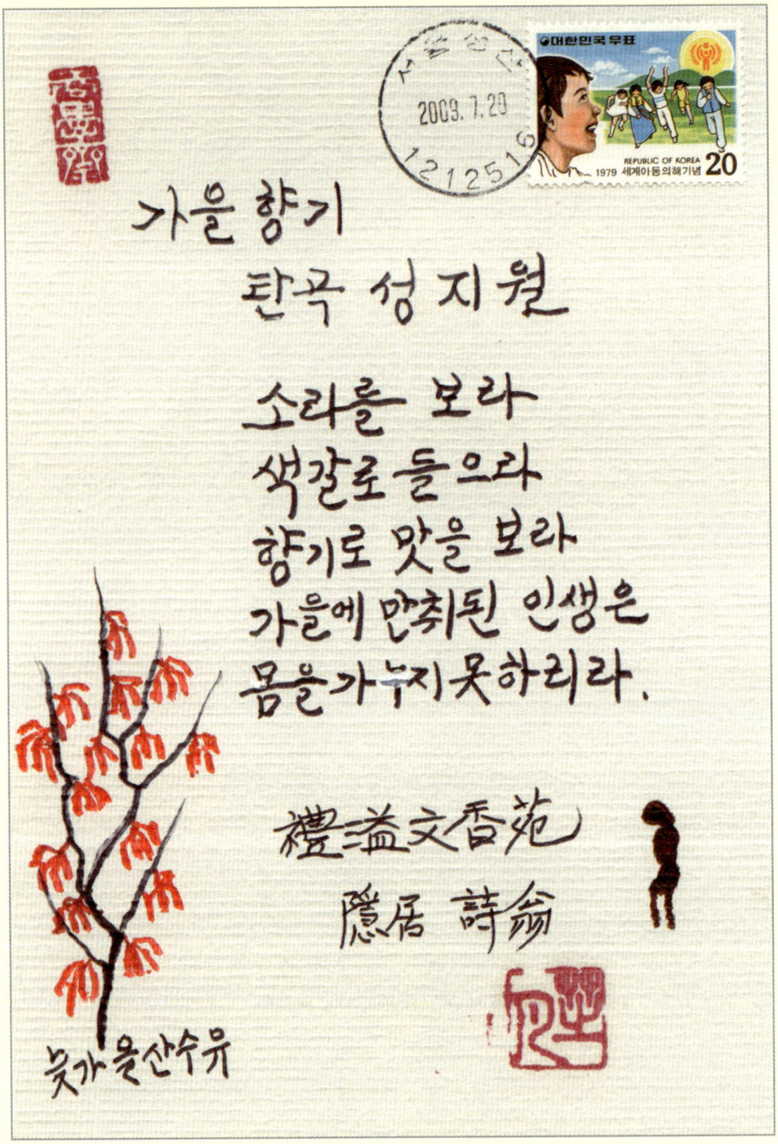

가을 향기
탄곡 성지월

소리를 보라
색갈로 들으라
향기로 맛을 보라
가을에 만취된 인생은
몸을 가누지 못하리라.

늦가을산수유

성춘복 시인

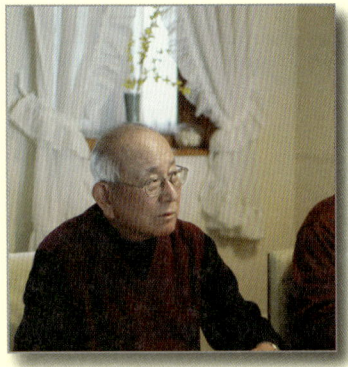

성춘복(成春福) 시인 : 경북 상주 태생(1936), 성균관대 졸업. 「현대문학」(1959)으로 등단, 시집으로 <오지행>, <마음의 불>, <혼자 사는 집>, <봉선화 꽃물> 등 17권. 산문집 <어느 날 갑자기>, <길을 가노라면> 등 7권 외 평론집 소묘집 등 다수.

을유문화사·삼성출판사 편집국장 역임. SBS문화제단 이사, 한국문인협회 상임이사, 부이사장, 이사장 등 역임.

제1회 월탄문학상, 한국시인협회상, 대한민국 문화예술상, 서울시문화상 등 수상. 현재 '문학의 집-서울' 상임이사, 「문학시대」 발행인.

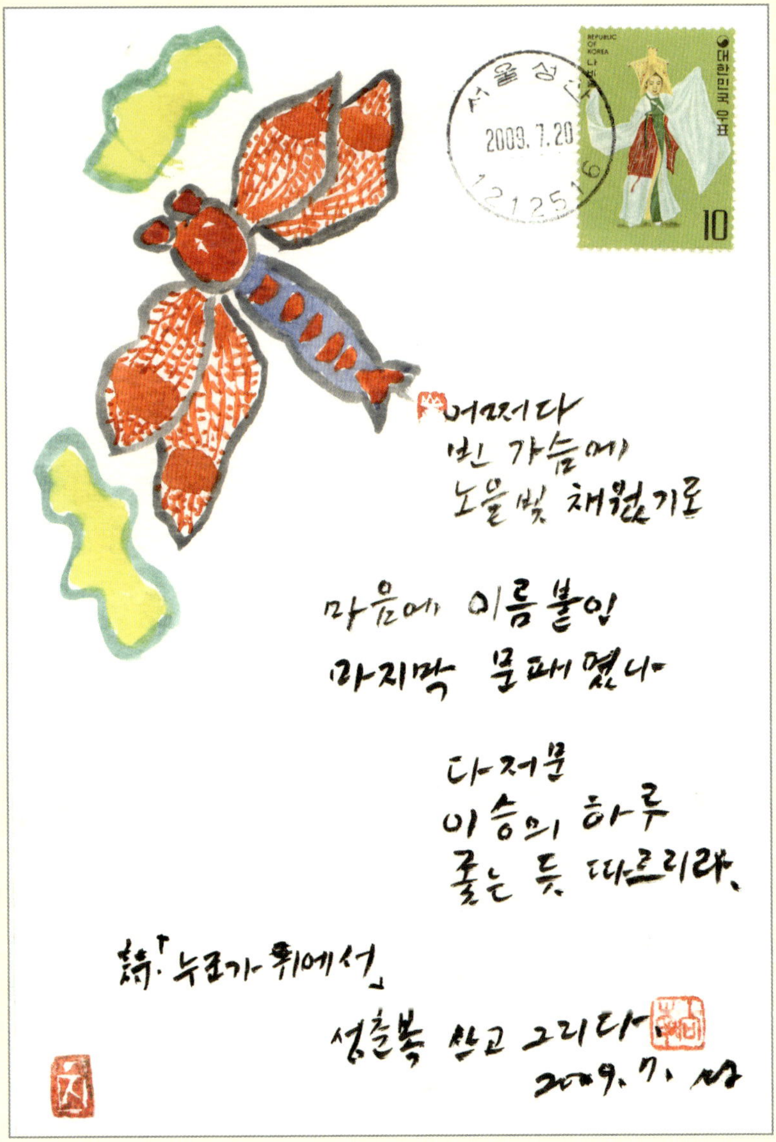
REPUBLIC OF KOREA
대한민국 우표
10
서울성동
2009. 7. 20
121251
어쩌다
빈 가슴에
노을빛 채웠기로
마음에 이름붙인
마지막 문패였나
다저문
이승의 하루
좇는 듯 따르리라.
詩「누군가 뒤에서」
성춘복 쓰고 그리다
2009. 7.

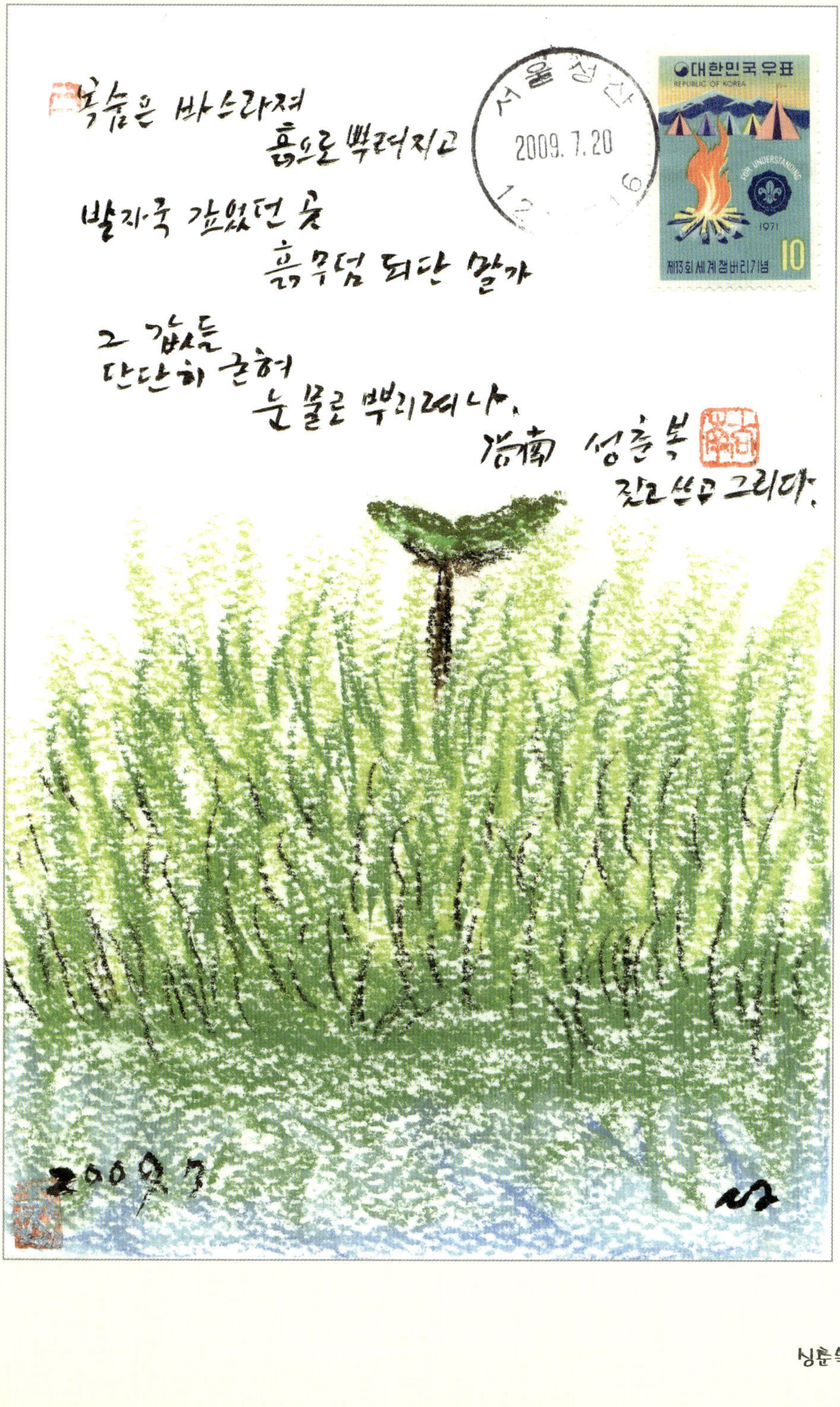

목숨은 바스라져
흙으로 뿌려지고
발자국 갔었던 곳
흙무덤 되단 말가
그 값들
단단히 굳혀
눈물로 뿌리려나.
성춘복
짓고 쓰고 그리다.
대한민국우표
REPUBLIC OF KOREA
FOR UNDERSTANDING
1971
10
제13회 세계잼버리기념
서울성산
2009. 7. 20

손 일 화가

손일(孫一) 화가 : 이화여대 미술대학을 졸업, 개인전을 두 차례 가졌고, '미술대전', '미술세계' 등 국내외 전에 다수 참가했으며, 현재 한국미술협회, 서울미협(종로) 회원으로 활동 중이다.

송근도 화가

송근도(宋根道) 화가 : 1942년 평양에서 출생하였고 온양 일요화가회 초창기 멤버로서 현재 회장직을 맡고 있다. 그동안 한국미협 아산지부전, 한국미협 온양 천안지부전, 한국미협 충남지회전, 3도미술교류전, 북경전(한국미협 아산지부). 현재 한국미협 아산지부 회원으로 활동 중이다.

동근도

송현숙 시인

송현숙(宋賢淑) 시인 : 성균관대학교 교육학과 졸업, 중·고등학교 교사 역임, 1992년 계간지 「문학과 의식」으로 등단, 한국문인협회 회원, 가톨릭문인회 회원, 2000년 성균문학상 우수상 수상.

작품집 <꽃>, <누군가 기다려지는 날에>, <그대 사랑 앞에서>, <아픔없이 어찌 사랑을 알랴>, <무지개 여행 1·2·3> 등.

달

송현숙

티없는 마음
차마
건드릴 수 없어
눈으로만
안아보는 그대.

신규호 시인

신규호(申奎浩) 시인 : 1939년 서울 출생. 충북 괴산에서 성장. 동국대학교 국문학과, 단국대 대학원 수료 (문학박사), 동국대 예술대학원, 한양대학교, 인천대학교 강사 역임.

현재 성결대학교 어문학부 교수(국문학 전공), 「현대문학」지로 시단에 나옴 (박목월님 추천) <1966>, 성결대학교 학생처장, 도서관장, 교무처장(현), 한국시인협회 상임위원(현),기독교 문인협회 부회장, 「진단시」 동인, 「좋은 시 낭송회」 회장(현), 해변시인학교 지도시인(심상사 주관).

저서로는 시집 <입추 이후>, <사람아 사람아 슬픈 사람아>, <맨발의 사람>, <어둠의 눈>, <누워서 가는 시계> 등이 있고 저서로는 <한국기독교 시가연구>, <한국현대시 연구> 등이 있다.

사모아
신규호

맑은 날 쪽빛 바다에
보이는 건 숲뿐

모래 위에 뿌려진
망고나무
꽃잎들

하늘로 가는
길바닥
원시인들의 발자욱

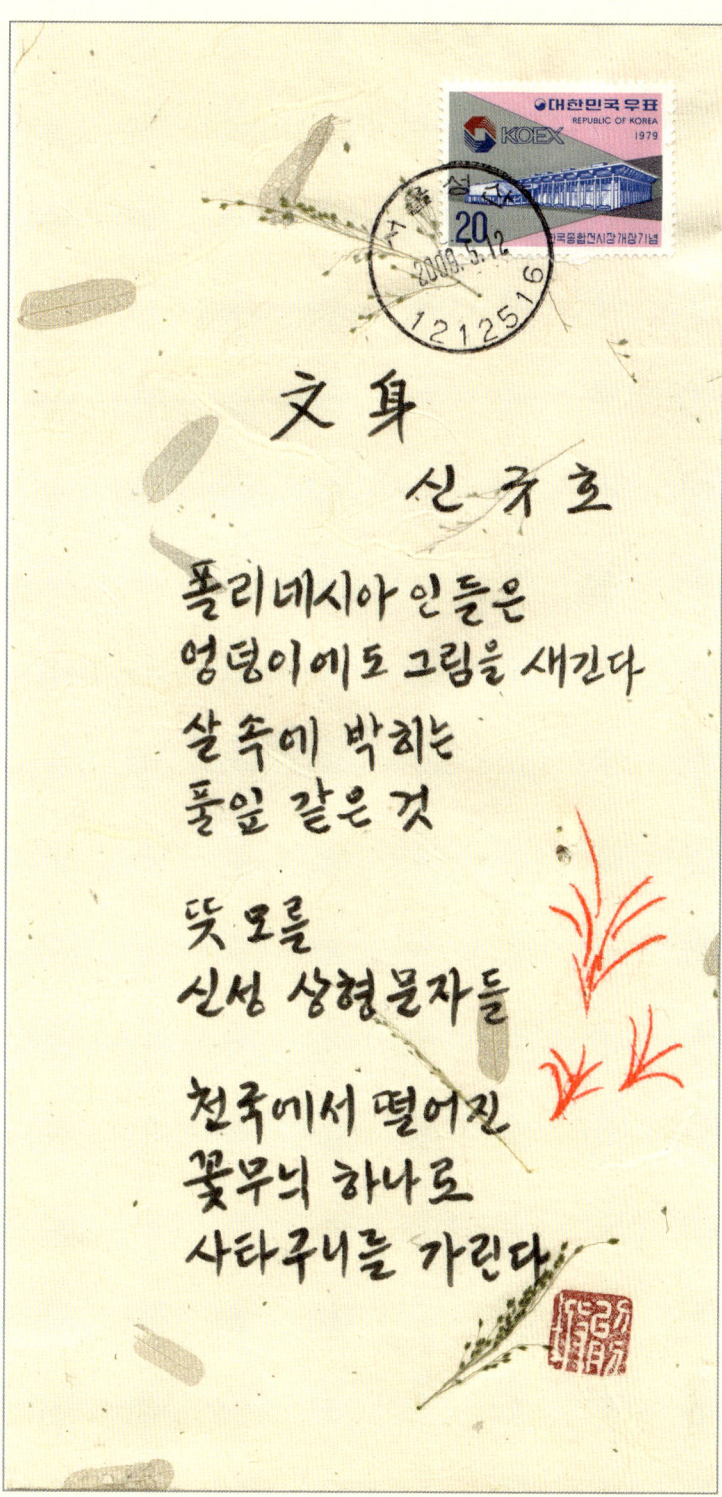

文身

신규호

폴리네시아인들은
엉덩이에도 그림을 새긴다
살 속에 박히는
풀잎 같은 것

뜻 모를
신성 상형문자들

천국에서 떨어진
꽃무늬 하나로
사타구니를 가린다

신기선 시인

신기선(申基宣) 시인 : 1932년 함북 청진에서 출생. 동국대학교 국문학과 졸업. 월간 「문학예술」 조지훈 추천으로 등단. 칠십년대 시화집 동인지 발행. 시집 <맥박>, 통일시집 <아리랑 산천에 흐르는 눈물>, 소설 <인간 김대중의 눈물> 발행.

시와 시론본상 수상, 상화(尙火)시인상 수상, 시예술본상 수상. 한국현대시인협회 부회장 역임. 국제펜클럽 한국본부 이사 역임(1981~2005). 국제펜클럽 한국본부 남북문학교류위원장 역임. 현재 한국문인협회 고문, 한국현대시인협회 고문, 시예술 동인지 「소백의 사람들」 발행인.

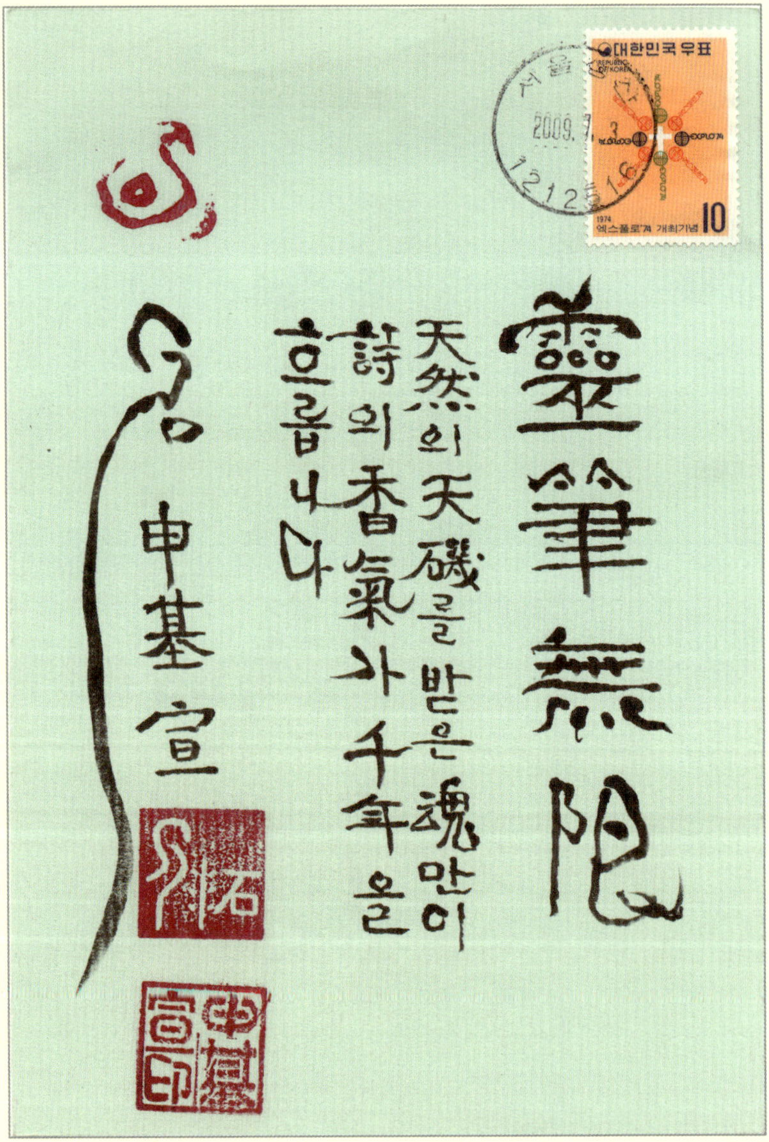

靈筆無限

天然의 天磯를 받은 魂만이
詩의 香氣가 千年을
흐릅니다

申基宣

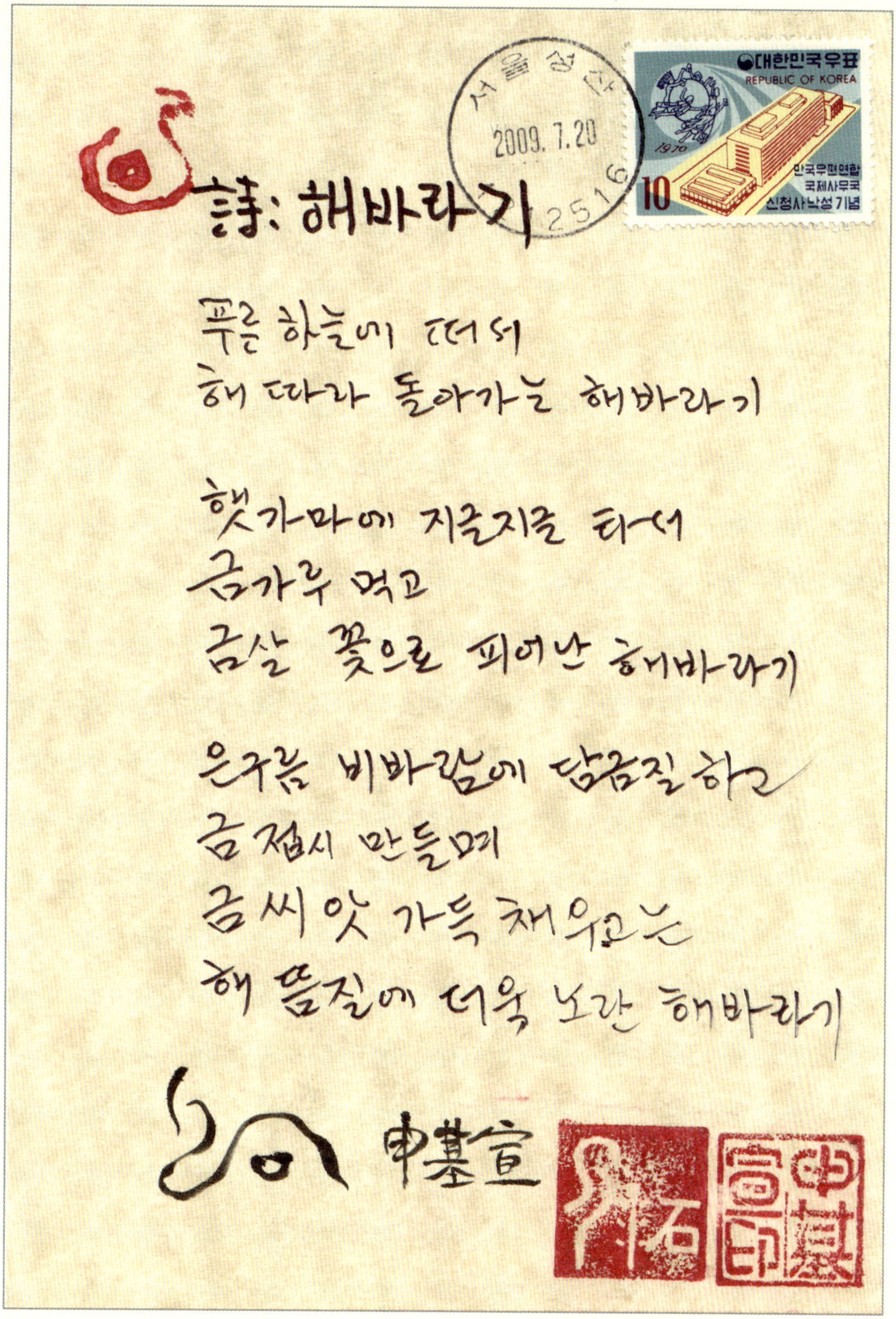

詩: 해바라기

푸른 하늘에 떠서
해 따라 돌아가는 해바라기

햇가마에 지글지글 타서
금가루 먹고
금살 꽃으로 피어난 해바라기

은구름 비바람에 담금질하고
금접시 만들며
금씨앗 가득 채우고는
해 뜸질에 더욱 노란 해바라기

申基宣

신달자 시인

신달자(愼達子) 시인 : 1943 경남 거창 출생, 숙명여대 대학원 국문과 졸업, 1964「거상」에 시 '환상의 밤'이 당선, 1972「현대문학」에 시 <발>, <처음 목소리>가 추천되어 등단「문채」동인. 명지전문대학 문예창작학과 교수 역임.

시집으로는 <봉헌문자(奉獻文字)>, <겨울축제>, <고향의 물>(서문당), <아가(雅歌)>, <황홀한 슬픔의 나라>, <다만 하나의 빛깔로>, <아가 2>, <백치 슬픔>, <외로움을 돌로 치리라>

수필집으로는 <당신은 영혼을 주셨습니다>, <시간을 선물합니다>, <그대 곁에 잠들고 싶어라>, <아론 나의 아론>, <지금은 신을 부를 때>, <백치 애인>, <두 사람을 위한 하나의 사랑>, <물 위를 걷는 여자>, <사랑이여, 나의 목숨이여>, <밉지 않은 너에게>, <혼자 사랑하기>, <네잎 클로버>

수상 2008년 제6회 영랑시문학상 본상, 2007년 현대불교문학상 등.

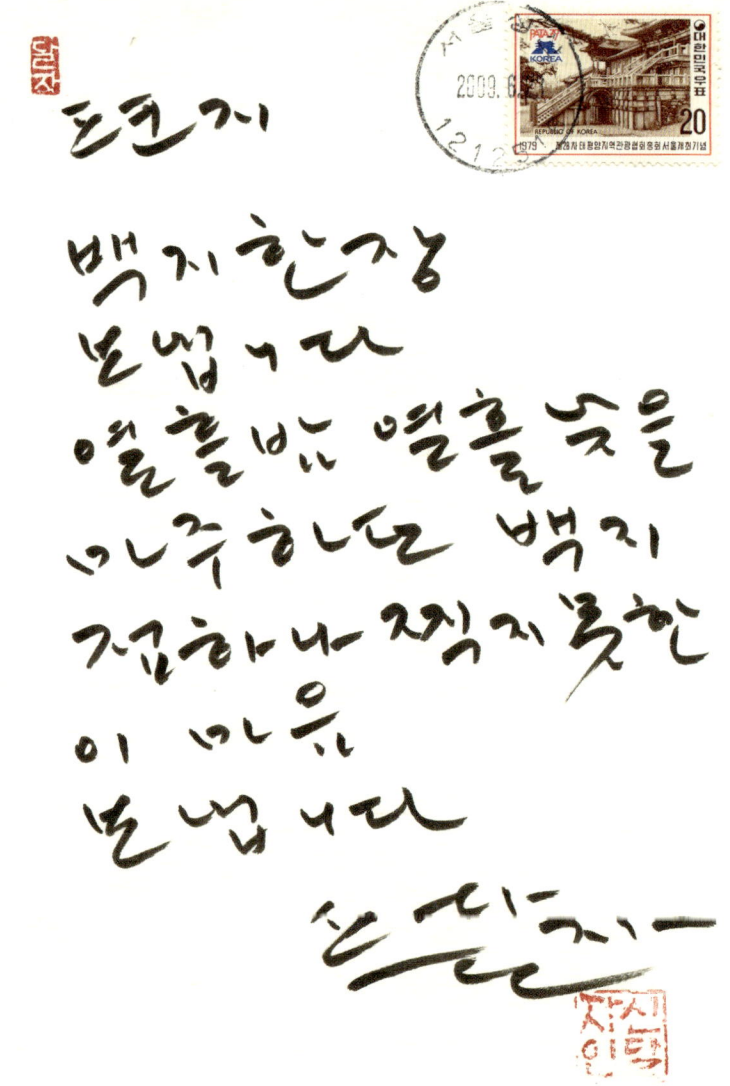

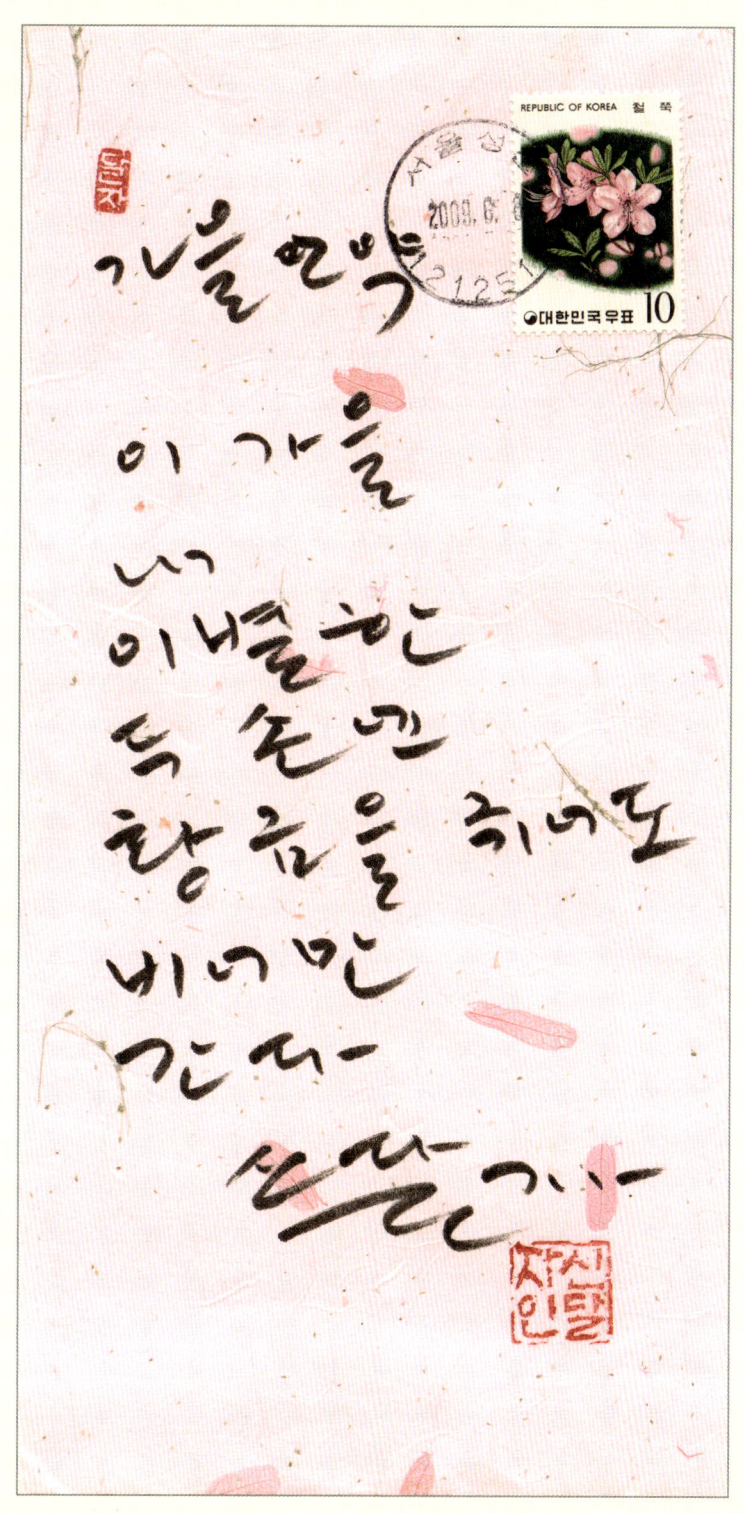

신동춘 시인

신동춘(申東春) 시인 : 1931년 평북 정주에서 출생. 이화여대 영문학과를 거쳐 서울대 대학원을 졸업했다. 1965년 「현대문학」지를 통해 등단하였고, 성신여대, 한양대 교수를 역임했다. 1971년에 첫 시집을 상자하였고 그후 많은 논문과 번역 등 저서를 펴냈으며, 한국현대시인협회상 등을 수상하기도 했다.

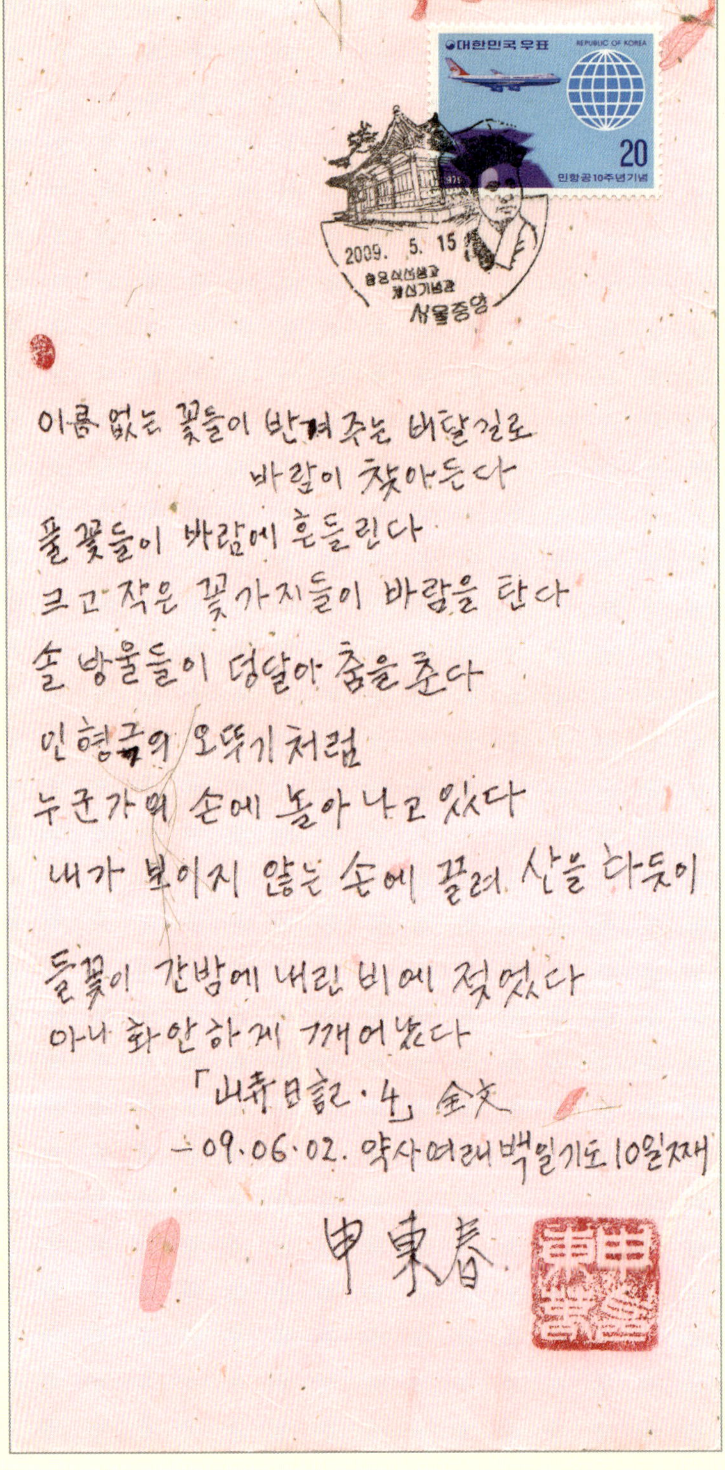

이름 없는 꽃들이 반겨 주는 바닷길로
    바람이 찾아든다
풀꽃들이 바람에 흔들린다
크고 작은 꽃가지들이 바람을 탄다
솔 방울들이 덩달아 춤을 춘다
인형극의 오뚜기처럼
누군가의 손에 놀아 나고 있다
  내가 보이지 않는 손에 끌려 사는 듯이

들꽃이 간밤에 내린 비에 젖었다
아니 환하게 깨어났다
   「山春日記·4」 全文
─09·06·02. 약사여래백일기도 10일째

申東春

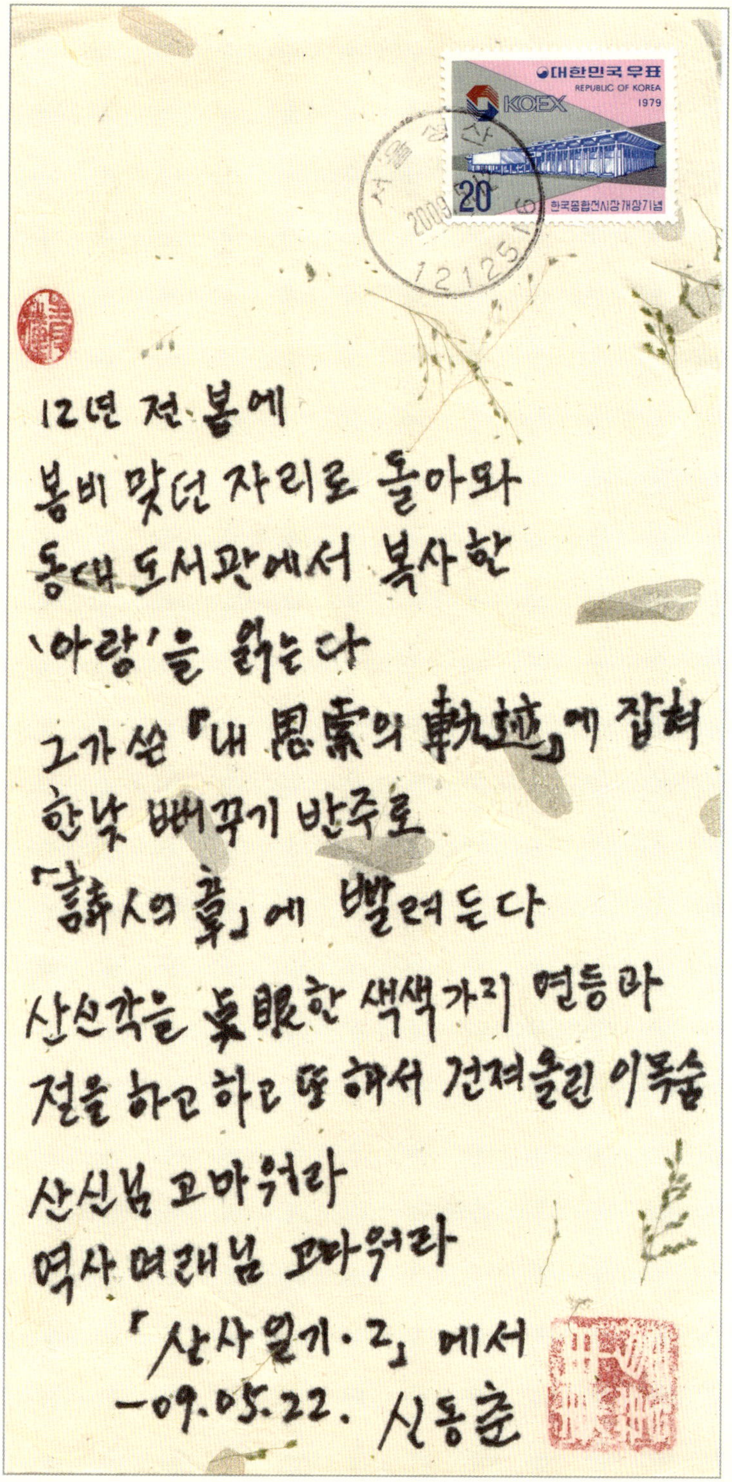

12년 전 봄에
봄비 맞던 자리로 돌아와
동대 도서관에서 복사한
'아랑'을 읽는다
그가 쓴 『내 思索의 軌迹』에 접혀
한낮 뻐꾸기 반주로
「詩人의 章」에 빨려들다

산신각을 瞠眼한 색색가지 연등과
절을 하고 하고 또 해서 건져올린 이목숨
산신님 고마워라
역사 미래님 고마워라
「산사일기·2」에서
-09.05.22. 신동훈

신순애 시인

신 순애(申順愛) 시인 : 아호 난정. 군산 출생. 군산여자상업고등학교를 졸업. 방송통신대, 홍대미술교육원 유화과 수료, 한국상업은행 군산지점 근무(전), 한국문인협회, 국제펜클럽 한국본부 회원, 한국여류시조문학회 회장 역임. 한국아동문학회 운영위원, 지구문학작가회, 한맥문학가회 자문위원, 한국여성문학회 이사, 군산여류문학회 고문.

저 서로는 시조집 〈노을에 타던 강〉(1981년 데뷔), 〈향촌의 목가〉(1985년), 〈반딧불의 밀회〉(2004), 동요집으로 〈조롱박〉(85), 시화집 〈술패랭이 꽃〉(1993), 〈사랑초꽃〉(2002), 〈버섯의 향기〉(2007) 통일문학상(1991), 신문예협회문학상(1995), 전라시조문학상 등 수상.

들꽃길

申順愛

한적한
들이 좋아
 들바람에
 살으려네
제자리 변함없는 곳
얼굴내민 구경길.

해바라기

　　신순애

환한 웃음 쫓아서
빛을 향해 살잔다
　굳건한 의지 속에
　금실로 수를 놓아

엮어맨
씨알 속마다
해를 따서 품었다

Shin-Soon Ae
2009. 6.

신영옥 시인

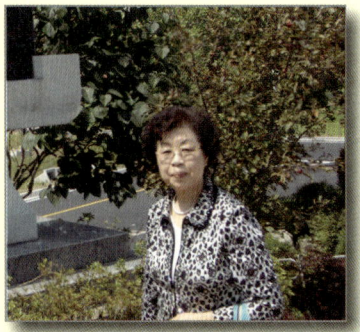

신영옥(申英玉) 시인 : 아동문학가, 가곡작사가로도 활동(호 惠山), 충북 괴산에서 출생. 청주교육대학과 한국방송통신대학교를 졸업하고 충북과 서울에서 40여년간 교육계에 근무하였다. 「문학과 의식」으로 등단, 시집, <오늘도 나를 부르는 소리>, <흙내음 그 흔적이>, <스스로 깊어지는 강> 등의 시집과 다수의 공동시집과, <그리움이 쌓이네>, <겨레여 영원하라>, <물보라> 등 70여 곡의 가곡 CD와 교가, 군가등을 작사하였다. 한국문협, 국제펜클럽, 현대시협, 크리스천문학회, 여성문학인회, 한국아동문학연구회, 가곡작사가협회, 시동인 등에서 활동 중이며, 국민훈장 동백장, 허난설헌문학상(4회), 영랑문학상(9회) 등 다수를 수상하였다.

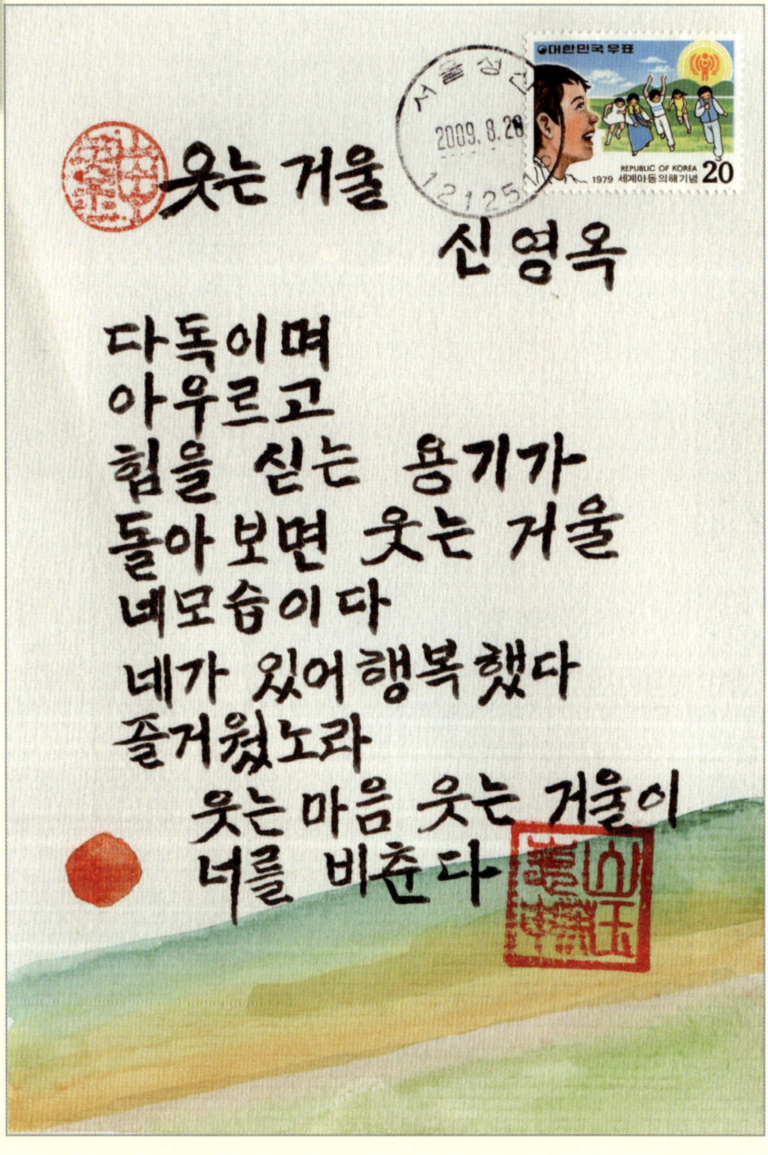
대한민국 우표
REPUBLIC OF KOREA
1979 세계아동의해기념
20
2009. 8. 28
웃는 거울
신영옥
다독이며
아우르고
힘을 싣는 용기가
돌아보면 웃는 거울
네모습이다
네가 있어 행복했다
즐거웠노라
웃는 마음 웃는 거울이
너를 비춘다

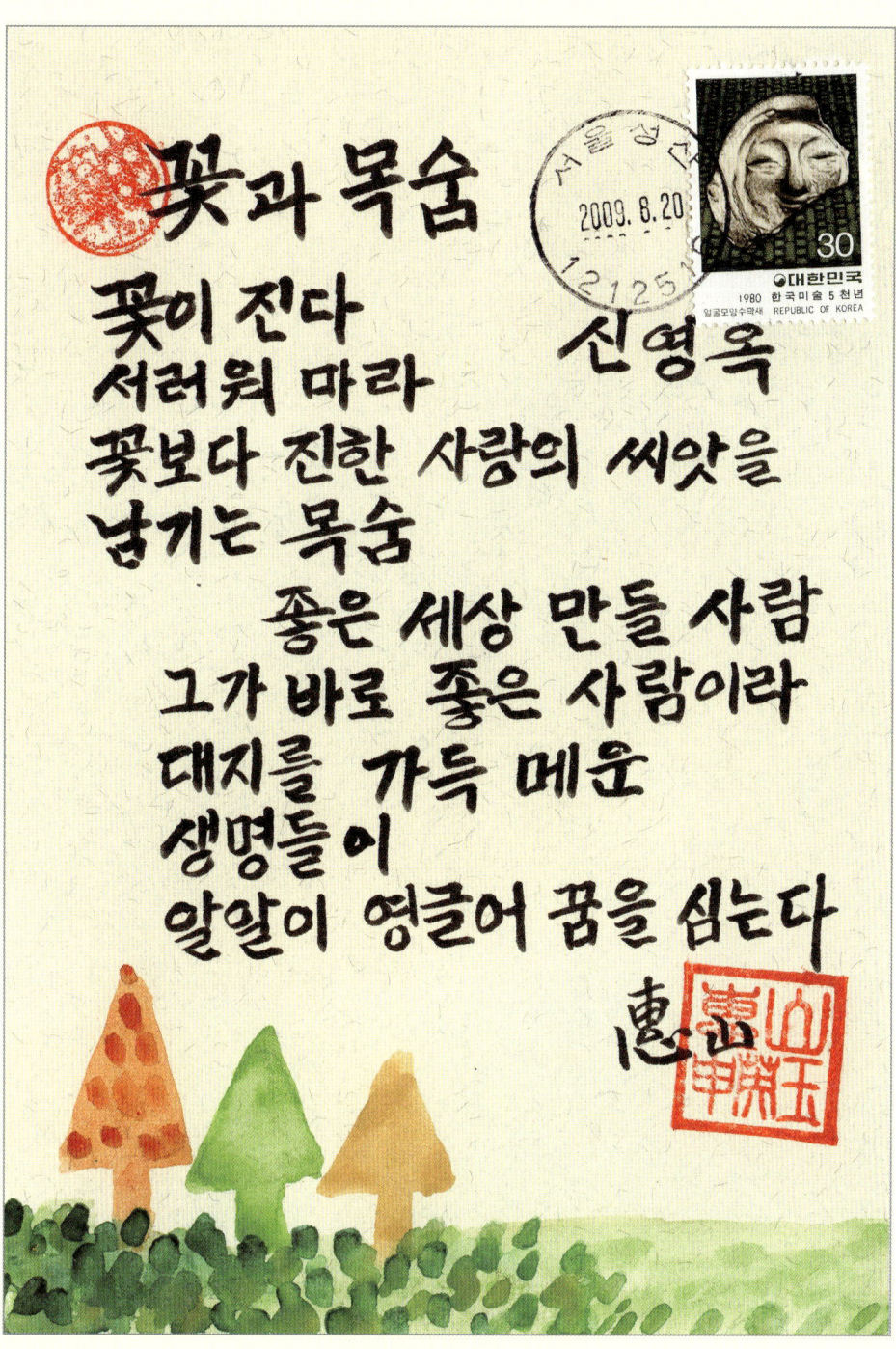

신영은 화가

신영은(申英恩) 화가 : 서울예술고등학교 졸업, 이화여대 서양화과 졸업.
상갤러리 등에서 개인전 13회. 생활과 예술 사이(인사갤러리), 각인 각색전 등 단체전 150여회 참가.
현재 한국미술협회, 대한민국회화제, 한국여류화가회, 상형전, 서울아카데미회, 이서회 회원.

신제남 화 가

신 제남(申濟南) 화가 : 1952년 경기도 수원에서 출생, 강원도 철원에서 성장하였다. 중앙대학교 예술대학 회화과와 경희대학교 대학원 미술과를 졸업하였다. 개인전 24회와 단체전 900여 회 이상 참여하였으며, 중앙대·성신여대·추계예대·경기대 등에서 강의하였으며, 송파미술가협회 회장, 미술단체 선과 색 회장을 역임했다.

현 재 한국미술협회 부이사장·대한민국 현대인물화가회 회장·아시아 현대미술교류회 회장·송파미협 고문 등 20 여개 미술단체에서 활동 중이다. 주요 작품 소장처는 독립기념관·백범기념관·서울시립미술관·제주도립미술관·해군본부 등 다수이다.

신종섭 화가

신종섭(申鍾燮) 화가 : 1937년생. 홍익대학교 서양화과를 졸업(1962년)하였으며, 개인전 14회. 현대미술초대전(국립현대미술관 기획). 서울시 초대 서울미술대전(서울시립미술관). 예술의 전당 개관기념전. 국제현대미술제(국립현대미술관). 서울시 원로 중진작가 초대전(국립현대미술관). France 국제미술전(Paris Grandpalais). MAINF 초대 한국구상대제전(서울 예술의 전당) 등에 참가. 상형전 회장 역임. 대한민국 미술대전 운영위원장 및 심사위원 역임. 현재 상형전 고문 및 운영위원, 무진회 고문.

신현국 화가

신 현국(申鉉國) 화가 : 홍익대학교 미술학부 서양화 전공. 개인전 31회. 대한민국미술대전 심사위원 역임, 서울아트페어 초대전(호암갤러리), 조선일보미술관, 서울갤러리 초대전 외 다수. 이인성미술상, 이동훈미술상 심사위원, 오지호미술상 심사위원장, 대한민국 청년 비엔날레 심사위원장, 서울미술대상전 심사위원.

미 국 필라델피아 초대전, 한국구상대제전(2008, 2009 예술의 전당), 국제아트페어 PICAF(서울 COEX) 등.

신희숙 화가

신희숙(申喜淑) 화가 : 압구정동 현대미술관과 롯데본점 화랑 등에서 개인전 및 초대 개인전 등 6회를 가졌으며 100여 회의 그룹전에 참여하였고, 세계 미술교류협회와 운사모, 미술협회 등에 출품하고 있다. 서라벌 여대와 중앙대학교 예술대학원을 거쳐, 「문학과 의식」으로 등단한 시인이며 소설가이기도 하다.

신희순 화 가

신 희순(申熙順 호는 香山) 화가 : 꽃과 열매·산과 들·돌·물·동물 등 주로 자연 소재를 수묵과 채색으로 표현하는 화가.

대 한민국미술대전에서 2회 입선, 광주미협 한국화 특장전에서 대상을 수상. 개인전은 조형갤러리, 인천종합문화회관에서 2회 가졌으며, 목우공모전, 남농 소치, 인천 경기, 명인전 등 각종 공모전에서 수상하는 등 국내외 전시회 80여 회 참가.

현 재 한국미협·창석회·전업미술작가회·한묵회 회원으로 활동 중.

안혜초 시인

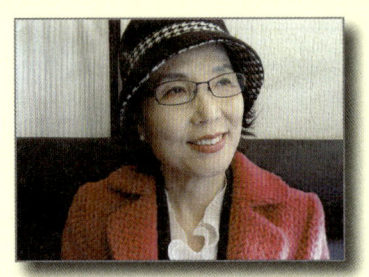

안혜초(安惠初) 시인 : 이화여대 영문학과를 졸업했고 1967년 「현대문학」으로 시단에 데뷔했으며 다년간 신문기자를 지냈으며, 현대시인협회 부회장, 한국기독교문인협회 부회장을 역임. 저서로는 <귤·레몬·탱자>, <쓸쓸함 한 줌>(서문당, 1985년), <아직도>, <그리고 지금>, <살아있는 것들에는> 등 8권이 있고, 한국기독교 문학상, 윤동주 문학상, 서울문예상, 청하문학상 등을 수상했다.

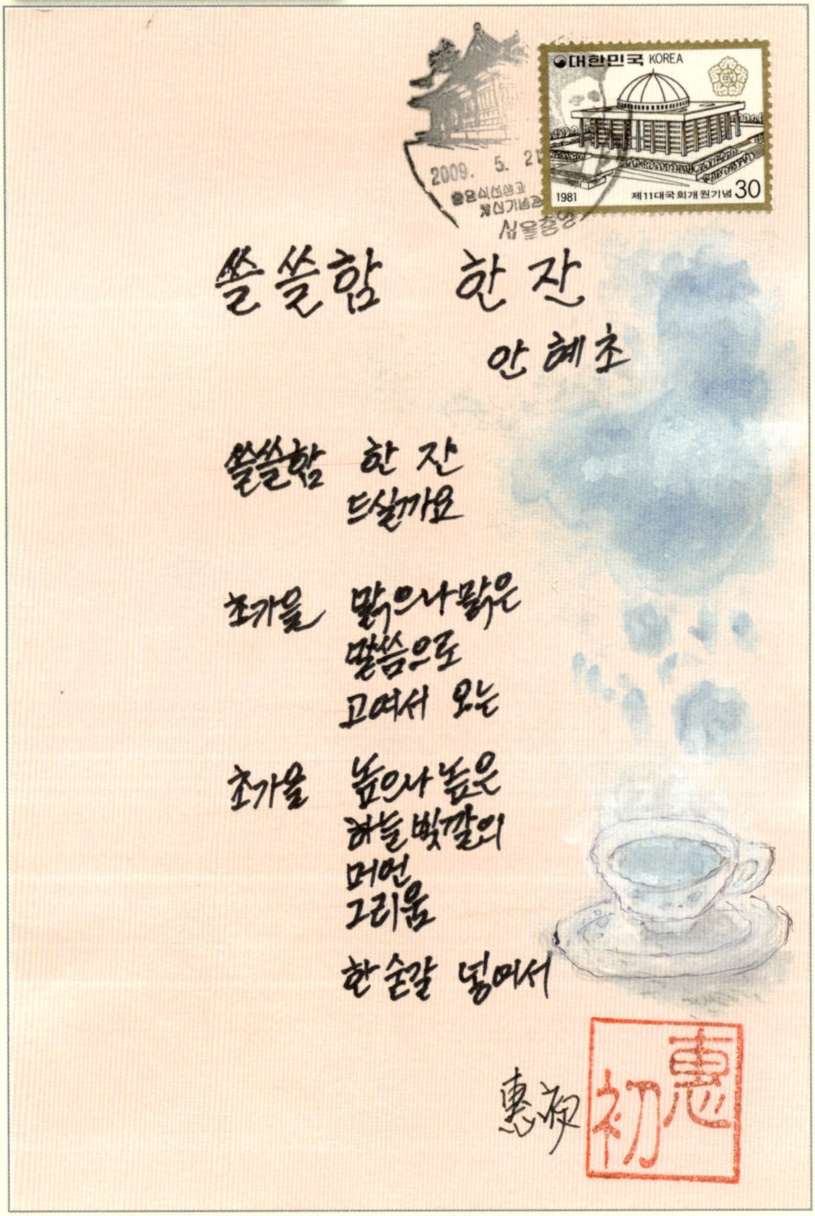
대한민국 KOREA
1981
제11대국회개원기념 30
2009. 5.
서울중앙
쓸쓸함 한 잔
안혜초
쓸쓸함 한 잔
드실까요
초가을 맑으나 맑은
말씀으로
고여서 오는
초가을 높으나 높은
하늘 빛깔의
머언
그리움
한 숟갈 넣어서
惠初
惠初

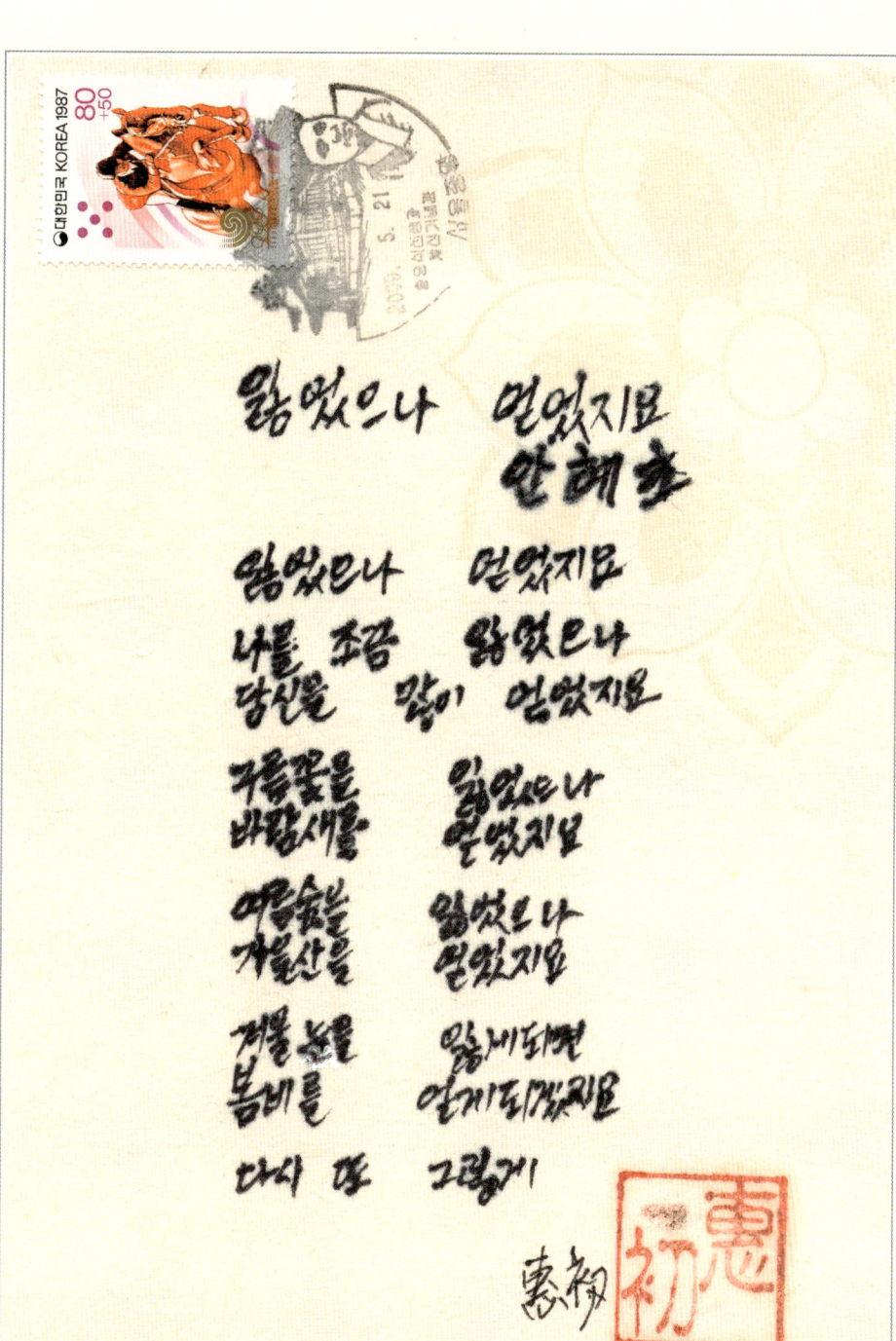

오기환 시 인

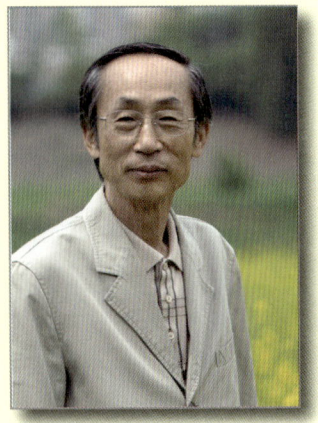

오기환(吳岐煥) 시인 : 충청남도 대덕군 기성면 봉곡리 출생. 건국대학교 국문과를 졸업.

한국문인협회, 한국수필문학가협회, 한국수필문학진흥회, 문학의 집·서울 회원. 저서로 <뿌리>에 이어 <여름, 그 뜨거운 계절> 등.

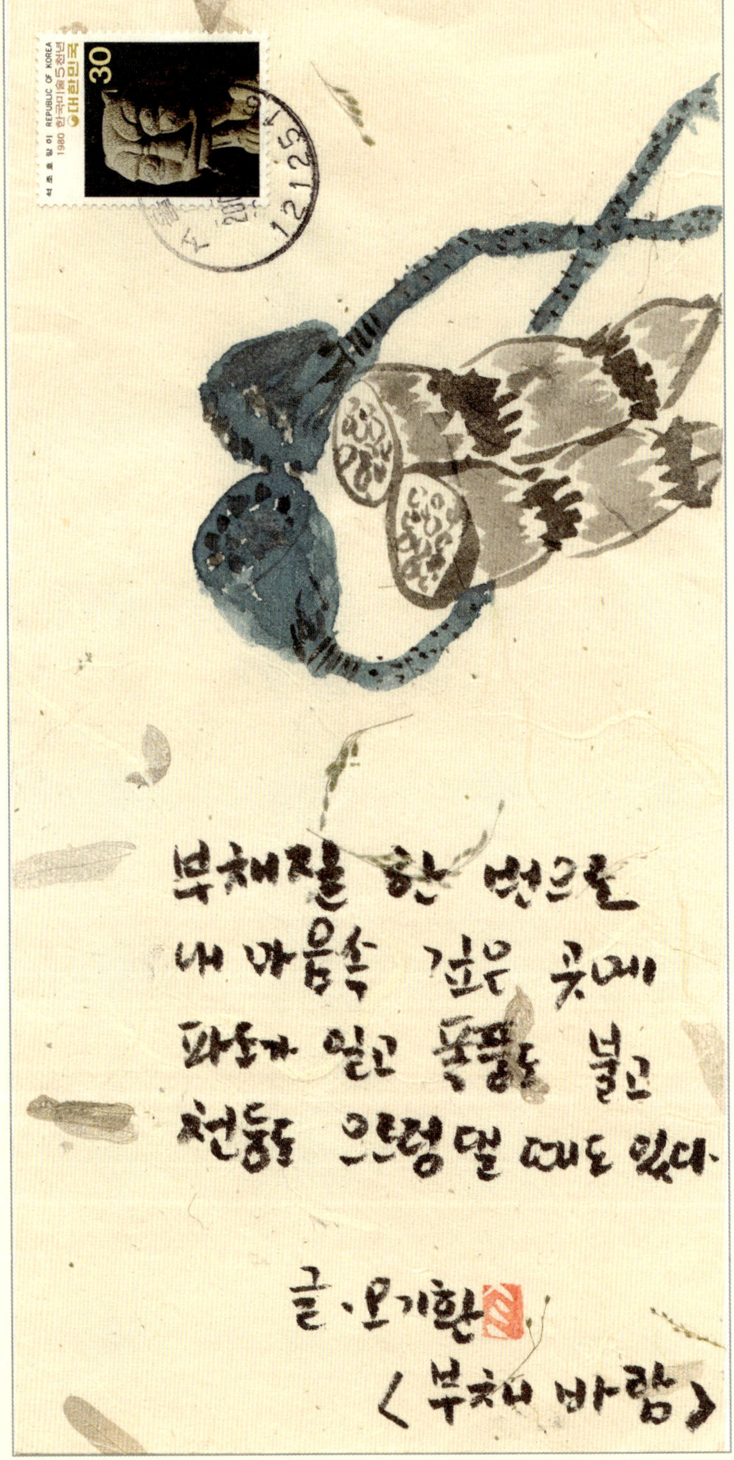
30
대한민국
REPUBLIC OF KOREA
부채질을 한 번으로
내 마음속 깊은 곳에
파도가 일고 폭풍도 불고
천둥도 으르렁댈 때도 있다
글. 오기환
〈부채 바람〉

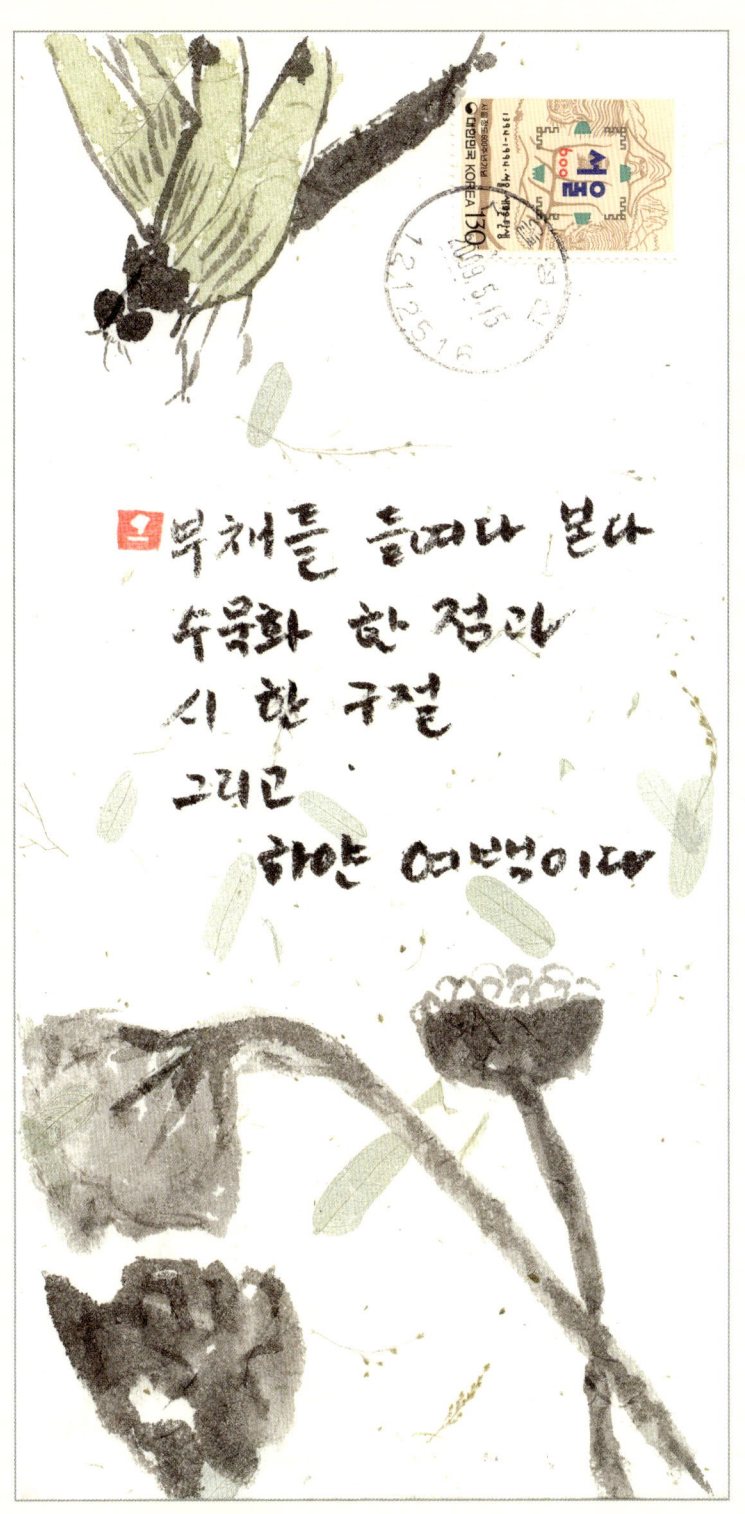

오동춘 시인

일본 출생. 함양에서 성장하였다. 용문고교를 거쳐 연세대 국문과, 연세대 교육대학원을 졸업하고 한양대 문학박사 학위를 취득. 연세대, 한양대를 비롯하여 대학교단에도 35년간 교육활동을 했다. 1959년 부산에서 날개문학 동인으로 활동하던 중 1972년 첫 시조집 <짚신 사랑>으로 등단하여 한국시조시인협회 이사, 부회장을 거치며 15권의 시조집을 발행했다. 한글운동의 공로로 국무총리 표창(1990)을 받았으며 흙의문학상, 노산문학상, 장로문학상, 외솔상 등을 수상했다. 현재 한글학회 외솔회 감사, 국제펜클럽 한국본부 전문위원, 짚신문학회 회장을 맡고 있다.

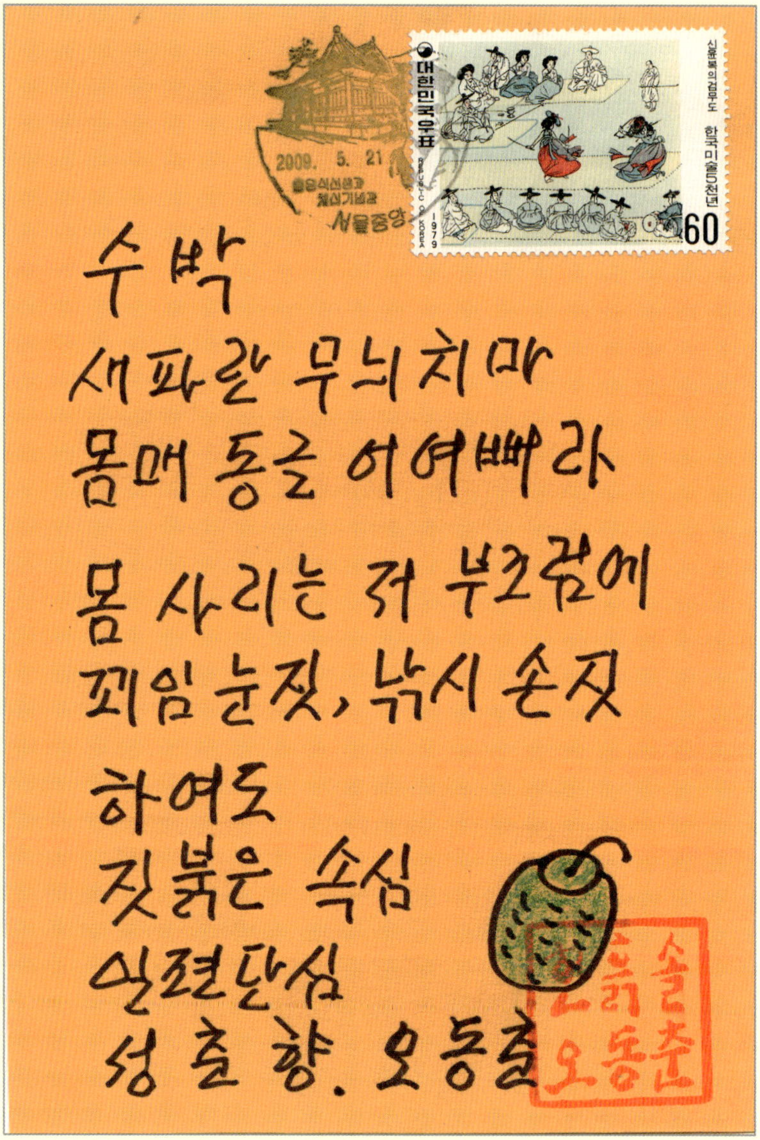

수 박

새파란 무늬치마
몸매 둥근 어여뻐라

몸 사리는 저 부끄럼에
꾀임 눈짓, 낚시 손짓

하여도
짓붉은 속심
일편단심
성 춘 향. 오동춘

아침 해 고울시고

삼천리 짚신땅
아침해 고울시고

가슴 깊이
심고 사는
한글겨레 꿈 푸르다
저 하늘
불타는 사랑
길이 밝게 꽃피리 오동춘

오세영 시인

오세영(吳世榮) 시인 : 1942 전남 영광 출생, 서울대 대학원 국문과 졸업. 1968 「현대문학」에 시 '잠 깨는 추상'이 추천되어 등단. 1983 한국시인협회상 수상, 1984 제4회 녹원문학상 수상, 1986 제1회 소월시문학상 수상, 정지용문학상 수상, 제4회 만해상(시문학부문) 수상.

시집으로는 〈반란하는 빛〉, 〈가장 어두운 날 저녁〉, 〈모순의 흙〉, 〈무명연시(無明戀詩)〉, 〈불타는 물〉, 〈사랑의 저쪽〉, 〈꽃들은 별을 우러르며 산다〉, 〈신의 하늘에도 어둠은 있다〉, 〈어리석은 헤겔〉, 〈아메리카 시편〉, 〈너, 없음으로〉, 〈적멸의 불빛〉, 〈잠들지 못하는 건 사랑이다〉 등이 있다.

현대시 동인, 현재 서울대학교 인문대학 교수.

깨진 그릇은
칼이 된다.

시 〈그릇〉에서

2009. 8. 12.

오세영

꿈

물에서 바라볼 때
언제나 반듯했던
수평선
배 위에선 한쪽으로
기울었다.

2009. 8. 15.
오세영

오양심 시인

오양심(吳良心) 시인 : 전남 여천 출생이며 중앙대학교 예술대학원 문예창작과를 나왔고 연세대학교 사회교육원 논술지도사 과정을 수료, 건국대학교 통합논술아카데미 주임교수이다.

한국통합논술지도사교육협회 회장, (사)한국웅변인협회 세계한국어웅변대회 지도위원, 국가공인 실용글쓰기 강남지역 본부장이다.

박재삼 선생님의 추천으로 문단에 등단했으며 한국시인협회 회원, 한국문인협회회원, 국제펜클럽 회원이다. 시집으로는 <아리랑 고개>, <詩 서편제>, <거꾸로 선 나무가 되어>, <반딧불 하나 주까>, <뻔득재 불춤>과 <뻔득재 더굿>이 서문당에서 시화집(청사 이동식 그림)으로 나왔다.

작품집으로 <오양심의 글쓰기 논술총자료집 초등학생용> 6권, <오양심의 글쓰기 논술총자료집 중·고등학생용> 2권, <오양심의 문학여행> 2권, <오양심의 독서토론 독서감상문> 10권을 출간 중이다.

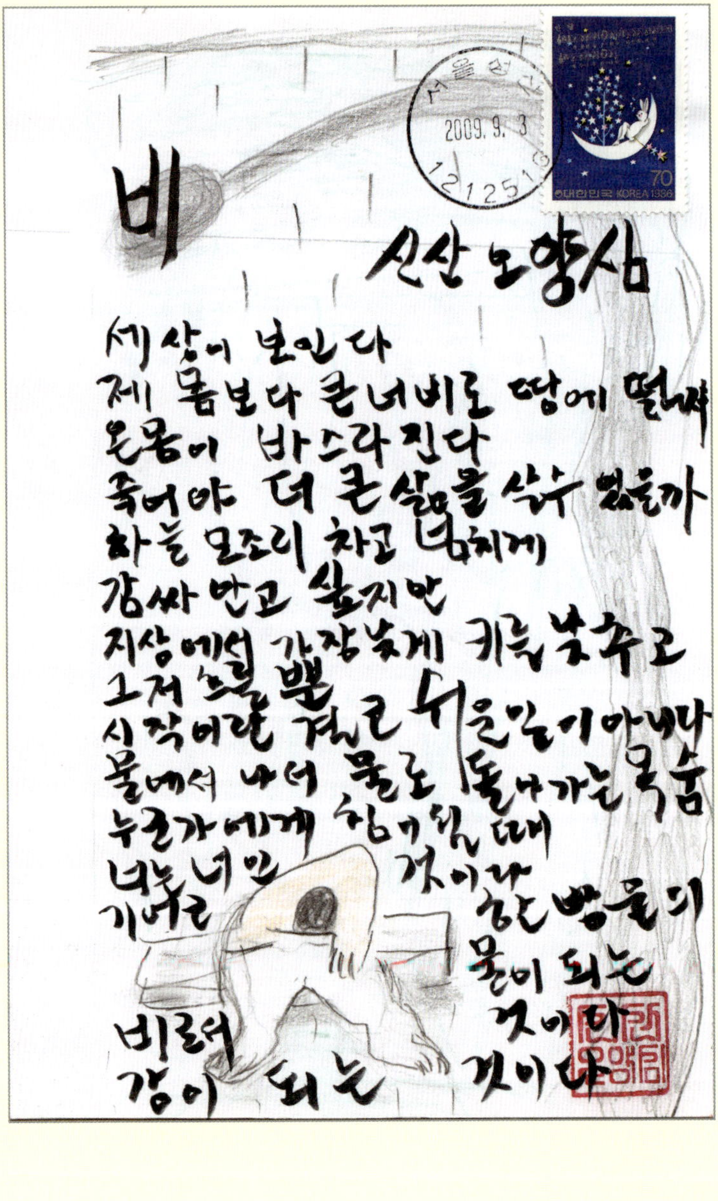

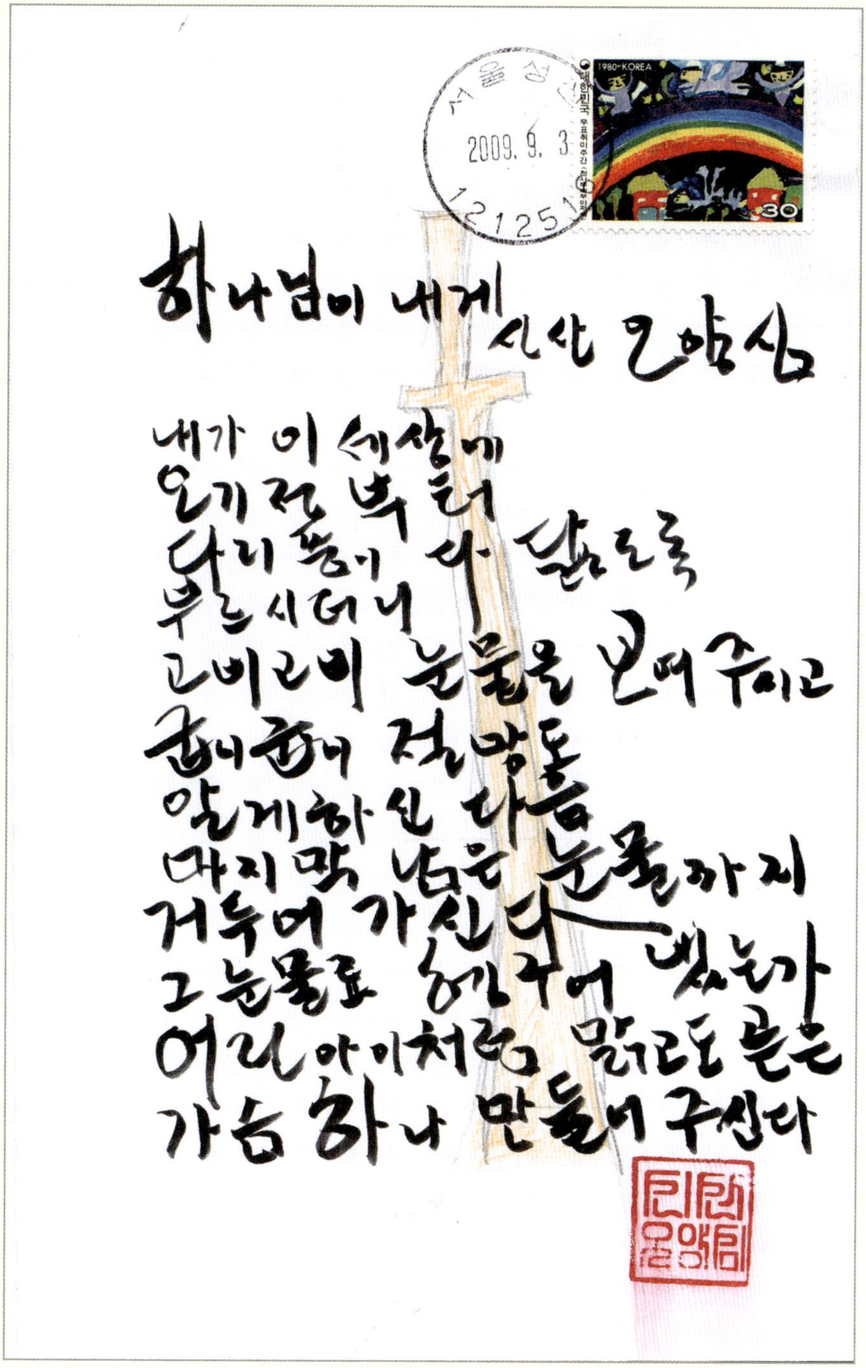

하나님이 내게 주신 은혜심

내가 이 세상에
오기 전 부터
다시 돌아 갈 때까지
부르 시더니
그리 그리 눈물을 흘려 주시고
몸내 해 저 하늘을
알게 하신 다음
마지막 남은 눈물까지
거두어 가신다
그 눈물로 헹구어 냈는가
어린 아이처럼 맑기도 맑은
가슴 하나 만들어 주셨다

왕수영 시인

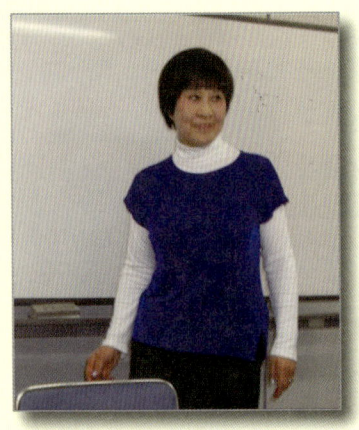

왕수영(王秀英) 시인 : 일본 거주. 연세대학 졸업, 「현대문학」으로 문단 등단. 11회 상화시인상 수상. 32회 월탄문학상 수상, 16회 한국문인협회 해외문학상 수상.

시집으로 <당신의 뜻으로>(서문당) 외 8권, 장편소설 <조국은 멀다> 외 8권, 수필집 <쪽발이 잡은 조센진> 외 2권, 일어 수필집 2권 일어 시집 1권, 현재 한일문화교류사업 '기획 유니나' 대표를 맡고 있다.

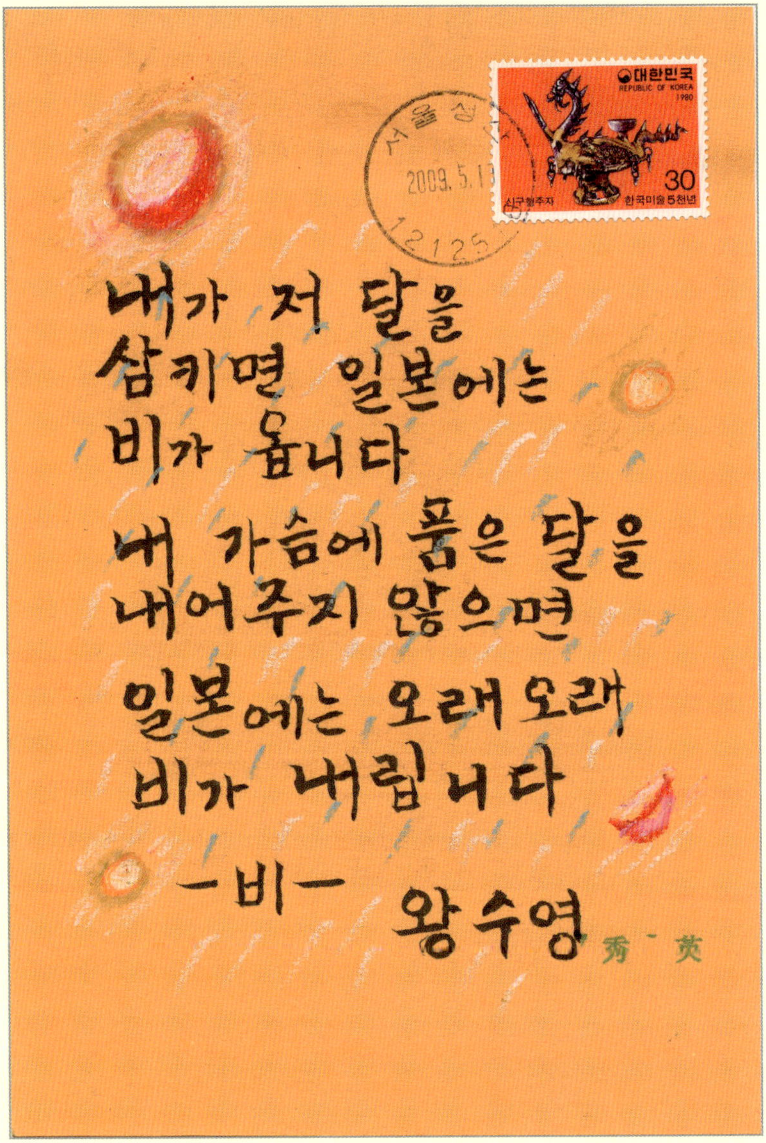

대한민국
REPUBLIC OF KOREA
1980
30
한국미술 5천년
2009. 5. 1
내가 저 달을
삼키면 일본에는
비가 옵니다
내 가슴에 품은 달을
내어주지 않으면
일본에는 오래오래
비가 내립니다
-비-
왕수영
秀英

용혜원 시인

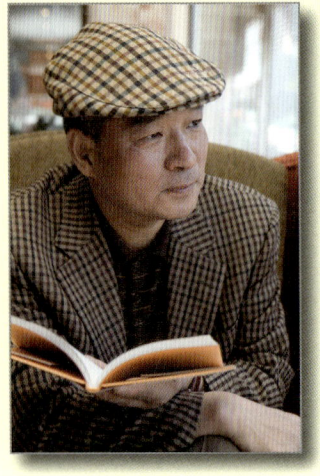

용혜원(龍惠園) 시인 : 경기도 일산에 살고 있으며 「문학과 의식」을 통해 등단. 66권의 시집과 4권의 시선집을 비롯해 139권의 저서가 있다. 현재 유머자신감연구원 원장으로 각종 단체와 기업체에서 성공 세미나 강사로 활동하고 있다.

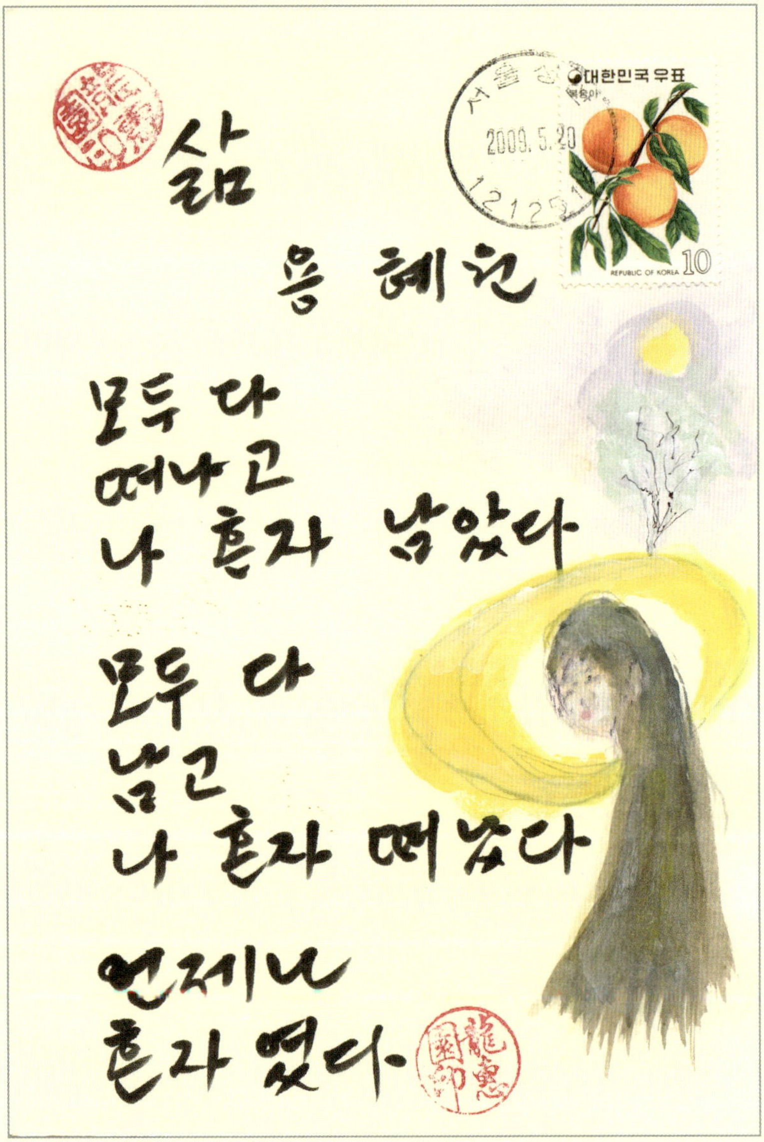
대한민국 우표
REPUBLIC OF KOREA 10
2009. 5. 20
삶
용혜원
모두 다
떠나고
나 혼자 남았다
모두 다
남고
나 혼자 떠났다
언제나
혼자 였다.

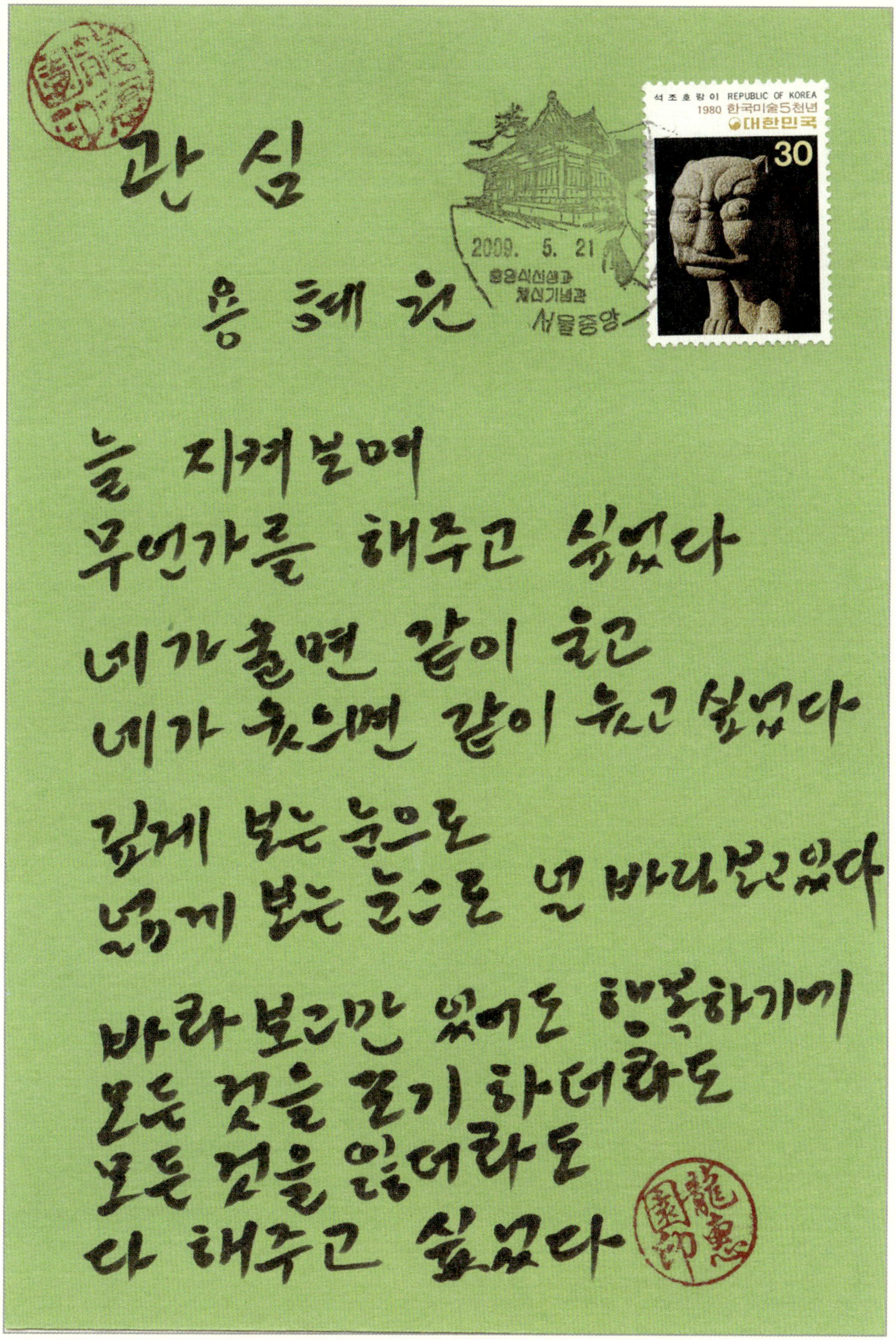

관 심

응혜원

늘 지켜보며
무언가를 해주고 싶었다
네가 울면 같이 울고
네가 웃으면 같이 웃고 싶었다

깊게 보는 눈으로
넓게 보는 눈으로 넌 바라보았다

바라보고만 있어도 행복하기에
모든 것을 잃기 하더라도
모든 것을 잃더라도
다 해주고 싶었다

우희정 시인 수필가

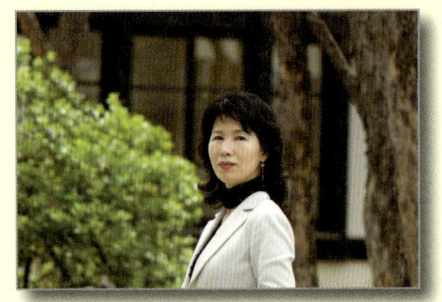

우희정(禹希政) 시인·수필가 : 경북 예천 출생(1959년), 마산서 성장. 「수필문학」으로 등단, 한국문인협회, 국제펜클럽 한국본부, 한국여성문학인회 회원으로 활동 중이며, 제13회 수필문학상 수상, 월간 수필문학 편집부장 역임하다. 현재 도서출판 소소리 대표이며 수필집으로 <별이 빛나는 하늘>, <폴라리스>, <속절없다, 시린 꽃빛아>, <부챗살 나들이> 등이 있으며 詩作활동도 하고 있다.

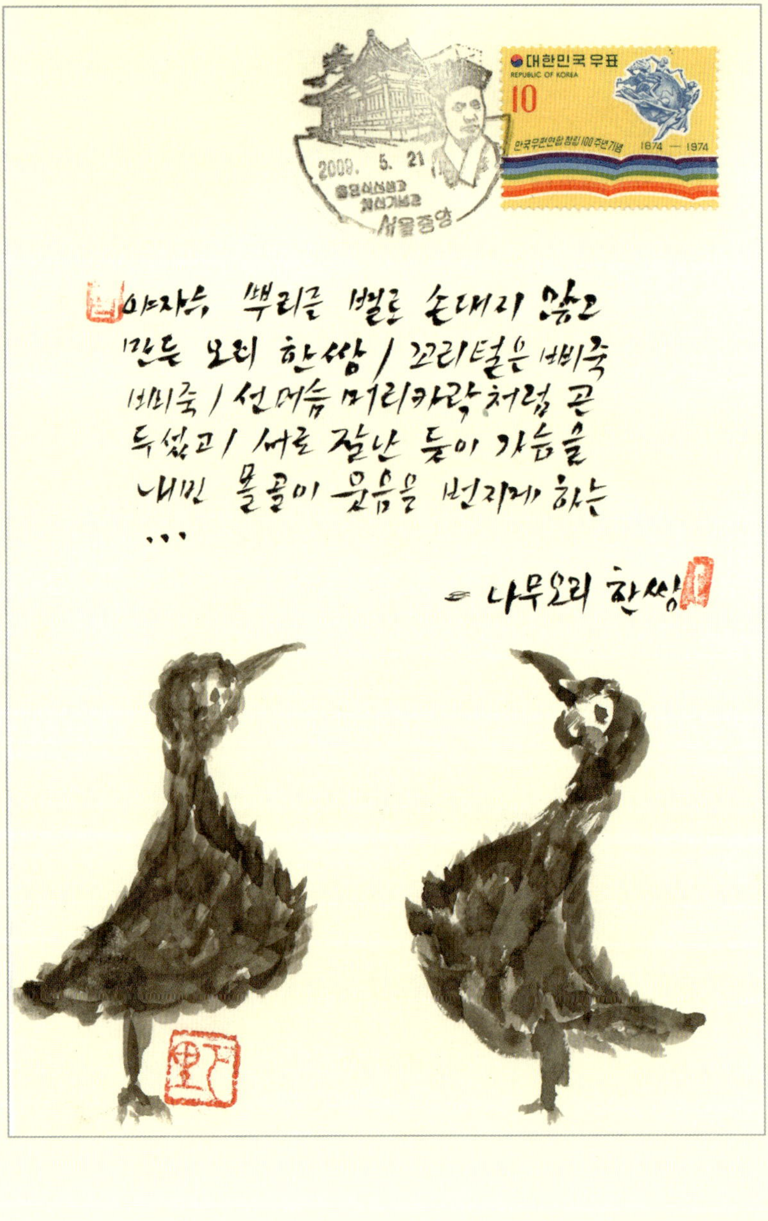

대한민국 우표
REPUBLIC OF KOREA
10
만국우편연합 창립 100주년기념
1874 — 1974
2009. 5. 21
서울중앙
마디자국, 뿌리를 별로 손대지 않고 만든 오리 한 쌍 / 꼬리털은 삐죽 삐죽 / 선머슴 머리카락처럼 곤두섰고 / 서로 잘난 듯이 가슴을 내민 몰골이 웃음을 번지게 하는 ...
— 나무오리 한쌍

우희춘 화 가

우희춘(禹熙春, 호는 石堂) 화가 : 대한민국 미술대전 심사위원 운영위원장 역임. 국내외 전시 500여 회 출품.

현재 한국미술협회, 전업미술가협회 자문위원, 목우회 한국화 분과위원장, 한국문인협회 회원(수필분과), 현대한국화협회 회장.

위상진 시인

위상진(韋尙鎭) 시인 : 대구 출생. 1993년 월간 「시문학」으로 등단. 시집으로 <햇살로 실뜨기> 외 동인지 다수가 있다. 제4회 푸른 시학상 수상.

시동인 마중물, 한국시문학문인회, 한국시문학아카데미, 좋은시공연문학회, 한국현대시인협회 회원.

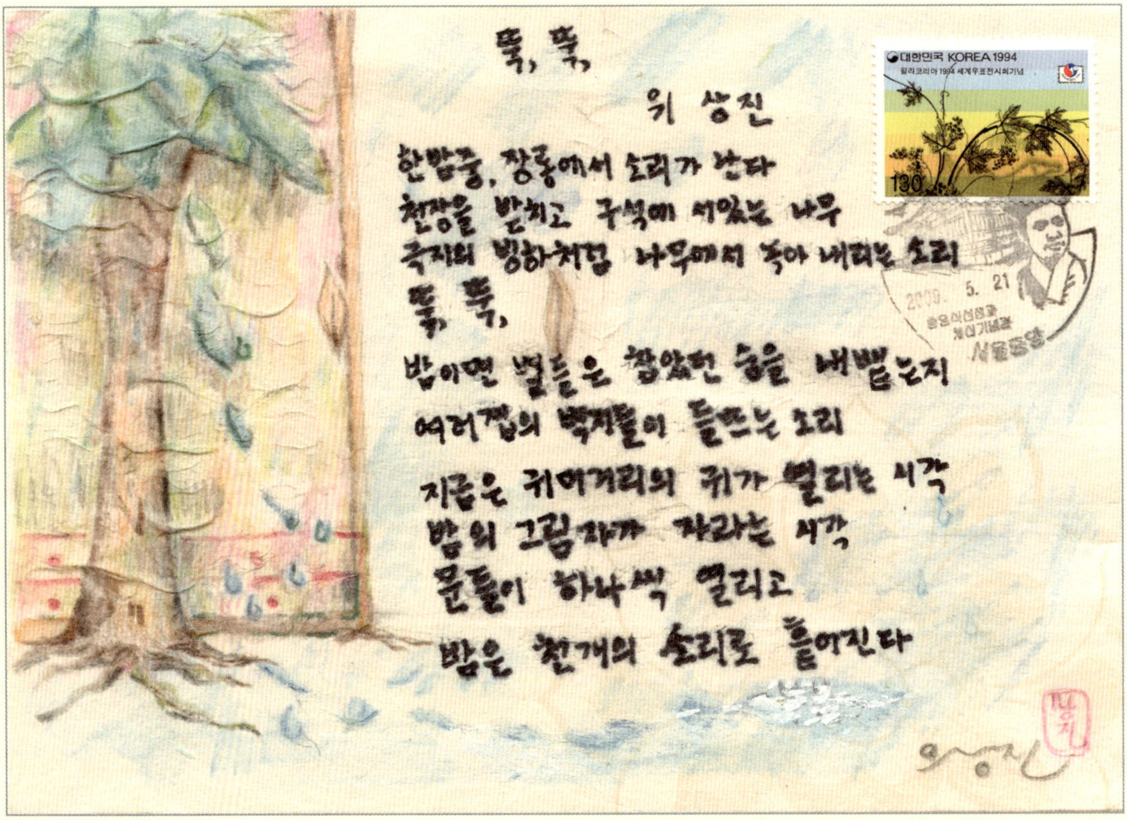

뚝, 뚝,

위 상진

한밤중, 장롱에서 소리가 난다
천장을 받치고 구석에 서있는 나무
극지의 빙하처럼 나무에서 녹아 내리는 소리
뚝, 뚝,

밤이면 별들은 참았던 숨을 내뱉는지
여러겹의 벽지를 들뜨는 소리
지금은 귀어기리의 귀가 뚫리는 시각
밤의 그림자가 자라는 시각
문들이 하나씩 열리고
밤은 천개의 소리로 흩어진다

흐르는 길

위 상 진

회백색 부드러운 선이 거리를 품는 중이다
그 길은 늘 빗물이 번들거리거나
잔설에 발자국이 얼어붙어 있다
창으로 보이는 길
소리내지 못한 울음이 사생아를 낳은 길
징크 화이트를 뒤꿈치에 찍어 발라
찐득찐득하게 저항하는 길을 물고
엉덩이가 큰 여자가 정오의 해를 흔들며 걸어
들어간다
뒷골목이 몸을 둘이 고여 있는 길을 쏟아낸다
오후 다섯 시 반에 멈춘 교회 종탑 시계
위트릴로 그림 밖으로
걸어나와 그늘이 되는 여자
회를 쏟아내는 백색의 꽃이 자라는
그 곳,
건너갈 수 없는, 거기
흐르는 길은 또 다른 이름을
갖기 시작한다

2009. 6.

유금호 시인 소설가

유금호(兪金浩) 시인, 소설가 : 목포대 명예교수, 1964년 서울신문 신춘문예에 소설 〈하늘을 색칠하라〉 당선으로 데뷔. 장편소설 〈내 사랑, 풍장〉, 〈만적〉, 소설집 〈새를 위하여〉, 〈허공중에 배꽃 이파리 하나〉 등이 있고 詩作 활동도 왕성히 하고 있다.

한국소설문학상, PEN문학상, 만우 박영준 문학상 등 수상.

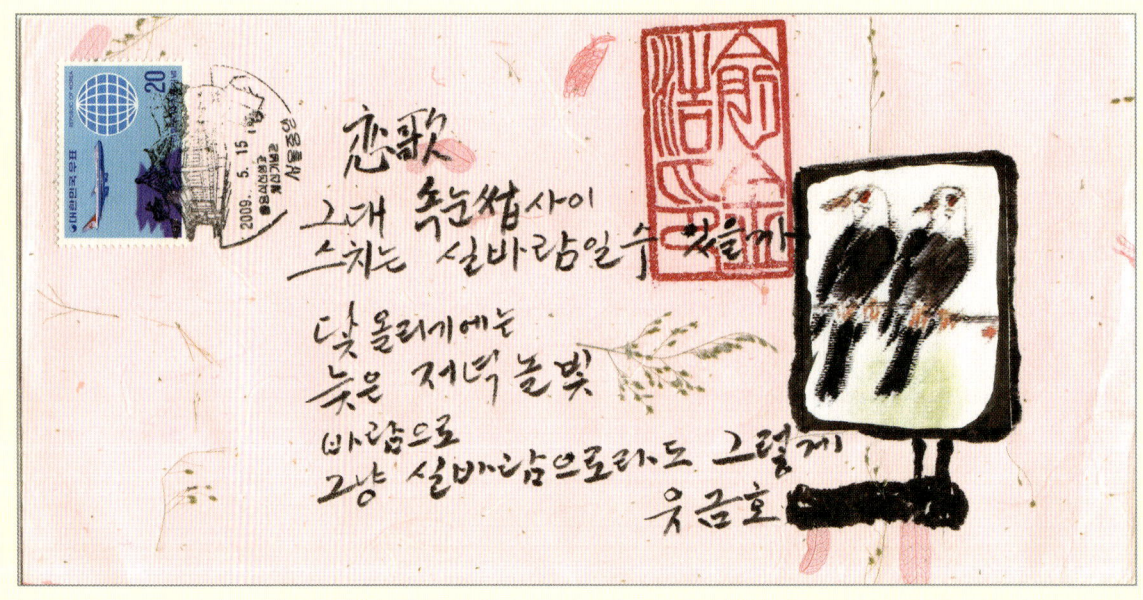

恋歌

그대 속눈썹 사이
스치는 실바람일 수 있을까

닻 올리게에는
늦은 저녁 놀빛

바람으로
그냥 실바람으로라도 그렇게

유금호

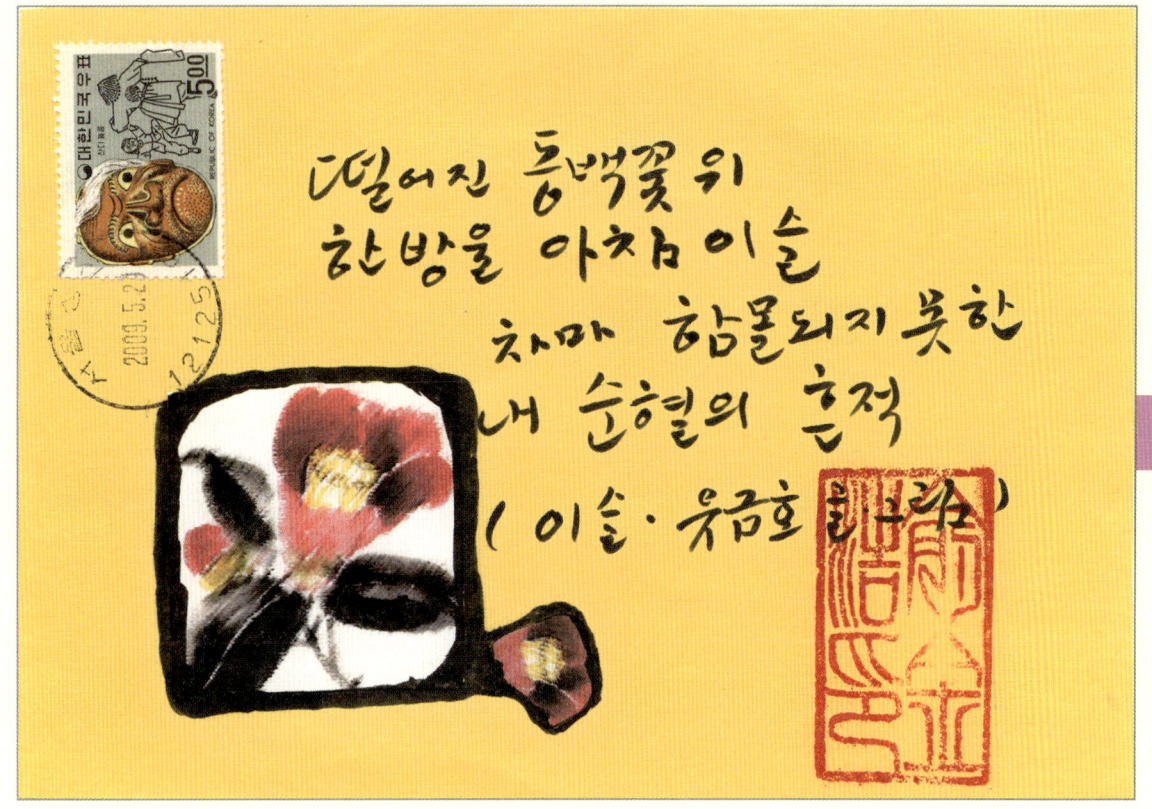

유성규 시인

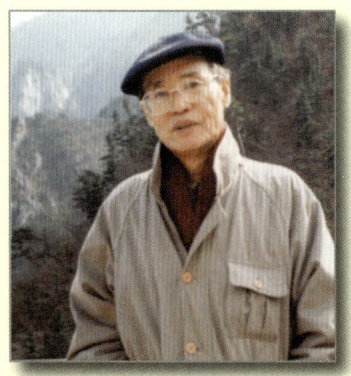

유성규(柳聖圭) 시인 : 1930년 인천 출생. 호 시천(柴川). 한의학 박사. 서울사대와 경희대 한의대를 졸업하고 원광대학교 한의대 교수를 역임했으며 1958년에 이승만 대통령 출제 전국시조백일장 장원.

한국시조시인협회(1964년), 한국아동시조시인협회(2008), 한국전통문화협의회(1989)를 주도적으로 창설하고 「시조생활」지(1989) 발행인으로 전민족 시조생활화 운동을 50년 동안 전개하였다. 서울대 총동창회 이사, 한국문인협회 이사, 국제펜클럽 한국본부 자문위원, 등을 역임하였으며 동아세계대백과사전(한의학·시조) 집필위원, 한국시대사전 편집위원을 맡았으며 저서로는 <시조창작법>, <시와 시조연구> 외 다수. 시조집 : <동방연가>, <섭리 곁에서>, <시천시조선집> 외 다수. 역서 : 임어당 저 <생활의 발견>. 수상은 가람시조대상. 육당시조본상.

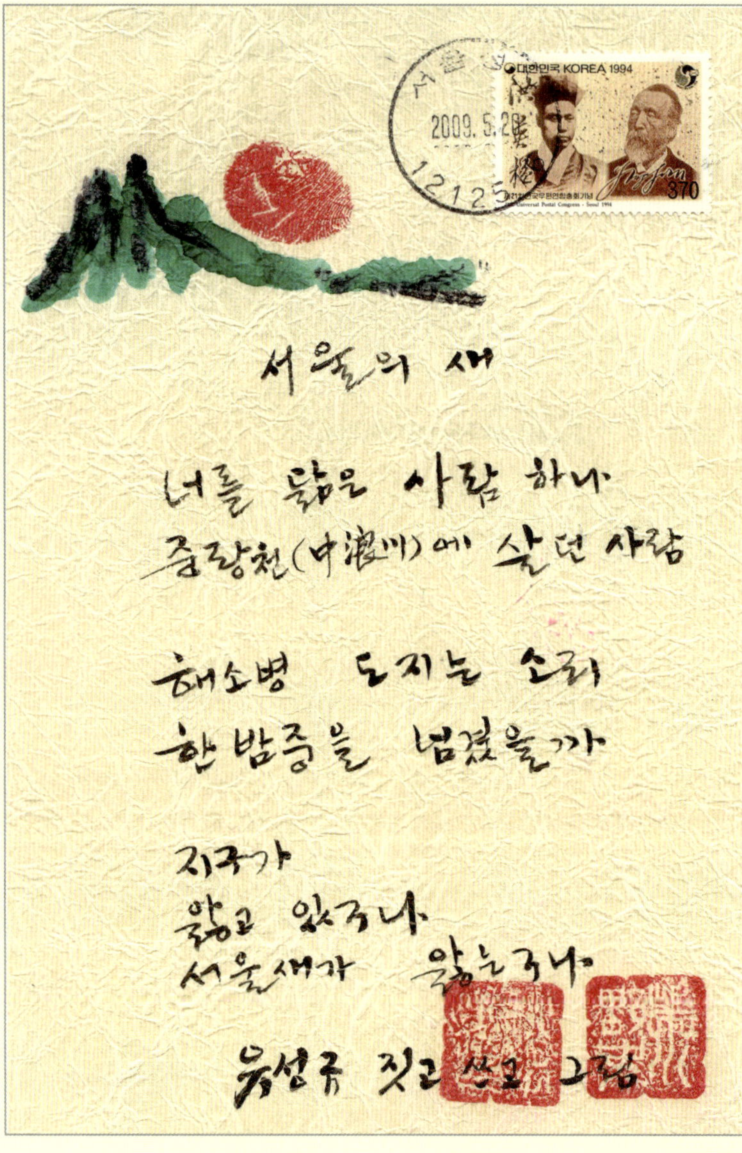
대한민국 KOREA 1994
370
서울의 새
너를 닮은 사람 하나
중랑천(中浪川)에 살던 사람
해소병 도지는 소리
한 밤중을 넘겼을까
지구가
앓고 있구나
서울새가 앓는구나
유성규 짓고 쓰고 그림

祖國

고여 접어 학일레라
멋씨 있는 원무(圓舞)레라

솔바람이 새침한
하늘을 이고 앉아
靑山을 닮아서 좋은
이 겨레가 있네

누우면 들이 되고
일어서면 山이 되는
마디 마디 그 가락에
젖어 살던 사람아

大地를 닮아서 좋은
너와 내가 있으니

유성규 짓고 쓰고 그림

유자효 시인

유자효(柳子孝) 시인 : 방송인 1947년 부산에서 출생, 서울대학교 불문학 전공. 1972년 「시조문학」에 '혼례'로 등단. 한국방송기자클럽 회장 역임, SBS 논설위원실 실장 역임, 여의도클럽 사무처장, SBS 기획실 실장

주요 저서 시집 목록 <성 수요일의 저녁>(1982), <짧은 사랑>(1990), <떠남>(1993), <내 영혼은>(1994), <지금은 슬퍼할 때(1996), 데이트 (2000) 등이 있다.

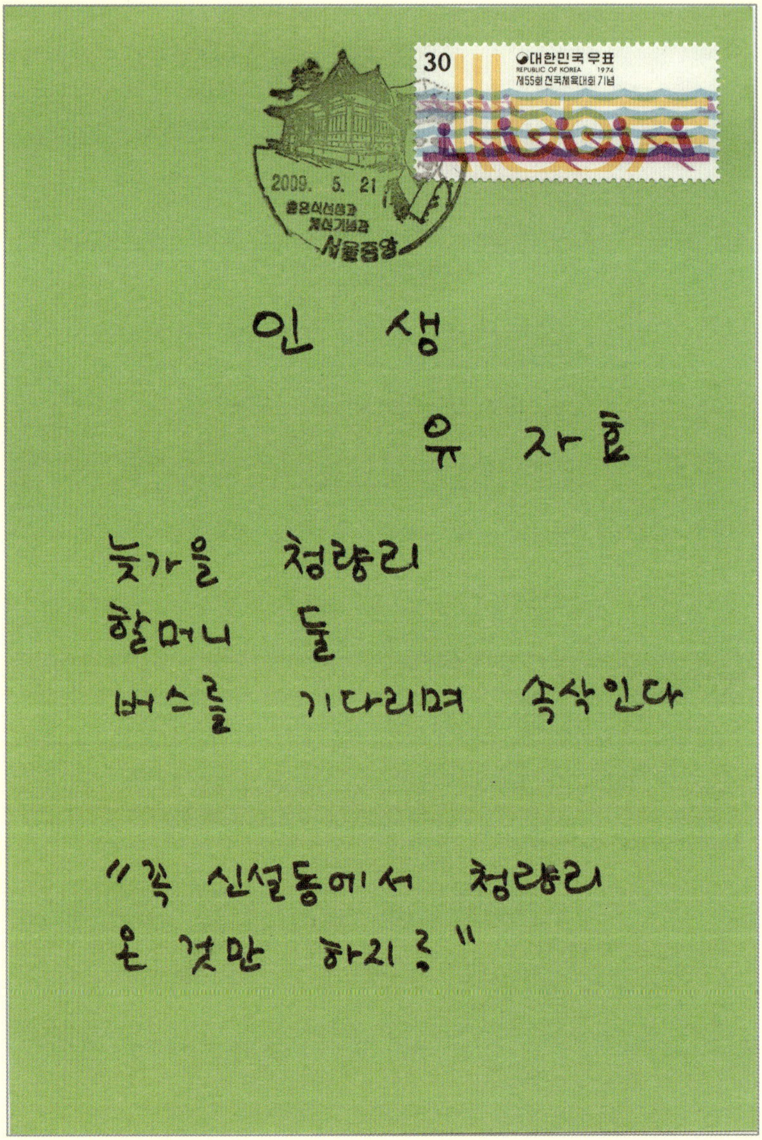

인생

유자효

늦가을 청량리
할머니 둘
버스를 기다리며 속삭인다

"꼭 신설동에서 청량리
온 것만 하리?"

폭설

유자효

먹이를 찾아 마을로 내려온
어린 노루
사냥꾼의 눈에 띄어
총성 한 방에 선혈을 눈에 뿌렸다

고통으로도
이루지 못한 꿈이 슬프다

유지화 시인

유지화(柳志花) 시인 : 1955년 봄, 경기도 화성군의 작은 시골 마을에서 태어났다. 호는 여경(餘慶). 1989년 「시조생활」지에 '가을 사랑'으로 등단, 시작(詩作)에 전념하였다. 1994년, 동명여고를 졸업한 지 20년 만에 스무살 연하의 학생들과 수능시험을 치러 한신대학교에 입학, 문예창작을 공부했다. 2005년 국민대학교 문예창작대학원 졸업, 2009년 문학박사 학위를 받았다. 저서로는 「여원다리 삐에로」 「나는 논술대통령」 「불어라 봄바람」 외 다수가 있다. 2000년 시천시조문학상을 수상, 현재 「시조생활」지 편집장이며 서울교대, 국민대학교에서 강의하고 있다.

첫눈

하늘 속에 유배된
거룩한 사연 하나

다스리다
다독이다

기어이
먹구름 제쳐

모반의 역사를 이룹니다
첫눈으로 오십니다.

餘慶 柳志花

꽃

아 말 없이 기다려야
꽃이 된다네요

남루히 끝 바에는
눈빛 되려 숨기라네요

지나는 바람까지 도울때
그때,
피는거래요.   여경 유지화

이경렬 디자이너

이경렬(李景烈) 디자이너·미술관 관장 : 1955년, 서울 출생. 당림미술관 관장. 전국 입시미술학원연합회 회장, 전국미술교육협의회 회장 역임. 문화공보부 장관상(1974년 디자인 부문)과 문화관광부 장관상(2006년 교육 프로그램) 수상.

현재 한국사립미술관협회와 한국박물관협회 감사.

이경희 시인

이경희(李璟姬) 시인 : 한국일보에 '噴水·I', '길' 등이 박남수 선생 추천으로 발표됨 시집으로 <분수>, <그대의 수채화>, <아주 잠시인 것을> 등이 있으며 한국시인협회상, 윤동주문학상을 수상 하였고 현재 한국현대문학관 운영위원, 청미회 동인.

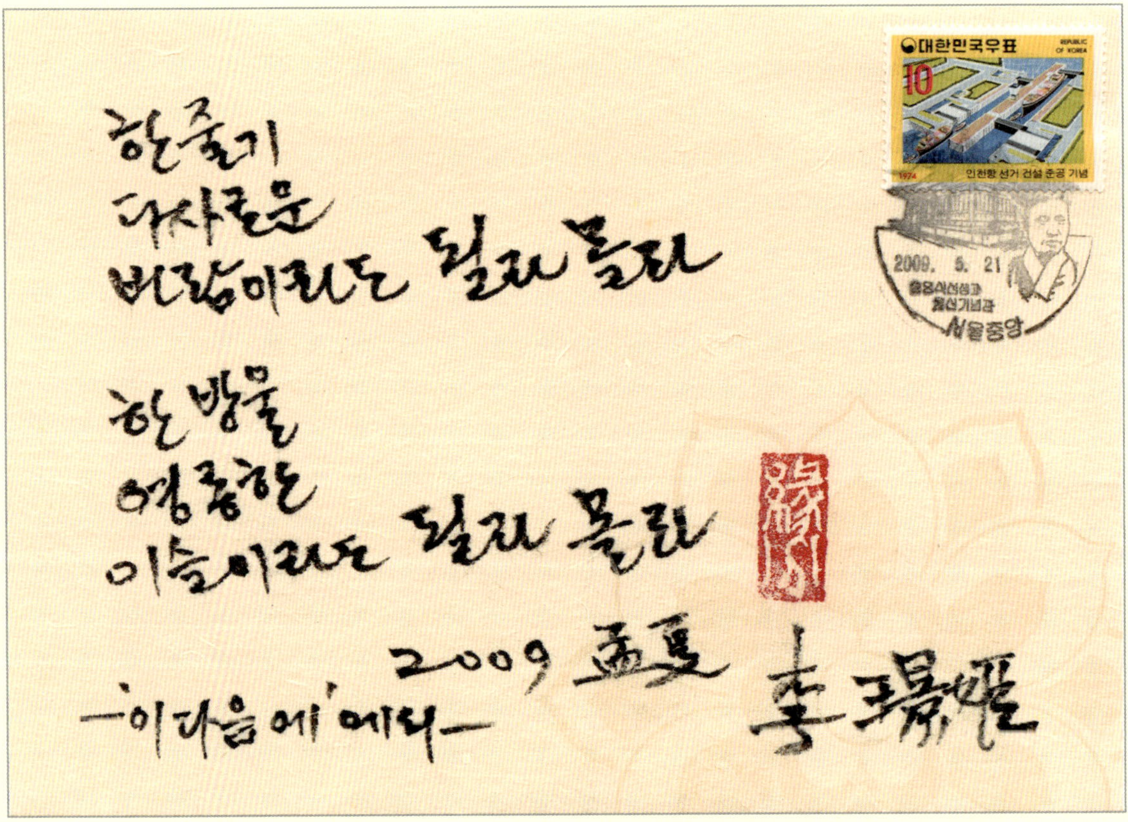

한 줄기
다사로운
바람이라도 될지 몰라

한 방울
영롱한
이슬이라도 될지 몰라

2009 孟夏
— '이다음에'에서 —
李璟姬

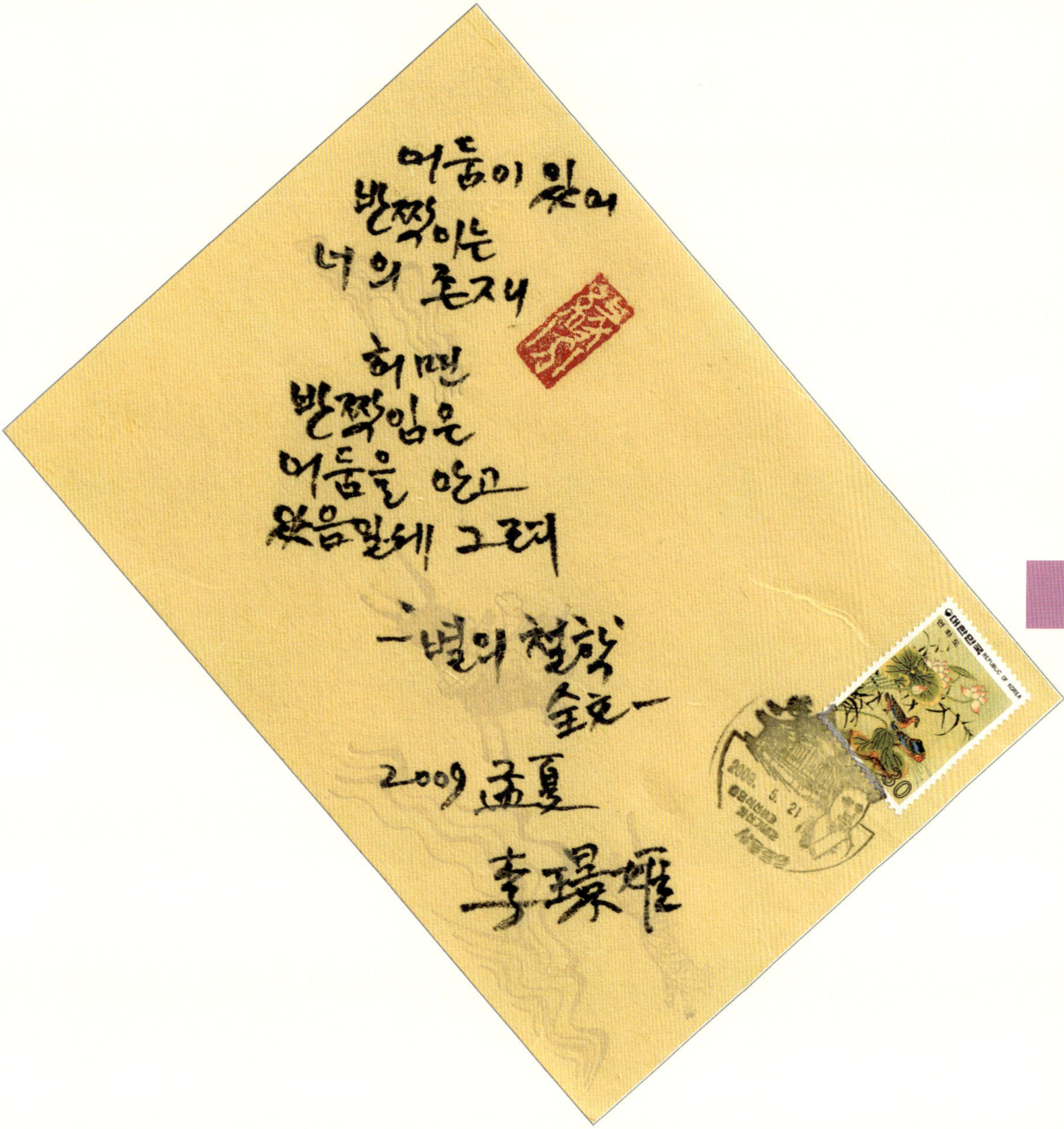

어둠이 있어
반짝이는
너의 존재

허면
반짝임은
어둠을 안고
있음일세 그려

-별의 철학
金虎-

2009 孟夏

李璟熙

이근신 화가

이근신(李根伸) 화가 : 홍익대학교 미술대학 서양화과 졸업. 경희대학교 교육대학원 졸업, 개인전 4회, 대한민국 회화제 출품(10회), 한국, 러시아 초대작가 교류전 출품, 대한민국 미술대전 심사위원 역임, 대전공간 확산전 초대출품, 나주 국제미술제 초대출품, 한국미술협회 주최 중진원로작가 초대전 출품.

현재 한국미술협회 자문위원, 상형전 고문, 문전 창립회원.

이기반 시인

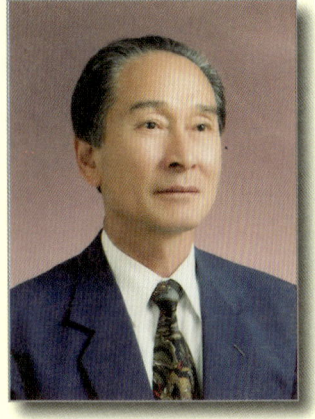

이기반(李基班) 시인 : 1931년 전주에서 출생(아호 月村). 1959년에 「자유문학」지를 통해 등단하였다. 시집으로는 <한포기 들풀로>, <빛과 사랑> 등 23권이 있고, 저서로는 수필집 <은하의 모래알들>과 <문학개론>, <현대시론> 등이 있다. 전북문화상, 모악문화상 목정문화상, 풍남문화상 등 17종의 상을 수상하였으며 한국문협 전북 지부장, 한국예총 전북지회장, 전주대학교 교수 및 사범대학장을 역임했다.

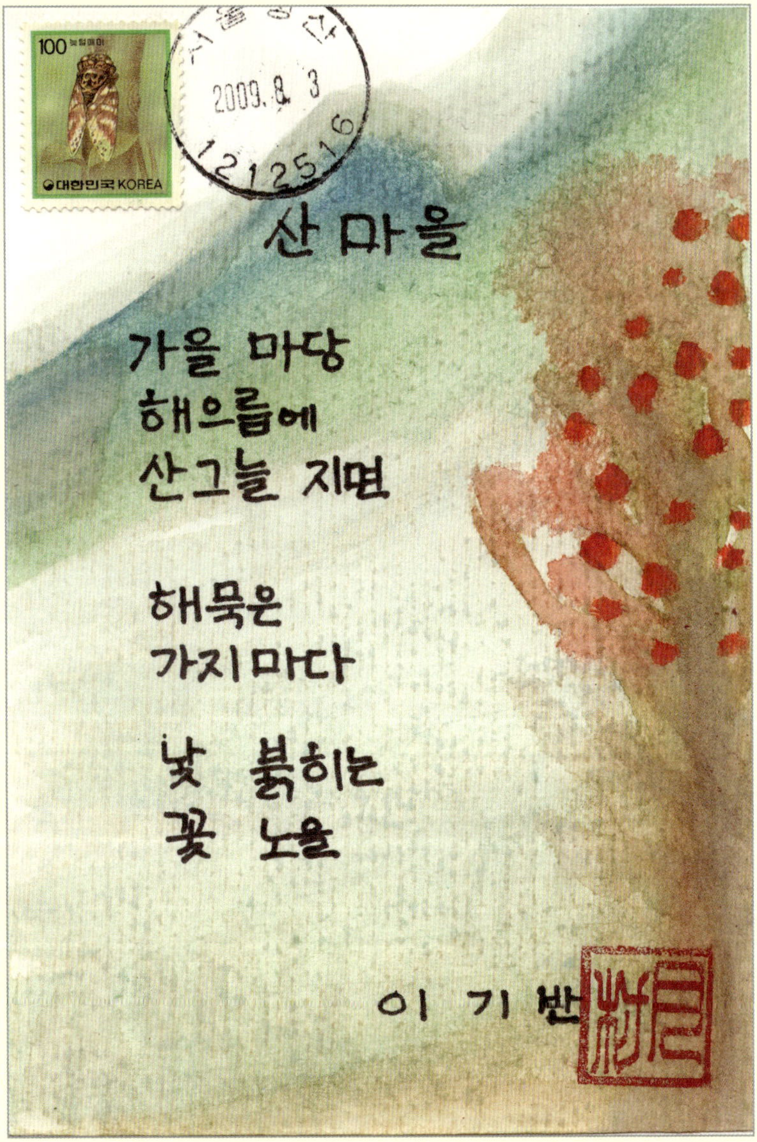
100
대한민국 KOREA
2009. 8. 3
산 마을
가을 마당
해으름에
산그늘 지면
해묵은
가지마다
낯 붉히는
꽃 노을
이 기 반

태극선

하이얀 모시 적삼
안섶에 반달이 숨어

떠오르는 임의 얼굴
동그랗게 그리다가

수줍어
가벼운 미소
한들한들 무너지네.

이기반

이길원 시인

이길원(李吉遠) 시인·국제펜클럽 한국본부 이사장 : 충북 청주 출생, 청주고 연세대 졸업, 월간 「시문학」 등단, 월간 「주부생활」 편집부장 역임, 유신 후기 필화로 퇴사.

저서로는 <하회탈 자화상>, <은행 몇 알에 대한 명상>, <계란껍질에 앉아서>, <어느 아침, 나무가 되어>, <해이리 시편> 외, 영역시집 <Poems of Lee Gil-Won>, <Sunset glow> 수상 : 제5회 천상병 시상 수상, 제24회 윤동주 문학상 수상.

한국현대시인협회 사무국장, 상임이사 역임, 국제펜클럽 한국본부 감사, 이사, 기획위원장 역임, 제11대 무악로타리 회장 역임, 충청일보 신춘문예 심사위원.

현재 연우회(연세대 총학생회장단 모임) 수석부회장, 한국시인작가협의회 회장, <PEN 문학> 편집인, <문학과 창작> 편집고문, <미네르바> 편집고문

국제펜클럽 한국본부 이사장, 문학의 집 서울이사, 제59, 60, 61, 62, 64, 66, 67, 73차 국제 펜대회 한국대표로 참가, 제74차 콜롬비아 국제 펜대회에서 <2012년 제78차 국제펜대회> 한국 유치.

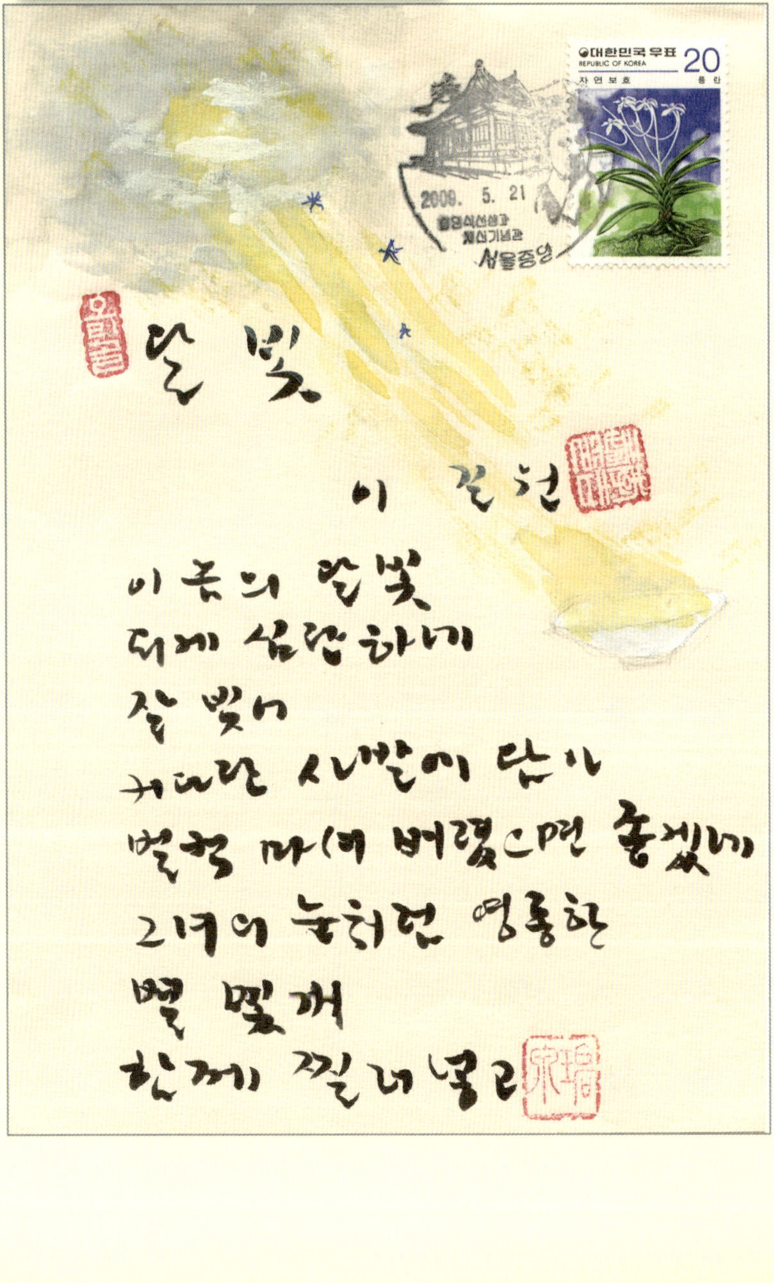

달빛

이길원

이곳의 달빛
더께 삼삼하게
살 빛나
싸락 사랑에 닿아
별처럼 버렸으면 좋겠네
그녀의 눈처럼 영롱한
별 몇개
함께 찔러놓고

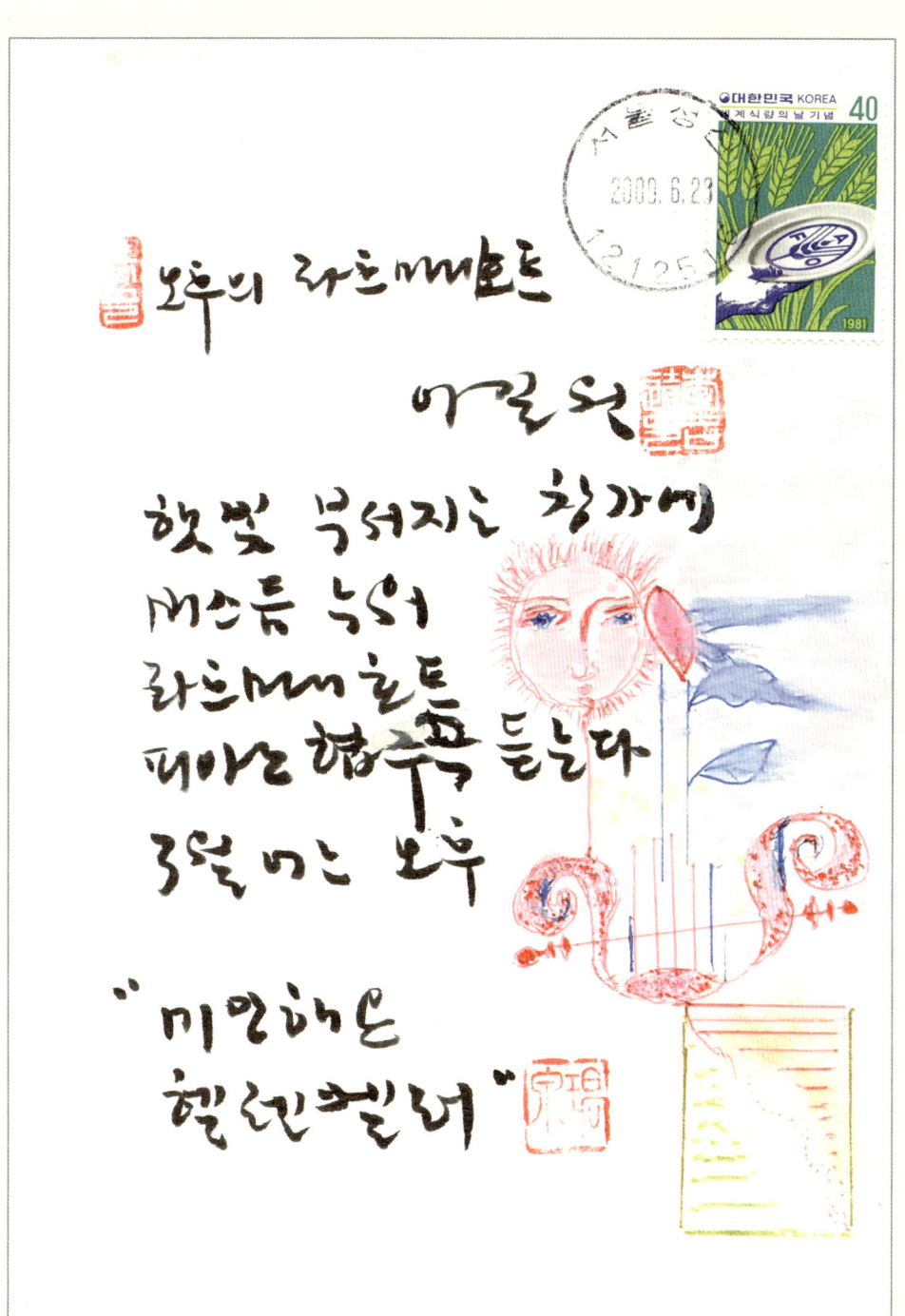

이동식 화가

이동식(李東拭) 화가 : 호는 청사(靑史). 서라벌예술대학과 고려대학교 대학원 졸업. 대한민국미술대전, 신미술대전, 한국현대미술대상전 등의 심사위원 역임. 한국미술협회 회원, '동경 미술' 전속 작가. 연세대학, 경희대학, 객원 교수 역임. 2009년 뉴욕세계미술대전 세계평화를 위한 UN기념관 초대작가. 2003년, 오늘의 미술가상 수상.

저서 <이동식 풍속화>1,2(서문당, 2005)

이명수 수필가 국회의원

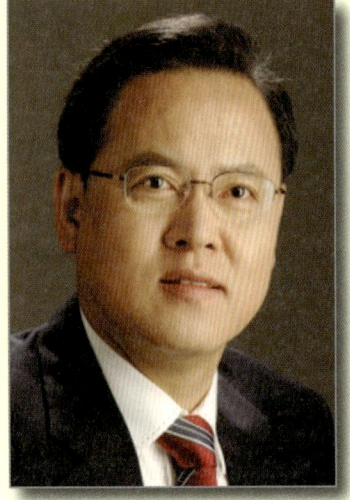

이명수(李明洙) 수필가·국회의원 : 1955년 2월11일, 충남 아산시 신창면 읍내리에서 4남5녀 중 셋째로 태어났다. 현재 제18대 국회의원으로 국회행정안전위원회 위원, 국회규제개혁철폐특별위원회 위원, 국회행정체제개편특별위원회 위원을 맡고 있으며, 자유선진당 대변인으로도 활동 중이다. 또 설화문학회원으로도 활동 중이며 <숨은 사랑찾기>(수필집), <아산사랑 충청사랑>(수필집) 등 2권의 수필집을 발간하기도 했다.

경력 2008 자유선진당 원내수석대표, 2006~2008 나사렛대학 부총장, 2004~2006 건양대학교 부총장(지방자치론 강의), 2002~2004 충청남도 행정부지사 (1급 관리관) 역임.

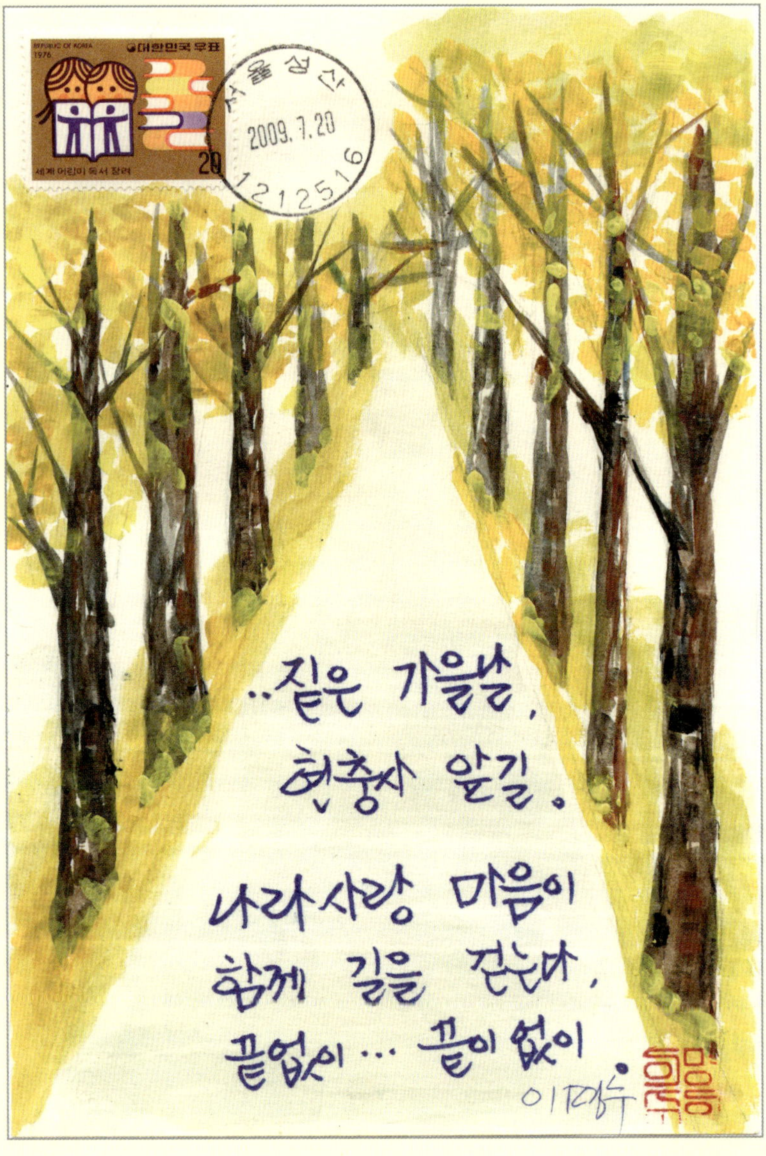
대한민국 우표
1976
20
세계 어린이 독서 장려
서울성산
2009. 7. 20
121251 6
..짙은 가을날,
현충사 앞길.
나라사랑 마음이
함께 길을 걷는다,
끝없이 ... 끝이 없이
이명수

이봉호 서예가

이봉호(李奉昊) 서예가 : 호는 홍강(弘岡), 해인사 초대 주지 환경선사와 제2대 주지 최범술 스님에게서 사사 받고, 지송과 스님과 김일섭 스님에게서 불화를 사사 받았다. 전국서예대전 문화상과 한국미협 서예 초대작가상 등을 받았으며, 한국서예대전과 대한민국 서예공모대전 등의 심사위원을 역임했다. 그동안 많은 불화와 영정 등을 그려왔으며 최근에는 500나한상을 그려 화제를 모으고 있다.

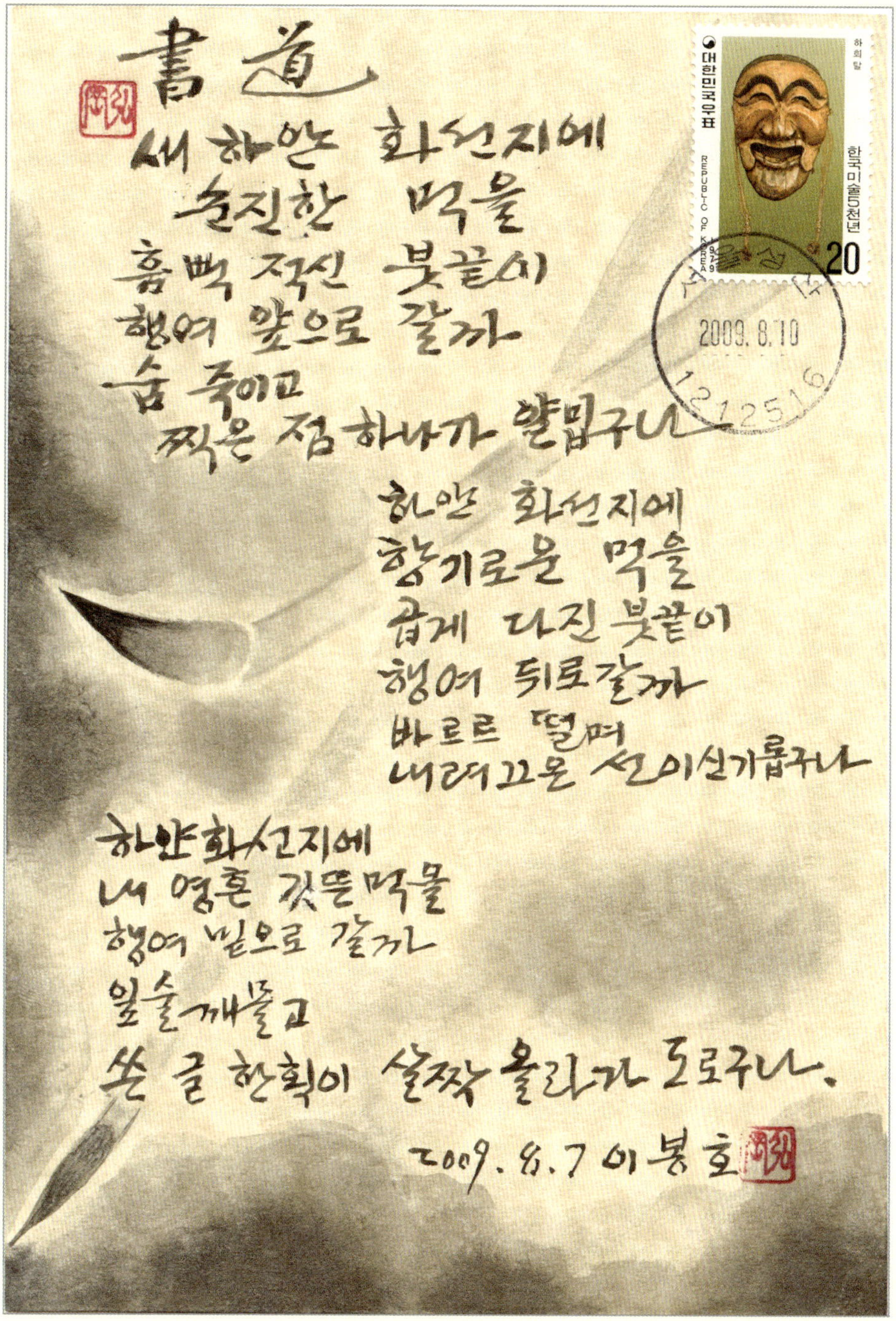

書道
새하얀 화선지에
순진한 먹을
흠뻑 적신 붓끝이
행여 앞으로 갈까
숨 죽이고
찍은 점 하나가 얄밉구나
하얀 화선지에
향기로운 먹을
곱게 다진 붓끝이
행여 뒤로 갈까
바르르 떨며
내려그은 선이 신기롭구나
하얀화선지에
내 영혼 깃든 먹물
행여 밑으로 갈까
입술 깨물고
쓴 글 한획이 살짝 올라가 도로구나.
2009. 8. 7 이봉호
대한민국우표
하회탈
한국미술5천년
REPUBLIC OF KOREA
20
2009. 8. 10

이상범 시인

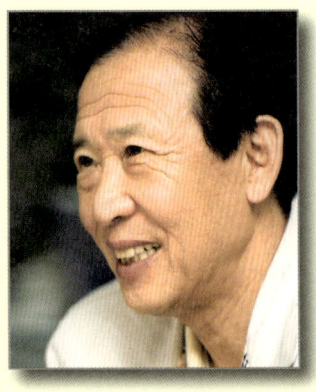

이상범(李相範) 시인 : 1935년 충북 진천에서 출생했다. 1963년 「시조문학」과 1965년 조선일보 신춘문예를 통해 문단에 데뷔했다.

1981년에는 정운시조문학상, 85년에는 한국문학상을 수상했고 한국시조시인협회 회장을 역임하기도 했다. 작품집으로는 <일식권> 등 다수.

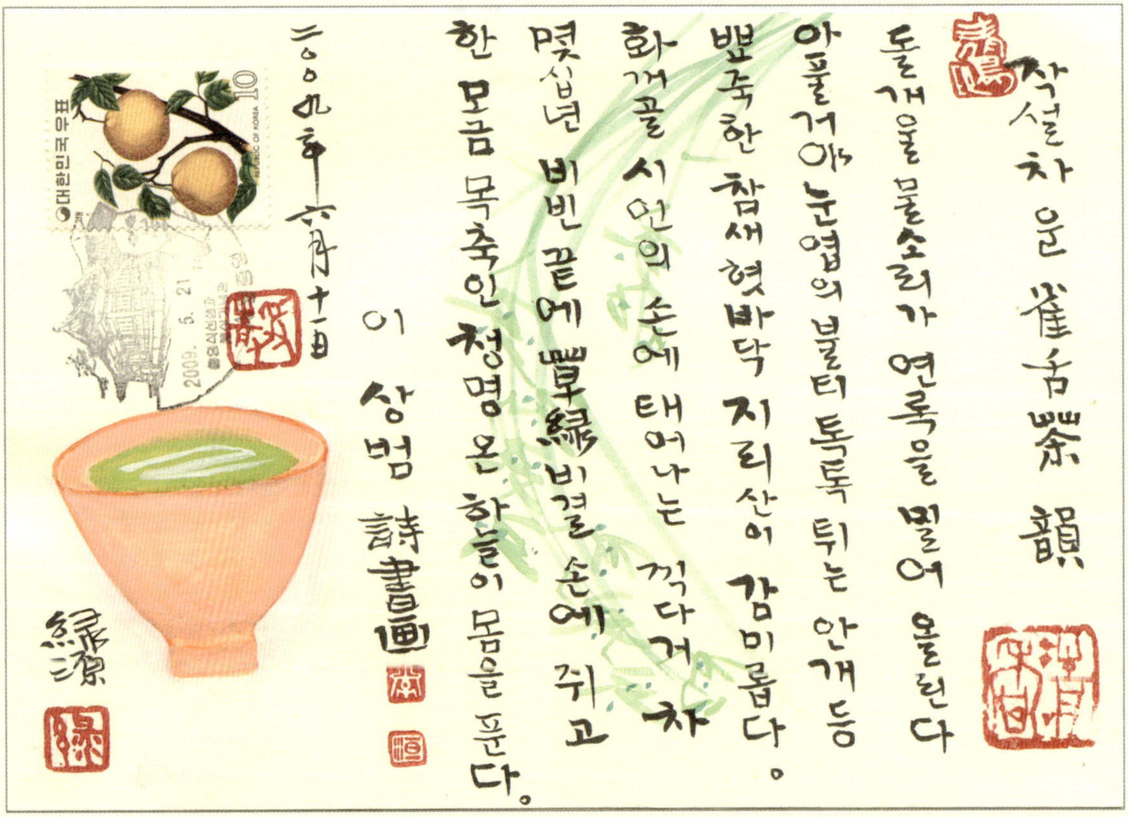
작설차 운 雀舌茶韻
돌개울 물소리가 연록을 밀어 올린다
아풀거야 눈엽의 불티 톡톡 튀는 안개 등
뾰족한 참새혓바닥 지리산이 감미롭다.
화개골 시인의 손에 태어나는 꺽다거 차
몇십년 비빈 끝에 草綠 비결 손에 쥐고
한 모금 목축인 청명 온 하늘이 몸을 푼다.
이 상범 詩書画
二〇〇九年 六月 十一日
대한민국우표
10
綠源

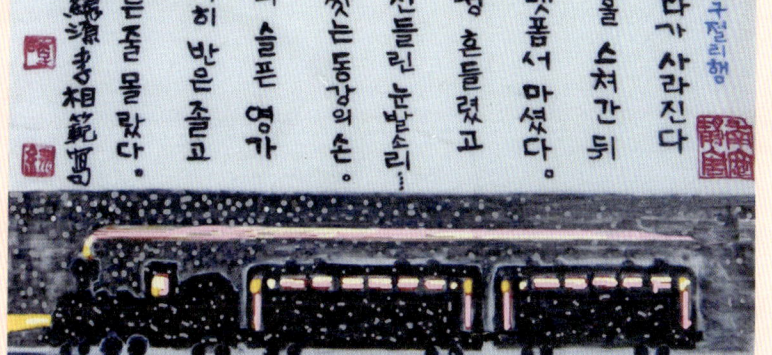

눈꽃 열차 -구절리행

송이눈이 골짜기를 밝히다가 사라진다
꿈의 깃 눈꽃열차 종산역을 스쳐간 뒤
단편한 국수 국말에 부렛품서 마셨다.
갈아탄 비둘기호 덜컹덜컹 흔들렸고
눈 못뜨는 구절리행 걸신들린 눈발소리…
잔기침 차창 밖에는 자갈 씻는 동강의 손.
뽀얗게 피는 밤눈 아라리의 슬픈 용가
통로엔 자반꾸러미 시무룩히 밤은 졸고
두 칸 차 숨가쁜 경적 끝가는 줄 몰랐다.

2008년 정월 스무 하룻날 綠源 李相範 쓰다

2007년 12월 부터 2008년 1월에 제주에 신병치료차 머물 때 도자기에 "눈꽃 열차" 를 쓰고 그려 구웠다.

이 상 범

이서지 화 가

이서지(李瑞之) 화가 : 1934년 청주 출생. 2004년 과천시에 선바위 미술관 설립.

1972년 제1회 이서지 풍속화전(신세계 화랑)을 시작으로 2008년 상 갤러리 초대전에 이르기까지 개인전, 초대전, 기획전 등 국내외에서 30여 회의 전시회를 가졌다.

저서로는 1984년 이서지 풍속화집(1,2권 발간), 1993년 이서지 풍속화집(대형화집) 발간, 1997년 <이서지풍속화집>(서문문고 발간), 2001년 <사라져가는 세시풍속>, <개똥참외>(두산동아), 2001년 <정겨운 시절 이야기>, 2005년 <어머니>, 2006년 <새벽길> 등이 있다.

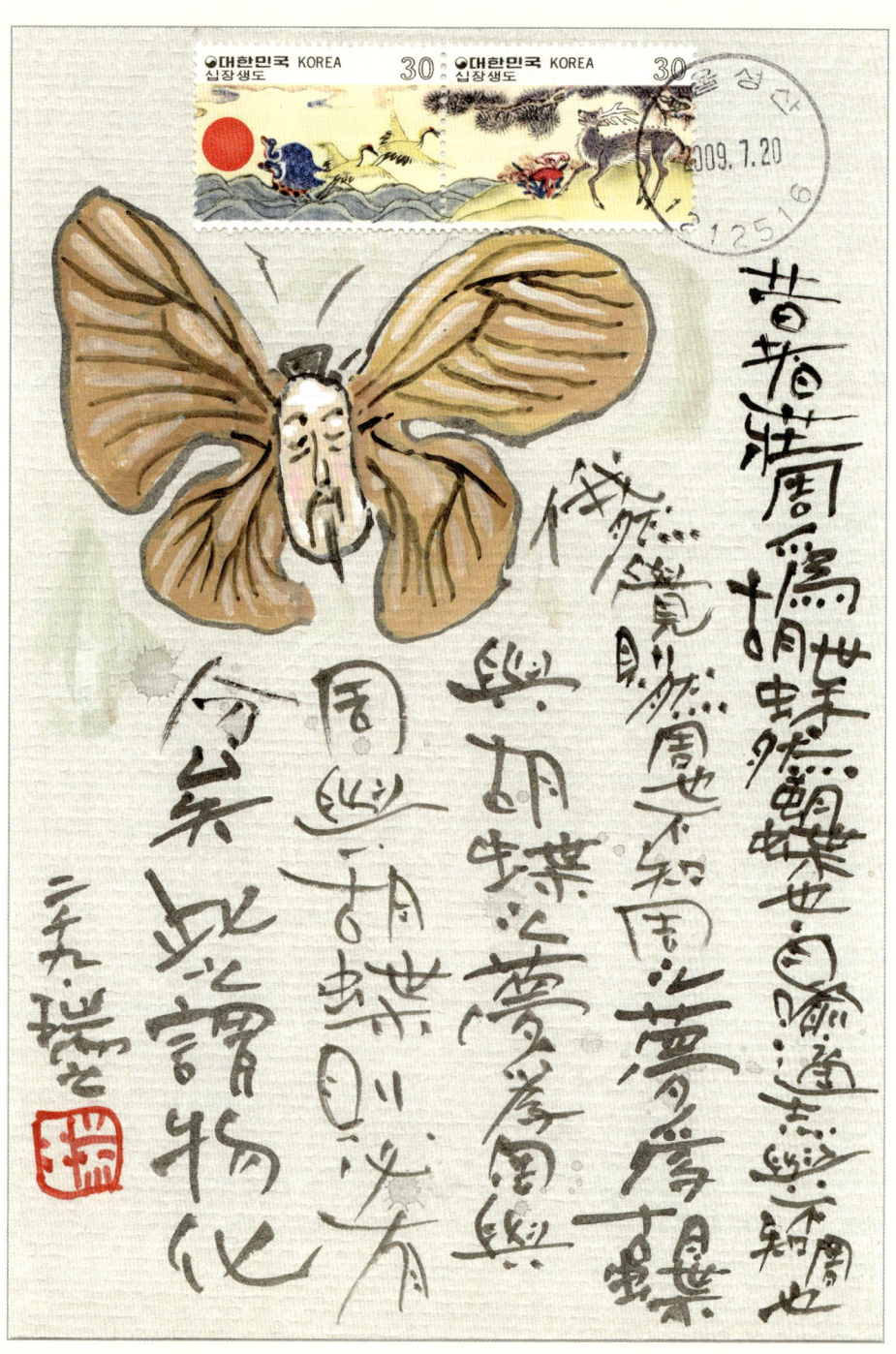

이석규 시인

이석규(李碩珪) 시인 : 호는 현인(玄仁), 강원도 춘천 출생. 춘천고등학교 졸업, 서울대학교 사범대학 국어교육과 졸업, 건국대학교 대학원에서 문학석사, 박사학위 취득, 경원대학교 국어국문학과 교수. 경원대학교 학생처장, 인문대학 학장, 대학원장 등을 역임, 현재 경원대학교 석좌교수, 「시조생활」을 통하여 등단. 「시조생활」의 편집위원, 편집장을 역임하였으며 현재 「시조생활」지의 편집위원, 심사위원, 시천시조문학상 운영위원, 한국문인협회·시조시인협회 회원, 한국아동시조시인협회 부회장, 전민족 시조생활화운동본부 회장, 한말연구학회 회장.

문학상으로 시조생활 신인문학상, 시천문학상을 수상하였으며 황조근정훈장을 받음.

저서로는 <언어의 예술> 등 10권의 전공서적과 논문 50여 편이 있으며 시집으로는 <당신 없는 거리는 춥다>, <아날로그의 오월> 등이 있음.

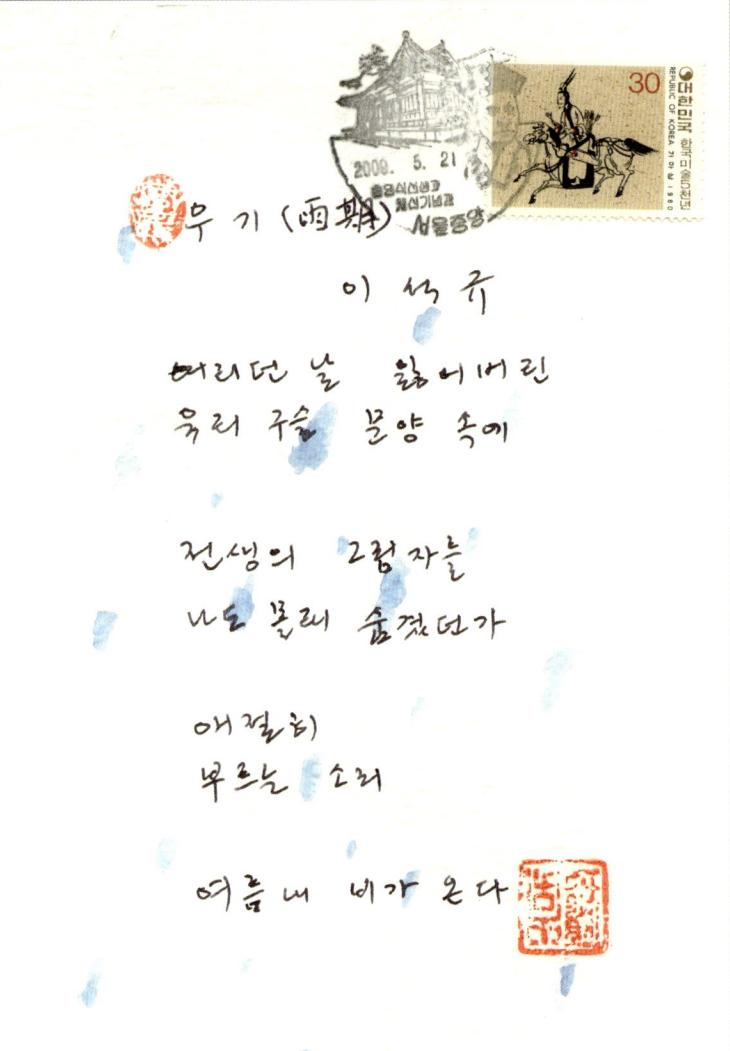

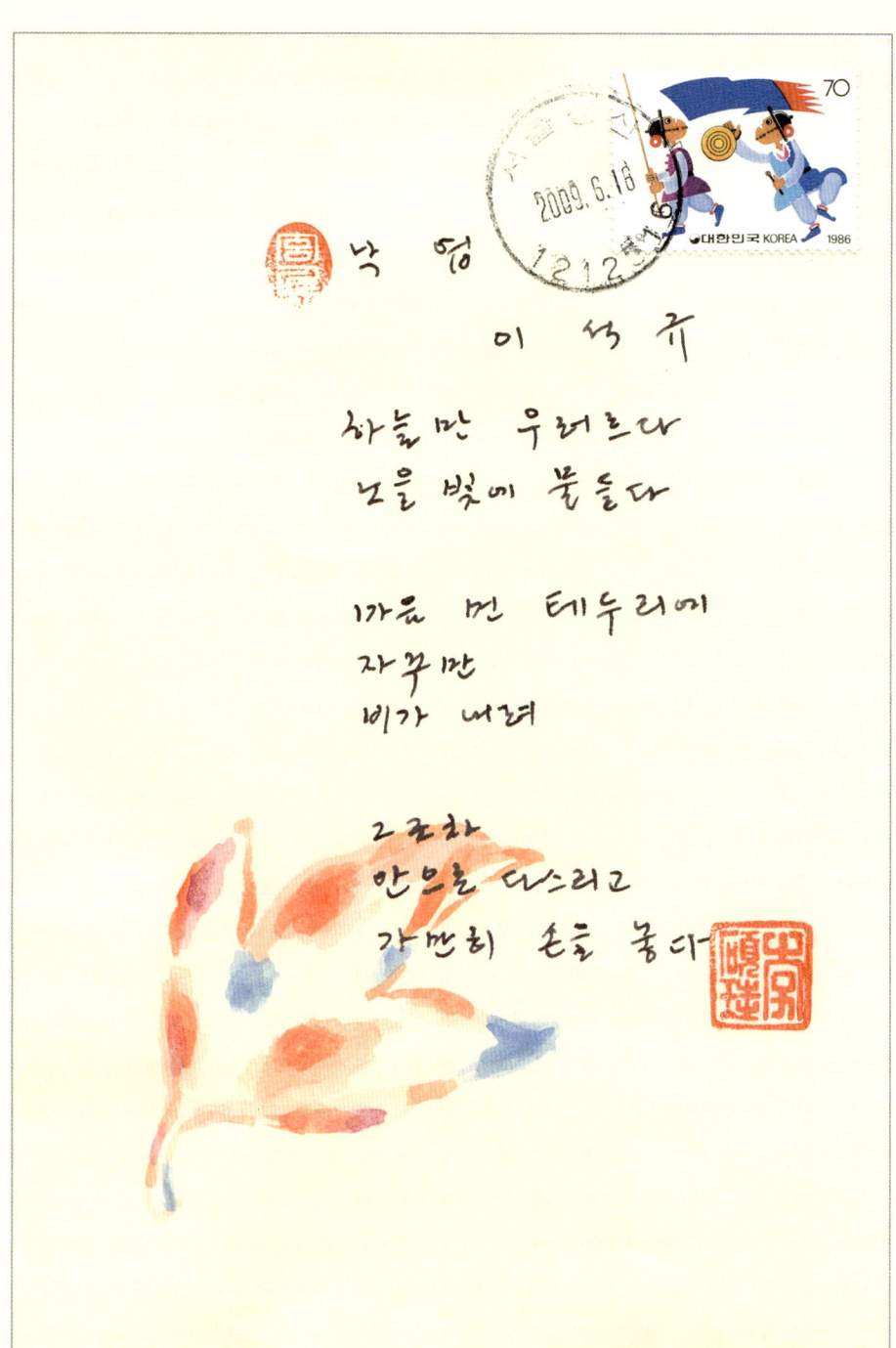

이성교 시인

이성교(李性敎) 시인 : 1932년 강원도 삼척 출생. 강릉상고를 거쳐 서울 국학대학을 졸업하고 중앙대 대학원에서 문학박사 학위를 취득. 대학 재학시 1956년 「현대문학」지에서 미당 선생의 추천을 받아 등단했다.

1960년에서 1968년까지 성신여중고에서 교편을 잡다가 같은 학원인 성신여대 교수로 옮겨 30년간 봉직했다.

시집으로 〈산음가〉를 비롯하여 〈겨울바다〉, 〈보리 필 무렵〉 등 9권을 냈으며, 수필집으로 〈영혼의 닻〉, 〈구름속에 떠오르는 영상〉, 〈동해 하얀 파도를 따라〉 등 3권과 시론집 〈현대시의 모색〉, 논저 〈한국 현대시 연구〉, 〈한국 현대시인 연구〉가 있다.

수상으로는 현대문학상, 월탄문학상, 한국기독교 문학상, 한국글사랑문학상, 한국문학상을 수상했다. 현재 성신여대 명예교수, 한국기독시인협회장으로 있다.

체 념

손톱을 깎다가
눈물이 핑 도는,
흙담에 오가는
칠칠한 정리

추운 날에도
사시나무처럼
마냥 바람에 일어서는,
어느 가난한 머시매의
서투른 사랑

이성교

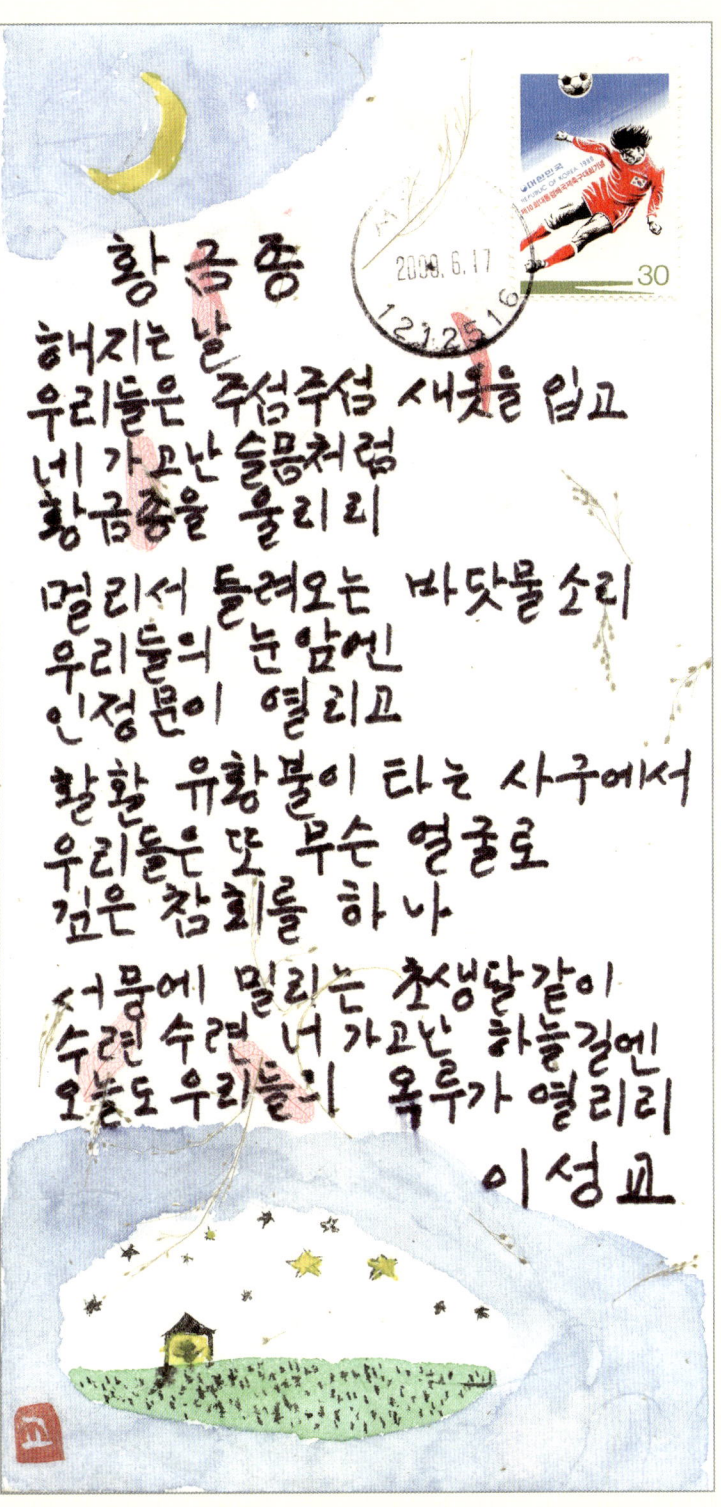

이성근 화가

이성근(李性根) 화가 : 서울에서 태어나 이당 김은호 화백의 사사를 받았으며, 대한민국 미술대전 심사위원을 지냈고, 1976년부터, 국내는 물론 미국, 일본, 독일, 프랑스, 오스트리아, 중국 등에서 수십 회의 개인전을 열었고, '이당 미술상'을 수상했다.

그의 작품은 영국 황실을 비롯해 세계적인 명소와 미술관에 소장되어 있다.

이 솔 시인

이솔(본명 : 李聖子) 시인 : 함경남도 함흥에서 출생하였고 창덕여자 중고등학교를 졸업, 수도여자사범대학교 국문학과를 졸업(세종대)하였으며 2001년 「시문학」의 신인우수상으로 등단, 한국현대시인협회 회원이며 한국시문학문인회 이사, 한국시문학 아카데미에서 활동하고 있으며, <시현장 동인>, 푸른시학상을 수상했고 저서로는 시집 <수자적으로 짜기>, <신갈씨의 외투> 등이 있다.

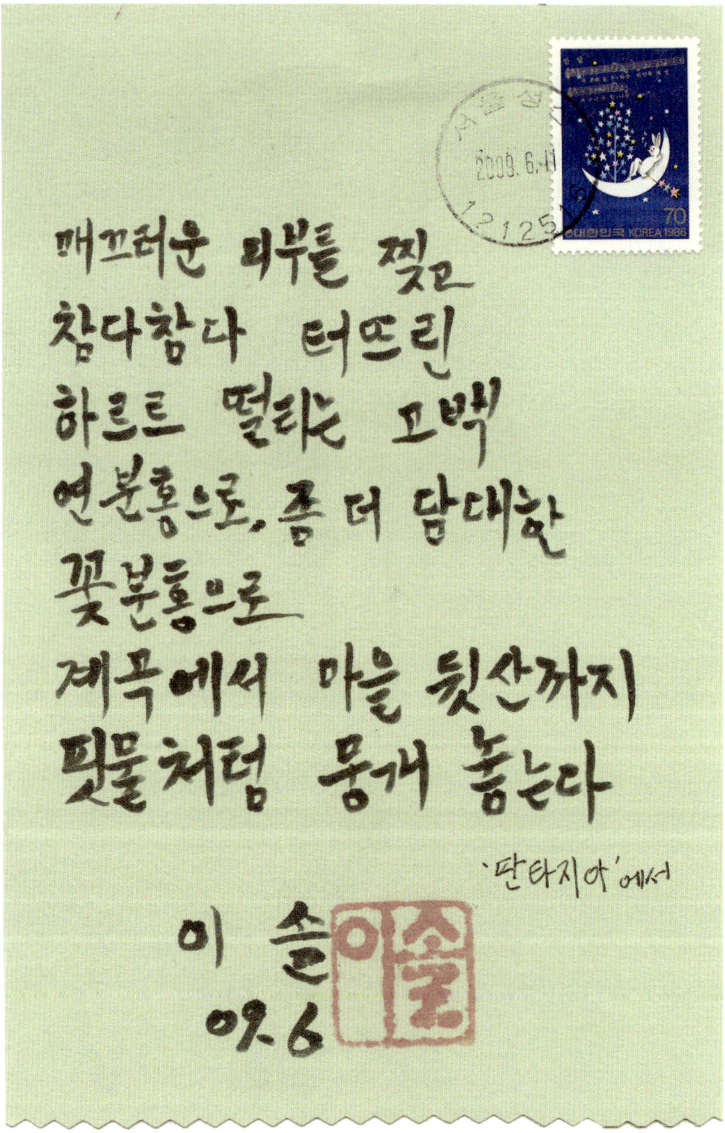

매끄러운 피부를 찢고
참다참다 터뜨린
하르르 떨리는 고백
연분홍으로, 좀 더 담대한
꽃분홍으로
계곡에서 마을 뒷산까지
핏물처럼 뭉개 놓는다

'판타지아'에서

이 솔
09.6

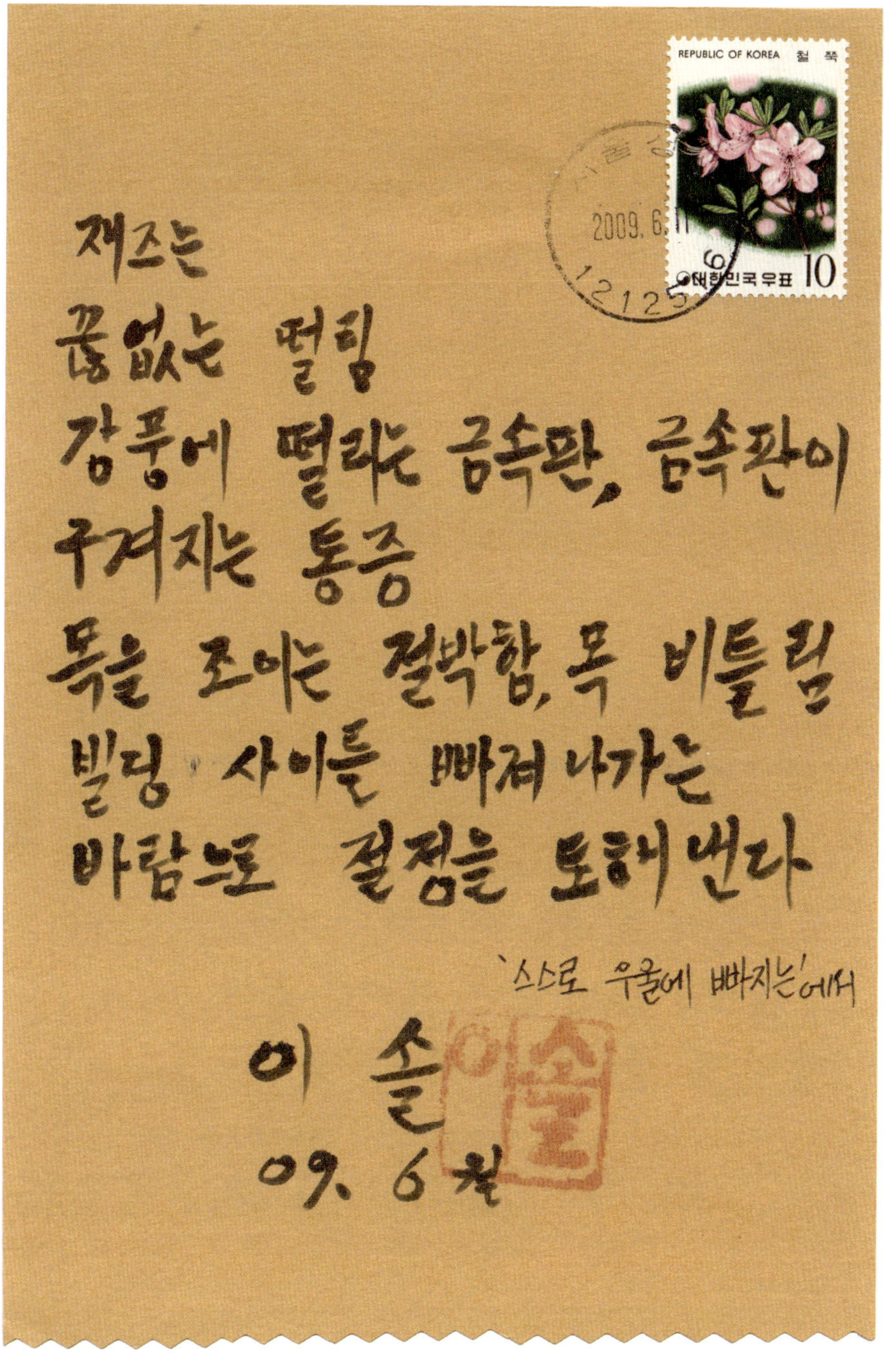

REPUBLIC OF KOREA 철쭉
대한민국 우표 10
2009. 6. 11
재즈는
꿈없는 떨림
강풍에 떨리는 금속판, 금속판이
구겨지는 통증
목을 조이는 절박함, 목 비틀림
빌딩 사이를 빠져 나가는
바람으로 절정을 토해낸다
`스스로 우울에 빠지는'에서
이솔
09. 6월

ㅇ

이수화 시인

이수화(李秀和) 시인 : 1939년 서울 만리동에서 출생. 고려대 국문과 졸업. 1963년 <현대문학>지로 데뷔, 시사 통신사 특집부 기자, 자유시인 협회 상임 부회장, 문예진흥 후원협의회 사무국장, 12차 세계시인대회 수석상임위원 및 세계시낭송대회 기획위원, 한국통신 전국대표자회의 위원, 시낭송 동인<시와 육성>, <시낭송 구회> 시동인회<신년대>, <시락> 창립동인.

자유시인상, 현대시인상, 한국문학 예술상, 허균문학상 심사위원, 한국 현대시인협회 홍보간사, 사무국장, 상임이사, 부회장 역임, '82년 <시문학상>, '78년 <방송 극작가상>, '93년 <포스트모던 작품상>, 시나리오상, T.V드라마상 등 수상.

고려대문인회, 한국 문예학술저작권 협회원, 서울시낭송 클럽 대표, 한국 민족문학회 자문위원, 서울시 마포구 문인협회장, 한국 문인협회 감사 역임, 국제펜클럽 한국본부 이사 역임.

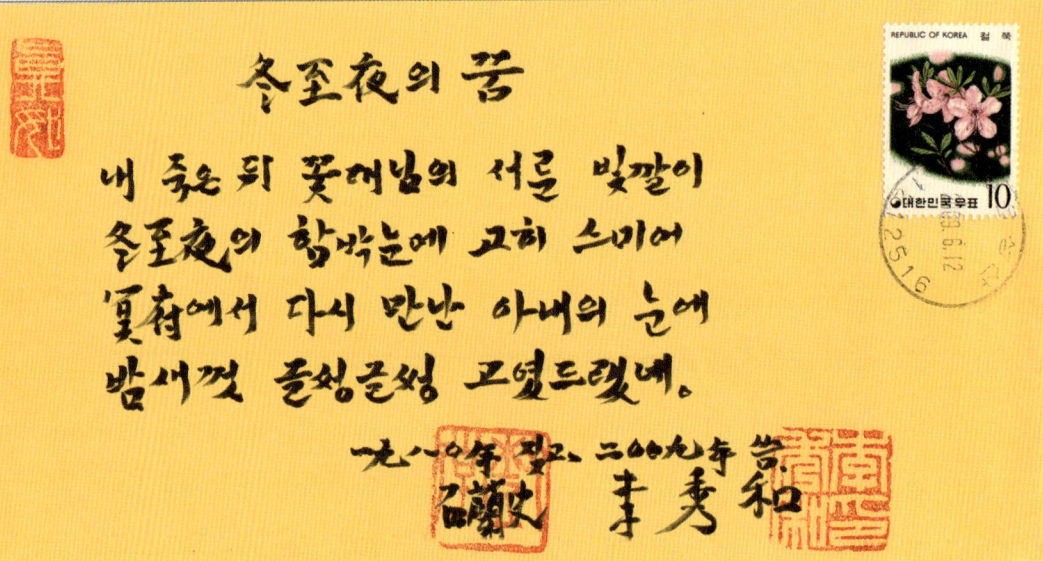

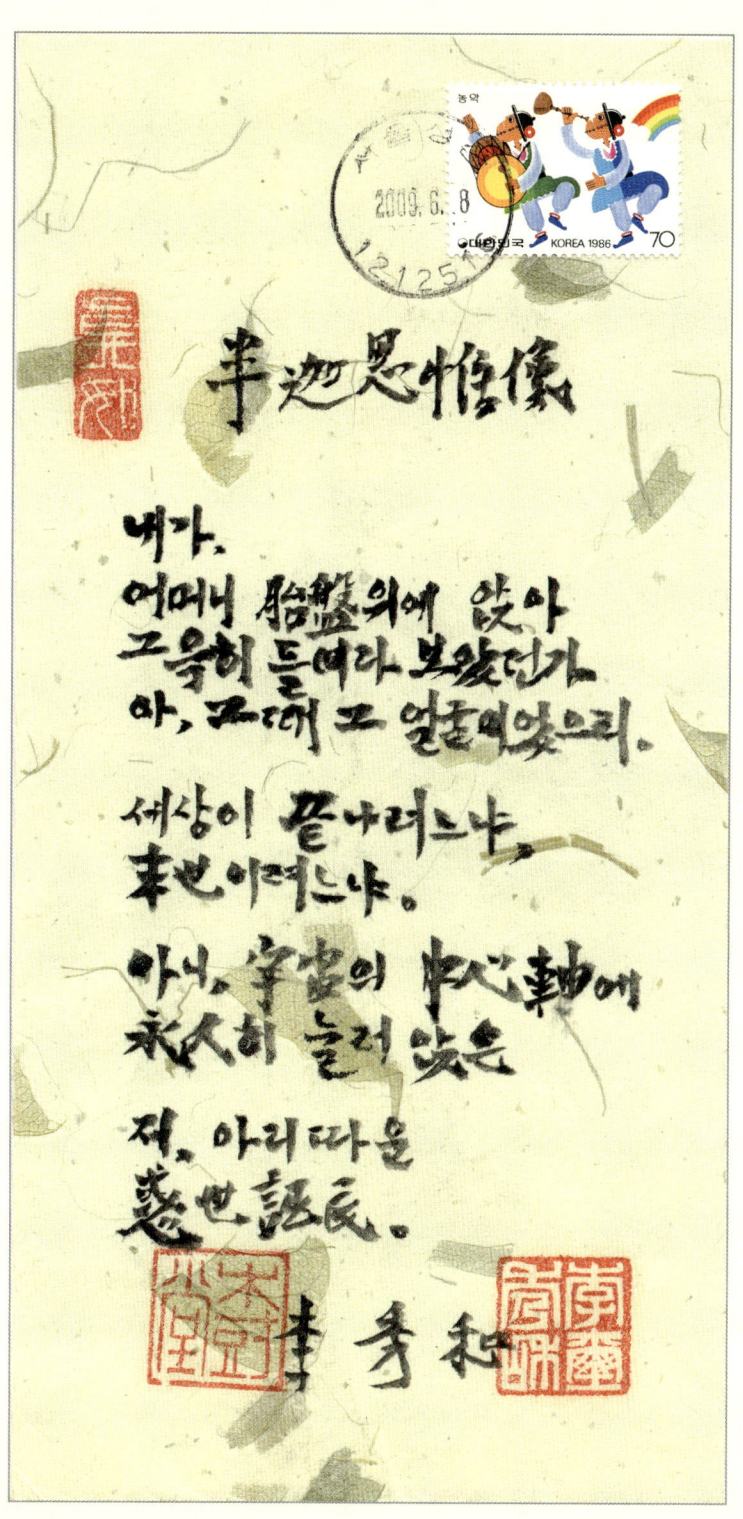

이시영 시인

이 시영(李時英) 시인 : 1949년 전남 구례에서 출생. 서라벌예술대학 문예창작과와 고려대학교 대학원 국문과에서 수학. 1969년 중앙일보 신춘문예에서 시조가 당선되고, 같은 해 「월간문학」 신인상에 시가 당선되어 문단에 나왔다.

시 집으로 <만설>, <바람 속으로>, <길은 멀다 친구여>, <이슬 맺힌 노래>, <바다 호수> 외 여러 권을 냈다.

정 지용문학상, 지훈상, 백석문학상 등을 수상했다.

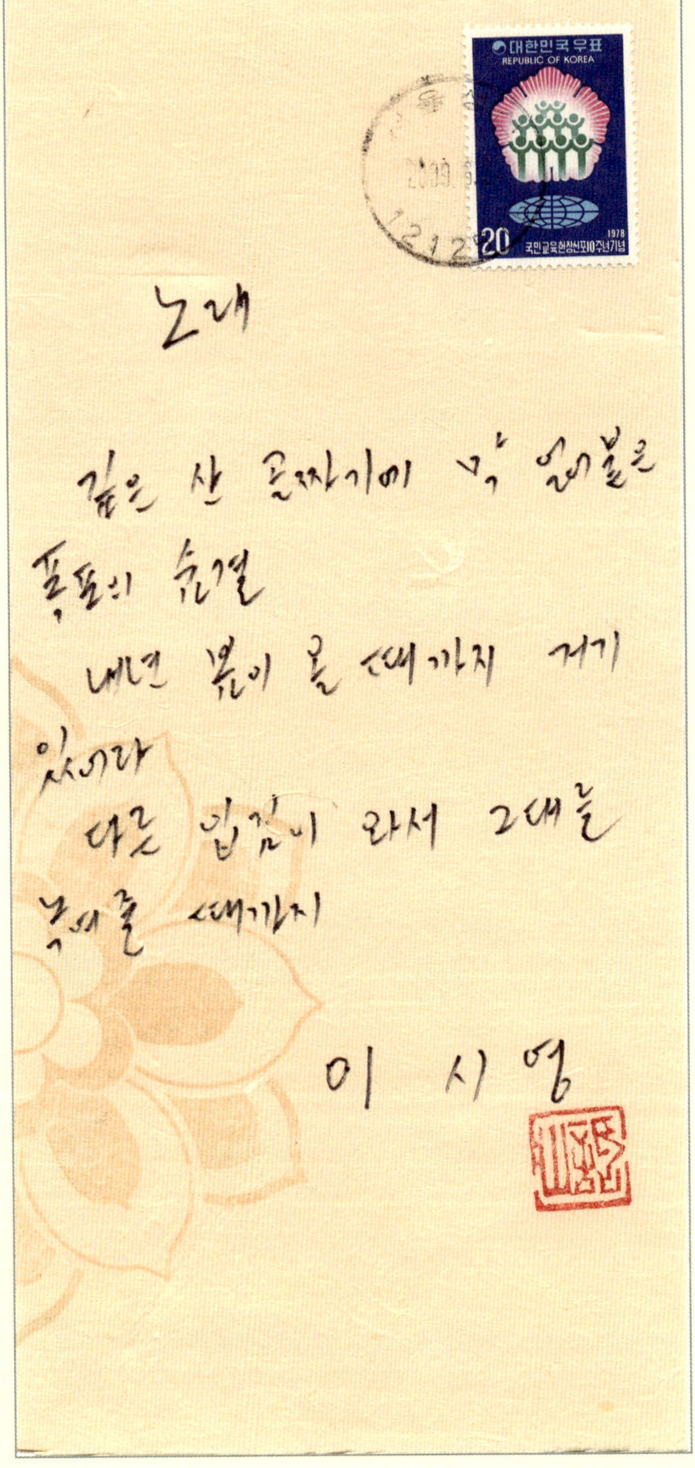

노래

깊은 산 골짜기에 막 솟아올라
폭포의 숨결
내년 봄이 올 때까지 거기
있어라
다시 입김이 라서 그대를
부를 때까지

이 시영

詩

햇살 하나가 공중을 가르고 과녁에 박혀
전신을 떨듯이
나는 나의 연애가
바람 속을 뚫고 누군가의 가슴에 닿아
마주 떨기에서 깊이 꽂히면 좋겠다
붓씨처럼
아니 온몸이 사랑의 첫 발성처럼

이시영

이애정 시인

이애정(李愛晶) 시인 : 전북 익산에서 출생하였고 서울에서 성장하여 2002년에 문단에 데뷔했다. 「시대문학」지 시인회 동인으로 활동 중이며, 시집 <다른쪽의 그대>, <이 시대의 사랑법>을 출간했다.
「책과 인생」에 수필이 당선(2002년)되고 「문학시대」에서 시가 당선되었다.

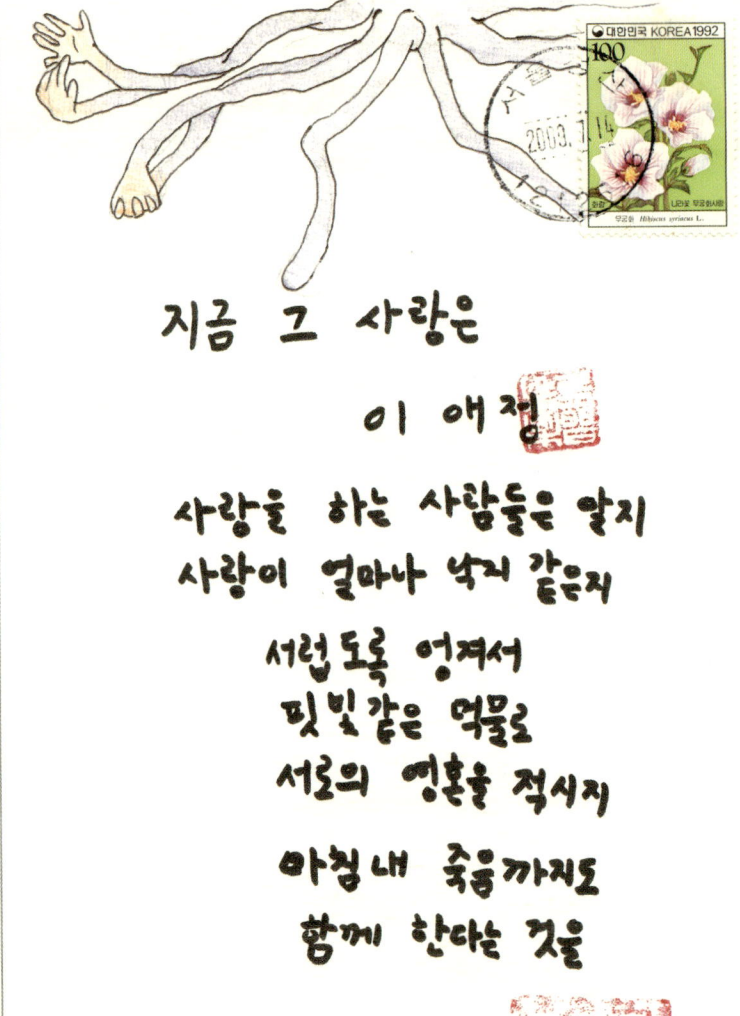

지금 그 사랑은

이애정

사랑을 하는 사람들은 알지
사랑이 얼마나 낙지 같은지

서럽도록 엉겨서
밋빛 같은 먹물로
서로의 영혼을 적시지

마침내 죽음까지도
함께 한다는 것을

소나기

이애정

가쁜 호흡
멈출 수 없는 사랑
아!!!
무너지고 말까
그칠 줄 모르는 비의 에로티시즘

이양우 시인

이양우(李洋雨) 시인 : 1941년 충남 보령 출생. 1965 「시문학」 김현승, 이형기 추천. 1974 '풀과 별' 신석정 이동주 추천.

첫시집 <뒤로 그림자를 떨구고 가는 계절> 외 시집 12권. 정곡 이양우 문학 대전집(상,하권) 그 외 저서 다수.

현재 한국현대시협 중앙위원, 한국문협 사료발굴위원, 국제펜클럽 이사, 전 경인매일 사장, 한국육필문예보존회 회장, 보령시 개화육필문예공원 창시자, 한국현대문학 100주년기념탑 건립자, 항일민족시인 7위 추모분향단 성역 설치자.

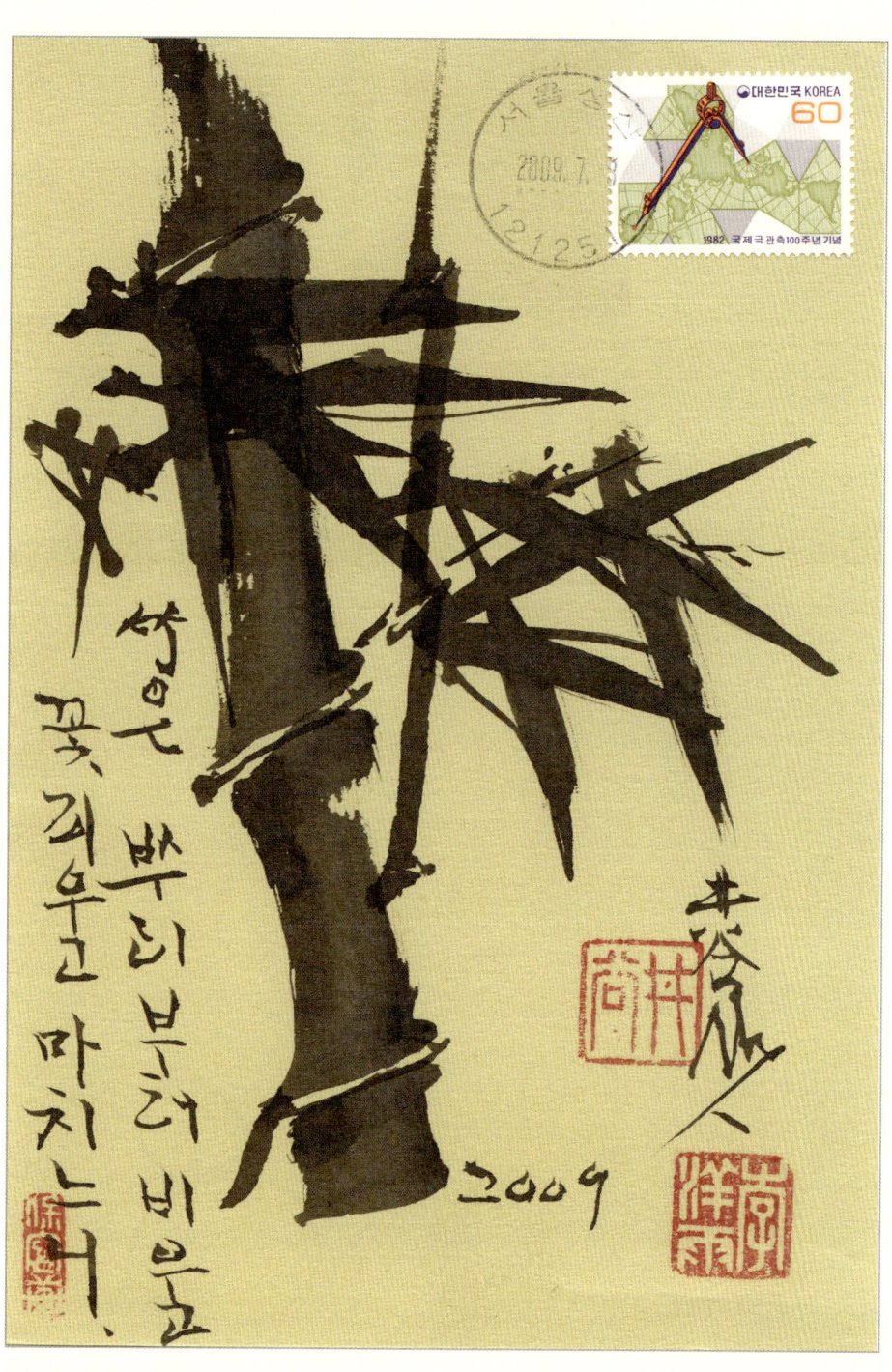

이어령 문학평론가
전 문화부 장관

이어령(李御寧) 문학평론가·전 문화부 장관 : 1934년, 충남 온양 출생, 현직: 대한민국 예술원 회원, 문학평론가, 이화여대 명예석좌교수, 중앙일보 상임고문.

학력: 서울대학교 문리대 졸업, 동 대학원 졸업, 문학박사.

학계: 1960년대 서울대 문리대 강사, 단국대학 전임강사로 출발, 이화여대 문리대 교수, 석좌교수, 1980년대 일본동경대학 객원 연구원, 89년 국제 일본문화 연구센터 객원교수(89) 1989년 이화여자대학 기호학연구소 소장.

언론계: 1960년 서울신문 논설위원으로 출발, 한국일보, 중앙일보, 조선일보 등 논설위원으로 칼럼을 담당, 경향신문 프랑스 특파원 등을 역임.

문화계: 1956년 문학예술지를 통해 문학평론가로 문단에 데뷔. 1970년 문학사상 주간, 1988년 올림픽 개폐회식 식전과 문화행사를 주도, 1990년 초대 문화부장관(90-91).

상훈: 대한민국 문화예술상, 일본 문화디자인상 대상, 일본 국제문화교류재단 대상, 대한민국 맹호훈장(올림픽 공로), 대한민국 청조훈장, 서울시 문화상, 대한민국예술원상(문학부문), 삼일문화예술상.

저서로는 에세이-<흙속에 저 바람속에>(60년), <포토에세이 지금은 몇시인가> 전5권(서문당 71년) <축소지향의 일본인>(81년)의 베스트 셀러 등 출간, 일본 중국 불란서 미국 등에서 번역 소개되는 등 수많은 저서가 있다.

내가 만든 눈사람은
겨울의 추위속에서만
살수 있어요.

이어령

지우개 달린
연필처럼
지우고 쓰고
쓰고 지우고…。

이어령

이영희 아동문학가

이영희(李寧熙) 아동문학가: 1931년 일본 도쿄에서 출생. 포항여고를 거쳐 이화여고를 졸업. 이화여대 영문과를 수석 졸업했다. 한국일보 문화부장. 논설위원, 11대 국회의원, 한국여성문학인회 회장 등을 거쳐 현재 포스코 인재개발원 교수.

대한민국아동문학상, 대한민국교육문화상, 소천문학상, 마해송동화상, 등 수상했으며, 서문당에서 <도돌이와 도깨비 공부>를 내는 등 동화집 36권, <살며 사랑하며> 등 수필집 4권, 일본 문예춘추(文藝春秋)에서 <또하나의 만엽집(萬葉集)> 등 8권, 조선일보에서 <노래하는 역사> 2권 등 저서 55권. 만엽집. 일본서기 등 일본고대사 책을 새로 해독, 역사 왜곡을 바로잡는 격월간지 '마나호(まなほ)'를 지난 11년간 62호(2009년 7월30일자) 째 일본에서 펴내어 일본인의 역사인식을 고쳐왔다.

사진 2002년 5월, 포스코 인재개발원 뜰에서

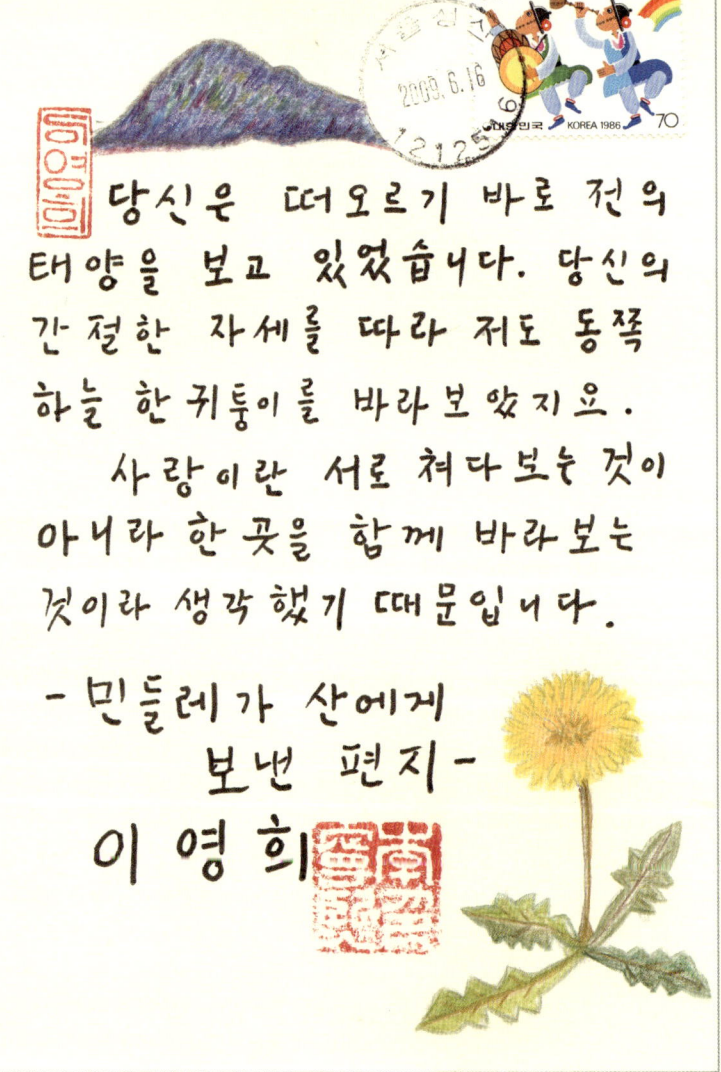

당신은 떠오르기 바로 전의 태양을 보고 있었습니다. 당신의 간절한 자세를 따라 저도 동쪽 하늘 한귀퉁이를 바라보았지요.
　사랑이란 서로 쳐다보는 것이 아니라 한 곳을 함께 바라보는 것이라 생각했기 때문입니다.

- 민들레가 산에게 보낸 편지 -
이영희

레몬을 썬다.
깊은 가을 밤과 함께 마시는
뜨거운 레몬차를 위하여
향기의 무늬를 사로잡는다.
굵은 호박(琥珀) 단추
호흡하는 보석
레몬의 피부는 차다.
- 레몬이 있는 방 -
이영희

이일향 시인

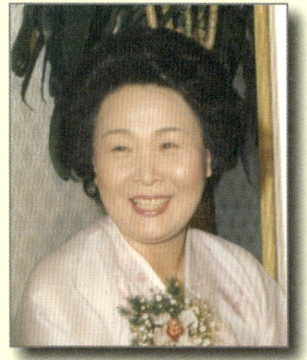

이일향(李一香) 시인 : 경북 대구에서 출생하였고, 효성여대 국문과를 수학했다. 1983년 「시조문학」 천료 시단에 데뷔했다. 작품집으로는 <아가>, <지환을 끼고>, <세월의 숲속에 서서> 등이 있고 한국문인협회, 시조시인협회, 한국여성문학인회 회원으로 활동 중이다.

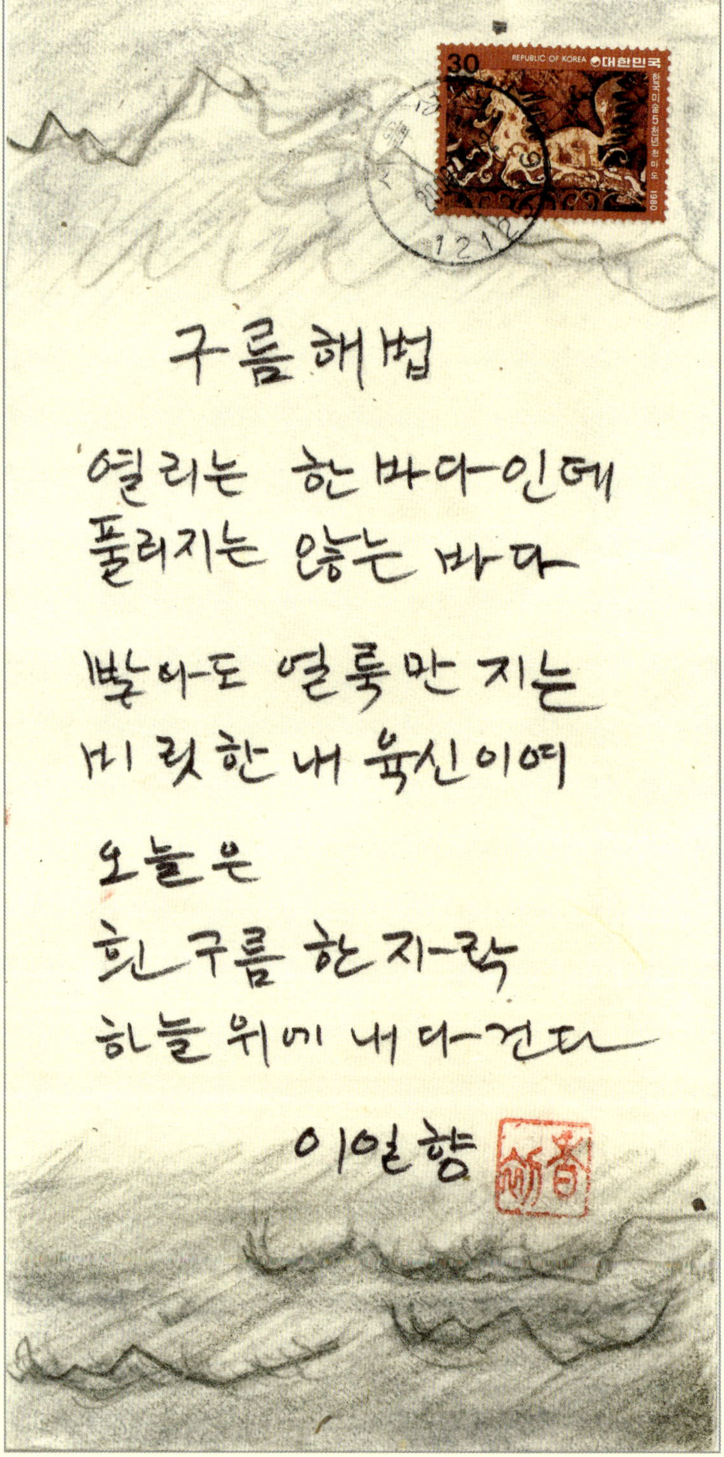
30
REPUBLIC OF KOREA
대한민국
구름해법
열리는 한 바다인데
풀리지는 않는 바다
빨아도 얼룩만 지는
비릿한 내 육신이여
오늘은
흰 구름 한 자락
하늘 위에 내다건다
이일향

이정신 화가

이정신(李正信) 화가 : 1944년 서울 출생. 홍익대학교 미술대학 회화과 졸업. 한양대학교 언론정보대학원 졸업, 개인전 20회, 단체전 300여 회.

저서로는 <이정신 한국화 100선집>(미술세계 10주년 기념), <곡천문묵집/한국수묵산수화교본 전3권>(2004).

Rotc 5기 육군 예비역 중위, 동아일보 문화사업국 사업부장 역임, 동아미술상 수상, 동아미술제 심사위원 역임. 한국전업미술가 협회 자문위원장 역임. 한국미술저작권 특별위원회 부위원장, 한국신묵회 회장 역임, 한국소상회 회장(현), 단국대학교 예술대학, 경희대학교 사범대학, 수원대학교 미술대학원, 홍익대학교 디자인 교육원 지도교수(현)

이종선 화가

이종선(李宗善) 화가 : 중앙대학교 서양화과 졸업. 개인전 23회(청주, 춘천, 전주, 부산, 서울, 일본 동경 등).
동경화랑협회전(동경도미술관), 한국의 소리전(동경), 한국미술협회전(예술의 전당), 일본 신제작전(동경도미술관), 무명작가 시대전(일본), 일본 신자유전(동경), 아시아현대미술 초대전(나고야), 국내외 단체전 220여 회. 현재 대한민국회화제 대표.

이종현 화가

이종현(李宗鉉) 화가 : 홍익대학교 미술대학 회화과 졸, 개인전 2회, 부부전 1회(서울), 2008 예술의 전당 소장작품 특별기획전, '화가의 30년'(서울), 2007 예술의 전당 기획 1970년대 한국 미술전, '국전과 민전'(서울), 2006 Blue Wave 갤러리 개관기념 초대전(L.A), 2005 메트로 미술관 개관기념 원로 중진작가 초대전(서울), 그룹 '농'전 및 국내외 단체 초대전 등.

대한민국 장애인 미술대전, 경기 미술대전, 무등 미술대전, 경인 미술대전, 대한민국 미술대전 심사위원 역임. 현재 한국미술협회, 그룹 '농'회원, 강서 미술협회, 서울 서남 미술 연합회 회장.

이준영 시인

이 준영(李濬英) 시인 : 1934년 대구에서 출생. 1959년, 월간 문예지 「자유문학」지를 통해 등단.

시 집 <파도의 고향>, <기다림, 타는 그 빈 자리> 외 4권. 한국 중편소설 영역집 3권, 현대 한국서정시 영역 선집을 출간(2004년) 하였으며, 국제펜클럽 한국본부 전무이사(1980년대), 한국문인협회 이사, 감사(1960년대)를 역임. 1991년에 한국펜문학상과 1992년에 단국문학상을 수상했다.

코스모스

이준영

아무에게도 말하지 않는
작은 행복을
나에게만
말하려는 듯

수집고 고운 미소 —
아픈 내 상처위에
머물면

무늬가 되고
무지개가 된다

언젠가 내 이승을 뜰때
너 처럼
맑은 미소를 머금고
눈 감는 것이
　　　이제 내 남은
　　　평생의 소원이다

꽃 속에는

이준영

사랑하다가
사랑을 잃고
훈절 하면서도
또 사랑을 하는
매서운 성미가 숨어 있음은
아무도 모른다
꽃 속에는—

모진 풍상 이겨 내면서도
진한 향기로 하여
늘 누군가에 꺾이우는
아름다운 자태—

하지만 아무도 탓하지도
원망하지도 않는
관용의 품이 있음은 아무도 모른다
꽃 속에는— 
아니 화사한 미소뒤에는
늘 새벽 이슬 처럼
맑고 슬픈 눈물이
고여 있음은
아무도 모른다
꽃 속에는—

이지연 시인

이지연(李知娟) 선려 시인 : 법명은 일런(一蓮), 본명 이복희, 1989년 서울신문 신춘문예 당선, 현재 한국문인협회, 한국시조시인협회, 한국시조여류문학회 회원. 시집으로는 〈달과 비구니〉, 〈수를 놓는 가을 햇살〉, 〈미류나무의 새〉, 〈하얀 달도 외로워라〉, 〈눈을 뜨는 별무리〉, 〈별 밭에 앉아서〉 등이 있다.

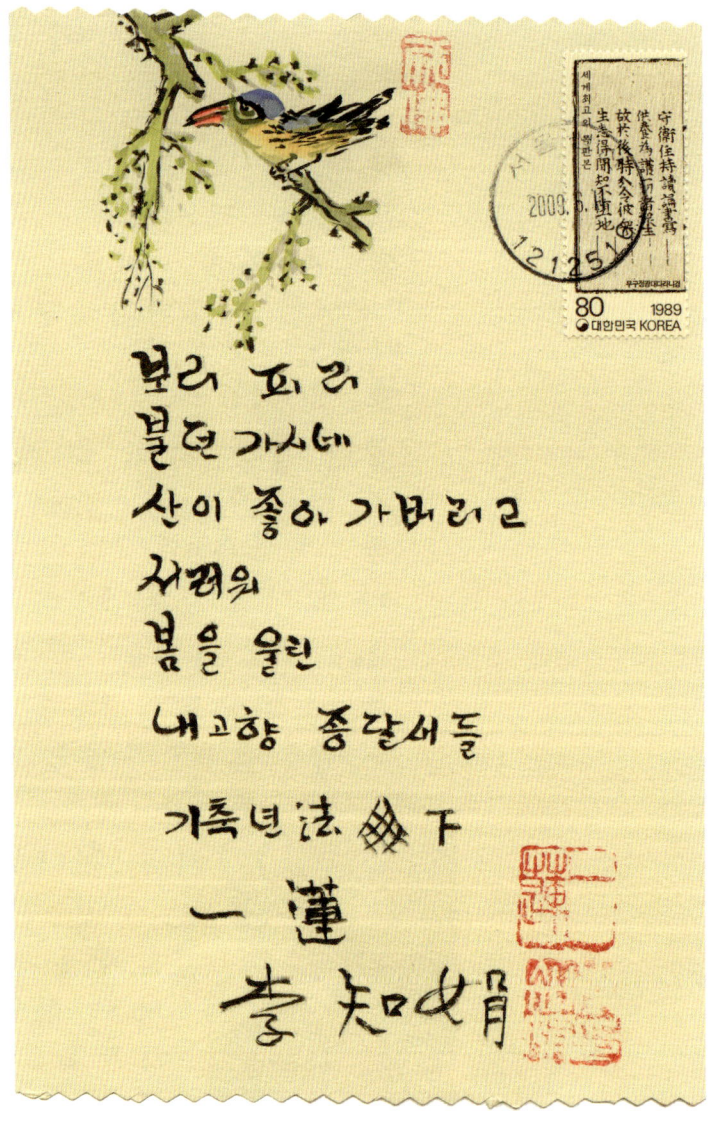

보리 피리
불던 가시네
산이 좋아 가버리고
서편의
봄을 울린
내고향 종달새들

기축년 法 下
一蓮
李知娟

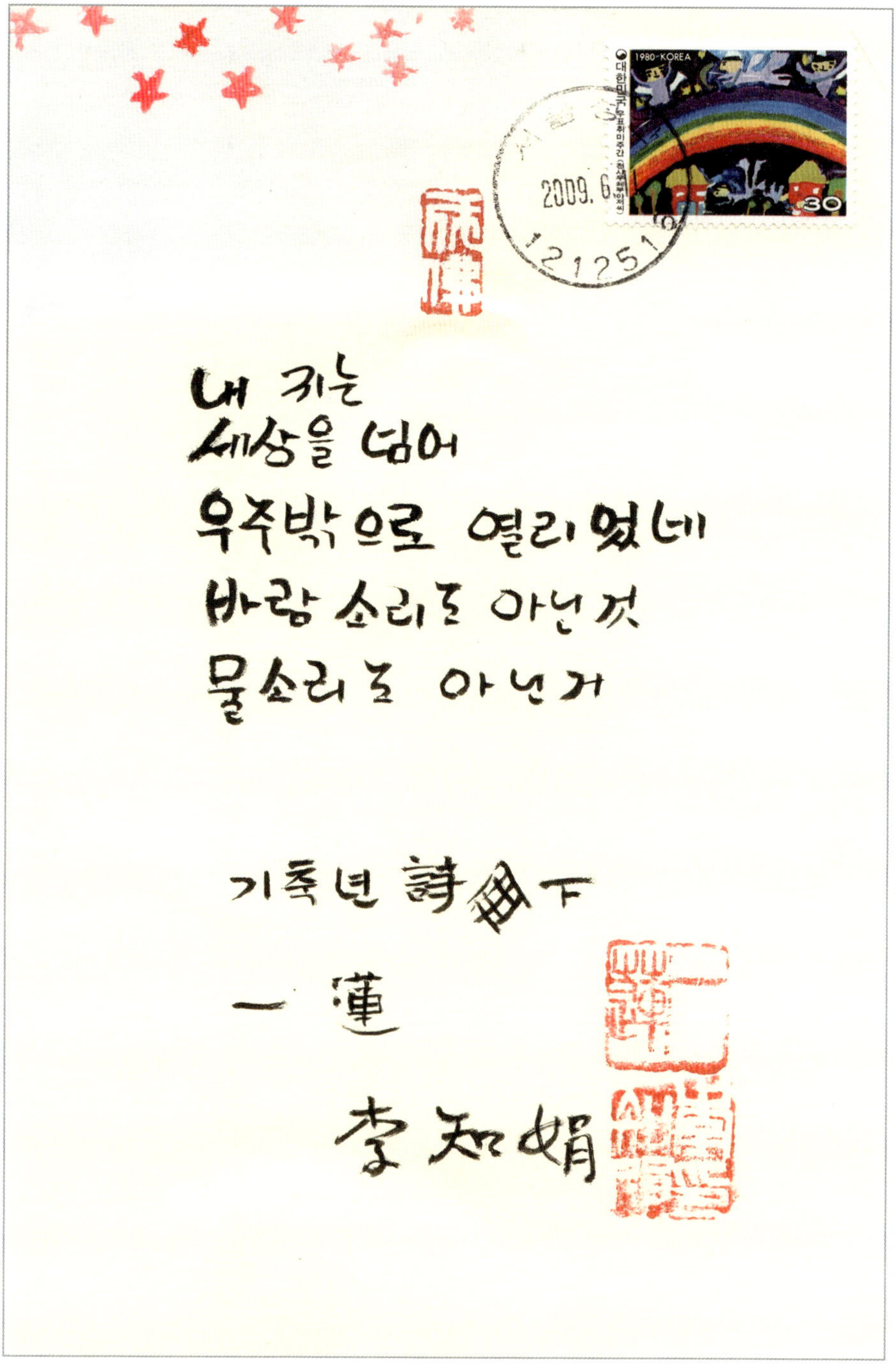

내 귀는
세상을 넘어
우주밖으로 열리었네
바람소리도 아닌것
물소리도 아닌거

기축년 詩田下
一 蓮
李知娟

이진영 수필가

이진영(李振英) 수필가 : 호는 설리(雪里) 서울 출생, 「창작수필」로 등단(1997), 한국문인협회 회원, 한국수필문학가협회 회원, 계간 「열린지평」 객원기자로 활동, 수필집으로 <내 안의 용연향>, <나도 춤추고 싶다> 등.

죄를 묻습니다

달팽이 속같
가슴팍 꼽았습니다
예리한 은장도
베갯머리 숨겼습니다

죄를 묻습니다
그대 부르지 못한 죄
고독을 안고 산 죄
그리고 아직
아름다운 죄

시. 이진영

이충이 시인

이충이(李忠二) 시인 : 1943년 목포에서 출생. 1984년 「월간문학」으로 등단했다. 시집 <먼저 가는 자 빛으로 남고>, <저녁 강에 누운 별>, <누가 물어도 그리운 사람>, <깨끗한 손>, <빛의 파종>, 시선집 <달의 무게>가 있다.

제2회 윤동주 문학상(1986), 제5회 자유시인상(1990), 제1회 녹색시인상(1997), 제19회 한국기독교문학상(2001)을 수상했다. 세계시인회의(The World Congress of Poets)가 주관하는 제7차(마라케시, 모로코, 1984), 제9차(피렌체-이태리, 1986), 제10회(크레타-그리스, 1991), 제15차(타이페이-대만, 1994) 대회의 포럼에 참가했다.

한국기독교문인협회, 한국녹색시인협회, 한국문인협회, 한국시인협회, 국제펜클럽 한국본부 회원이며 계간 「시와 산문」 발행인 겸 편집인이다.

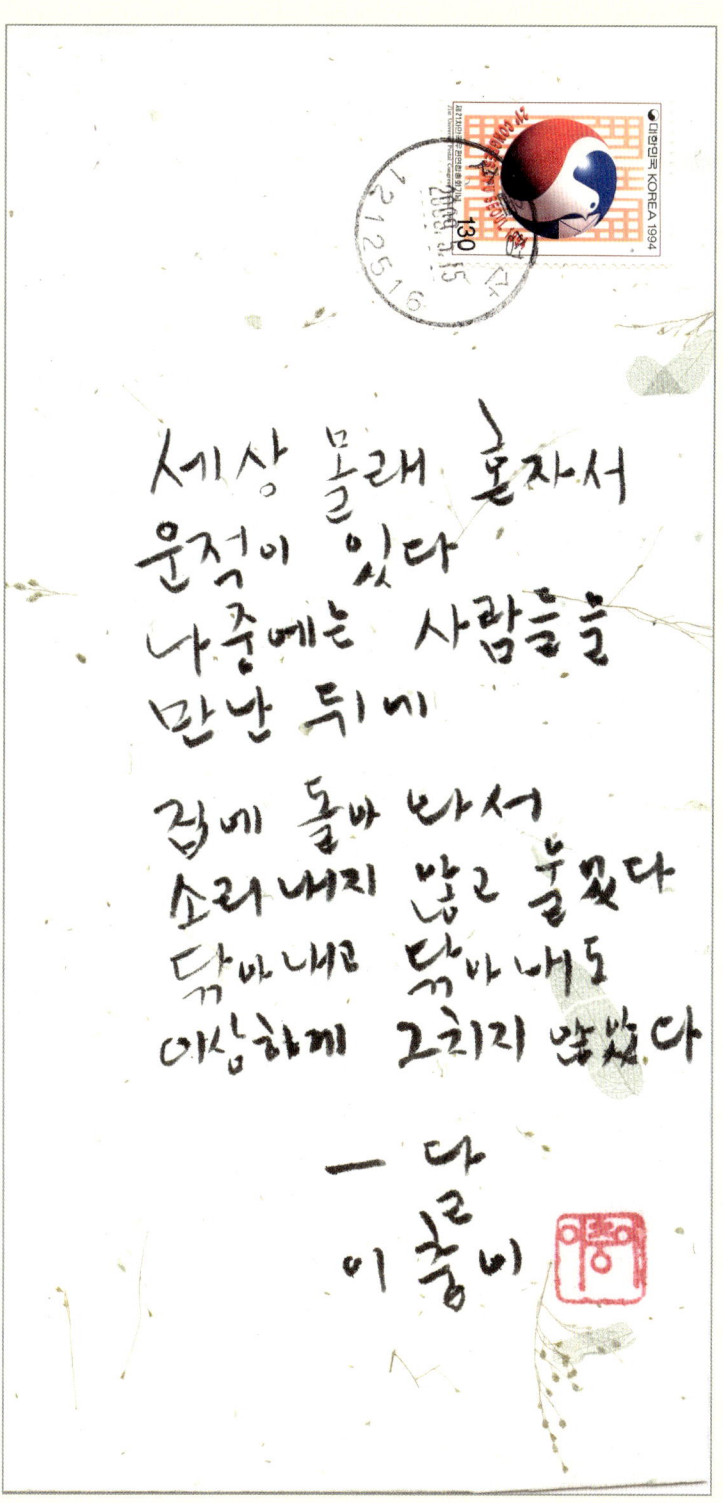

세상 몰래 혼자서
운적이 있다
나중에는 사람들을
만난 뒤에

집에 돌아 와서
소리내지 않고 울었다
닦아내고 닦아내도
이상하게 그치지 않았다

— 다로
이퉁이

이충재 시인

이충재(李忠載) 시인 : 강원도 횡성에서 출생하여 한국성서신학대학에서 신학과 고려대학교 대학원에서 비교문학을 전공하였다. 「문학과 의식」으로 등단, 현재 시인으로서 왕성하게 작품 활동을 하고 있으며 각종 강의와 신문, 잡지 등에 칼럼과 단상, 기고문을 싣고 있다. 또한 시적 발상과 이미지를 도입하여 부부, 아버지들, 셀러리맨들의 정체성과 자기 찾아가기 등의 멘토 및 강의를 하기도 했다.

저서로는 시집 <내자리 하나 있다면>, <나무와 아이들>, <별들이 처마 밑에 내려와 쌓이고> 등이 있으며, 산문집으로는 <그대 안에 내가 있음이여> 등 3권이 있다.

현재 한국문인협회, 한국시인협회, 한국기독교문인협회, 문학과 의식 새흐름 동인회 회원으로 활동 중이다.

강 마을

그리운 것은
다들 모여 살아야 직성이 풀리나보다
강변엔
신혼살림을 차린 것들 투성이다
망초 꽃
피 살이 나무
키 큰 오동나무 한그루 멀찌기 서서 교통정리를 하고
코스모스도 어렵사리 한 자리 잡고 앉아서 살림살이를 푼다

이충재 09. 7월

강물

풀은 밤이 이슥하도록 강변을 벗어나지를 않는다
사람이 찾아와서 그냥 흘리고 돌아간 것 뿐인데
연인이 있고
아비가 있고
가난한 사내의 떨어져 나간
마음 조각이 둥둥 떠 있고
어느 것 하나도 슬픔없이
장만한 살림살이 아닌 것이 없다

이충재

이향아 시인

이 향아(李鄕莪) 시인 : 경희대학교 국문과 졸업, 동 대학원에서 문학박사 학위 받음. 1963-1966 〈현대문학〉의 추천을 받아 문단에 오름.
시 집 〈흐름〉 등 16권이 있음. 시문학상, 윤동주문학상, 한국문학상. 등을 수상함.
현 재 호남대학교 명예교수.

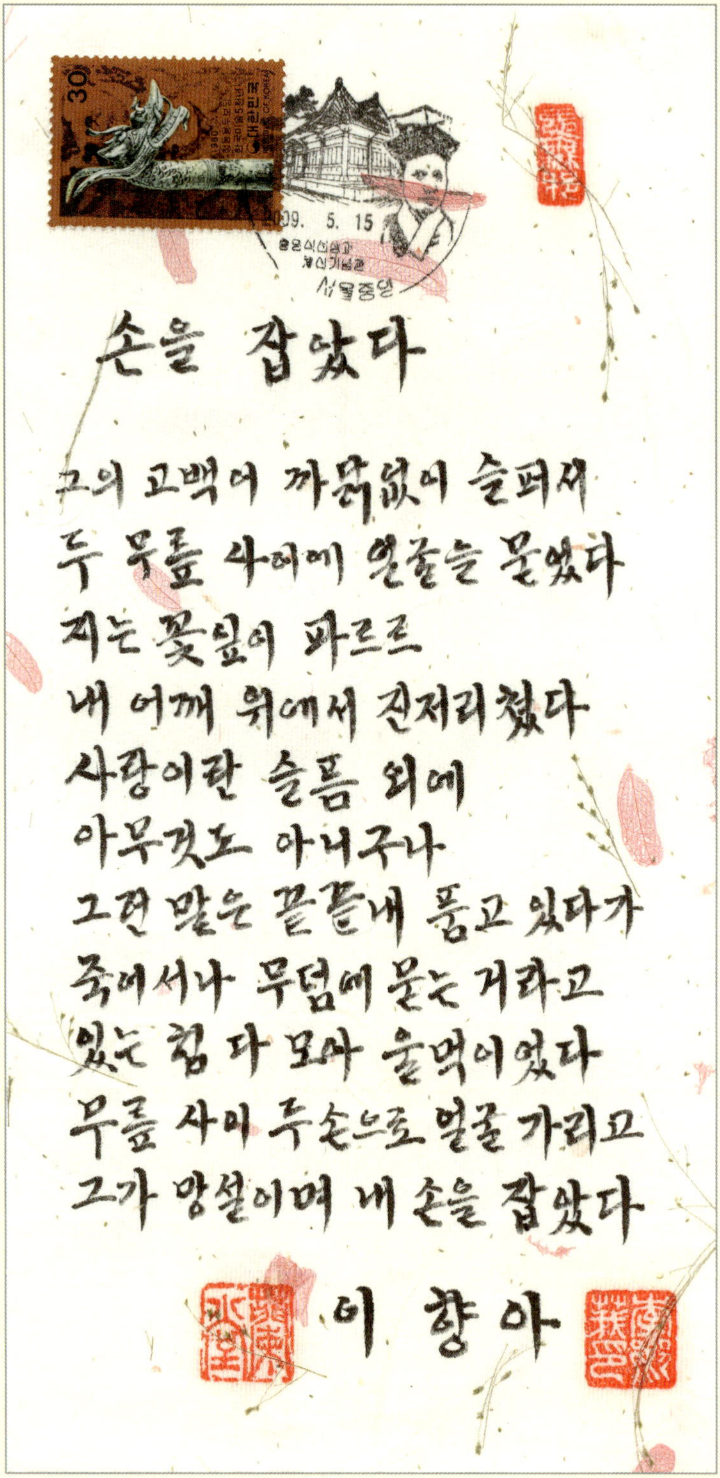

손을 잡았다

그의 고백이 까닭없이 슬퍼져
두 무릎 사이에 얼굴을 묻었다
지는 꽃잎이 파르르
내 어깨 위에서 진저리쳤다
사랑이란 슬픔 외에
아무것도 아니구나
그런 말은 끝끝내 품고 있다가
죽어서나 무덤에 묻는 거라고
있는 힘 다 모아 술먹이었다
무릎 사이 두 손으로 얼굴 가리고
그가 앙얼이며 내 손을 잡았다

이 향아

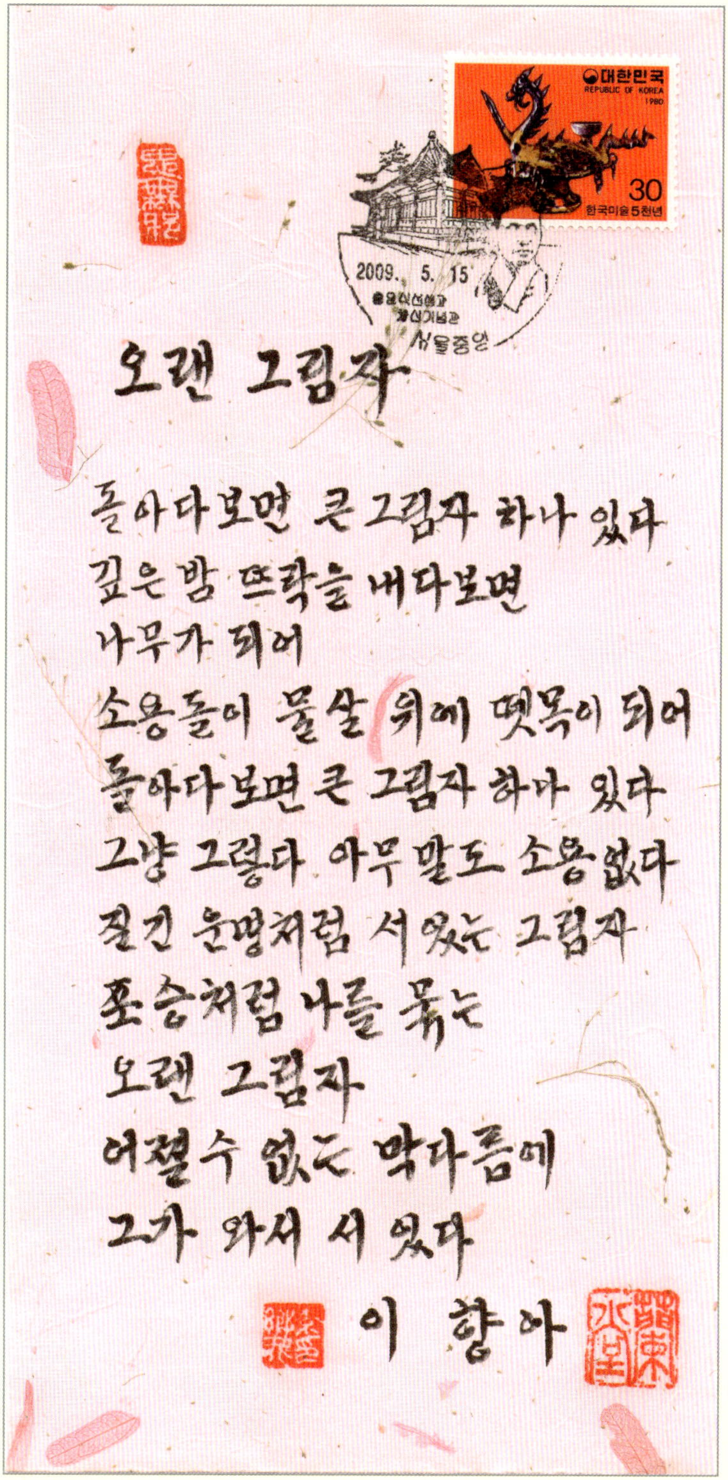

오랜 그림자

돌아다 보면 큰 그림자 하나 있다
깊은 밤 뜨락을 내다보면
나무가 되어
소용돌이 물살 위에 뗏목이 되어
돌아다 보면 큰 그림자 하나 있다
그냥 그렇다 아무 말도 소용없다
짙긴 운명처럼 서 있는 그림자
포승처럼 나를 묶는
오랜 그림자
어쩔수 없는 막다름에
그가 와서 서 있다

이향아

임두빈 미술평론가 화 가

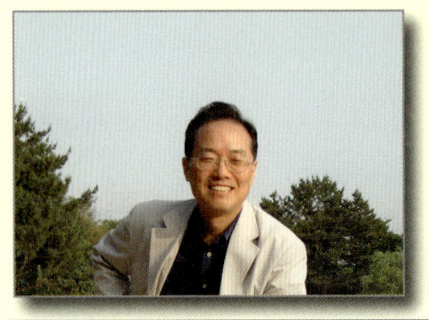

임두빈(任斗彬) 미술평론가·화가 : 홍익대학교에서 회화를 전공했으며 대학 1학년 때 홍익학술평론대회에 평론을 응모하여 1등을 한 바 있다. 졸업 후, 같은 대학원 미학미술사학과에서 美學을 전공 졸업했다. 국전과 중앙미술대전, 한국미술대상전에서 입선을 했고, 개인전을 3회 연 바 있다. 한국 최초로 예술작품으로서의 펜화를 25년간 그려 1990년에 서울에서 개인전을 열었다.

동아일보 신춘문예 미술평론 분야에 1983년 최연소 나이로 당선되어 평론가로 등단했다.

1990년에 새로운 미술운동 '범생명적 초월주의'를 주창하고 작가를 규합하여 창립전을 열고 생명가치 회복을 목적으로 이후 5회의 동인전을 가진 바 있다.

국내외 대학, 미술관, 연구소 등에서 110여회의 초청강연을 했고, 청와대 미술자문도 했다.

중앙미술대전 심사위원, 21세기미술 새로운 도전전 심사위원, 선미술상 심사위원 등 다수의 전국 규모 미술전 심사위원을 역임한 바 있다.

<한국미술사>와 <서양미술사>를 함께 저술한 평론가이고, 그 외 저서에는 <고흐보다 소중한 우리 미술가 33>, <원시미술의 세계>, <세계관으로서의 미술론>, <민화란 무엇인가>(서문당), <한국미술사101장면>, <서양미술사 이야기>, <한국현대미술가2-임두빈 화집>, <한국의 민화1-까치호랑이 사냥그림>(서문당) 등 많은 저서가 있다.

현재 단국대학교 대중문화예술대학원 정교수 이자 문화관리학과 주임교수이다.

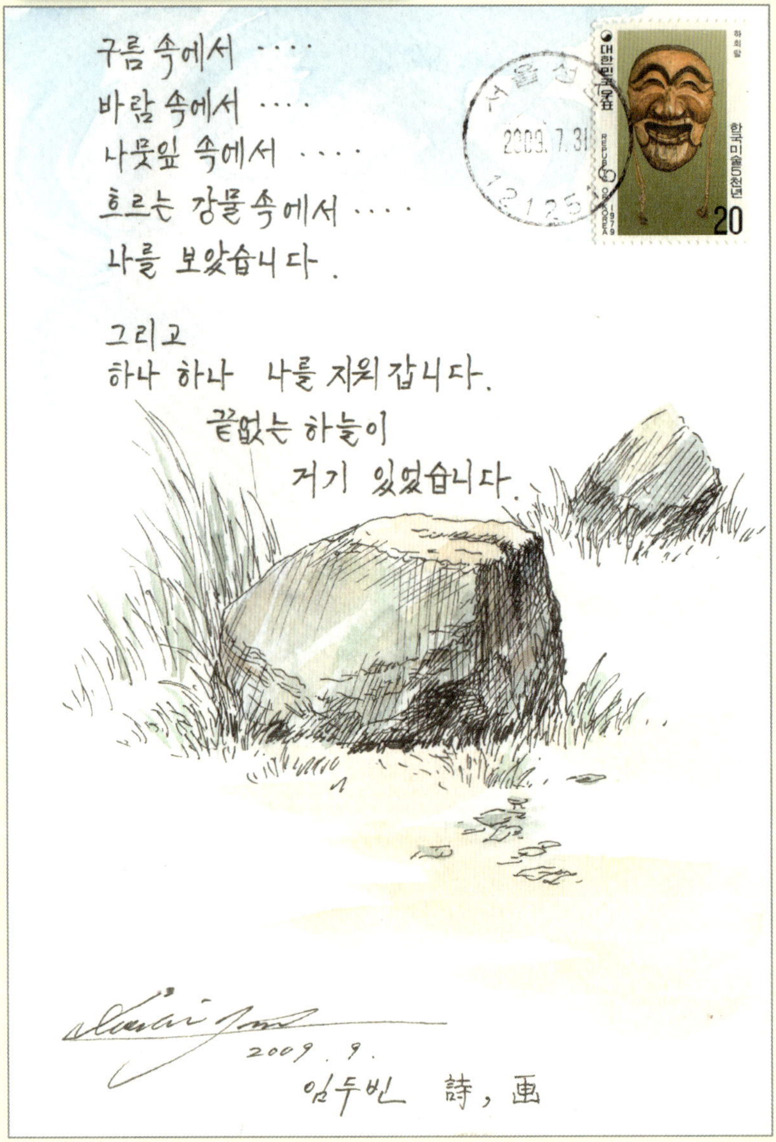
구름 속에서 ....
바람 속에서 ....
나뭇잎 속에서 ....
흐르는 강물 속에서 ....
나를 보았습니다.
그리고
하나 하나 나를 지워갑니다.
끝없는 하늘이
거기 있었습니다.
대한민국우표
하회탈
한국미술5천년
20
2009. 7. 31
2009. 9.
임두빈 詩, 画

임무상 화가

임무상(林茂相) 화가 : 경북 문경에서 태어나 동국대학교 교육대학원에서 미술을 전공하고, 1991년 첫 개인전(롯데미술관)을 시점으로 10번의 개인전을 가졌으며, 중앙미술대전, 대한민국미술대전, 한국미술대전, 토착과 정신 '씨울전', 청담미술제 등 300여 회의 주요 그룹전 및 초대전에 참가했다. 한국미술 세계화전(LA, New York, Paris), 한류 4인의 개성전(일본), 한국미술 12인 초대전(독일), 취리히아트페어 등 다수의 국제전에 참가했으며, 서울미협 이사, 한국전업미술가협회 부이사장을 거쳐 현재 한국미술협회 자문위원, 한국전업미술가협회 자문위원으로 있다.

작품명 隣(Rhin); 린은 원융한 것이어서 하나가 모두요, 모두가 하나 됨을 뜻한다. 초가와 초가마을은 곡선 공동체 미학의 모태이자 근본이며 隣의 상징이다. 그러므로 곡선은 내 작품의 모티프요, 부호며 언어이다.

임미옥 시인

임미옥(林美玉) 시인 : 1960년 진도에서 태어나 아버지를 따라 해남과 서울에서 살다가 광주에 안착, 초·중학교를 거쳐 전남여고, 전남대학교 불문학과를 졸업하였다. 1984년 결혼 후 여수와 서울에서 거주. 1998년에 「시문학」지에 시가 당선되어 등단한 후 처녀시집 <사과 깎기>(2002)와 제2시집 <첼로꽃>(2009)을 상재했다. 1997년부터 다시 광주에서 살다가 현재는 용인에 거주하고 있다.

초저녁

해는 저물어도
달은 내리고
잊었던 나의 꿈
상아의 달빛은 내리고

금 간 도시의 하늘에도
전선을 그대 타는 초승달
되찾은 나의 사랑은
살며시 웃음 짓고

반쯤 차고 반쯤 비운
나의 잔에는
시의 채온
밀려가고 밀려오고

임 미옥

왕벚꽃

임미옥

쌍계사 왕벚꽃 보러갔더니
꽃은 너무 늦어 모두 떨어지고
연분홍 뺨에
하염없이 지던 눈물자국도
메마른 빈 잔에
녹차향기만 쓸쓸하더라.
빈 가슴
파랑새 부리 같은
노래로 채우며
다시 또 한 해를 보내야 하는
삶이란 애오라지 쓸쓸하더라.

임 보 시인

본명은 강홍기(姜洪基). 1940년 순천 인제에서 태어나 곡성에서 자람. 서울대학교 국문학과를 거쳐 성균관대 대학원에서 문학박사 학위 취득. 1962년 「현대문학」지를 통해 등단. <구름 위의 다락마을>, <장 닭설법> 등 10여 권의 시집과 저서에 <현대시 운율구조론>, <엄살의 시학>, <미지의 한 젊은 시인에게> 등의 시론집을 간행. 진단시 및 우이동 시인들의 동인으로 활동했고, 충북대학교 국문학과 교수 역임. 현재 사단법인 우리시 진흥회 명예 이사장 그리고 월간 「우리詩」 편집인으로 활동하고 있음.

지푸라기

林 보

낟알을 다 뜯기고
맨살둥이로
들판에 버려진 지푸라기,
그러나
새의 부리에 물리면
보금자리가 되고
농부의 손에 잡히면
새끼줄이 된다.

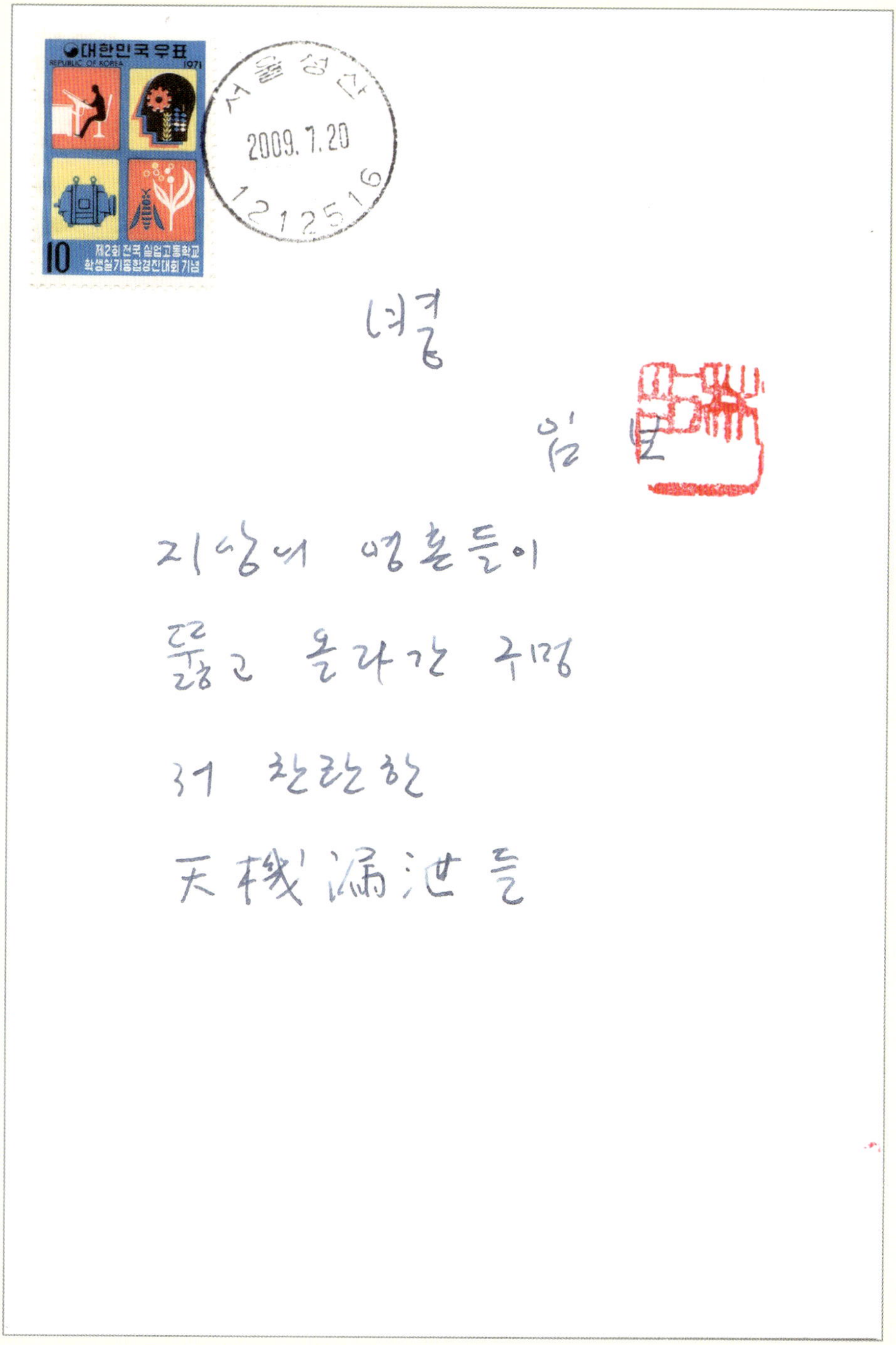

별

임보

지상의 영혼들이
뚫고 올라간 구멍
그 찬란한
天機漏泄들

임성숙 시인

임성숙(林星淑) 시인 : 충남 공주에서 태어나 (1933년) 공주사범대학 국문과를 졸업하고 「현대문학」에 시 3회 추천으로 (1967년)등단했으며, 25회 현대문학상과 6회 현대시학 작품상 외 다수 수상했다.

저서는 연작시집 <여자> 외 11권, 시 선집 <여덟 개의 변주곡>, 수필집 <깨어진 꿈도 아름다워라>를 출간했고, 재단법인 '명학장학회' 설립, 대표이사를 역임 하고 현재 국제펜클럽. 문협 .시협 회원 청미동인으로 활동 중이다.

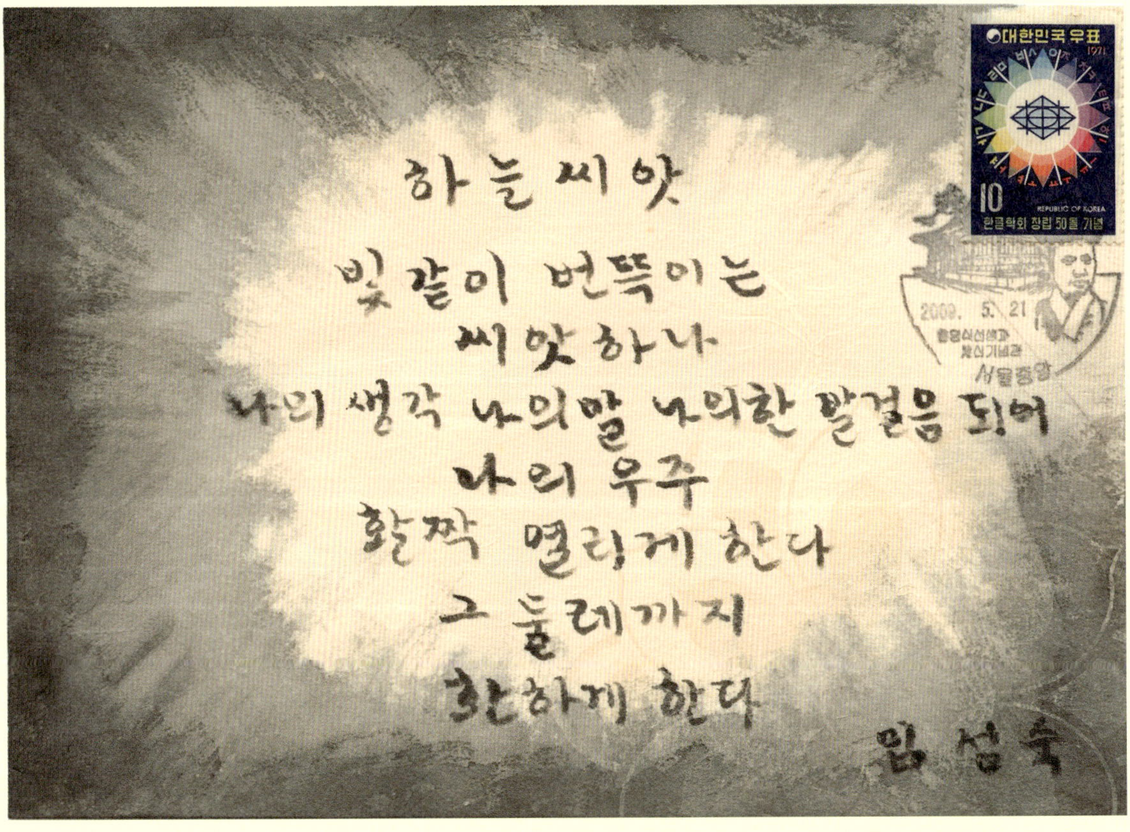

하늘씨앗

빛같이 번뜩이는
씨앗 하나
나의 생각 나의말 나의한 발걸음 되어
나의 우주
활짝 열리게 한다
그 둘레까지
환하게 한다

임성숙

안부(安否)

그대 소식이 궁금하면
편지를 띄워야지
기다릴 수 없이 급급하면
지체 없이 달려가 볼수있지
그러다가 놓치고만
그대 안부

임성숙

임솔내 시인

임솔내 시인 : 호는 송향(松香), 자유문학으로 등단, 문화 칼럼니스트, 시집 <나를 바꾼 두 번째 남자>, 베스트셀러 <아마존 그 환승역> 외 다수.
한국문학비평가상 수상, 한국서정시문학상 수상, 국제펜클럽 이사, 한국현대시인협회 이사 및 편집위원 역임.

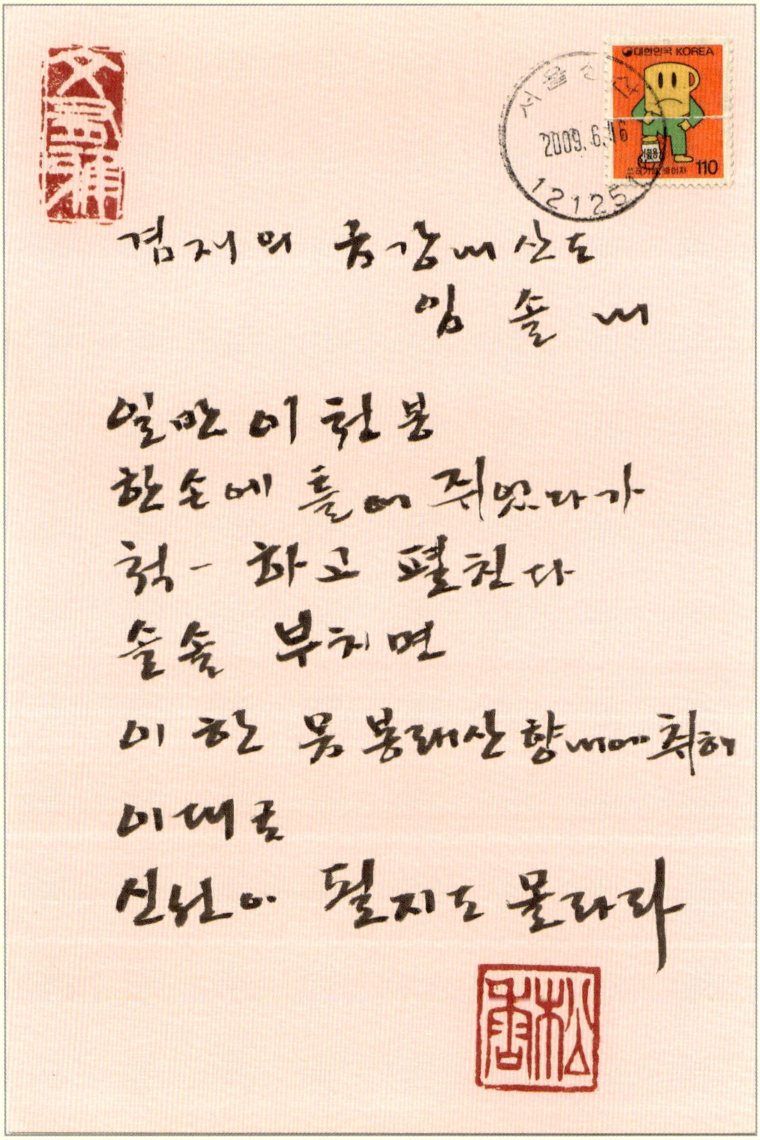

빈 잔

임솔내

자네와
인생을 나누면
왜 그리 목이 메는지 몰라
내내
그리움만 되올리다
빈 술잔에
뚝상만 허물어져 있었지
나눌 수 없는 슬픔이 있다는걸
그때 알았어

임영길 화 가

임영길 (林英吉, Yim, Young Kil) 화가 : 1958년 서울 출생. 동성고등학교를 거쳐서 홍대 미대 회화과와 동 대학원 서양화과를 1983에 졸업하고, 같은 해 공간미술관에서 개인전을 개최한 후에 군복무, 그리고 제대 후에 몇몇 대학에서 강의를 하였으며, 1990년부터 1992년에 미국의 뉴욕주립대학 대학원에서 판화를 전공하였다. 졸업 후에 귀국하여 1993년부터 홍익대학교 미술대학 판화과에서 교수로 재직하고 있다.

개인전은 서울, 뉴욕, 멜번에서 15회를 개최하였으며, 2009에 영은미술관에서 「전통매체와 새로운 매체-그 길항의 여정」전과, 샌프란시스코 북 센터에서 「언어의 날개: 한국과 일본의 새로운 북아트 전」 등 국제전과 단체전에 150여회 참여하였다.

현재는 판화, 회화, 북아트, 영상 등의 다양한 작품 활동을 하고 있으며 동시에 홍대 미대 판화과의 학과장으로 있으면서 후진을 양성하고 있으며, 한국현대판화가협회, 한국북아트협회(회장), (사)한국영상미디어협회, 한국한지협회에서 활동하고 있다.

The Philosophical Water-12   Yim, Young Kil   2009

철학적인 물-11
임영길 (林英吉)
Computer Print, Chincole
Drawing on Paper
2009   Yimyoungkil

The Philosophical Water-11   Yim, Young kil 2009

임정현 시인

임 정현(任貞炫) 시인 : 서울에서 출생하여 연세대학교 생물학과를 졸업하고, 1991년 「문학과 의식」 신인상으로 등단하여 시집 <하루살이가 해에게> 가 있다.
한 국시인협회 회원, 시와 시학회. 흐름동인으로 활동 중이다.
현 재 서울대공원 숲속여행교사로 활동하고 있다.

노을

욕심히 모아둘 일이다
서녘 하늘 가득
알 궁둥이만 내미는
저 야얄건
원숭이 놀기짝을
한 세계의 시작을

임정현

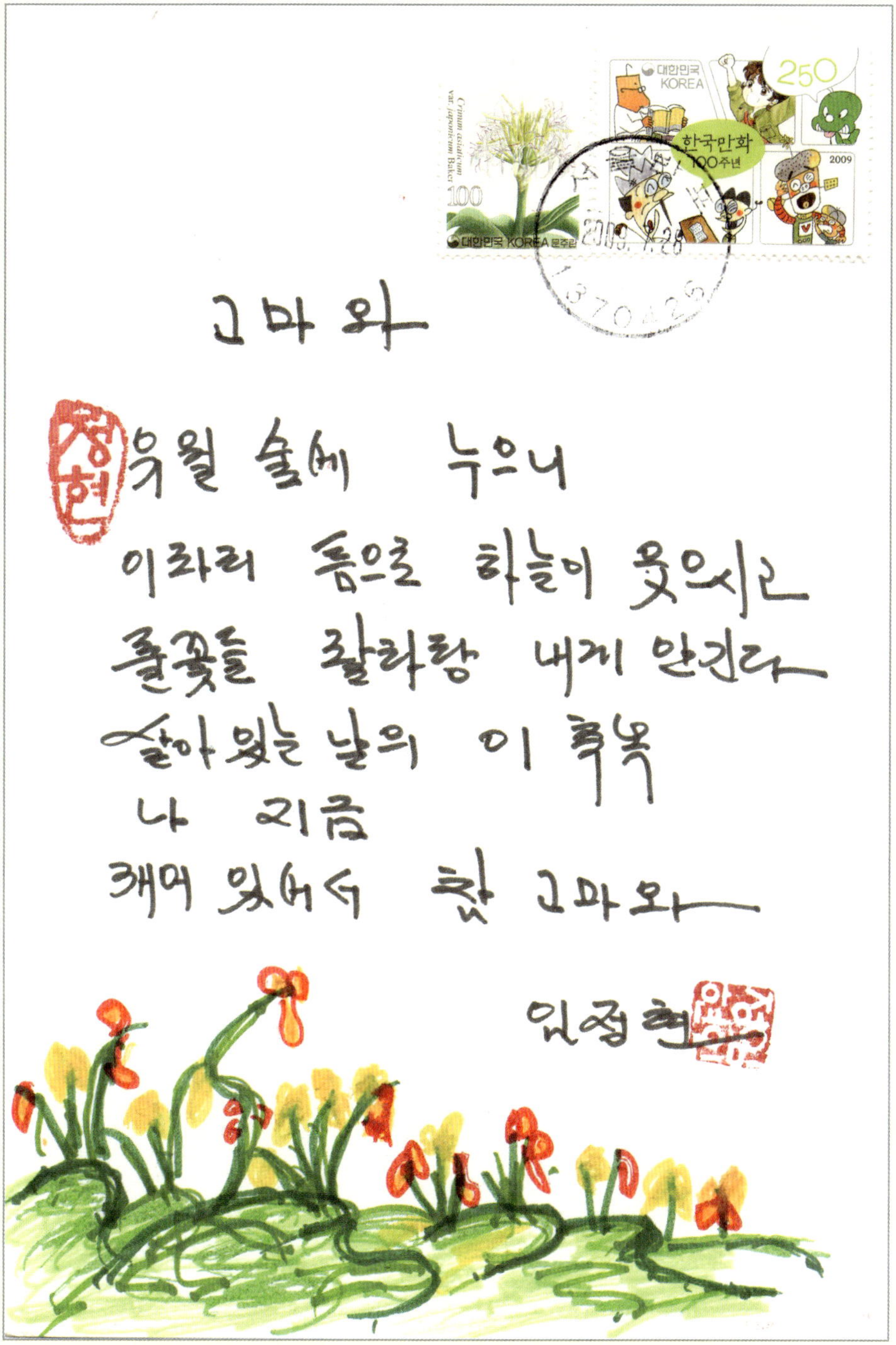

고마와

유월 숲에 누으니
이파리 돋은 하늘이 웃으시고
풀꽃들 찰라랑 내게 안긴다
살아 있는 날의 이 축복
나 지금
재미 있어서 참 고마와

임정현

임종만 화가

임종만(林鍾萬) 화가 : 홍익대학교 미술학부 서양화과 졸업('67년), 개인전 8회, 해외초대전(일본, 중국, 뉴욕, 파리, 캐나다, 독일, 러시아, 체코), 화랑예술제 3회 출품(예술의 전당), 구상미술 오늘의 상황전 초대출품(롯데화랑), 서양화중진작가 초대전(갤러리 현대), 한국의 빛깔전(파리 유네스코 미로미술관), 서울아카데미, 회화제 정기전 출품(세종문화회관) 초대 및 그룹전 300여 회 이상. 미협 주관 한일 현대작가 교류전(후쿠오카), 구상작가 11인 뉴욕 알파인 화랑 초대전, 홍익예도 40년 화연전(동이 갤러리), 제주도전, 행주, 고양국제아트페어, 미술대전 심사위원 및 운영위원 역임, 경남, 경기 미술대전, 겸재 미술대전 심사위원 및 운영위원장 역임. 현재 (사)한국미협, 서울아카데미 자문위원. 강서미협 고문.

임종순 화가

임종순(林鍾順, Lim Jong-soon) 화가 : 1948년 온양(아산시)에서 출생. 1994년부터 온양일요화가회 회원으로 활동 중이다. 야생화 등 꽃 기르기, 산타기를 유난히도 좋아하는 탓으로 산, 계곡, 숲, 나무, 화초 등 자연친화적인 그림을 애정어린 독특한 시각으로 잡아 밀도있고 서적적인 화풍으로 매년 1회씩 15회 전시회를 가져왔고, 아산 미술계에서 주로 향토색 짙은 활동을 하면서, 향토작가 초대전 등 여러 전시회에도 출품하고 있다.

장은지 화가

장은지(張恩芝) 화가 : 성신여자 대학교 미술대학원, 개인전 5회(동이 갤러리 외), 그 외 초대전 및 단체전 다수 출품.
현 재 한국미술협회 회원, 서울 아카데미 회원, 대한민국 회화제 회원, MBC 문화센터 출강.

장인숙 시인

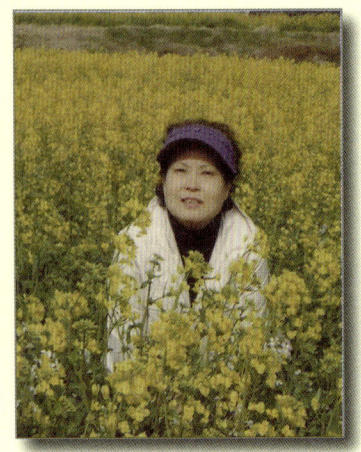

장인숙(張仁淑) 시인·서예가 : 1940년 서울 출생. 호 하전 월간 「순수문학」을 통해 등단. 시집으로 <해마다 가을이 되면>(서문당, 2005)이 있고, 현재 순수문학인회 회원, 한국문인협회 회원.

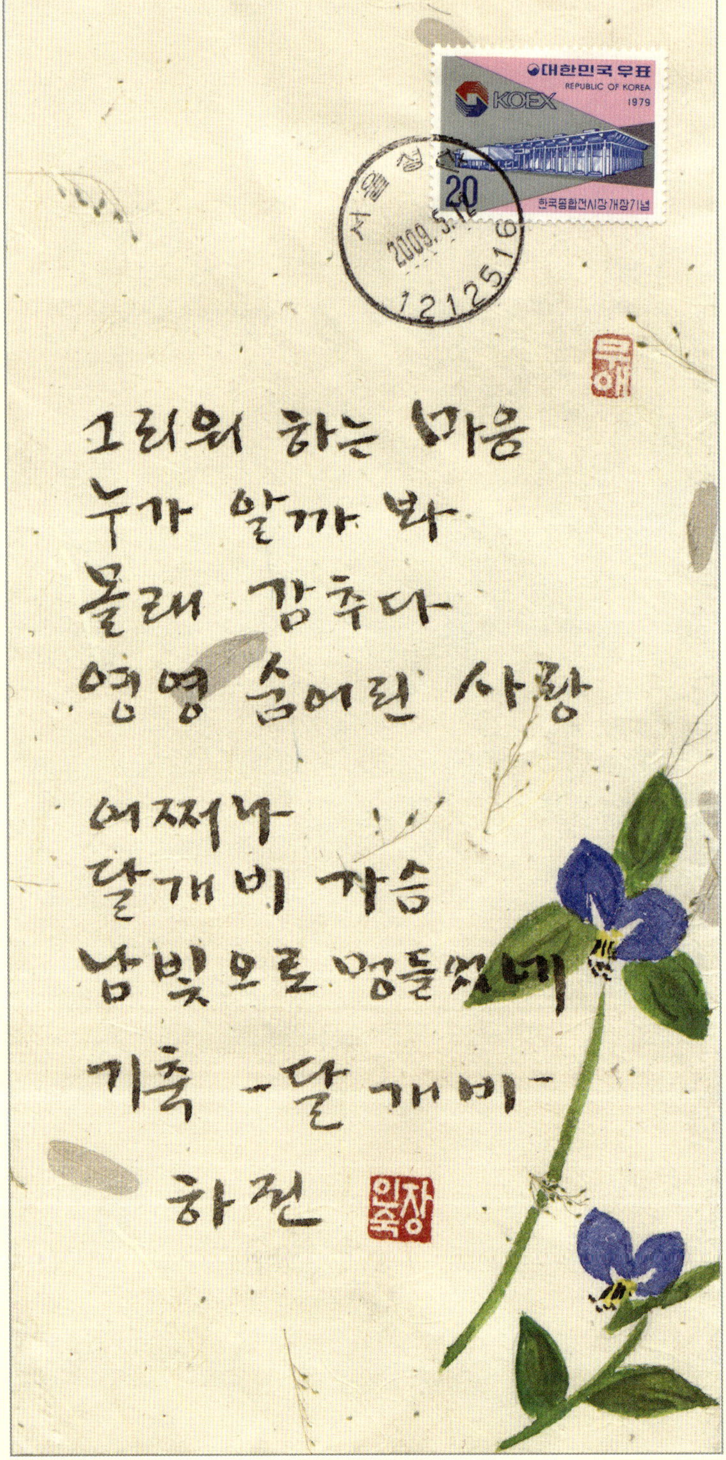

대한민국 우표
REPUBLIC OF KOREA
1979
KOEX
20
한국종합전시장개장기념
그리워 하는 마음
누가 알까 봐
몰래 감추다
영영 숨어린 사랑
어쩌나
달개비 가슴
남빛으로 멍들었네
기축 -달개비-
하전

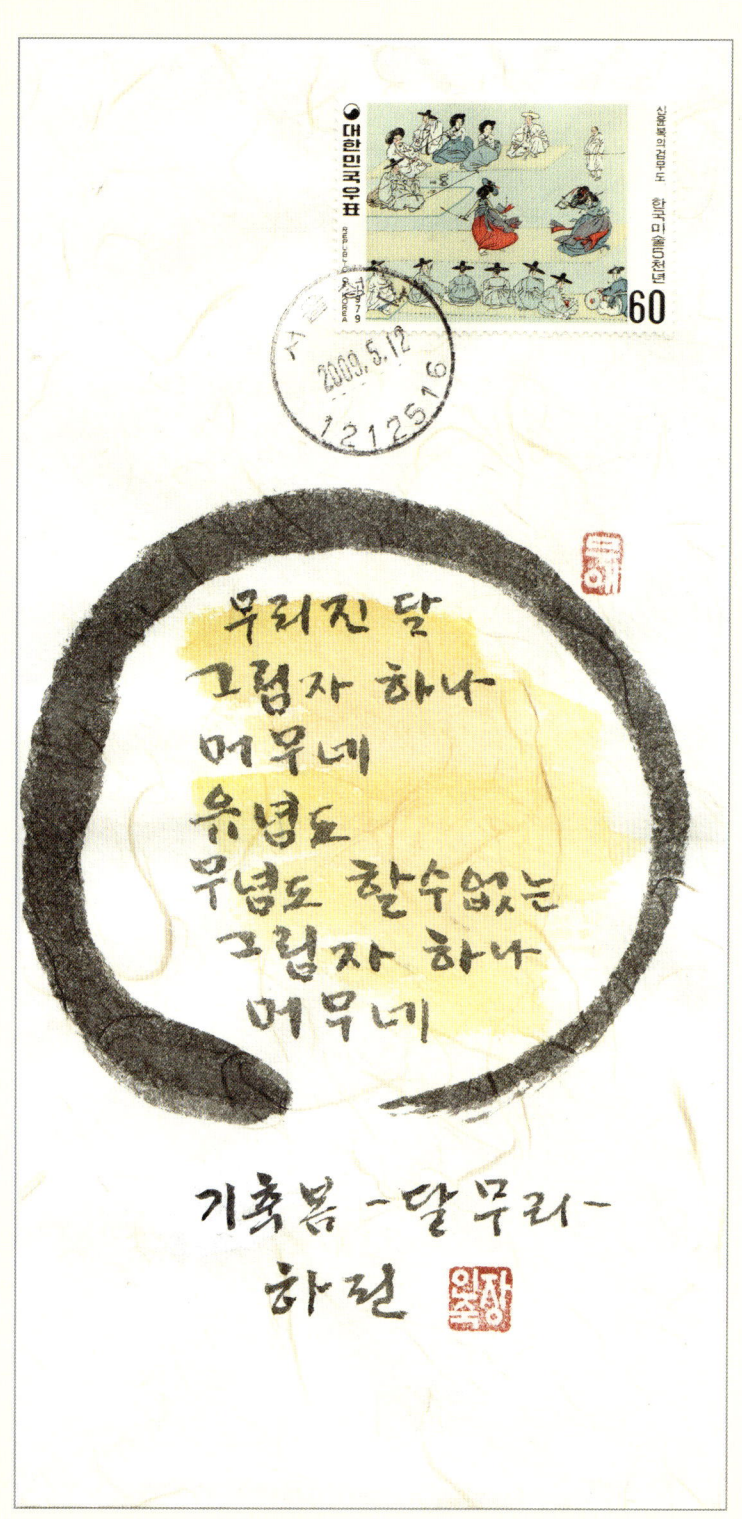

장인숙 화가

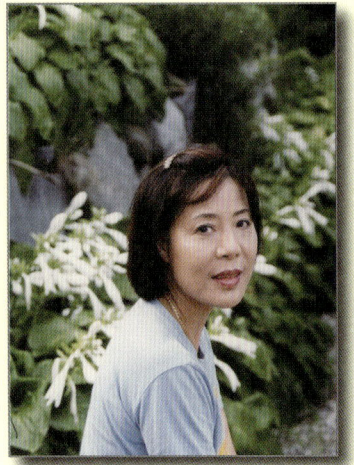

장인숙(張仁淑) 화가 : 1952년 충남 당진에서 출생하였고, 수원과학대학 사회복지과를 졸업했으며, 초등학교 예정강사, 어린이집 글짓기, 시조짓기, 미술 교사직을 맡는 한편 민화실 회원으로 활동 중이다.

대한민국 회화대전 입선, 한국여성미술공모전 특선, 한국미술공모전 특선, 한강미술대전 특선, 세계 평화미술대전 입선 등 수상 경력이 있으며, 쌍용도서관의 전시를 비롯하여 시립미술관 등에서 다수 전시회를 가졌다.

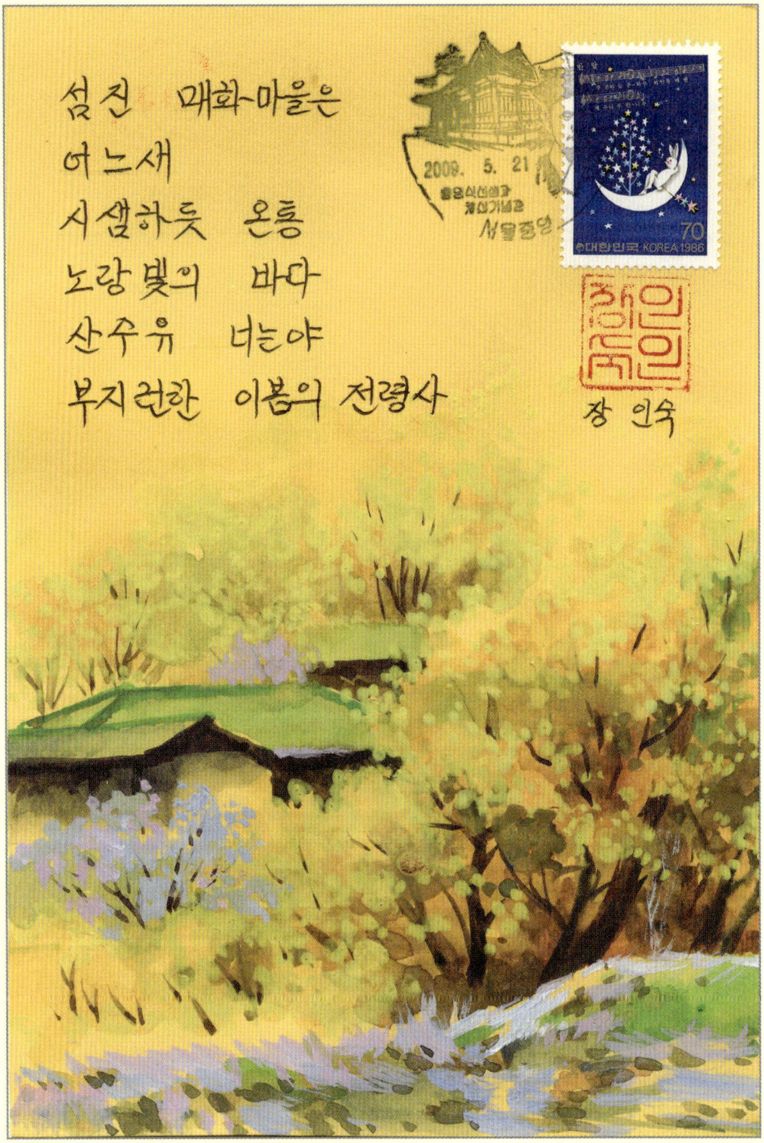
섬진 매화마을은
어느새
시샘하듯 온통
노랑빛의 바다
산수유 너는야
부지런한 이봄의 전령사
2009. 5. 21
KOREA 1986
70
장 인숙

전규태 시인

전규태(全圭泰) 시인 : 1933년 광주 출생, 연세대 국문학과 및 동 대학원을 졸업했다. 동아일보 신춘문예로 문단에 데뷔했고, 연세대 및 하버드대, 컬럼비아대, 호주국립대, 시드니대 등 해외저명대학에서 강의와 연구활동을 다년간 했다.「문학과 의식」창간인. 저서로는 1960년 시집 <석류> 이래 백여 권에 이르며 사진집, 화집 등도 많이 출간했다. 특히 2009년에는 세계기행 시화집 <너를 사랑해도 되겠니>(서문당)를 냈다.

한국현대시인상, 문학평론가협회상, 시조시인 협회상, 모더니즘 문학상 등을 수상, 국민훈장 모란장, 교육공로 및 국가유공자 포상을 받기도 했다.

전덕기 시인

전덕기(全惠惧) 시인 : 현재 사회복지법인 생명의전화 이사, 세계선린회 부이사장, 한우리 공동선 실천연대 이사, 정의사회운동 전국시민연합 공동대표, 대한민국사랑회 공동대표, 국제펜클럽 한국본부 이사, 한국여성문학인회 이사, 한국문인협회 회원, 한국기독교 시인협회 이사, 기독청소년 춘우문학상 운영위원회 대표를 역임하고 있다.

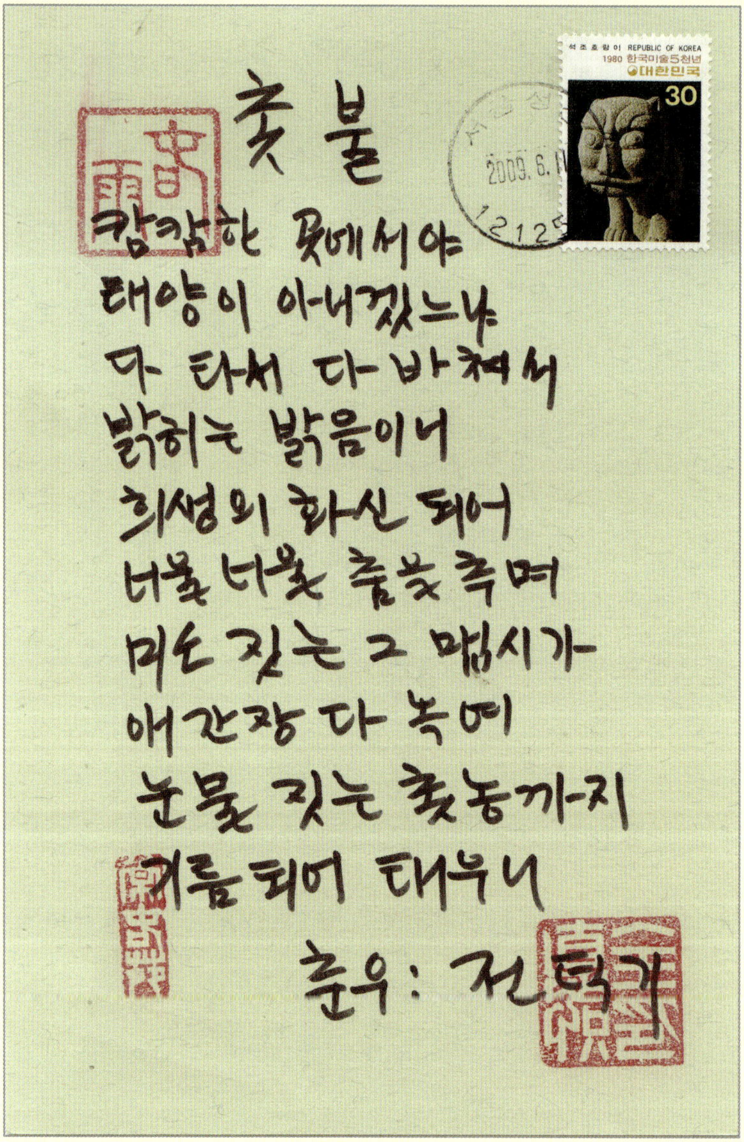

촛불

캄캄한 곳에서야
태양이 아니겠느냐
다 타서 다 바쳐서
밝히는 밝음이니
희생의 화신 되어
너울너울 춤을 추며
미소 짓는 그 맵시가
애간장 다 녹여
눈물 짓는 촛농까지
기름 되어 태우니

춘우 : 전덕기

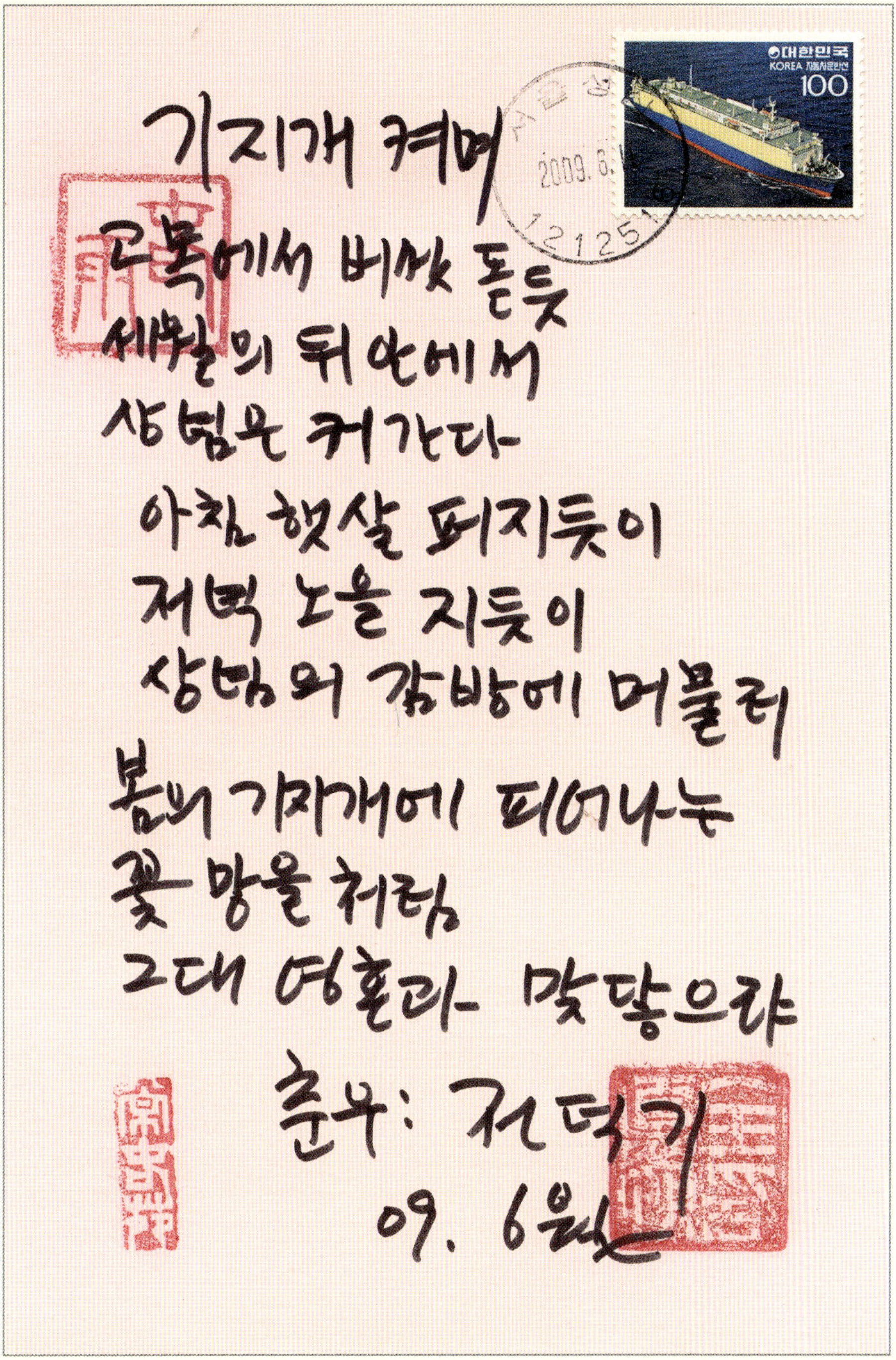

기지개 켜며

고목에서 비껏 돋듯
세월의 뒤안에서
삶법은 커간다

아침 햇살 피지듯이
저녁 노을 지듯이
삶법의 감방에 머물러

봄의 기지개에 피어나는
꽃 망울처럼
그대 영혼과 맞닿으랴

춘우: 전덕기
09. 6월

전연옥 시인

전연옥(본명 全仁順) 시인 : 경남 마산 출생, 6세 때 거제를 거쳐 통영에서 10년간 성장, 마산여중 졸업 마산여고 졸업 부산대학교 문리대 가정학과 수업, 1972-73년 <현대시학> 3회 추천 완료 등단.

한국시조시인협회 부회장, 한국문인협회 이사, 국제펜클럽 한국본부 여성작가 위원, 한국여성문학인회 이사, 한국현대시인협회 심의위원, 「시조춘추」 편집고문.

저서로는 시집으로 <비를 몰고 온 바람>(84), <지옥도>(87), <몸살로 오던 가을>(91), <그리운 섬>(97), <멀미>(2001), 소설집으로는 <꿈아 꿈아>(1998), 장편소설 ; <암초밭엔 산호가 핀다 1.2권>(2003)

수상 한국시조문학상(87), 과천율목문학상(97)

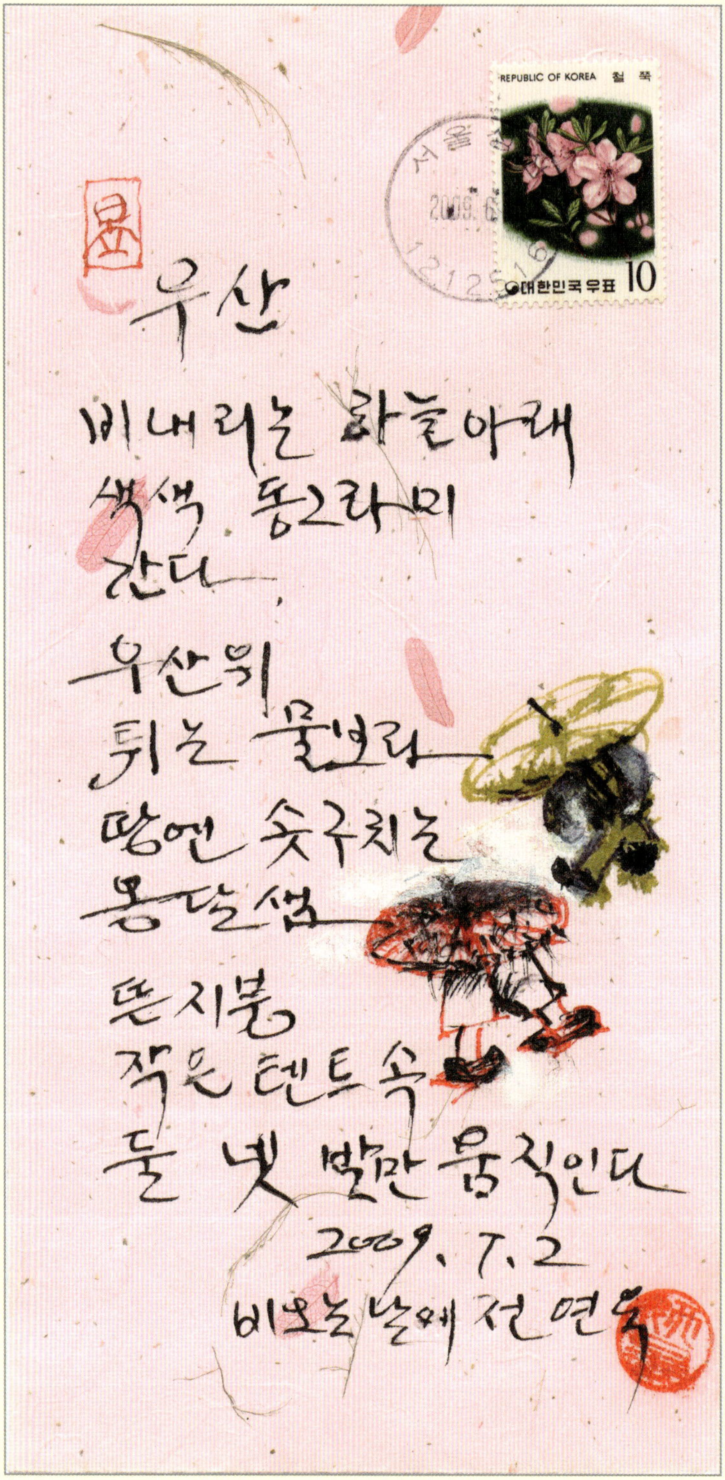

우산

비내리는 하늘아래
색색 동그라미
핀다.
우산위
뒤는 물방울
땅엔 솟구치는
물방울샘

뜬 지붕
작은 텐트 속
둘 넷 발만 움직인다

2009. 7. 2
비오는 날에 전연옥

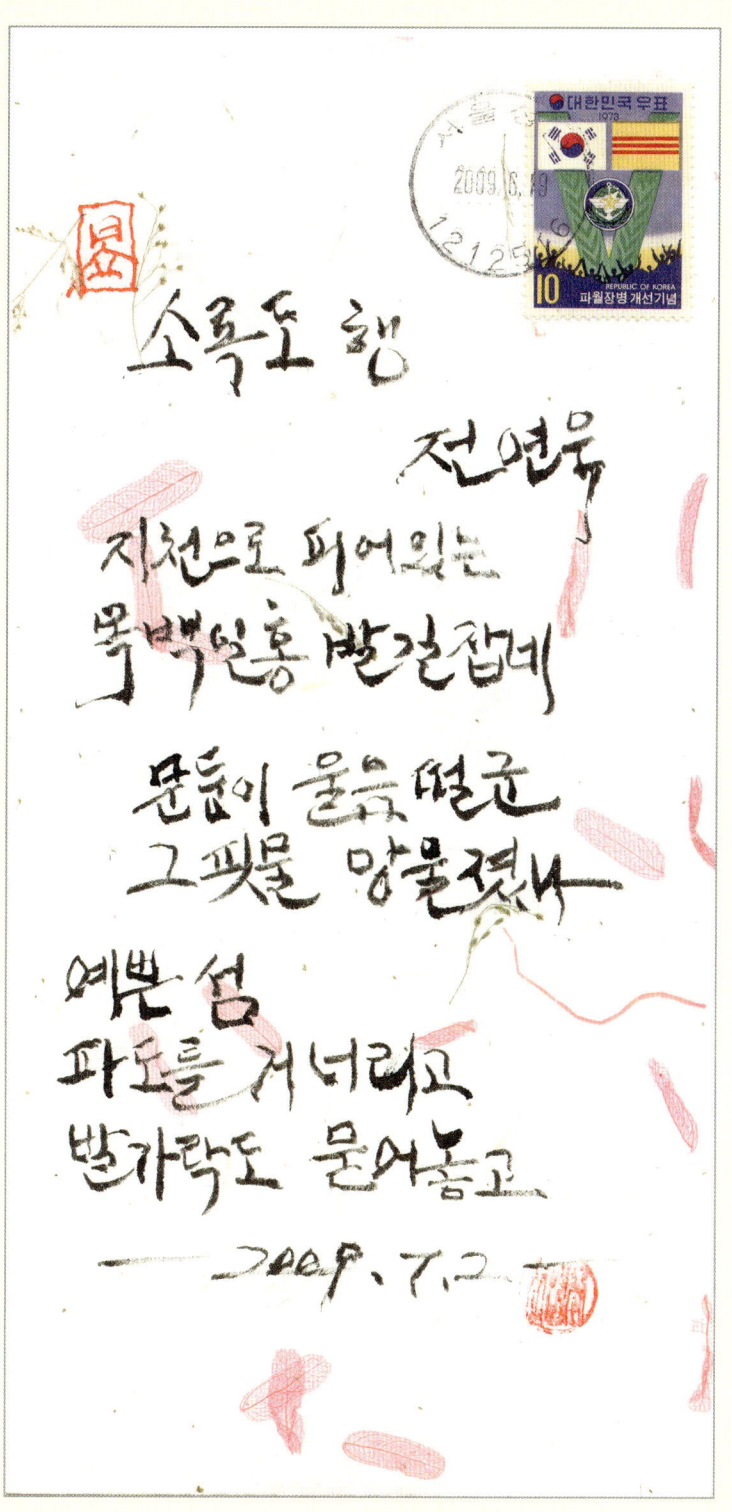

전재승 시인

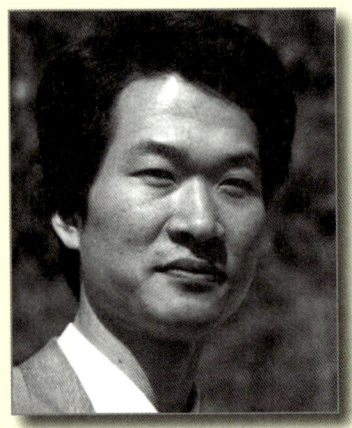

전재승(田宰承) 시인 : 1986년 「시문학」 추천으로 등단했으며 제9회 「문학과 의식」 신인상을 수상했다. 「문학과 비평」 기자와 편집장을 거쳐 편집인을 역임했으며 시집으로 <가을시 겨울사랑>(시문학사)이 있고 2005년 한국통신 KT광고에 <가을시 겨울사랑>이 방송되기도 했었다.

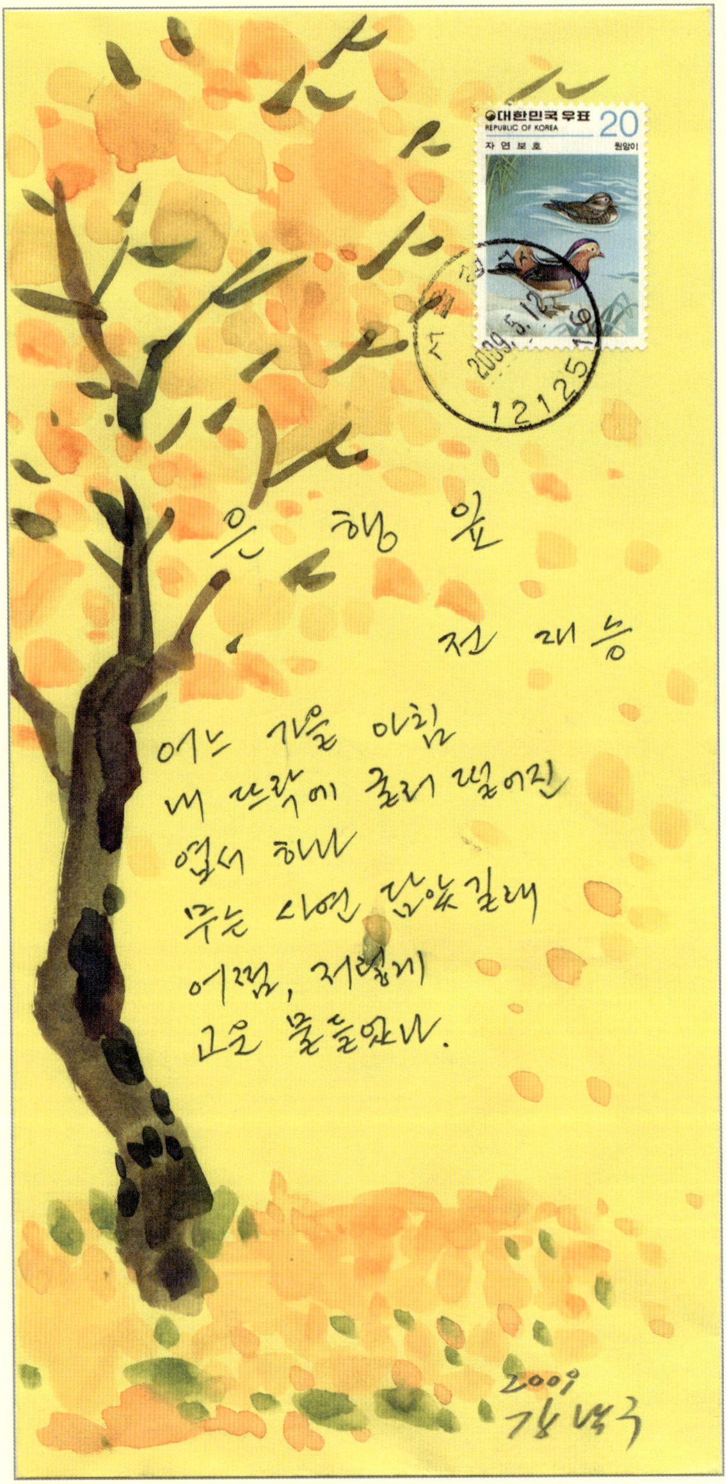

대한민국 우표
REPUBLIC OF KOREA
20
자연보호
원앙이
은행잎
전재승
어느 가을 아침
내 뜨락에 굴러 떨어진
엽서 하나
무슨 사연 담았길래
어쩜, 저렇게
고운 물들었나.
2009

그대,
아침 이슬보다 더 빛나던 소망
어느 하늘가에
별이 되었나
꽃이 되었나.

- 전재승 「5월의 노래」에서

정강자 화가

정 강자(鄭江子) 화가 : 홍익대학교 미술대학 회화과 졸업(1967), 홍익대학교 미술교육과 대학원 졸업(1985), 개인전 29회 (1970~2008), 해프닝 3회(1967~1969), 한국일보 '그림이 있는 기행문' 연재 30개국(1988~1992), 스포츠 조선-삽화 연재 (1992~1995), 독일 함부르크 초대전(2008).

저 서로는 불꽃 같은 환상세계 (소담출판사-1988), 꿈이여 환상이여 도전이여 (소담출판사-1990), 일에 미치면 세상이 아름답다 (형상출판사-1998), 화집(소담출판사-2007), 정강자 춤을 그리다(서문당-2010).

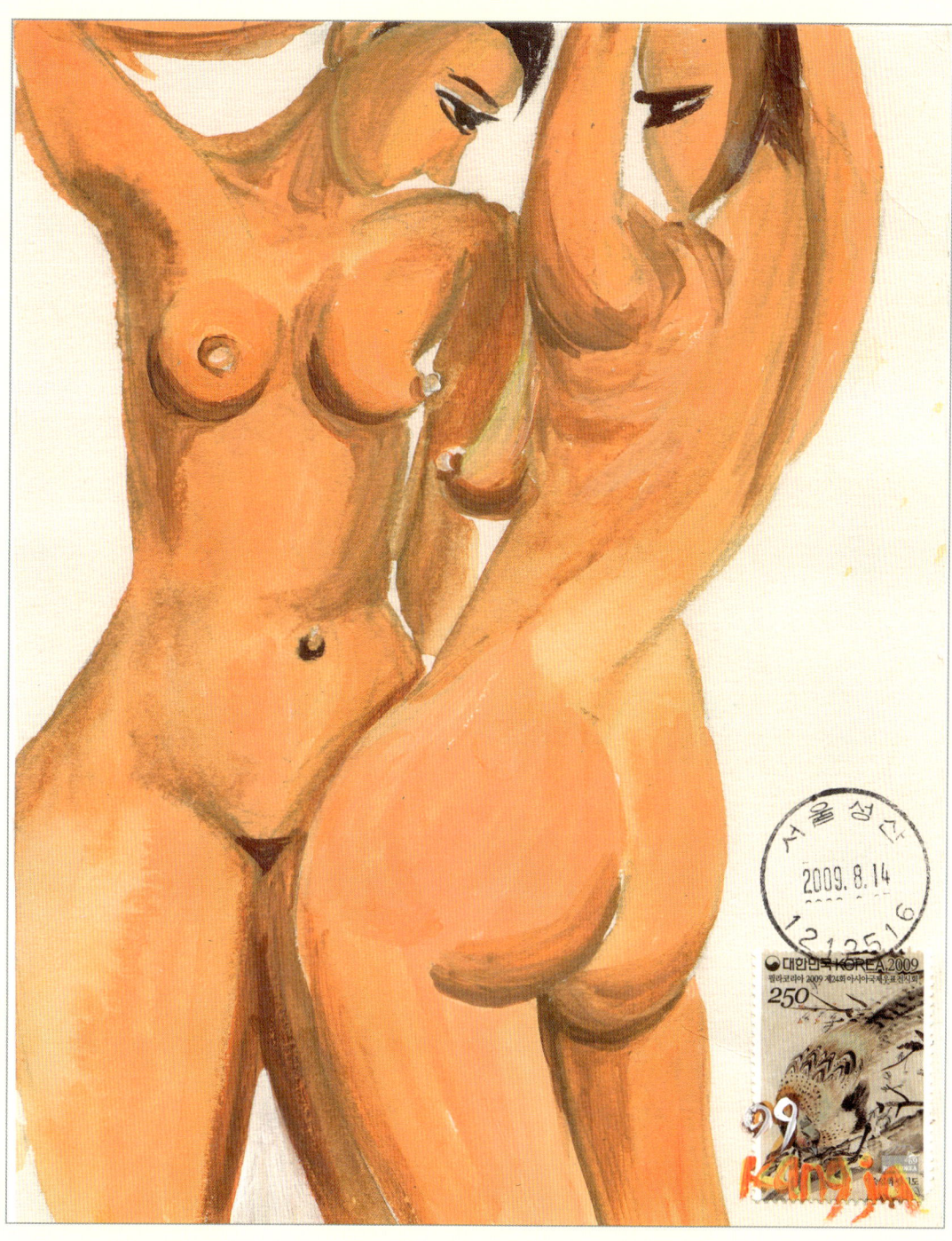

정계헌 화가

정 계현(鄭啓憲) 화가 : 1943년 충북 음성에서 출생하였고, 현재 순천향대학교 명예교수를 역임하고 있다.
한 국미술문화대상전 특선 및 입선 3회, 충남미술대전 입선 4회, 경향미술대전 특선, 경향하우징 아트페스티벌 장려상, 도솔미술대전 특선, 남농미술대전 특선, 개인전 2회, 충남현대미술작가협회 회원이며, Art Group-'Impact'회원.

정문규 화가

정문규(鄭文圭) 화가 : 1934년 경남 사천에서 출생. 1958년 홍익대학교 회화가를 졸업했고, 일본 문부성 장학생으로 동경예술대 대학원에 유학하기도 했다. 1966년 인천교육대 교수로 취임했고, 1994년에는 최영림미술상을 수상했다. 1955년 첫 개인전 이후 여섯 차례 개인전을 가졌고, 국립현대미술관 기획전, 조선일보 현대작가초대전 등 많은 전시회에 출품했다.

저서로는 <정문규> 화집 외 <반고호>, <고갱>, <샤갈> 등의 작품 해설집을 서문당에서 발행했다.

정소파 시인

정소파(鄭韶坡) 시인 : 1912년 전남 광주에서 출생. 일본 와세다 대학 문학과를 졸업했고, 수피아 여고 교사직을 역임했다. 1939년 개벽지 및 1957년 동아일보 및 정부 주최 제1회 전국 백일장대회에서 대통령상을 수상했고, 1980년에는 가람시조문학상을 수상하기도 했다. 1955년 시집 〈마을〉. **현**재 한국시조시인협회 고문직을 맡고 있다.

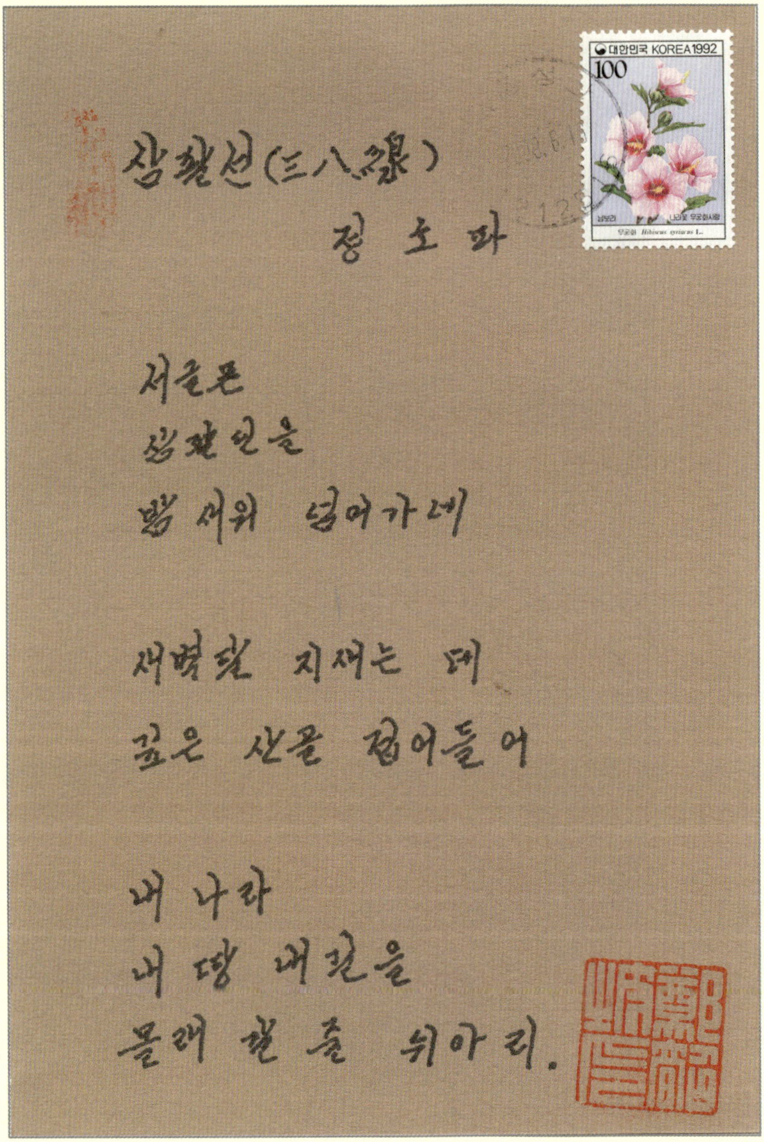

삼팔선(三八線)
　　　　　정소파

서름픈
삼팔선을
밤 세워 넘어가네

새벽달 지새는 데
깊은 산골 접어들어

내 나라
내 땅 내 흙을
몰래 걷을 쉬아리.

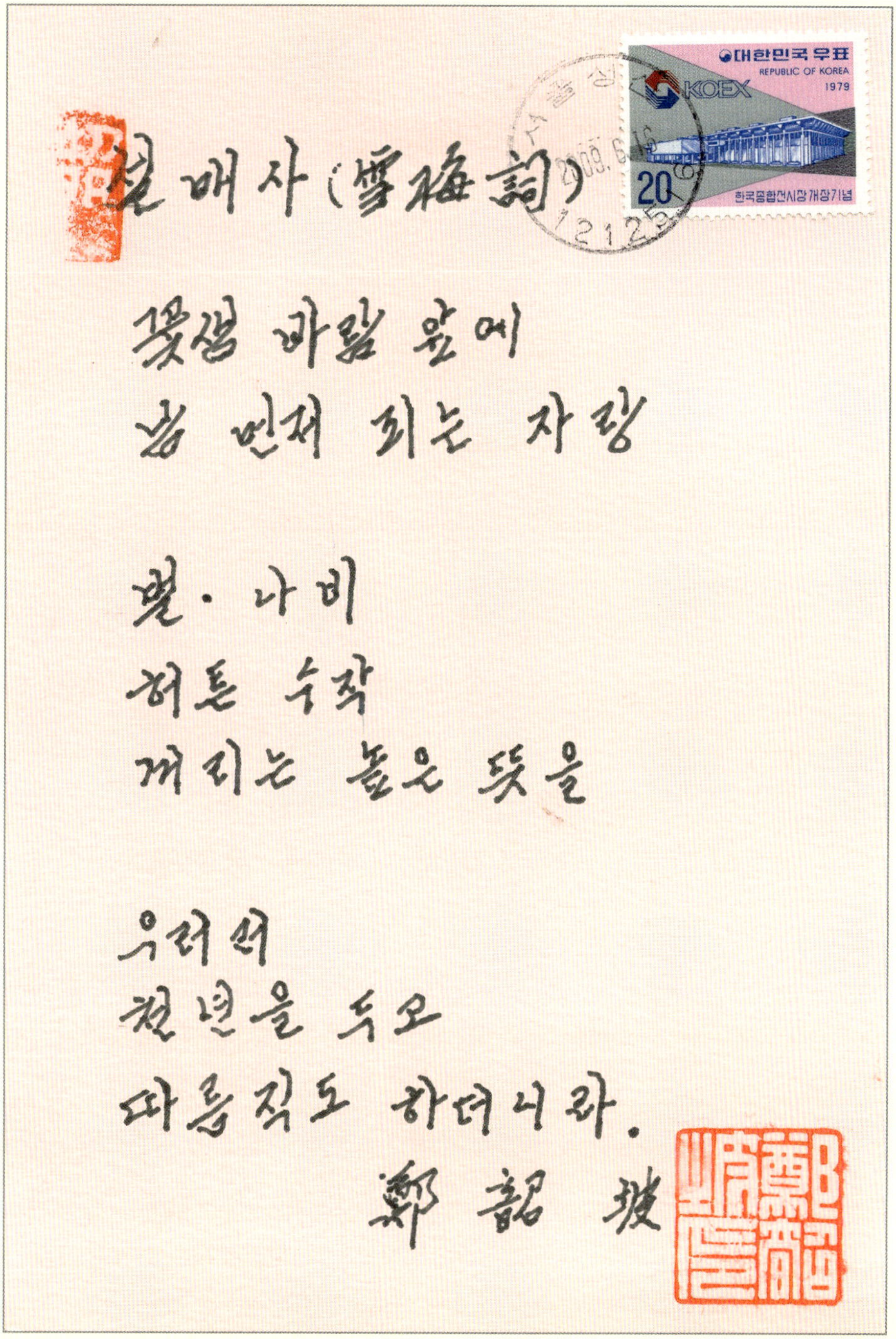

설매사(雪梅詞)

꽃샘 바람 앞에
봄 먼저 피는 자랑

벌·나비
허튼 수작
꺼리는 높은 뜻을

우러러
천년을 두고
따름직도 하여니라.

鄭韶坡

대한민국 우표
REPUBLIC OF KOREA
1979
KOEX
20
한국종합전시장개장1년
2009. 6. 16

ㅈ

정승화 시인

정승화(鄭昇華) 시인 : 1968년 충남 부여에서 출생하였고, 「문학21」을 통해 등단하였다. 한국현대시인협회 회원이며, 세계시인회의 한국본부, 한국녹색시인협회 사무국장으로 활동 중이다.

천개의 다리를 놓으며
정승화

닥나무 그늘 아래 하나였다가
몇개의 눈을 놓아두고 일어서는
풀이었다가 삼백육십오개의 하루를
일순간에 무너뜨리다가
천개의 다리로 일어선다.
바람의 단추를 풀고 들어가
셀로판지 구겨지는 소리를 듣고
곳냉이 꼬리를 태우던 렌즈를 바라보며
마른 과즙의 음색으로 우는 애벌레가 되어
똬리를 틀고 낯선 체온을 알리다
하품을 잘게 부수고 낮잠을 파먹으며
닥나무 껍질 속 집을 짓는다
때로 진동이 뿌리에서 시작되면
B61Z를 향해 다시
천개의 다리를 놓으며

여자
성승화

스피커 소리에 하나둘
셈을 해보았다.
갑혀온 비늘이 좌판에서 떨고 있다.
빅타이를 맨 남자의 얼굴을 떠올렸다.
꽃무늬 반스를 입은 아이의 손을 잡고
담벼락을 돌았다. 담쟁이 넝쿨은 말라
다리를 길게 뻗고 있다.

화병에 꽂아둔 조화와 눈이 마주쳤다.
발목뼈를 살짝 가린 흩바지가 보인다.
문을 닫고 커튼을 내렸다.
루즈를 바르고 입술위에 검은 점을
찍었다.
연탄불 위에서
바닷물이 끓었다.

정영남 화가

정영남(鄭永男) 화가 : 호남대 예술대학 미술과, 동국대 대학원 미술교육과 전공. 개인전 20회(상갤러리 외), 대한민국미술대전(연9회) 입선, 특선, 목우미술대전(연10회) 입선, 특선, 한국문화미술상 수상(국예협, 2005), 대한민국대통령상 수상(평화공훈, 2008), 정보통신부 우표(문학시리즈) 12종 원도발행, 한국미술대작전(예술의 전당, 2001), 독도 사랑 100호 초대전(서울신문-서울갤러리, 2000), 국립현대미술관 초대전(찾는 미술)(1999~2007), 후소회 창립 70주년 기념 100호전(공평아트, 2006), 서울 미술관 개관기념 초대전(서울미술관, 2008), 서울시립미술관 초대전, 해외전 등 300여 회 초대전시.

대한민국미술대전 심사위원, 운영위원 역임, 전남도전, 순천미전, 무등미술대전 심사 및 운영위원, 목우회, 서울, 충청, 부산, 경기, 안견미술대전 등 심사위원 역임. 현재 고려대학교 사회교육원 동양화 담당교수, 고려대학교 교육대학원, 대불대학교 미술과 외래교수.

정일남 시인

정일남(鄭一南) 시인 : 강원 삼척 출생. 1970년 강원일보 신춘문예 시 당선. 1973년 조선일보 신춘문예 시조 1석, 1980년 「현대문학」 시 추천 완료. 시집 <어느 갱 속에서>, <들풀의 저항>, <유배지로 가는 길> 등 다수.

개미

정일남

너무 검게 타버린 녀석들
기도하러 가는가
충치러 가는가
햇빛 성당을 까맣게 오른다
문명이 없는 왕국이지만
동시에 멸망도 없다

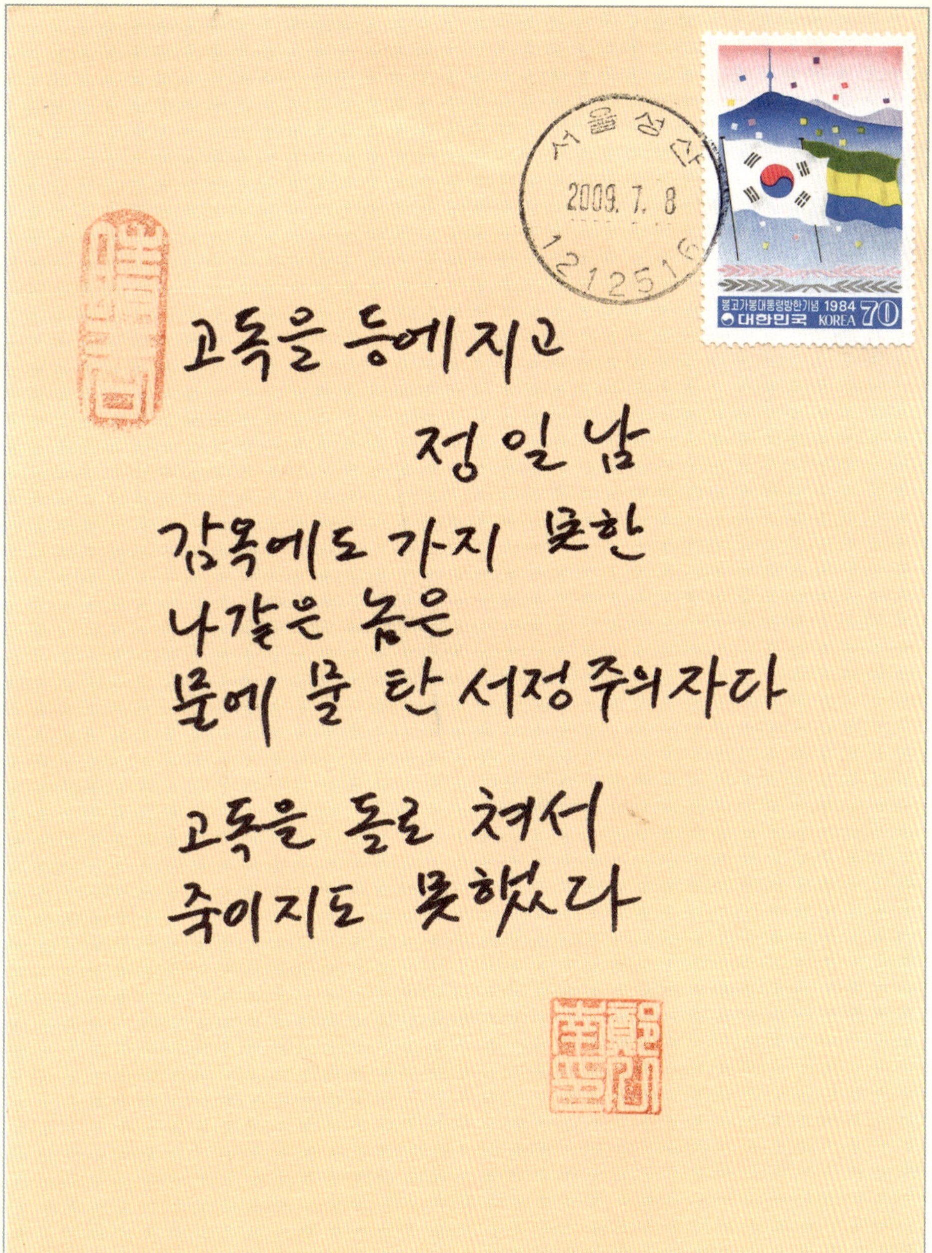

고독을 등에지고

정일남

감옥에도 가지 못한
나같은 놈은
물에 물 탄 서정주의자다

고독을 돌로 쳐서
죽이지도 못했다

정정희 시인

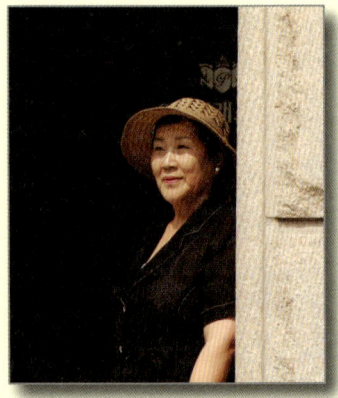

정정희(鄭貞姬) 시인 : 필명 정현정, 경북 포항에서 태어나 과수원과 정치에 연연하시던 엄한 아버지 밑에 대가족으로 유복한 유년의 성장기를 보냈으며 초중고 등을 거쳐 동국대 불교학을 수학하였다. 정치하는 사람 과수원집 양반집 부자 만나면 행복할 수 없다던 어머니의 당부와 고된 삶의 영향으로 불교에 정진하게 되었다.

1988년 <내게도 두 아들이 있었는데>라는 첫 시집이 출간되었지만 발가벗은 내 모습으로 친인척들의 심적 부담과 원망으로 절필하게 되었다.

몇 번의 문단입문 기회가 주어졌지만 받아들이지 않았었다. 그러나 근래에 목마름을 채워줄 글쓰기로 희망을 지피고 싶은 바램이다. 늦었지만 새로이 도전하고 싶어서 이다.

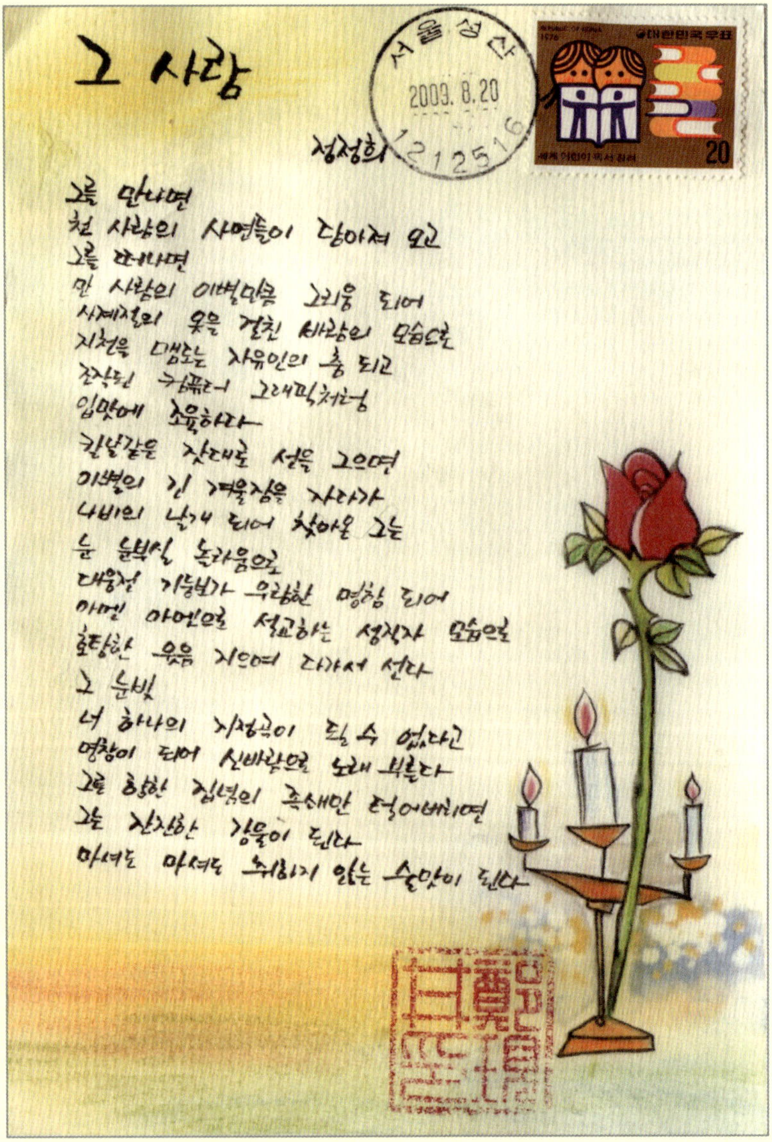

그 사람

정정희

그를 만나면
천 사랑의 사연들이 담아져 오고
그를 떠나면
만 사람의 이별만큼 그리움 되어
사계절의 옷을 걸친 바람의 모습으로
지천을 맴도는 자유인의 춤 되고
조작된 컴퓨터 그래픽처럼
입맛에 조율하다
칼날같은 잣대로 선을 그으며
이별의 긴 겨울잠을 자다가
나비의 날개 되어 찾아올 그는
늘 눈부신 놀라움으로
대웅전 기둥보가 우람한 명창 되어
아멘 아멘으로 설교하는 성직자 모습으로
호탕한 웃음 지으며 다가서 선다
그 눈빛
너 하나의 지정곡이 될 수 없다고
명창이 되어 신바람으로 노래 부른다
그를 향한 집념의 족쇄만 털어버리면
그는 잔잔한 강물이 된다
마셔도 마셔도 취하지 않는 술맛이 된다

정차석 화가

정차석(鄭次石) 화가 : 개인전 14회(서울, 파리, 네델란드, 스페인, 미국, 독일, 스위스). 몽골 안작가 초대전(모란미술관). 화랑미술제(예술의 전당). 아시아미술제(세종문화회관). 뉴욕, 시카고, LA, 시드니, 프랑스 등 세계 10여 개 나라의 국제 아트페어에 참가.

대한민국미술대전, 목우공모대전, 신미술대전 등 심사위원 역임. 현재 전미협 부이사장, 한국미협이사 서울아카데미회 감사, 목우회 상임이사, 남양주미협 자문위원.

정 찬 경 화가

정찬경(鄭燦冂) 화가 : JUNG, CHAN-KYOUNG, 홍익대학교 미술대학 서양화과 졸업('68), 박물관 대학 수료 (제4기, 국립중앙박물관), 개인전 7회, 단체전 280회 초대 출품, 예맥화랑 초대전(2008년)

한국전업미술가협회 부이사장 역임, 전주대학교 영상예술학부 객원교수 역임, 노원미술협회 회장 역임, 현 자문위원, 홍익 '64 입학 동기회 회장, 한국미술협회 회원, (사)서울미술협회 회원.

정 태 궁 화가

정태궁(鄭泰宮) 화가 : 1956년 충남 서산 출생으로, 공주사대 미술과와 교육대학원을 졸업했다. 개인전은 서울과 천안, 서산을 비롯하여 뉴욕, 베이징에서 가졌으며, 국내외 각종 전시에 참여하고 있다. 안견미술대전과 충남미술대전 운영위원과 심사를 맡은 경력이 있으며, 미국 버몬트 스튜디오 센터에서 주관하는 아시안 프리맨 헤로우십 상을 받았다.

현재 서산중학교에 미술교사로 근무하며, 공주대와 한서대에 출강하고 있다. 늘 생명의 원천을 그리워하면서 자연의 섭리를 주제로 작품을 만든다. 몇 년 전부터 고향의 폐교에서 살고 있으며 이 폐교를 미술관으로 꾸며 지역 문화공간으로 개방하고자 하는 소박한 꿈을 준비하고 있는 중이다.

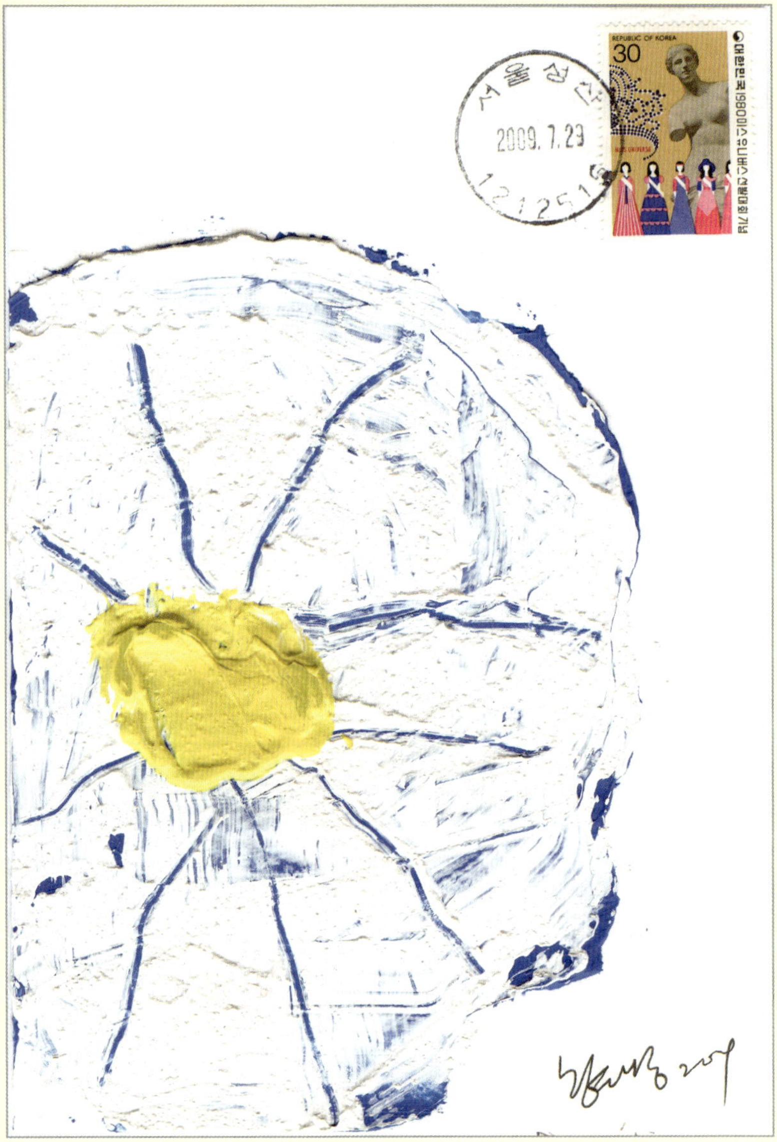

조남익 시인

조남익(趙南翼) 시인 : 충남 부여 출생, 국학대학(현 고려대와 통합) 문학부 국문학과 졸업. 「현대 문학」을 통해 문단 데뷔(1966년). 대전고교 교사, 충남교육청 중등교육과 장학사 등을 거쳐 부여고등학교 교장에서 정년퇴임. 공주대, 건양대 출강. 시집 <산바람 소리> 외 7권, 평론집 <시와 득음미학> 외 2권, 수필집 등 저서 다수. 충남문화상, 정훈문화상, 시예술상 등 수상.

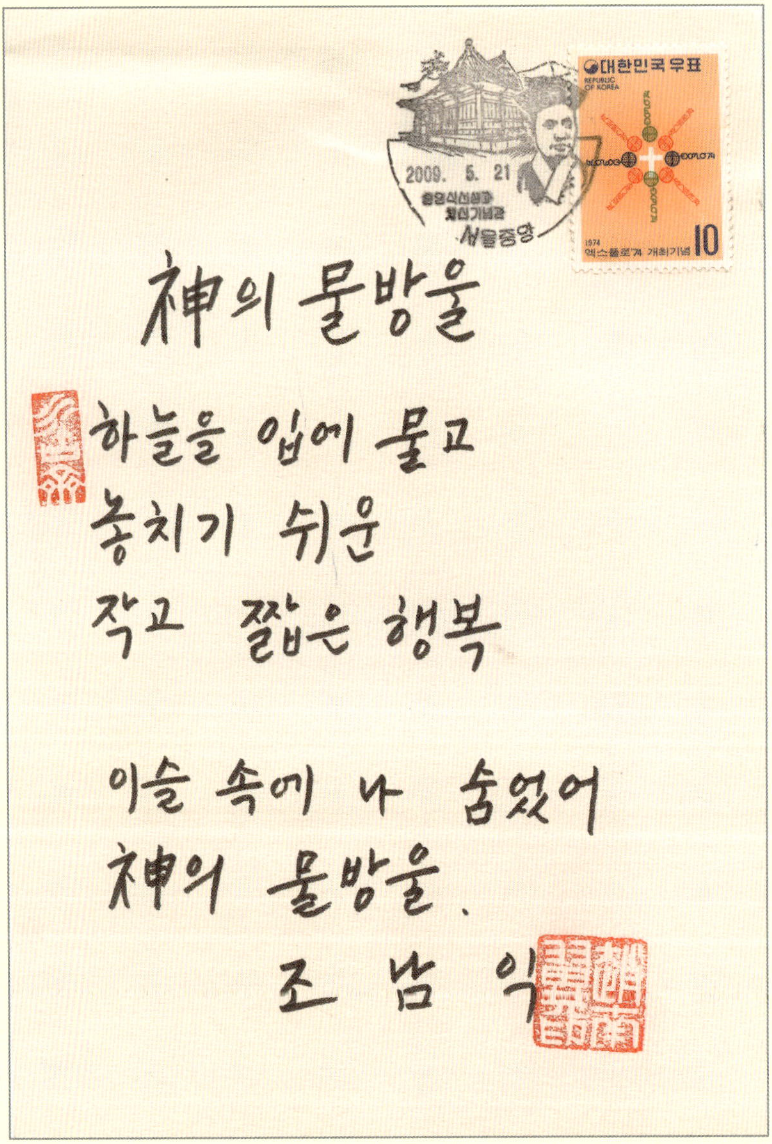

神의 물방울

하늘을 입에 물고
놓치기 쉬운
작고 짧은 행복

이슬 속에 나 숨었어
神의 물방울.

조 남 익

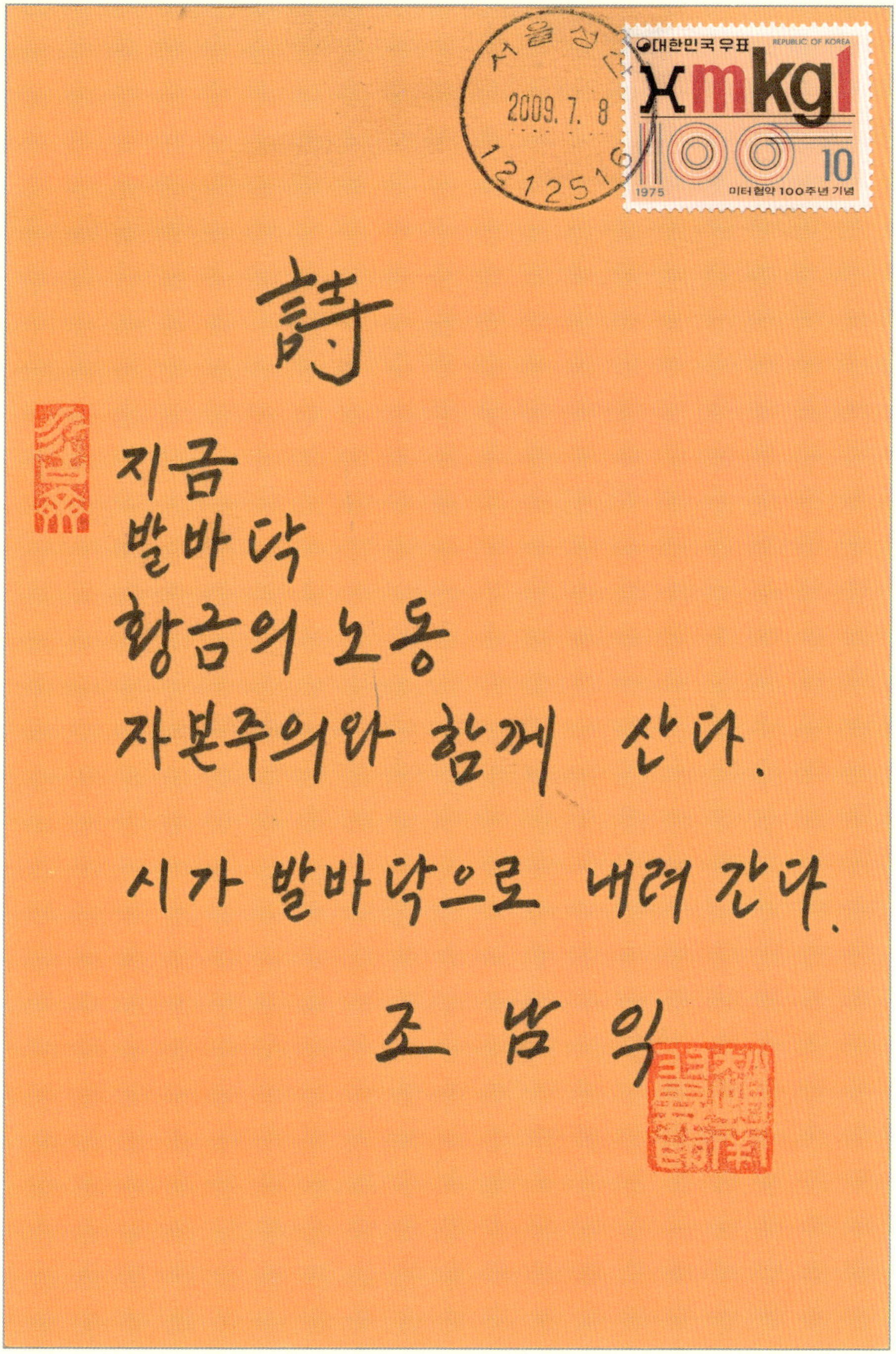

詩

지금
발바닥
황금의 노동
자본주의와 함께 산다.

시가 발바닥으로 내려 간다.

조 남 익

조병무 시인

조병무(曺秉武) 시인 : 일본 오사카에서 출생(1937년)하여 마산 등지에서 성장했으며 동국대 국문과를 졸업하고 「현대문학」을 통하여 등단(1963년), 문학평론가 및 시인으로 활동. 현대문학상, 시문학상 등을 수상했고 동국여자대학 교수로 시집 <꿈사설>, <머문 자리 그대로> 등을 발간, 많은 논문과 평론집 <가설의 옹호> 등. 현재 '문학의 집·서울' 이사로 활동.

편지

눈동자
하나의
보람을
잊지 않기 위해

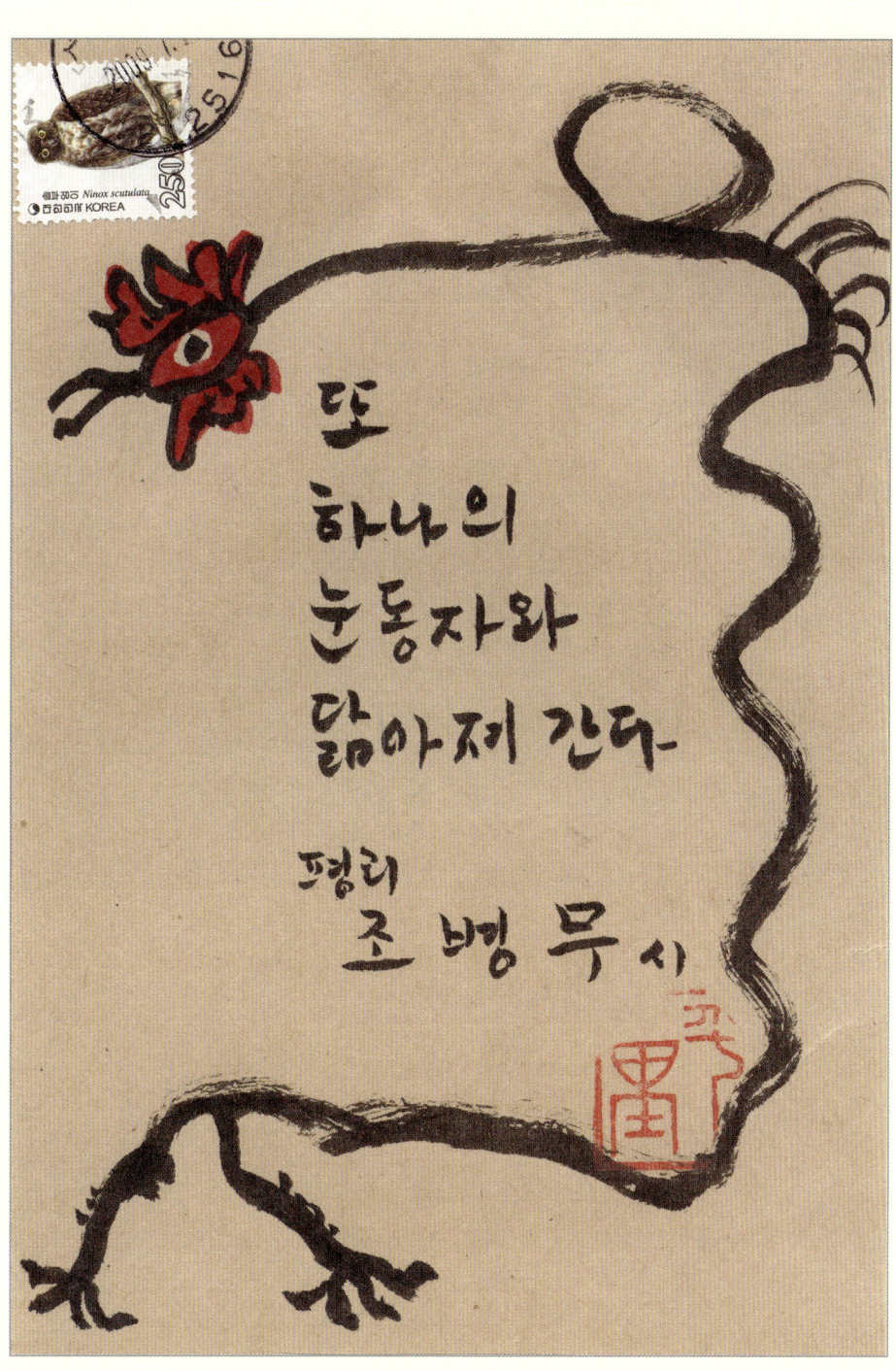

조윤정 수필가

조윤정(趙允廷) 수필가 : 서울 출생 (1954년), 「현대수필」로 등단, 현대수필문인회 회장 역임, 현재 한국문인협회, 문학의 집·서울 회원, 한국수필문학가협회 이사, 수필이야기동인회 회장으로 활동 중이다. 수필집으로 <다시 출렁이는 바다>, <델리카토> 등이 있다.

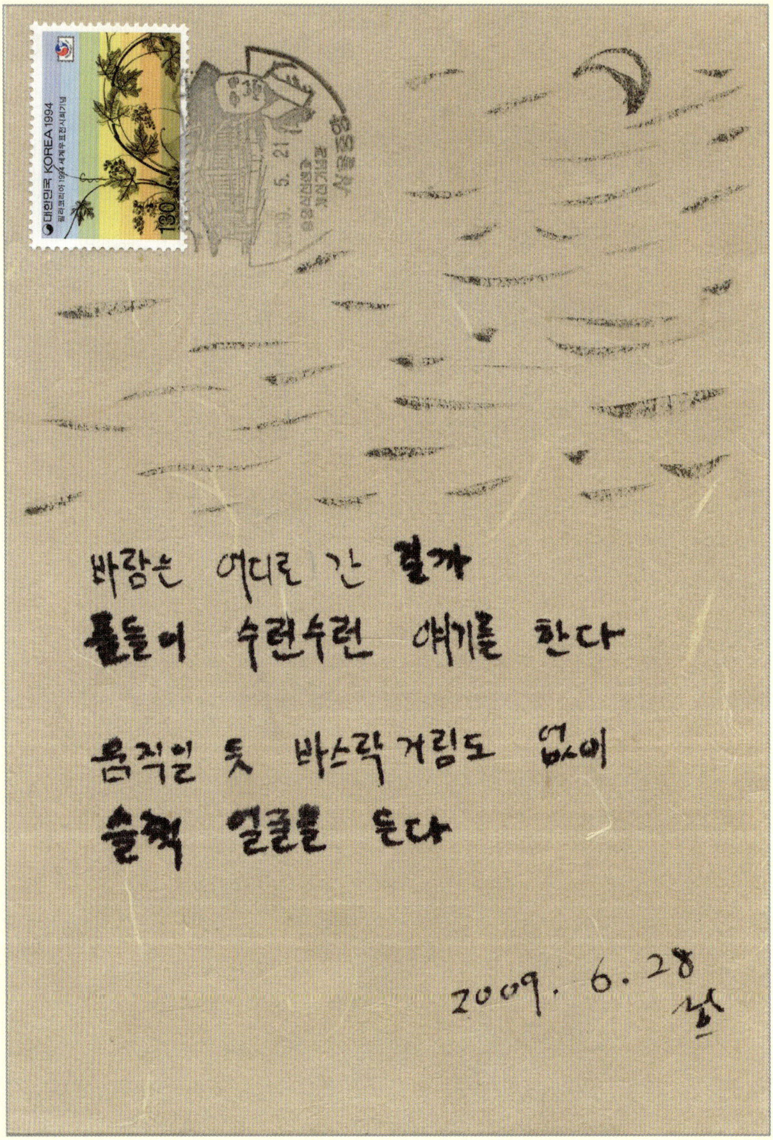

바람은 어디로 간 걸까
풀들이 수런수런 얘기를 한다

움직일 듯 바스락거림도 없이
숲의 결을 둔다

2009. 6. 28

조해성 시인

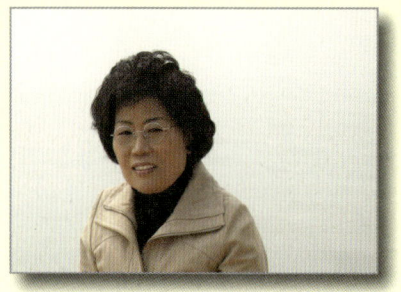

조해성(趙海晟) 시인 : 김제 출생. 가야미술관 큐레이터로 일했고, 남선갤러리 대표로 몸담아 일 해 왔다.

현재는 민족서화작가회원이며, 민미협 회원이기도하다. 또한 공공노조미술조합회원 간사로 일하며, 비정부기구 미술자정NGO간사로 일한다. 한국대표미술인100인전(코엑스)외 다수의 그룹전을 통해 발표한 바 있다. 문학저널을 통해 '내일이면 늦으리'로 등단했다.

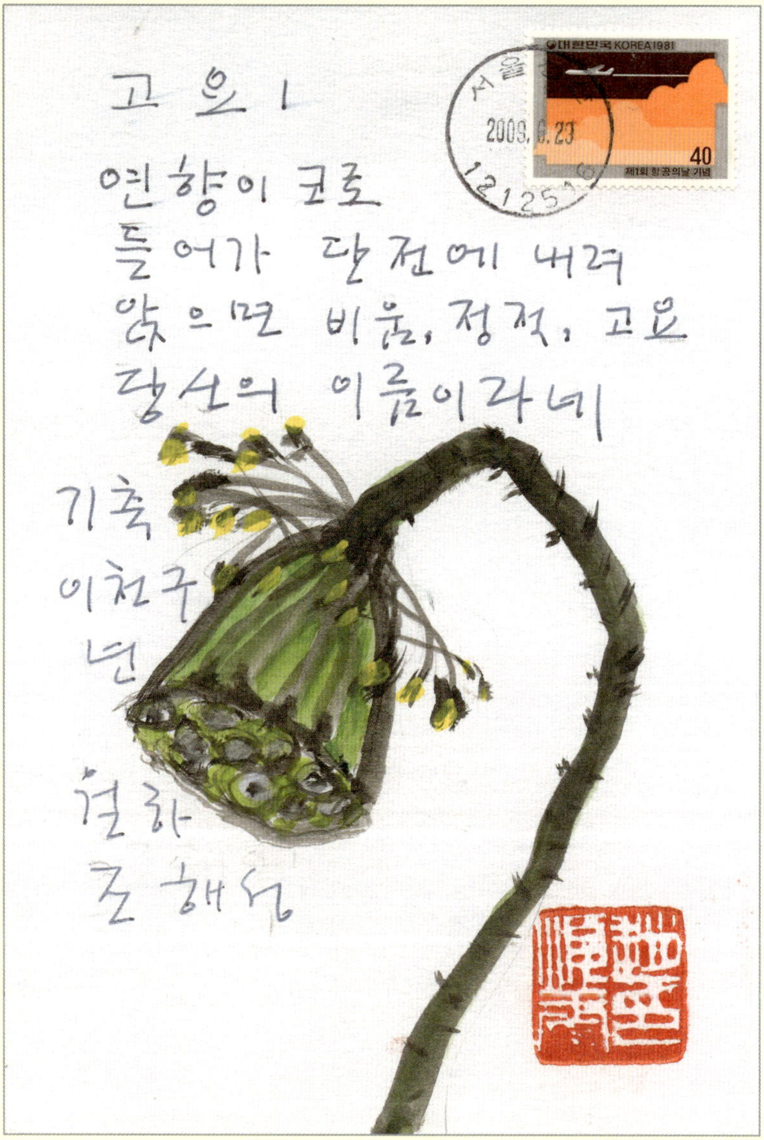

대한민국 KOREA 1981
40
제1회 항공의날 기념
2009. 6. 23
고요!
연향이 코로
들어가 단전에 내려
앉으면 비움, 정적, 고요
당신의 이름이라네
기축
이천구
년
결하
조해성

차 일 만 화가

차일만(車一萬) 화가 : 1952년 강원도 고성에서 출생. '70년대 후반 부터 국전, 목우회 등 공모전에 출품하고 '80년대 초반부터는 <선과 색> 그룹 등 창립멤버로 활동을 시작하여 '87년 중반부터는 신작전그룹을 창립하면서 '89년 첫 개인전을 열었다. '87년 미국 P.T.P(세계본부)가 제정한 국제미술작가상(1회)을 수상하면서 문화대사 자격으로 유럽, 남미 등 미국의 여러 대학에서도 미술 특강을 했다.

남미에서는 ST. Lucia의 명예 영사가 되어 외교활동에도 전념한 바 있으며, '94년부터는 일본에서 현재까지 300회가 넘는 전시회를 하고 있다. 현재는 창작활동에만 전념하면서 신미술회 회원이다. 개인전은 15회.

차재홍 화가

차재홍(車在弘) 화가 : 1963 출생, 1982년 인하대학교 畵友會를 시작으로 1987년 「제2회동양미술대전」에서 최우수상(세종문화예술회관)을 수상하였으며, 1996년 「제16회 한국현대판화공모전」 우수상(문예진흥원 미술회관)수상, 1994년 「제15회 대한민국불교미술대전」 은상 수상 (대한불교 조계종), 1997년 제16회 및 1988년 「제17회 대한민국미술대전」에서 특선 과 우수상(과천 국립현대미술회관)을 수상 하였다.

홍익대학교 미술대학 판화과와 미술대학원을 졸업하고 박사과정을 수료하였으며, 2007년 차재홍 박사청구전(관훈갤러리), 2008년 차재홍전(갤러리 성) 등 개인전을 15회하였으며, 2009년 시카고 콜럼비아대학교와 홍익대 book art 교류전 등 100회의 국내외전을 하였다.

統攝은 통합(綜合知)이다. 우리는 綜合知人이다. 인생은 統攝이다. 나의 삶은 統攝藝術이다. 라는 주제로 작품을 연구하고 있다.

최광선 화 가

최광선(崔光善) 화가 : 홍익 대학교 미술대학 서양학과 졸업. -개인전 34회 (국내 및 해외), 한국현대미술초대전(국립현대미술관), 한국구상미술대전(예술의 전당), 서울미술대전(서울시립미술관), 아세아현대미술초대전(동경도미술관), KAPAM미술제, 전미협초대전(예술의 전당), 한국수채화협회전, 서울아카데미회전(세종문화 전시실), 대한민국회화제(서울시립미술관)

현재 한국미협, 한국전업미술가협회 고문, 한국수채화협회, 아세아현대미술전 고문, 서울아카데미회, 대한민국회화제, 강남미술가협회 고문.

최금녀 시인

최 금녀(崔今女) 시인 : 시집으로 〈큐피드의 독화살〉, 〈저 분홍빛 손들〉, 〈내 몸에 집을 짓는다〉, 〈들꽃은 홀로피어라〉, 〈가본 적 없는 길에서〉, 시선집으로 〈최금녀의 시와 시세계〉, 일역시집 〈그 섬을 가슴에 묻고〉, 영역시집 〈분홍빛 손들〉

한 국현대시인협회 현대시인상, 한국문학비평가협회 작가상, 충청문학상 수상

국 제펜클럽 이사. 현대시인협회 이사, 여성문학인회 이사, 서울신문 대한일보 기자.

잔디 밭에서

최금녀

제초제를 뿌린 후
마당에서
너, 그렇게 독한
살충제 뿌리고
마음 편하니?
저 어린 것들의
아토피 앓고 있네?

나 홀로

최금녀

홀로 집에 있는 날에는
행복하다
시간을 맘대로 보내고
하늘도 나혼자 가지고 놀고
내 마음도
내 마음대로 가지고 놀고
하늘이 내 어깨에 내려와
졸고 있고.

최금자 화가

최금자(崔錦子) 서예가·화가 : 1984년 한국현대미술 대상전 서예부문 특선. 2001년 제1회 한·중 서화 작품공모전 한국화 부문 대상, 제7회 대한민국미술전람회 문인화 특선 서예 입선. 2003년 대한민국 전람회 문인화 특선 서예 입선. 2004년 대한민국 미술전람회 한국화 특선 등 수상 다수.

국민예술협회 회원, 초대작가. 한국현대미술회 서예작가, 서화아카데미 초대작가, 심사위원. 한국미술협회 회원(종로). 고양시 문화센터 출강.

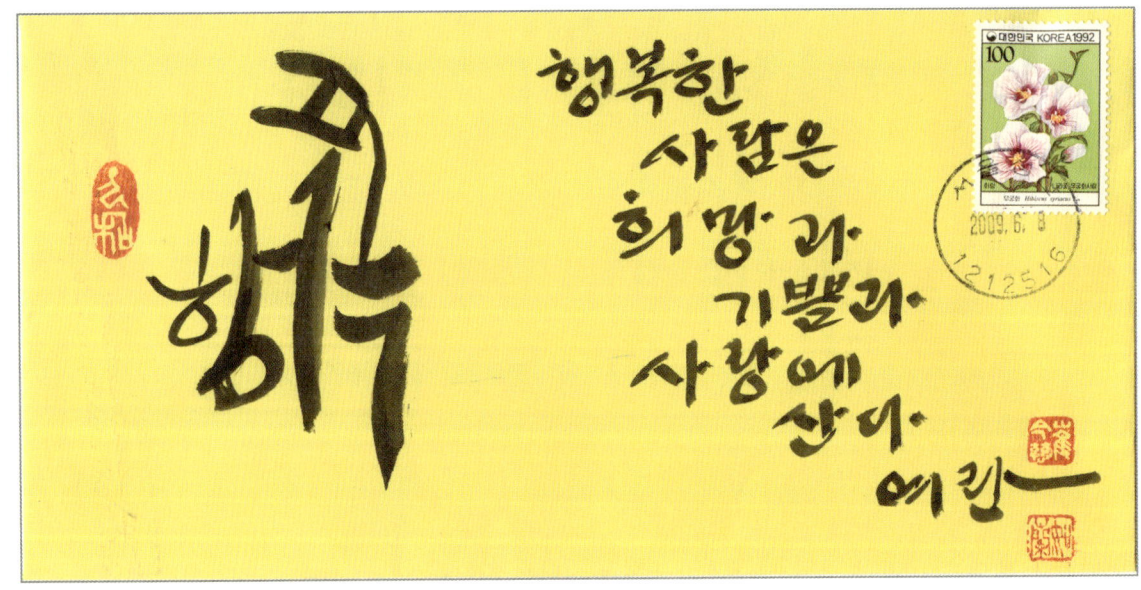

최선영 시인

최선영(崔鮮玲) 시인 : 1959년 「자유문학」에 김광섭 선생의 추천을 받아 등단. 대구 효성가톨릭대학, 이화여대 대학원 국문학과 수료. St. John's 대학원을 거쳐 고려대 대학원에서 교육학과 박사학위 취득. 전 대구효성가톨릭대학교 교수, 펜클럽 한국본부, 한국문인협회, 한국시인협회 회원, 상화시인상 수상.

시집으로는 <램프를 끌 무렵>, <나무의 시>, <다리를 건널 때>, <벽과 나비>, <잃어버린 시간>, <오래 전 그 꽃밭은> 등이 있다.

겨울 나무

바람을 마시고 사는
겨울나무여
너의 숨결은
소리없이 쌓여가는
하얀 싸락눈 소리

　　　　　최선영

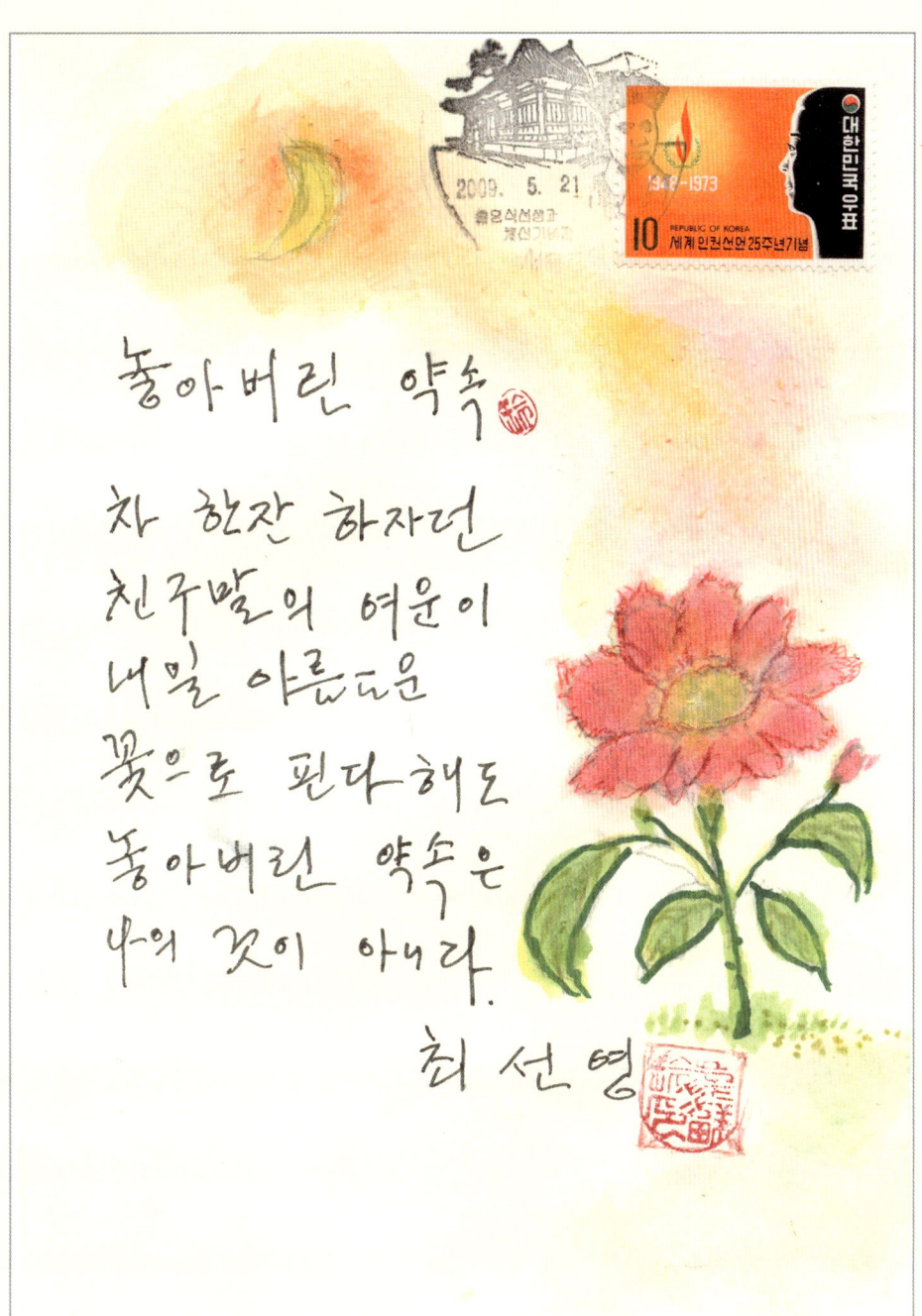

놓아버린 약속

차 한잔 하자던
친구말의 여운이
내일 아름다운
꽃으로 핀다해도
놓아버린 약속은
나의 것이 아니다.

최선영

최순향 시인

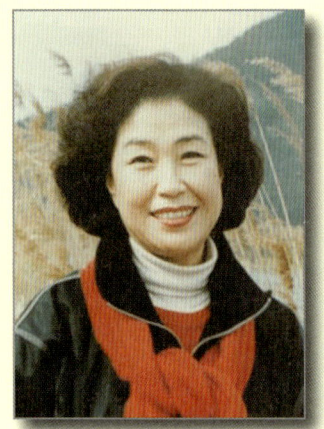

최순향(崔順香) 시인 : 1946년 경북 포항에서 출생하여, 포항여자고등학교와 숙명여자대학교 약학대학을 졸업하고, 계간 「시조생활」에 편집장을 거쳐 현재 주간으로 근무하고 있다.

국제펜클럽 한국본부, 한국문인협회, 한국시조시인협회 등 회원이며, 전민족시조생활화운동본부, 한국아동시조시인협회 부회장으로 활동 중이다.

시천시조문학상을 수상했으며, 시조생활사 제정 신인문학상 심사위원, 시천시조문학상 운영위원이기도 하다. 저서로는 시집 <긴 횟단 그츠리잇가>와 동인지 <궁수의 하늘> 외 다수가 있다.

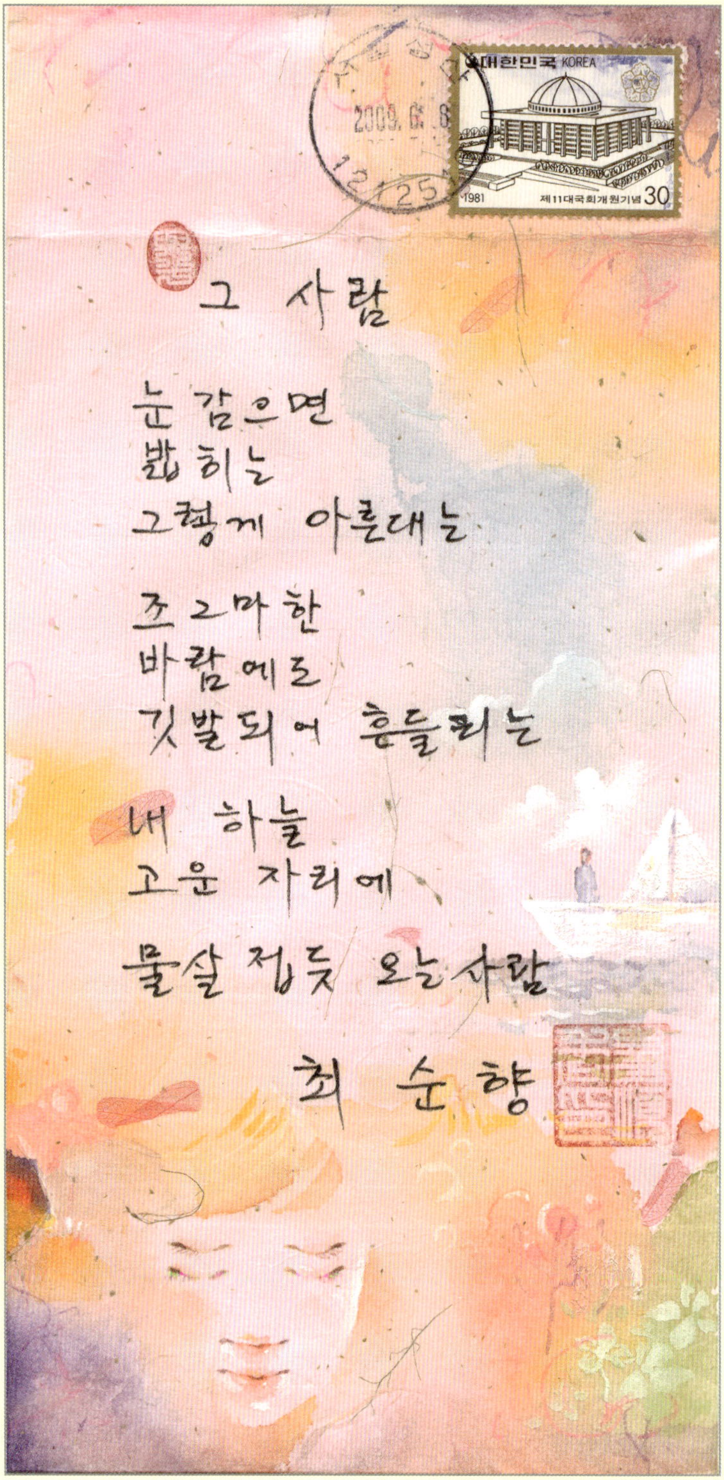
대한민국 KOREA
1981
제11대국회개원기념
30
그 사람
눈 감으면
밟히는
그렇게 아른대는
조그마한
바람에도
깃발되어 흔들리는
내 하늘
고운 자리에
물살 짓듯 오는 사람
최 순 향

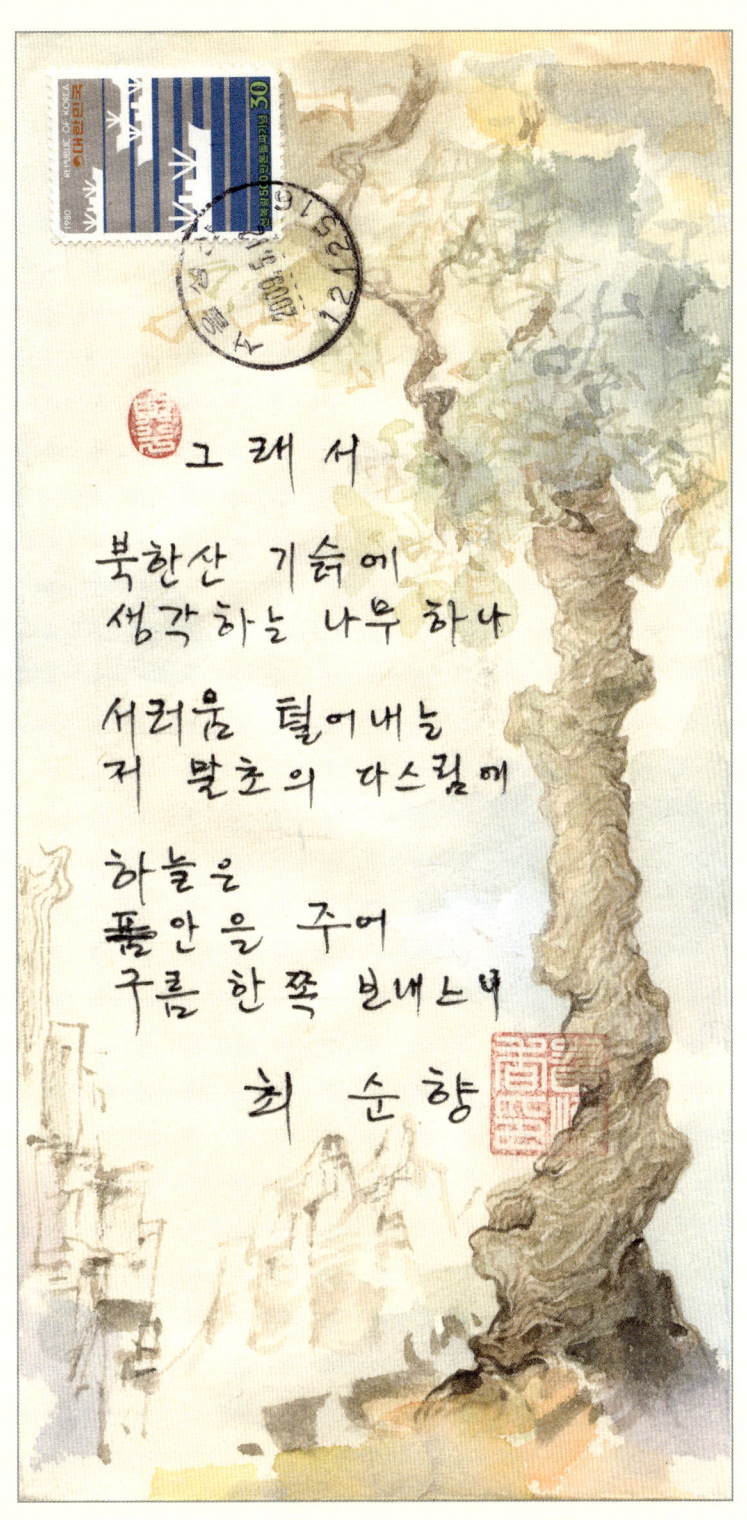

최신자 화가

최 신자(崔信子) 화가 : 이화여대 미술대학을 졸업하였고, 개인전 2회, 목우공모미술대전 우수상(J.S 상) 및 입선, 초대전 및 단체전 다수,
현 재 한국미협, 창석회 회장을 역임하고 있다.

최연숙 시인

최연숙(崔連淑) 시인 : 「한국크리스천문학」 수필 등단. 「문학마을」 시 등단. 「코스모스문학」 소설 등단. 경기문화재단문예재단기금 수혜. 한국크리스천문학가협회 편집국장. 우당문학회 사무국장. 과천문인협회 시분과위원장. 시집 <기억의 울타리엔 경계가 없다> 외 다수의 공저. 가곡 <그리운 산촌>, <봄으로 오시는 님>, <아름다운 생명> 작사.

석류

짜락 짜락 짜락비
맞다가 담 아래 주홍연가
흘리다가 여러날 사랑니
앓다가 유타 덧칠한 치아
주머니 톡 떨어져 이 아래
씹히는 유리알처럼 투명한
완두!

최연숙 09.7월

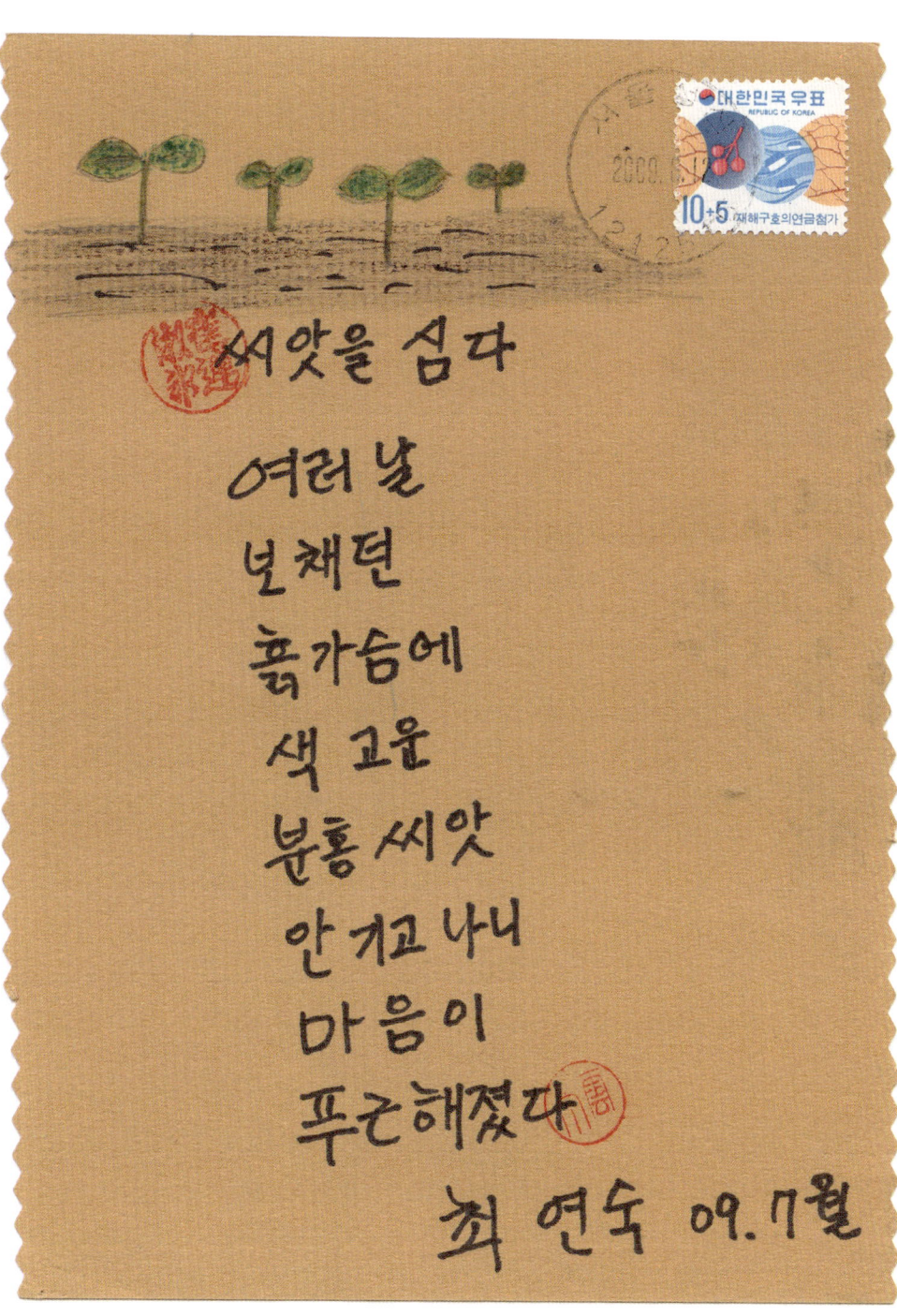

씨앗을 심다

여러 날
놀채던
흙가슴에
색 고운
분홍 씨앗
안기고 나니
마음이
푸근해졌다

최연숙 09.7월

최영숙 화가

최영숙(崔英淑) 화가 : 홍익대학교 미술대학 졸업. 개인전 및 초대전 18회(서울, 대전, 광주, 부산, 중국, 이태리), 국내외 전시 220여 회, 1976년 부터. 한국 여류 화가 협회전, 1979년 부터. 한국 미술 협회전, 1982년 부터. 홍익 여성 화가 협회전, 1998년 부터. 대한민국 회화제 회원전, 그 외 영등포 미협회원, 한빛회원, 목련전 회원 및 전시.

현재 : 현대백화점(목동), I'park 문화센터 출강, 공모전 심사의원 역임.

최원규 시인

최원규(崔元圭) 시인 : 1933년 공주에서 출생. 공주중고와 공주사범대학을 거쳐 충남대 동 대학원 국어국문학과를 마치고 문학박사 학위를 받았다. 1962년 「자유문학」지에 작품 '나목'으로 신인상에 당선되었다. 시집으로 <자음송>, <둔산에 와서> 등 15권을 출간했고, 수필집 <꺼지지 않는 불꽃> 등을 출판했다. 문학상으로 현대문학상, 한국 P.E.N 문학상, 현대시인상, 충남도 문화상, 시예술상, 정훈문학상을 수상하였다.

1975년 세계시인대회(인도 마드라스, 미국 샌프란시스코)에 한국대표로 참가를 비롯하여 국제펜대회(호주시드니) 등에 10여 차례 국제대회에 참석하였다.

1965년부터 34년간 충남대 교수, 한국언어문학회장, 한국시문학회장 등 학회 활동과 국립대만사범대학과 중앙대학교의 교환교수를 역임했다. 저서로는 <한국현대시론고>, <한국현대시의 성찰과 비평>, <우리 시대 문학의 공간적 위상> 등이 있다. 국민훈장 모란장을 수훈하였고, 현재 충남대 명예교수로 재임 중이다.

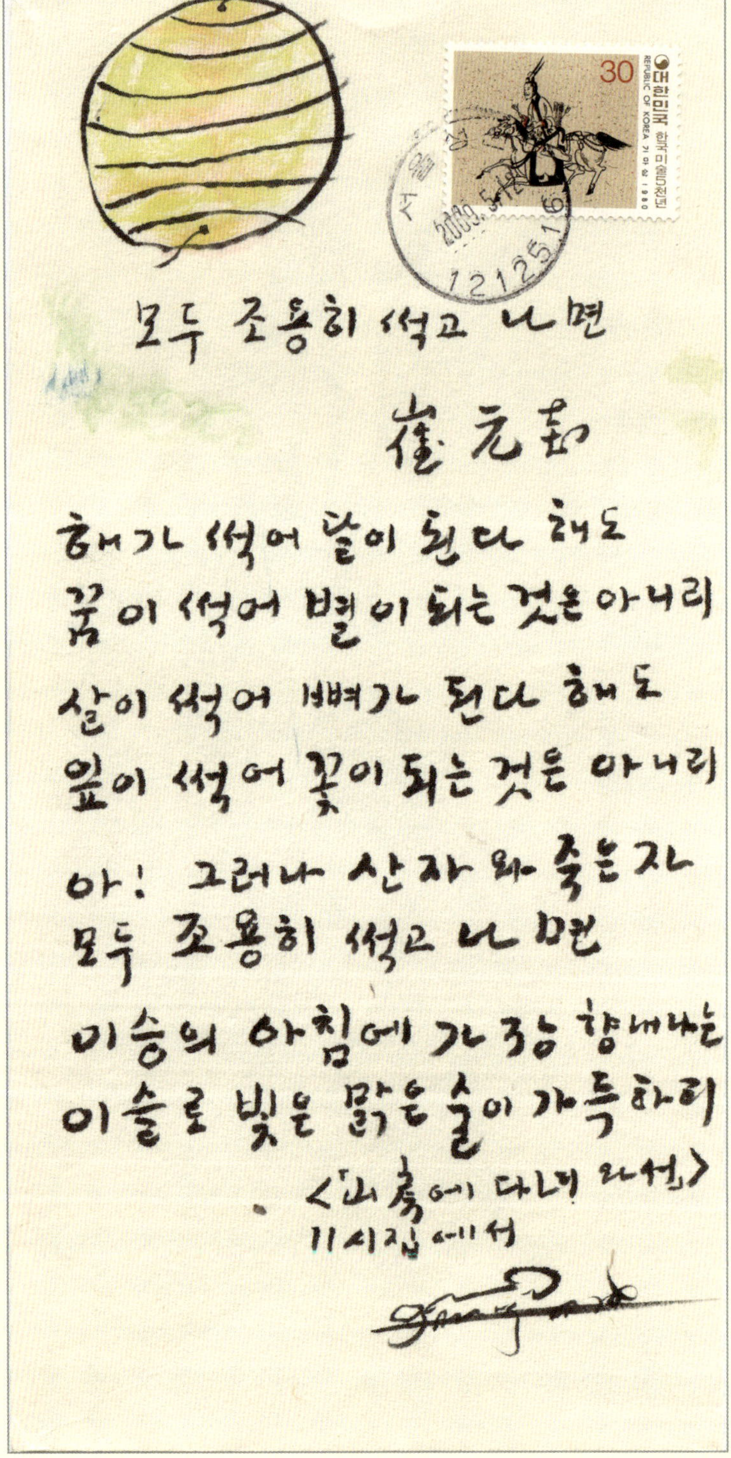

모두 조용히 썩고 나면

崔元圭

해가 썩어 달이 된다 해도
꿈이 썩어 별이 되는 것은 아니리
살이 썩어 뼈가 된다 해도
잎이 썩어 꽃이 되는 것은 아니리

아! 그러나 산 자와 죽은 자
모두 조용히 썩고 나면

미승의 아침에 가장 향기나는
이슬로 빚은 맑은 술이 가득하리

<미충에 다녀 와서>
시집에서

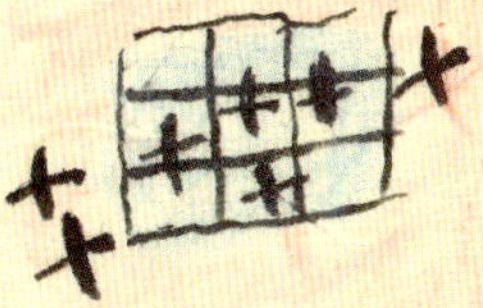

최원규

금강 가에서

강물은 너무 고단하다
잠시 쉬지 않고 달려 왔기 때문인가
산 성긑에서 가끔 쉬어 간다
산 그늘이 맑고 깊기 때문이다
강물은 누구를 만나도 얼싸 안는다
반갑고 정이 넘치기 때문이다
서로의 눈물과 춤을 가슴에 담고
알몸끼리 부딪히며 솟구치며
에워싸고 발버둥 친다
발이나 손을 한없이 흔들어
헛삿을 잡고자 했으리

〈14시집 "신은 갖는 것까지 버리라 했다"

최원규 407

최윤정 시인

최윤정(崔允丁) 시인 : 1949년 서울 출생, 「문학과 의식」으로 등단 후, 자유기고가로 활동, 특히 여행을 밥먹는 것보다 좋아해서 시간과 돈만 생기면 어디든 떠나지 않고는 못배김. 여행지에서 만난 놀랄만한 아름다움은 돌아 와 테마기행, 문학기행, 맛기행 등의 테마로 여러 매체에 발표함. 한국문인협회, 「여백 시」동인「새흐름」문학동인, 세계여행작가협회 회원으로 활동 중.

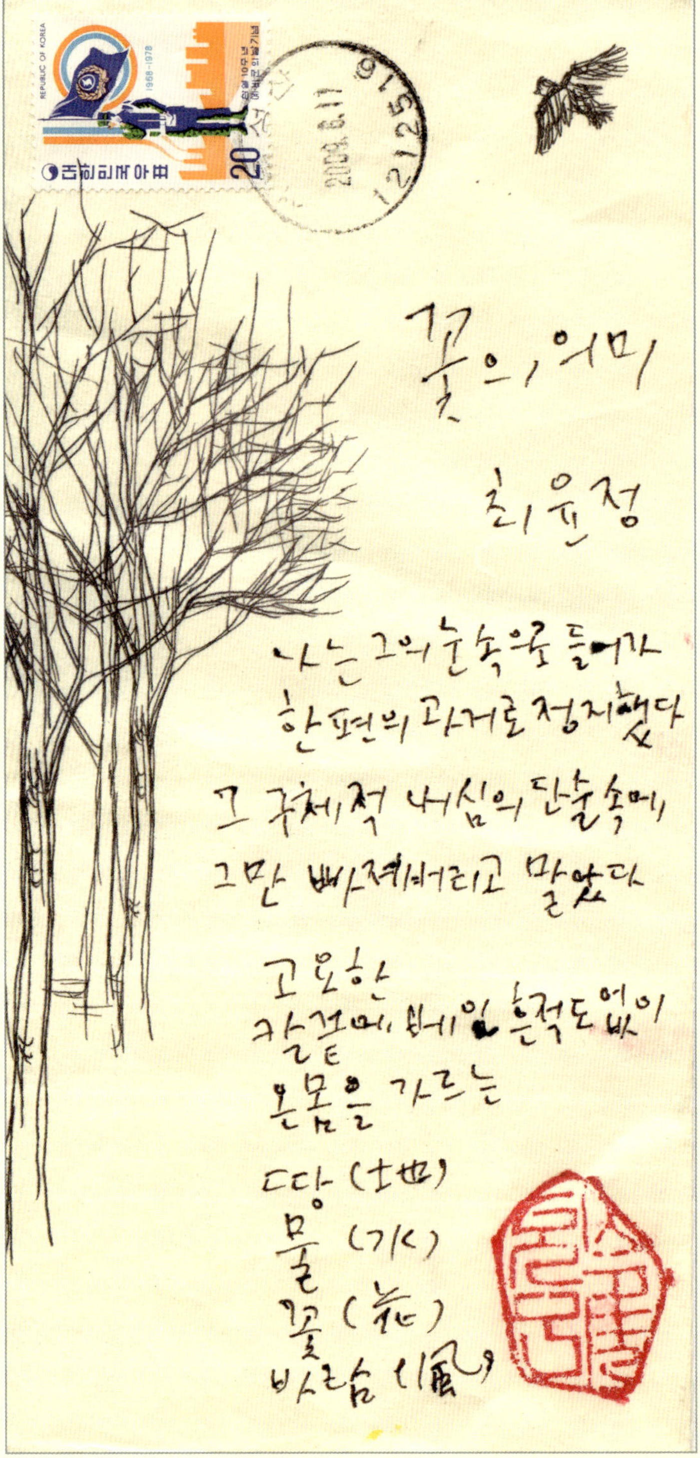

꽃의, 의미

최윤정

나는 그의 눈속으로 들어가
한 편의 과거로 정지했다

그 구체적 내심의 단술속에
그만 빠져버리고 말았다

고요한
잠결에 베인 흔적도 없이
온몸을 가르는

디딤(土也)
물 (기ㅅ)
꽃 (花)
바람 (風)

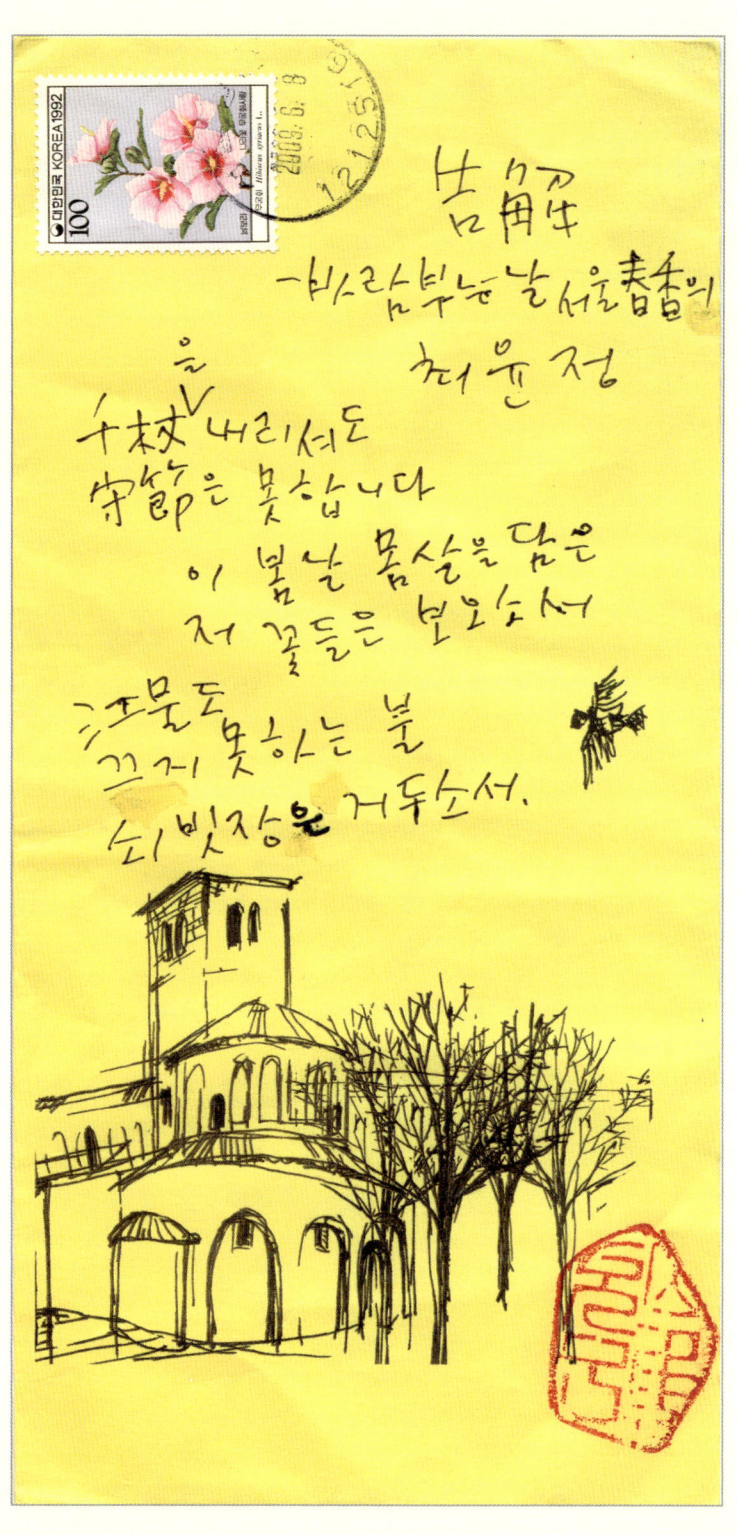

최은하 시인

최은하(崔銀河) 시인 : 경희대 국문과 및 동대학원 졸업, 1959년 「자유문학」을 통해 문단에 데뷔했으며, 한국현대시인협회 및 한국기독교문인협회 회장직을 역임했다. 한국문학상, 한국현대시인협회상, 기독교문화대상 등을 수상했고, 시집 <너와 나의 최후를 위하여> 외 5권을 출간했다.

이슬방울 하나

최은하

해맑게 씻고 닦은 손발이어도
올라 닿지 못할 바위벼랑 중간쯤에
몇 번이나 시들었다가
간신히 살아난 풀잎
그 풀잎에 맺힌 이슬방울 하나
어느날 아침
한 송이 꽃으로 피어
온 적막을 깨우치고
침침해지는 내 눈을 비춰
비로소 훤히 뜨게 하더라.

별밭

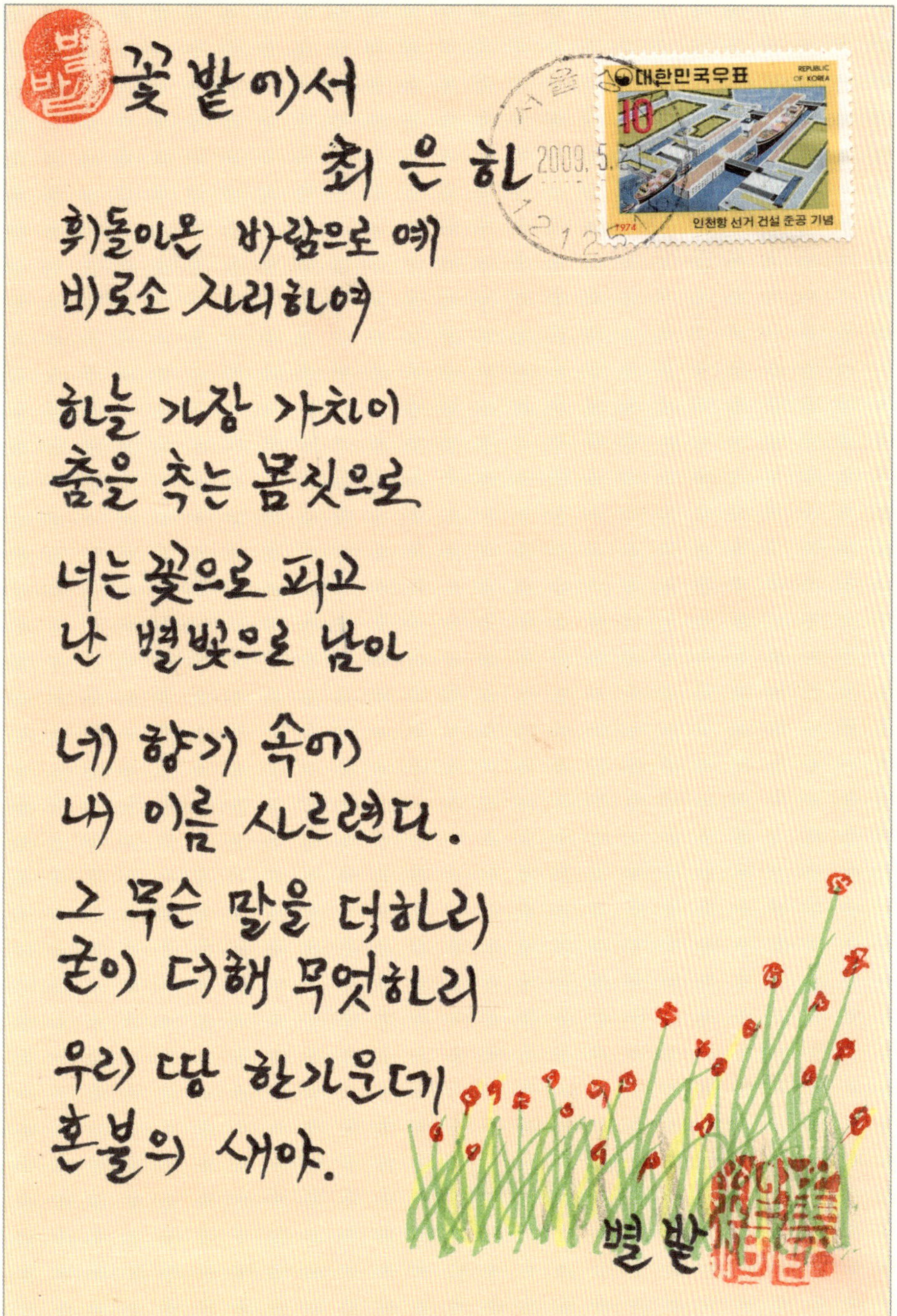

별밭
꽃밭에서
최은하
휘돌아온 바람으로 여기
비로소 자리하여

하늘 가장 가차이
춤을 추는 몸짓으로

너는 꽃으로 피고
난 별빛으로 남아

네 향기 속에
내 이름 사르련다.

그 무슨 말을 더하리
굳이 더해 무엇하리

우리 땅 한가운데
혼불의 새야.
별밭
대한민국우표
REPUBLIC OF KOREA
10
1974
인천항 선거 건설 준공 기념
2009. 5.

최의수 화가

최의수(崔義秀) 화가 : 1962년 서울에서 출생. 한국미술협회 회원으로 경기미술대전, 충남미술대전, 대한민국 서예전, 한국문인화협회전, 한국서도협회전, 한국목우회 미술대전 등에 입선, 특선되었다. 대한민국 동양미술대전에선 우수상을, 일본 국제서화협회전에서 특별대상을 중국, 북경 국가교육계통 서화전에선 3등상을 수상한 바 있다.

추영수 시인

추영수(秋英秀) 시인 : 1961년 「현대문학」에 시 추천 완료로 등단하였고, 青眉詩同人, 한국문인협회, 한국시인협회, 기독시인협회, 국제PEN, 한국여성문학인협회에서 활동하였다. 저서로는 시집 <천년을 하루같이> 외 8권, 기타.

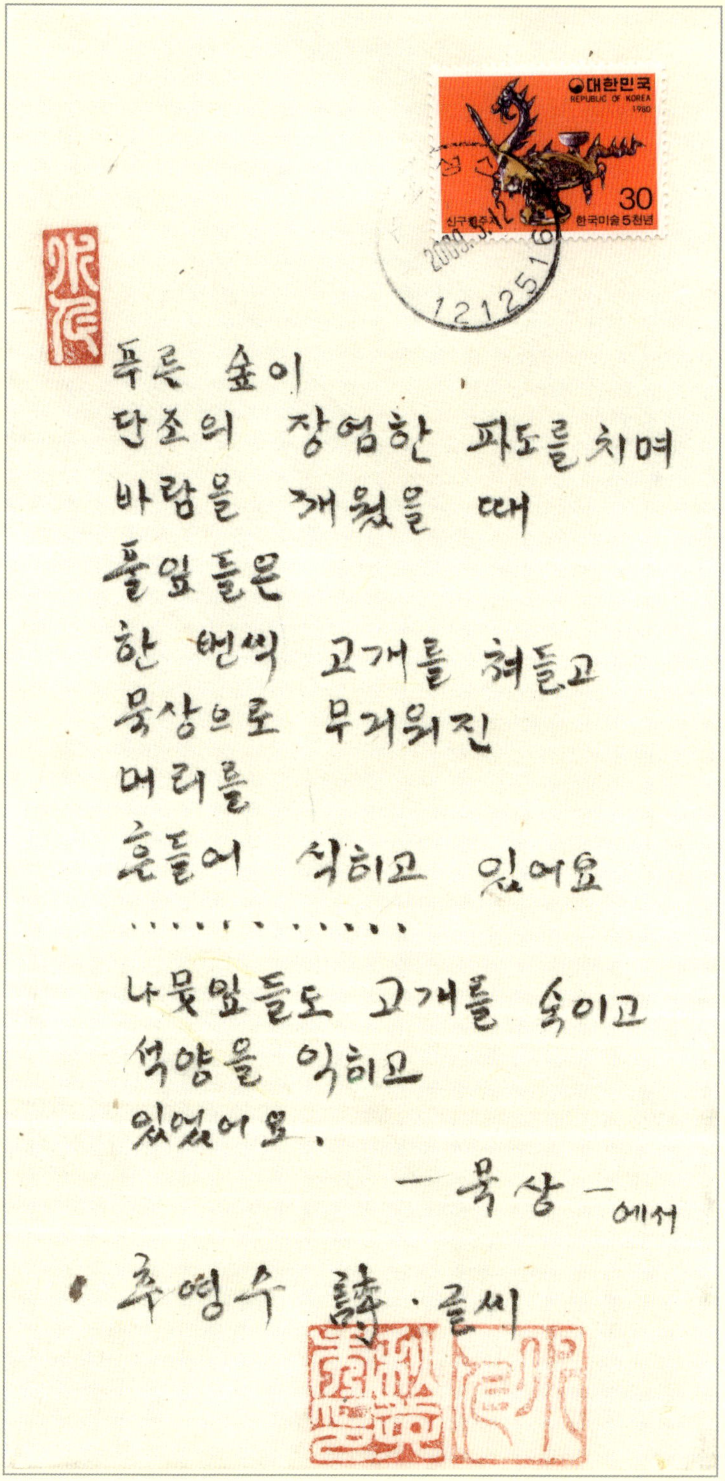

푸른 숲이
단조의 장엄한 파도를 치며
바람을 재웠을 때
풀잎들은
한 번씩 고개를 쳐들고
묵상으로 무거워진
머리를
흔들어 식히고 있어요
……………
나뭇잎들도 고개를 숙이고
석양을 익히고
있었어요.

— 묵상 — 에서

• 추영수 詩·글씨

바람꽃

바람이 고운 날은
낙엽도 꽃이 된다

침향목 가지 위에
조신히
꿈을 실어

상처도
꽃무늬 되도록
뛰는 가슴
재운다

추영수 시·글씨

추은희 시인

추은희(秋恩姬) 시인 : 대구에서 출생. 숙명여대 국문과 및 동 대학원을 거쳐 일본 동경대 대학원을 수료하였다.(한일비교문학 연구). 숙명여대를 거쳐 동덕여대 교수 및 동경대 연구원을 역임했다.

1950년 한국문학연구소에서 문학예술단체(최초)전국 대학생 문예작품 모집에서 시 '코스모스'로 당선되었고, 57년에는 첫 시집 <詩心의 계절>을 출간한 후 많은 저서를 남겼다. 동서문학상, 영랑문학상, 숙명문학상, 96 최고 예술상 등을 수상하기도 했다.

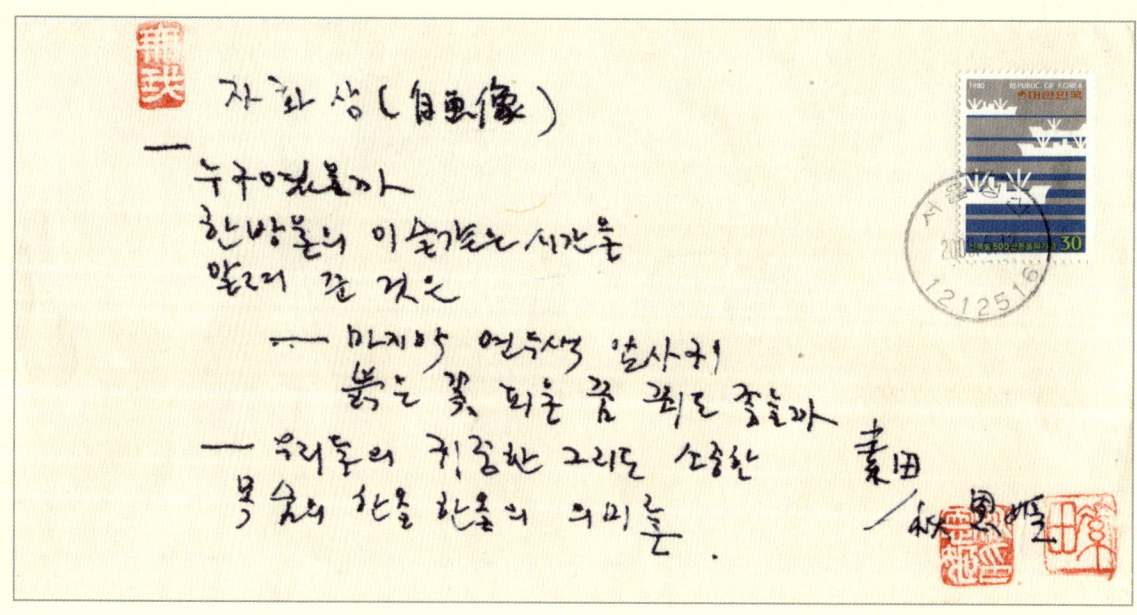

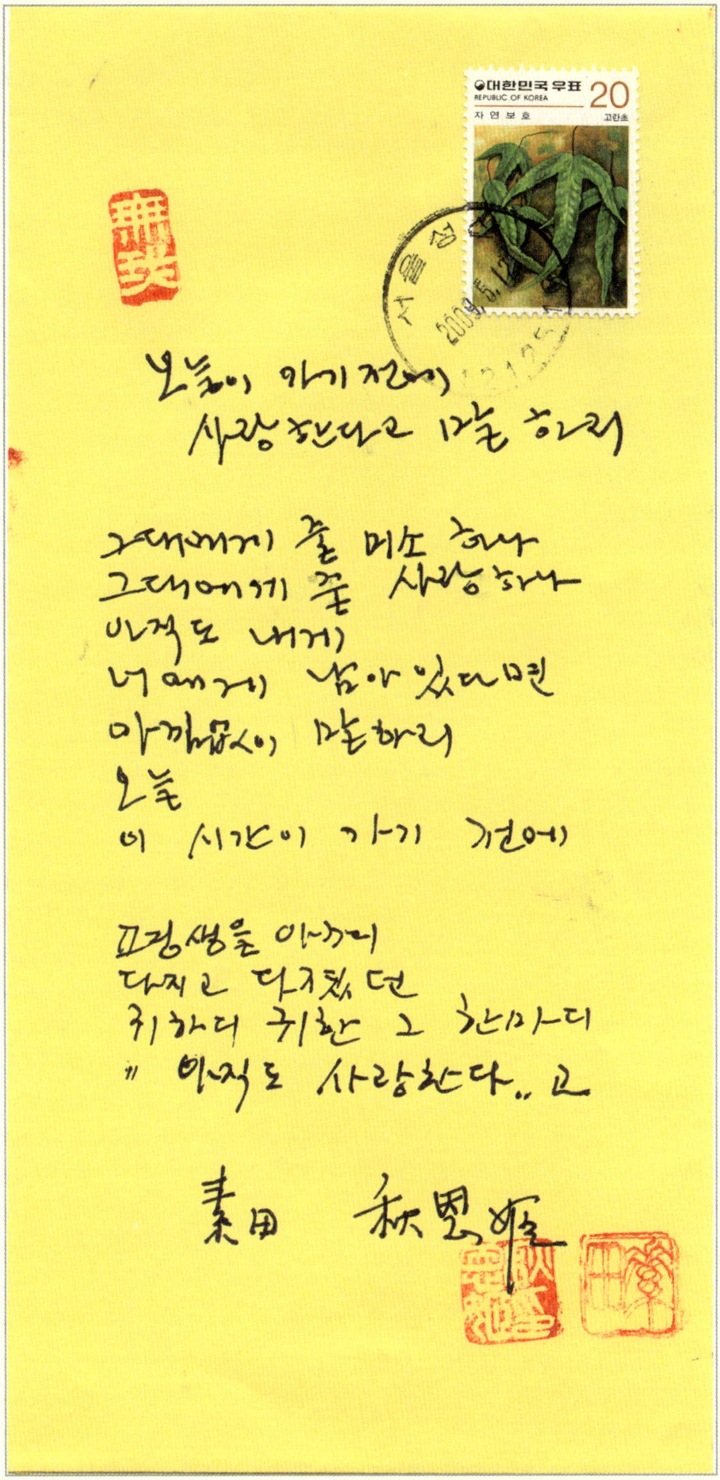

오늘이 가기 전에
사랑한다고 말을 하리

그대에게 줄 미소 하나
그대에게 줄 사랑 하나
아직도 내게
너에게 남아 있다면
아깝없이 말하리
오늘
이 시간이 가기 전에

고경생을 아끼며
다지고 다졌던
귀하디 귀한 그 한마디
" 아직도 사랑한다.."고

　　　素田　秋恩嬉

한광구 시인

한광구(韓光九) 시인 : 1944년 경기도 안성에서 태어나 연세대학교 국문과 한양대학교 대학원 국문과를 졸업했다.(문학박사) 1974년 시전문지 「심상」으로 등단하여 첫 시집 <이 땅에 비오는 날은>(79)을 비롯하여 <한광구 시전집>까지 총10권의 시집을 발간했고, 장편소설 <물의 눈>과 최근에 <한광구 시인의 시세계>를 발간했다. 한국시문학상을 수상했고 주식회사 유한양행 광고부, 추계예술대학교 교수를 역임했다.

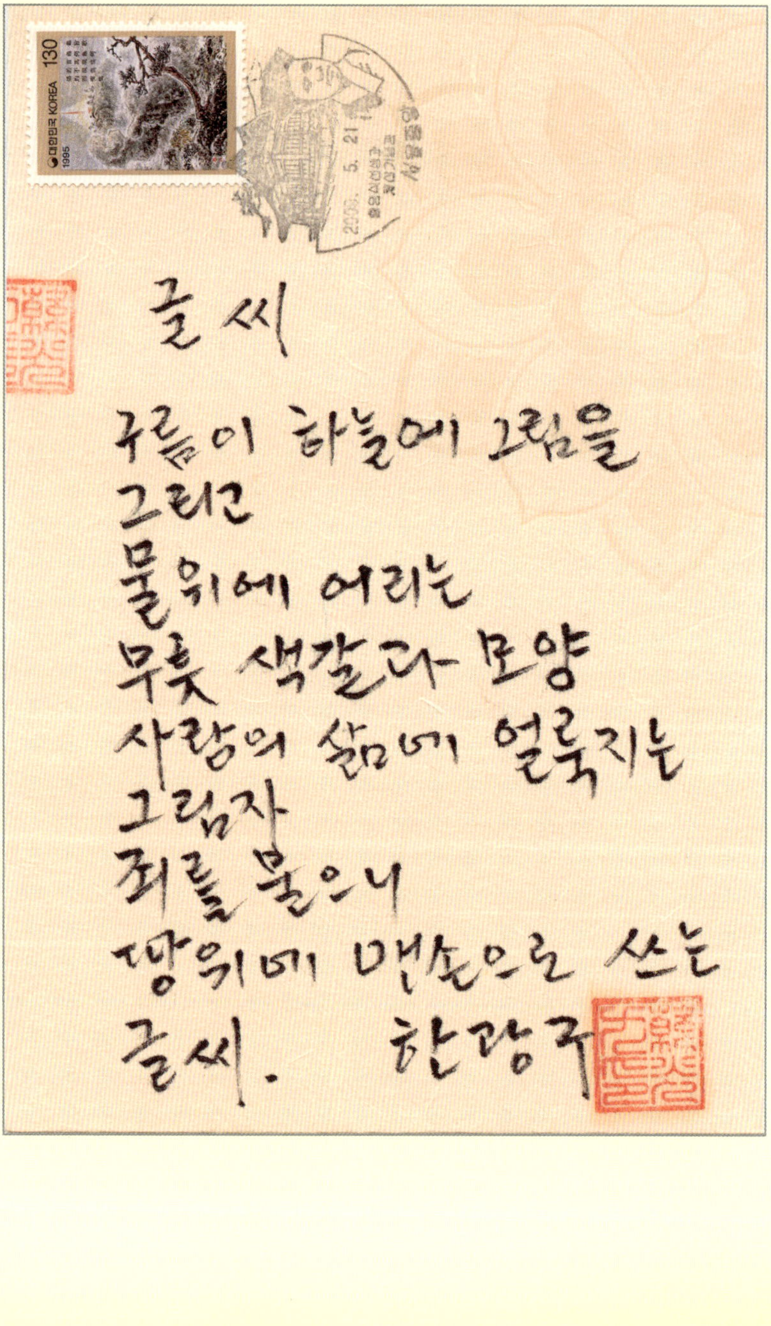

글씨

구름이 하늘에 그림을
그리고
물위에 어리는
무슨 색깔과 모양
사랑의 삶에 얼룩지는
그림자
죄를 물으니
땅위에 맨손으로 쓰는
글씨.   한광구

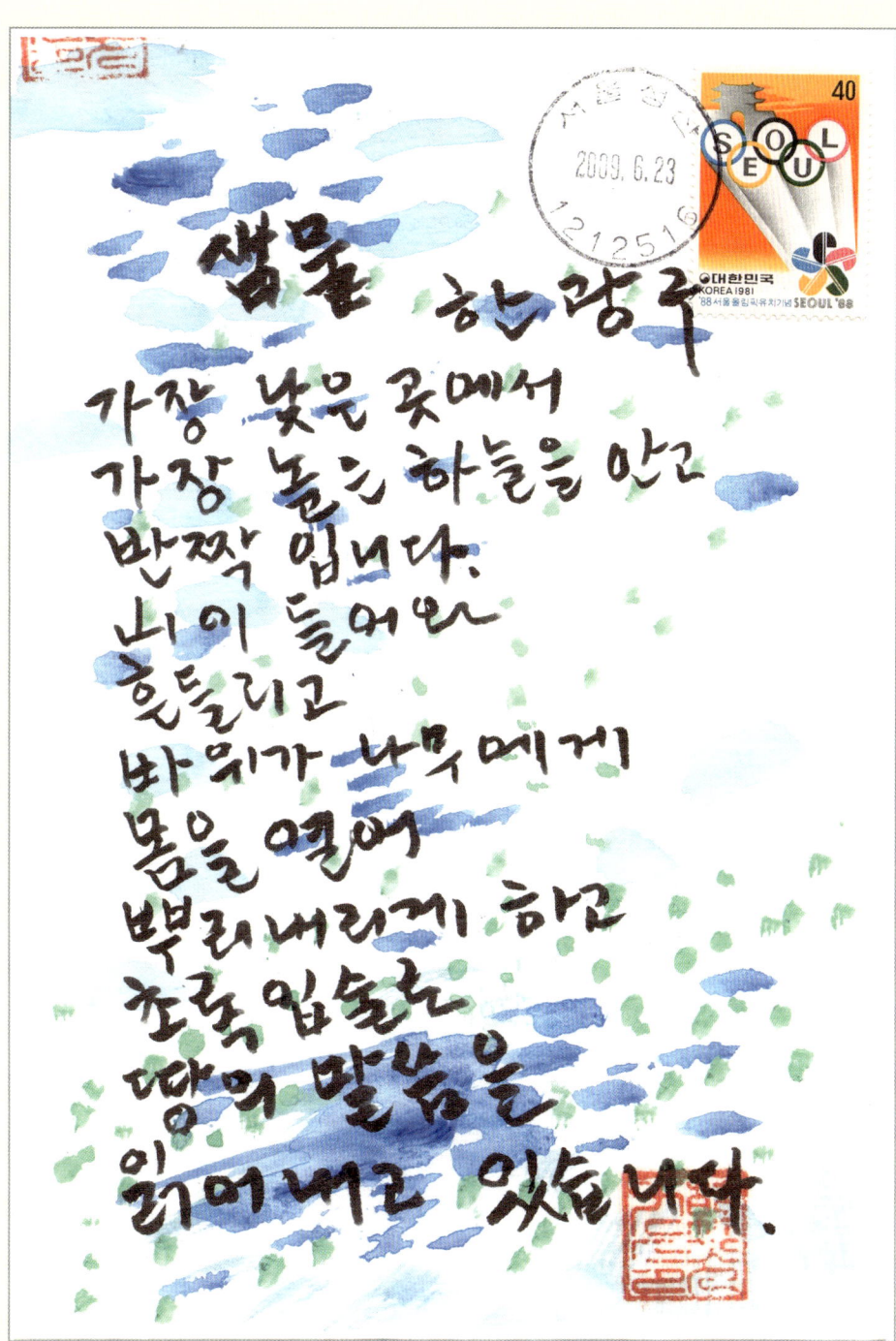

한 분 순 시인

한분순(韓粉順) 시인 : 70년 서울신문 신춘문예 당선. 시집 <실내악을 위한 주제>, <서울 한낮>, <소녀> 등. 수필집 <한 줄기 사랑으로 네 가슴에>, <어느날 문득 사랑 앞에서>, <소박한 날의 청춘> 등.
정운시조문학상. 한국문학상. 가람시조문학상. 현대불교문학상 등 수상. 현재 한국시조시인협회 이사장. 한국문인협회 시조분과회 회장.

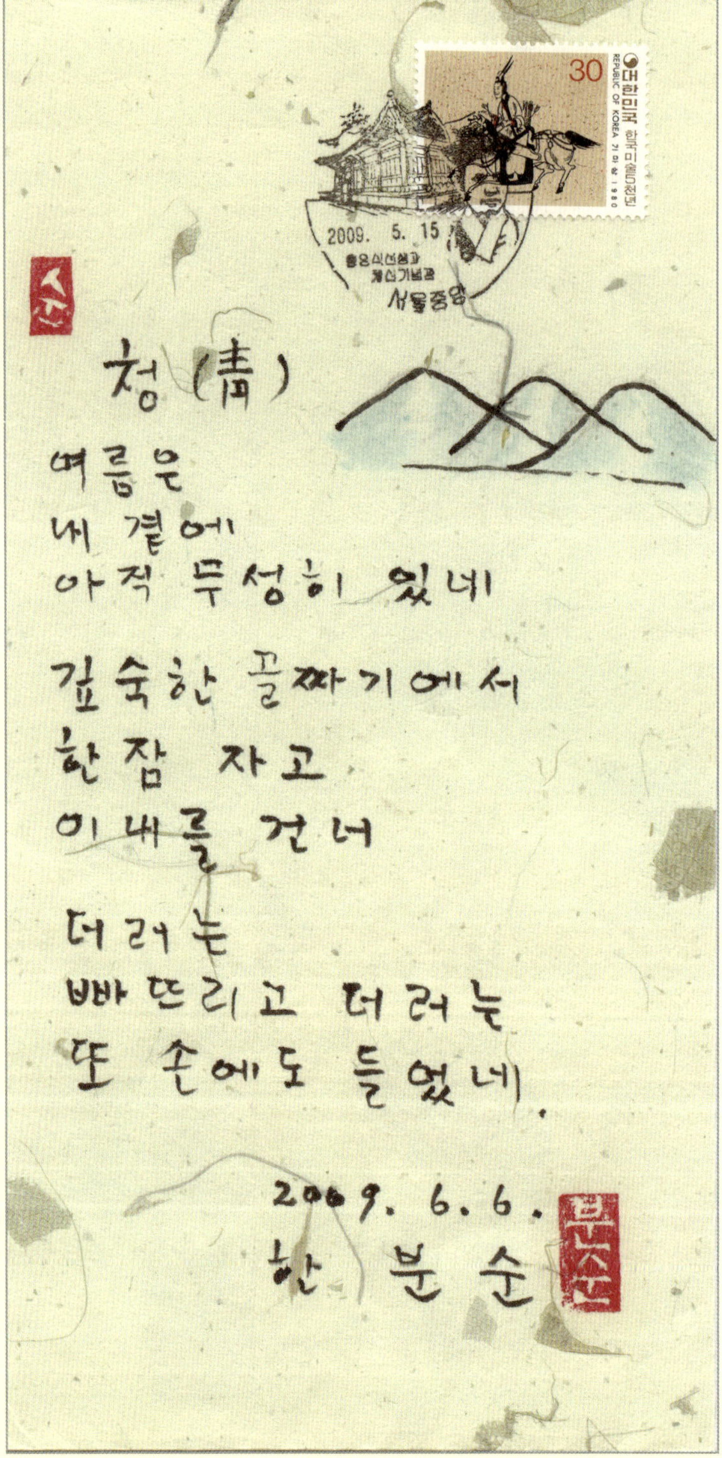

청(靑)

여름은
내 곁에
아직 무성히 있네

깊숙한 골짜기에서
한 잠 자고
이내를 건너

더러는
빠뜨리고 더러는
또 손에도 들었네.

2009. 6. 6.
한 분 순

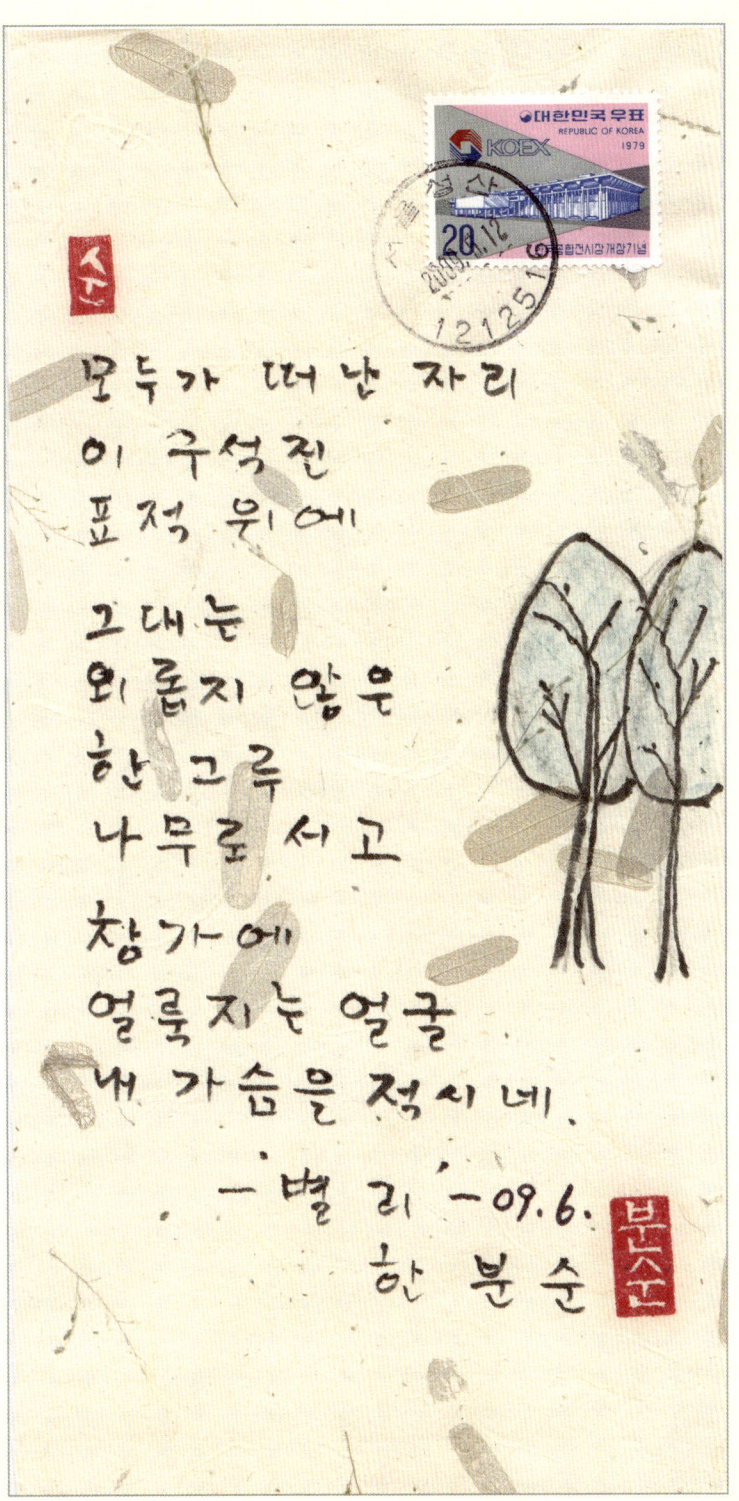

모두가 떠난 자리
이 구석진
표적 위에

그대는
외롭지 않은
한 그루
나무로 서고

창가에
얼룩지는 얼굴
내 가슴을 적시네.
- 별리 - 09.6.
한분순

함동선 시인

함동선(咸東鮮) 시인 : 황해도 연백에서 출생하다(1930년). 서라벌예술대학, 중앙대학교, 경희대학교 대학원 국문학과에서 석사, 박사 과정 수료하다. 「현대문학」에서 서정주 선생 추천으로 등단하다.(1958년) 시집으로 〈꽃이 있던 자리〉, 〈인연설〉, 〈밤섬의 숲〉 외 여러 권이 있다. 〈명시의 고향-한국의 시비를 찾아서〉(서문당 1980년) 를 내고 한국현대시인협회 회장을 역임하다. 대한민국문화예술상, 서울시문화상, 청마문학상을 받다. 현재 중앙대학교 명예교수이다.

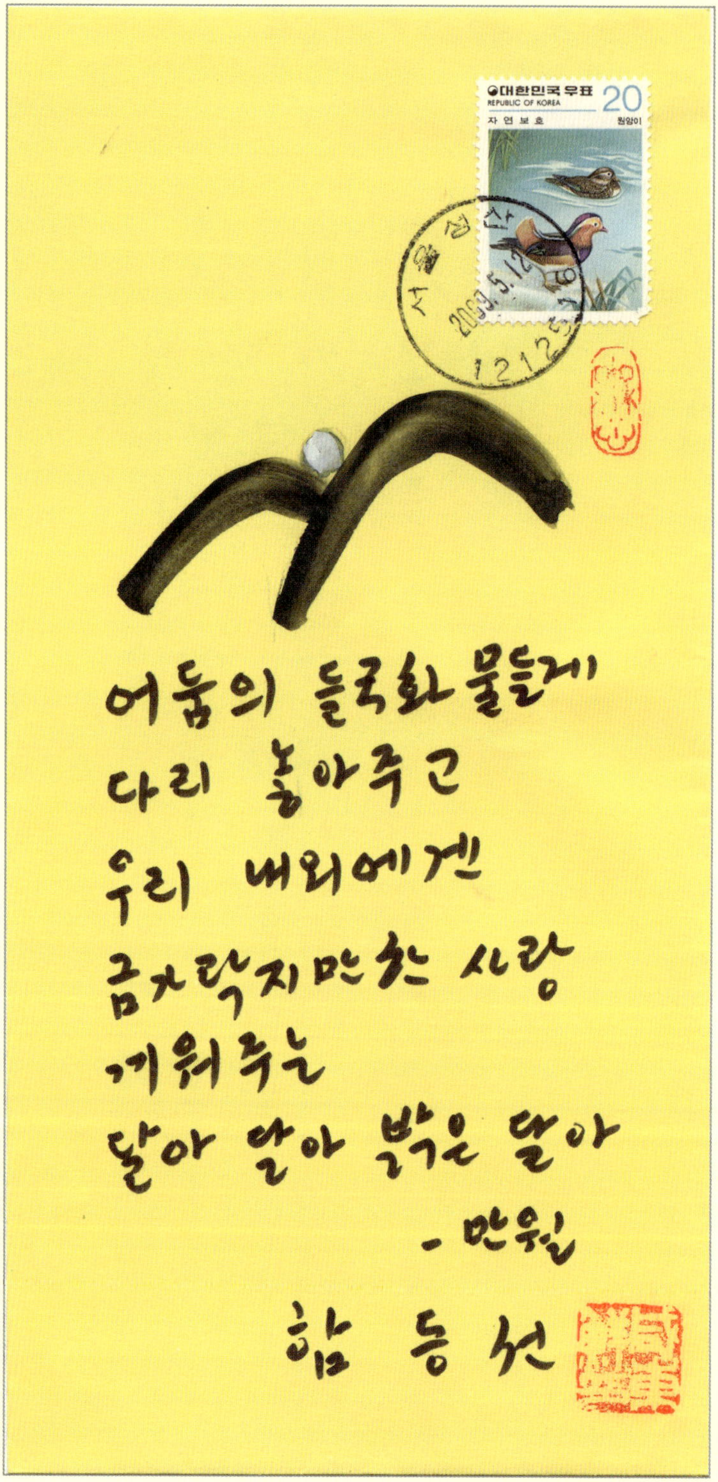

어둠의 들국화 물들게
다리 놓아주고
우리 내외에겐
금가락지 만큼 사랑
키워주는
달아 달아 밝은 달아
— 만월

함 동 선

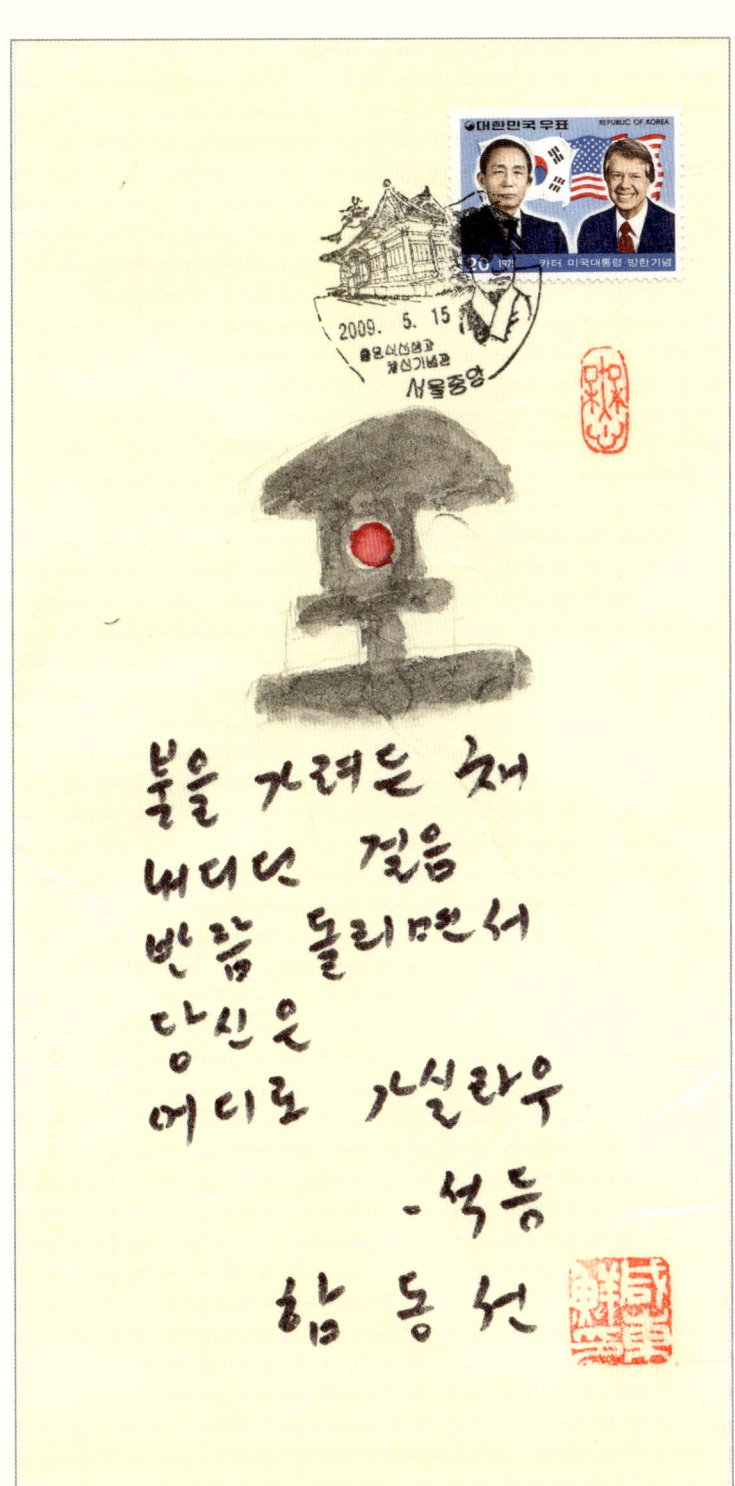

허영자 시인

허영자(許英子, 1938년 8월 31일~) 시인 : 경남 함양에서 출생했으며, 숙명여대 국문과 및 동 대학원을 졸업하였다. 1962년 「현대문학」에 '도정연가', '사모곡' 등이 추천되어 등단했다. 주요 작품으로 '가을 어느 날', '꽃', '자수' 등이 있으며 주요 시집으로 <가슴엔 듯 눈엔 듯>, <어여쁨이야 어찌 꽃뿐이랴>, <그 어둠과 빛의 사랑> 등이 있으며, 수필집으로 <내가 너의 이름을 부르면> 등이 있다. 한국시인협회상, 월탄문학상을 수상했다.

어여쁨이야
어찌
꽃뿐이랴

2009 여름
허영자

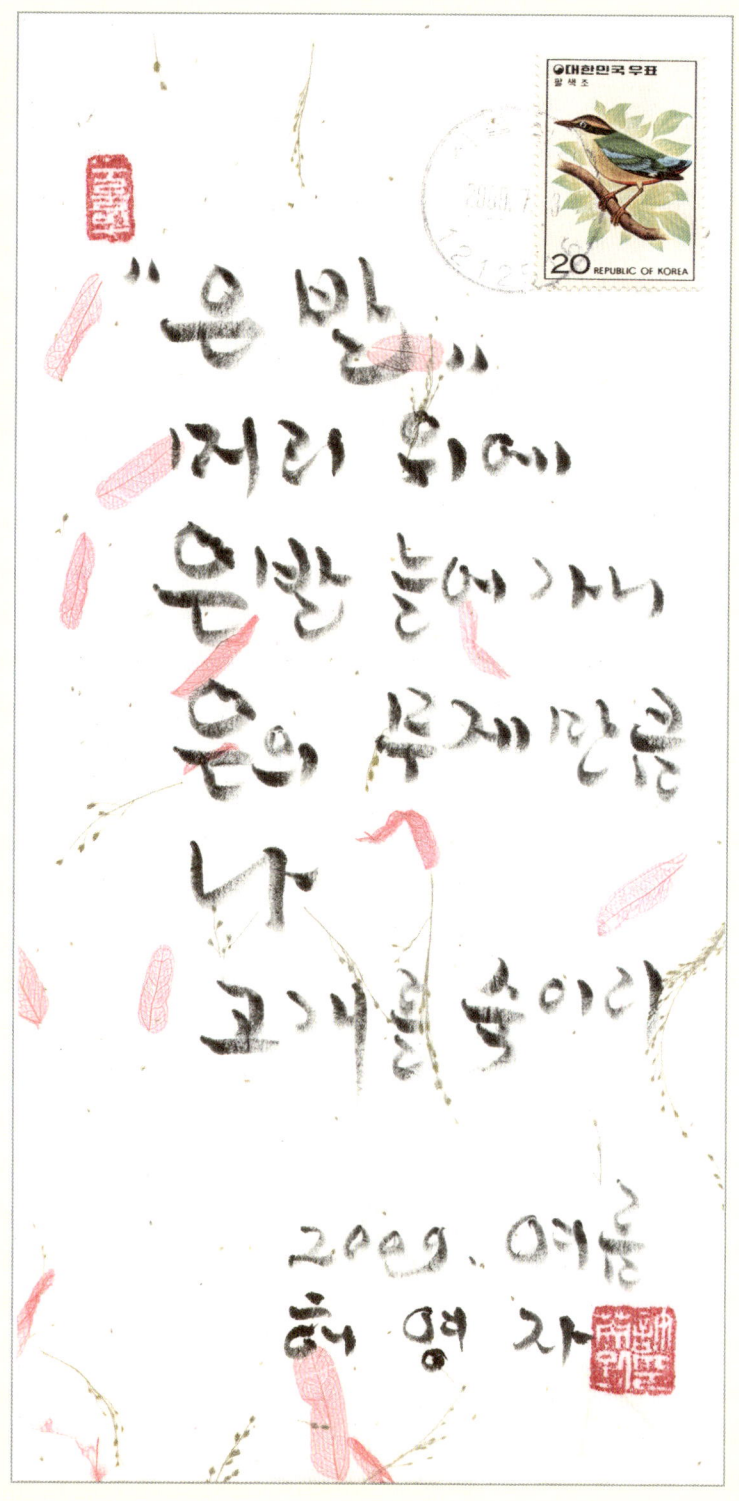

허영환 미술평론가

허영환(許英桓) 미술평론가·동양미술사 전공 : 1936년 2월 개풍에서 태어나 대학원을 마칠 때까지 열군 데 학교를 다니며 공부했다. 배운 것은 영문학. 중국문학. 중국역사. 동양미술사 등을 배웠고, 직업은 신문기자. 대학교수. 문화재위원. 박물관장 등을 했다. 저서로는 〈중국회화소사〉, 〈중국화론〉, 〈중국문화유산기행〉 전 4권 등 서문당에서 열권의 책을 내었으며, 그 밖에도 시집, 소설, 논문집 등 10 여권의 저서를 냈다.

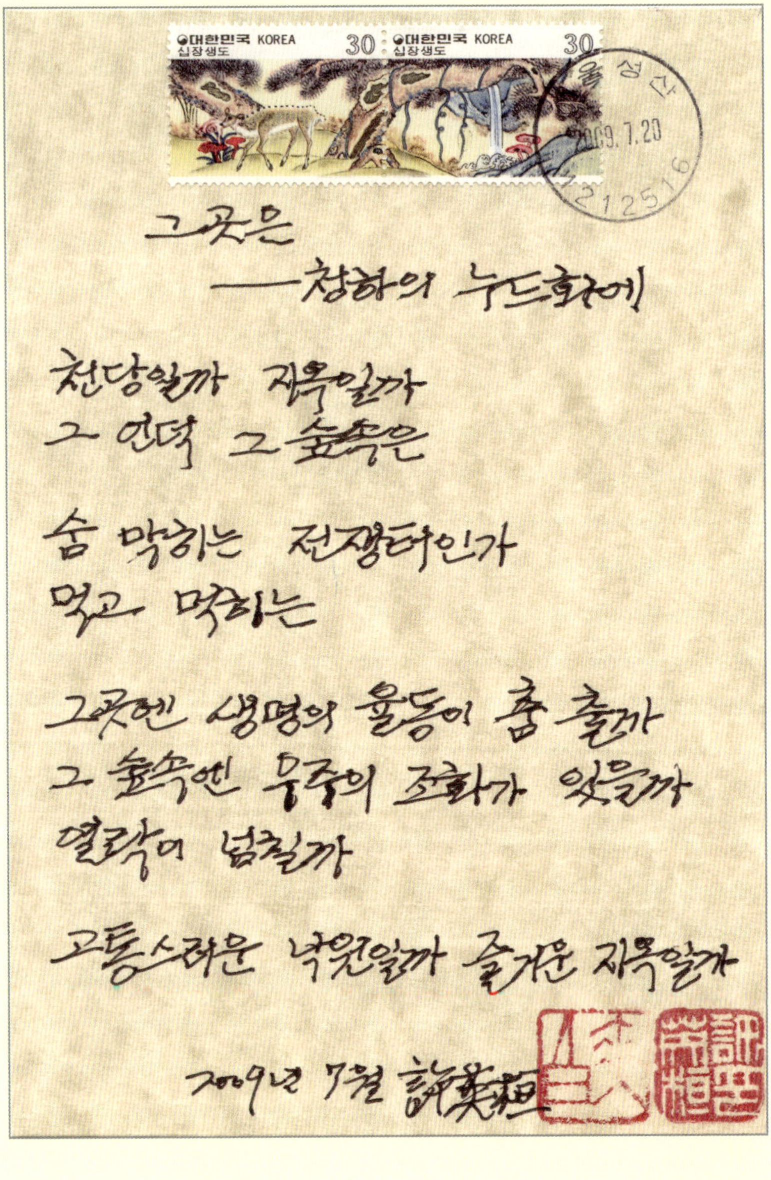

그곳은
─청하의 누드화전에

천당일까 지옥일까
그 언덕 그 숲속은

숨 막히는 전쟁터인가
먹고 먹히는

그곳엔 생명의 율동이 춤 출까
그 숲속엔 무중의 조화가 있을까
열락이 넘칠까

고통스러운 낙원일까 즐거운 지옥일까

2009년 7월 허영환

물방울 그림을 보며
― 金昌烈 화백에게

참인가 거짓인가
차 있는 것인가 비어 있는 것인가

온갖 것을 투명하게 無로
되돌려 보내면서도

곧 사라질듯 하면서도

우주를 포용하고 있구나
千字文과 물방울

하늘과 땅이
하나가 되어 있구나
2009년 7월 丙子生 許英桓

허윤정 시인

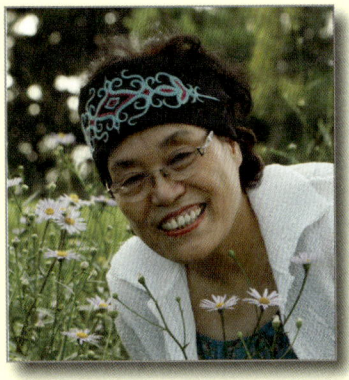

허윤정(許允禎) 시인 : 경남 산청 출생. 「현대문학」으로 천료(1977~1980), 맥동인지 편집주간. 한국여성문학인회 이사, 한국문인협회 남북교류위원. 국제펜클럽 한국본부 회원, 제1회 백자예술상 수상. 제1회 사임당문학상 수상, 「여성중앙」 작품모집 작품상(1975) 수상. 시집으로 <빛이 고이는 잔>, <어느 하늘 빈자리>, <자잘한 풀꽃, 그 문전에>, <무상의 강>, <크낙새의 비밀>, <별의 나라> 등이 있다. 대구일보 연재 시 집필(2008), 조선일보 책읽기 낭송시 초대시인 (2009. 6 창우극장).

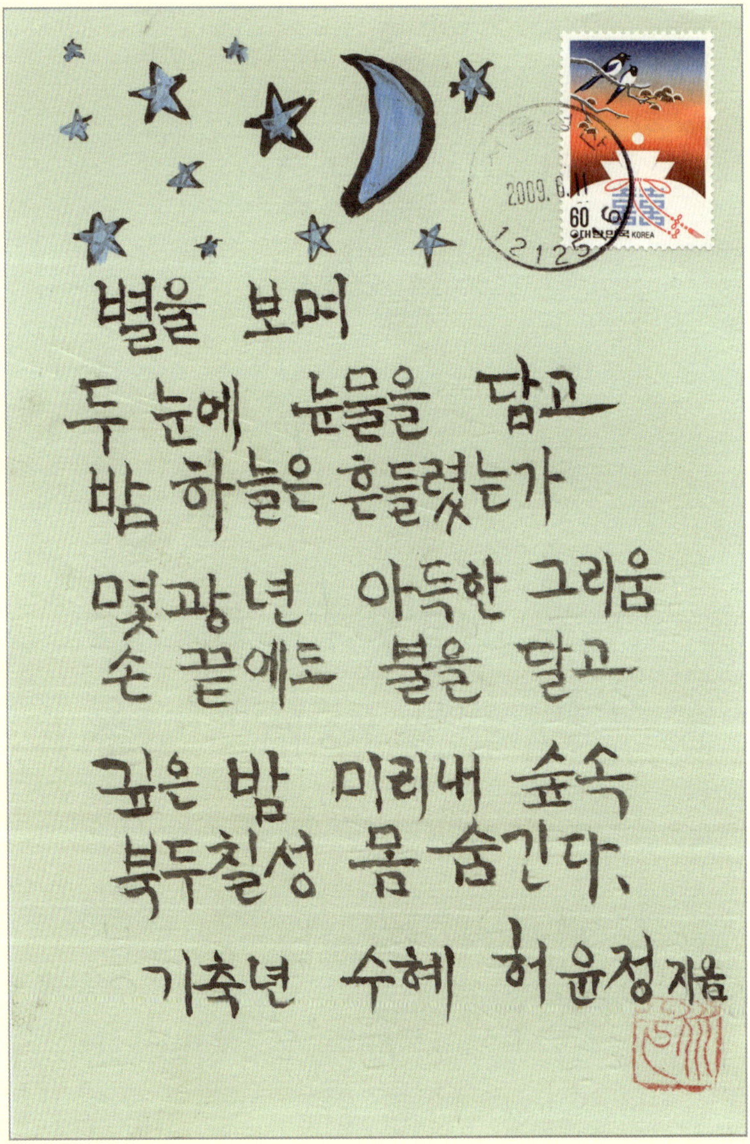

2009. 6. 11
12125
60
대한민국 KOREA
별을 보며
두 눈에 눈물을 담고
밤 하늘은 흔들렸는가
몇광년 아득한 그리움
손 끝에도 불을 달고
깊은 밤 미리내 숲속
북두칠성 몸 숨긴다.
기축년 수혜 허윤정 지음

꽃

별은 별이라서
너무 아프고
꽃은 꽃이라서
상처가 깊다.
모습을 꾸미지 마라
시는 삶이고 삶은 별이다.
아파서 별은 빛나고
상처라서 고운 저 꽃.

기축년 수혜 허윤정 지음

허은화 화 가

허 은화(許銀花) 화가 : 개인전(이형아트센터), 창석회전, 여성작가회전, 한국현대미술 1000인전(단원미술관), 꽃은 예술이다 (이형아트센터), 한국현대미술총람전, 부천미술제, 부천 한·일 교류전, 중국 청도미술관 초대전.

현 재 한국미술협회, 부천미술협회, 창석회, 한국여성미술작가회 회원, 한국문인협회 회원.

허은화

허 일 시인

허 일(許壹) 시인 : 1934년 오사카 출생. 1978년 「시조문학」 천료, 1979년 조선일보, 한국일보 신춘문예 시조 당선. 중앙일보 시조신인상, 소파, 노산, 월하문학상, 한국 동시조, 한국아동문학창작상 수상.

문학박사 부산외대(일본문학사), 덕성여대(동양고전) 강의 PEN, 한국문협, 한국시조시인협, 한국동시문학회원, 한국아동문학세상 상임위원 역임. 현재는 월간 한비문학 고문, 달가람 시조문학회 고문을 맡고 있다. 저서로는 시조집 <살아가는 흐름 위에> 등 5권, 동시조집으로 <메아리가 떠난 마을> 등이 있다.

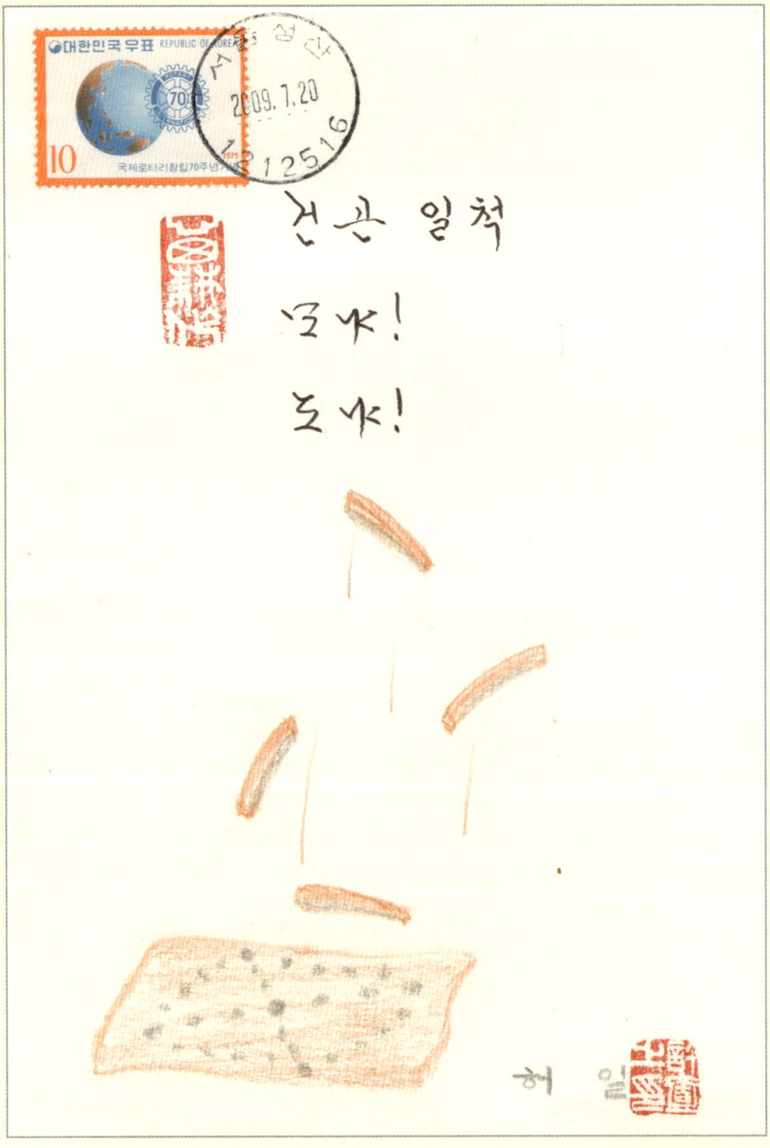

건곤 일척

도水!

도水!

허 일

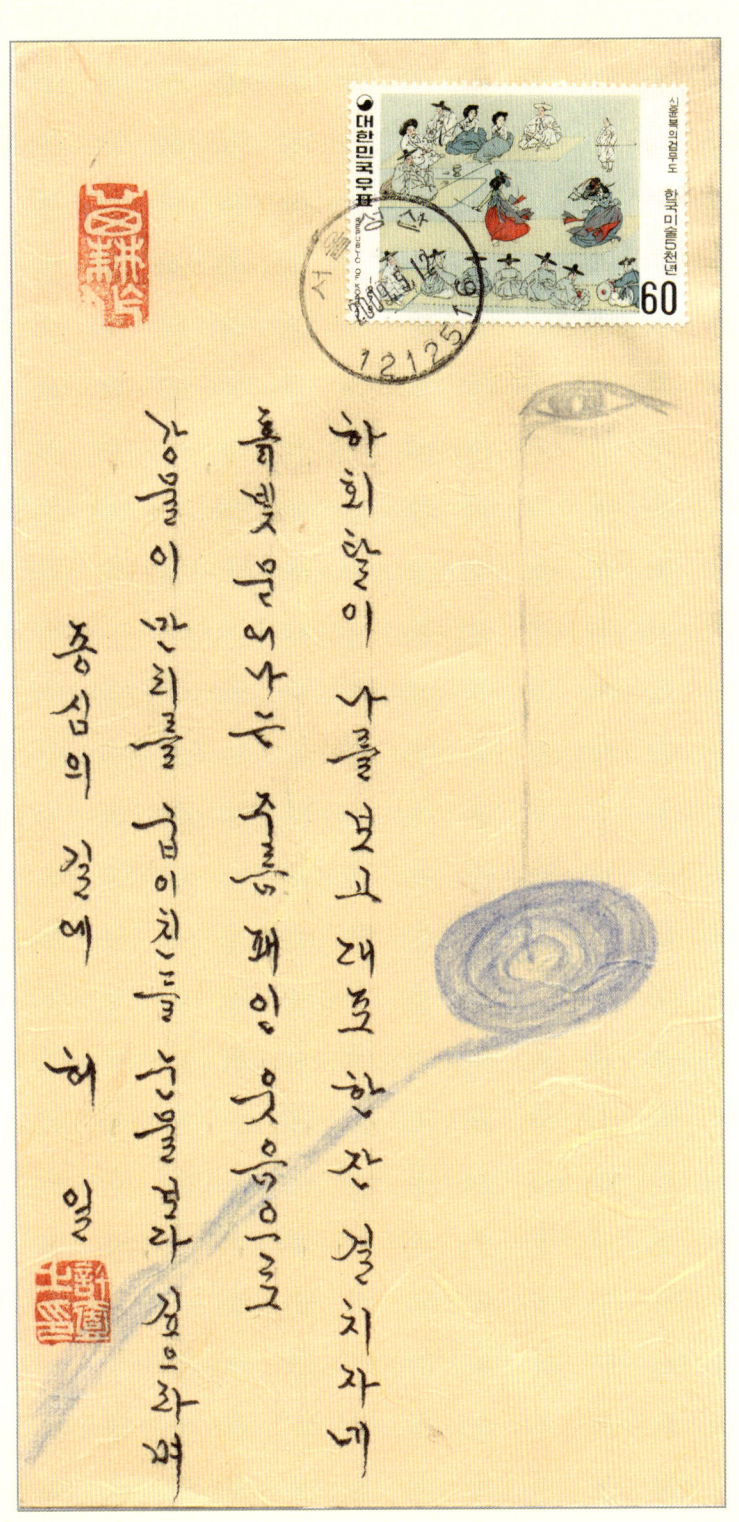

하회탈이 술을 먹고 대포 한 잔 걸치자네
불콰 달아오르는 취기 패인 웃음이여
술잔이 깊어지는 잠들여 넘겨 깊어라
중심의 길에 허 일

허형만 시인

허형만(許炯萬) 시인 : 1945년 전라남도 순천에서 출생. 목포대학교 교수. 목포 현대시연구소 소장. 1973년 「월간문학」을 통해서 데뷔, 2005, 영국 국제인명센터 '2005 세계 100대 교육가' 등재, 2002 중국 옌타이대학교 교환교수.

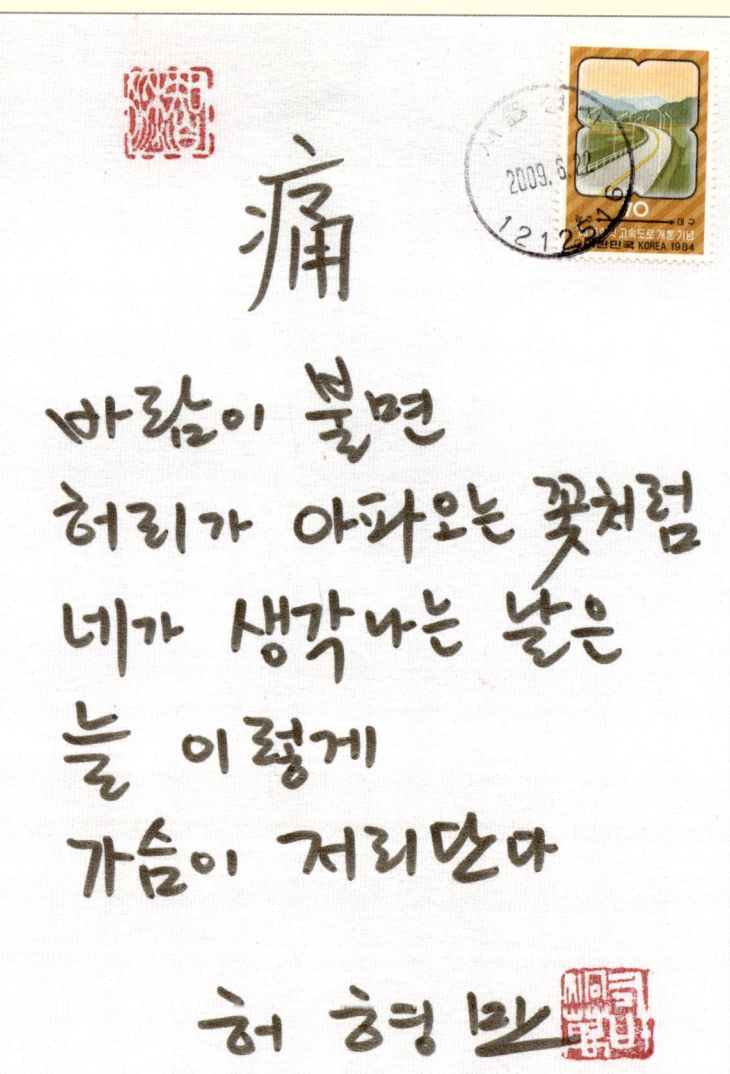

痛

바람이 불면
허리가 아파오는 꽃처럼
네가 생각나는 날은
늘 이렇게
가슴이 저리단다

허형만

순천만

새떼들 솟아오르고
갈대 눕는다

대대포구로 떨어지는 해
뻘 속을 파고드는데

묻지마라
쓸쓸한 저녁의 속내를

만월 일어서고
별 하나 진다

허형만

홍병선 시인

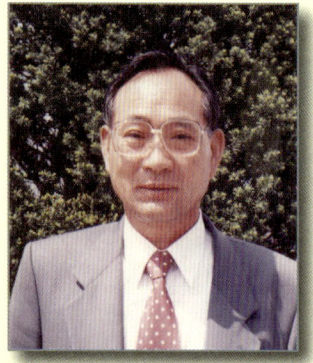

홍병선(洪秉善) 시인 : 충남 아산에서 태어나 서라벌 예술대학을 졸업하고 「한국시」와 「한맥 문화」에 시로 등단하여 한국예총 아산지부장과 충남예총부지회장 한국시조시인 협회 이사와 지방 단체 등에서 활동하였고, 저서로는 <같이 있어도 짧은 세월> 등 7권의 시집과 <아산 찬가>, <한산 섬 달 밝은 밤에> 등 다수의 편저가 있다.

한국시 대상, 서포 문학상, 한국예총 예술문화상, 아산시민대상, 국민훈장 목련장 등을 수상하고 현재 한국문인협회, 남북문화교류 위원과 한국시조시인협회와 펜 회원과 국사 편찬위원회 사료조사위원으로 활동하며 농장을 하고 있다.

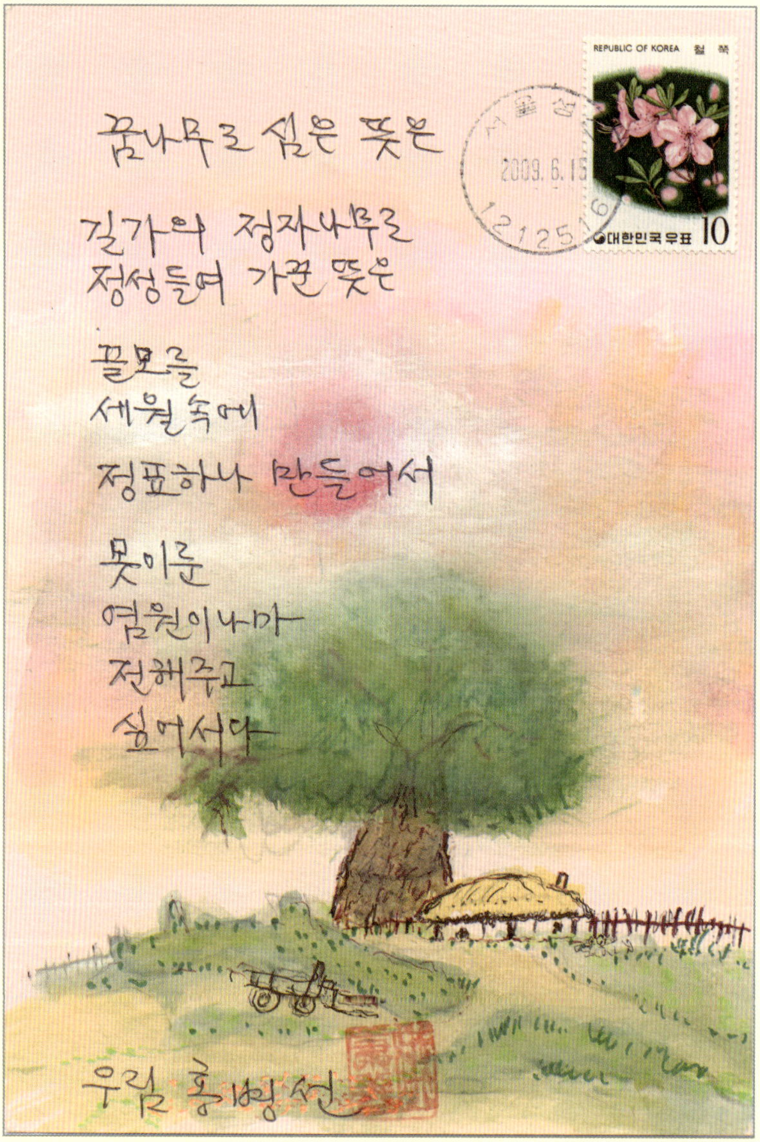
REPUBLIC OF KOREA 철쭉
대한민국 우표 10
2009. 6. 15
꿈나무로 심은 뜻은
길가의 정자나무로
정성들여 가꾼 뜻은
끝모를
세월속에
정표하나 만들어서
못이룬
염원이나마
전해주고
싶어서다
우림 홍병선

구름에게

무슨 한을 지녔기에
창공 놀이
숨어 들어…

바람에 몸을 맡기고
정처없이 떠도는가

세상에
정을 못주고
방황하는
구름이여

우림 홍병선

홍윤기 시인

홍윤기(洪潤基) 시인 : 1933년 서울에서 출생. 1958년 한국외국어대학 영어과를 졸업했고 1959년에 「현대문학」에서 시 추천을 완료했으며 또한 이 해에 서울신문 신춘문예에 당선되어 문단에 데뷔했다. 일본 센슈우대학 대학원 문학박사, 센슈우대학 겸임교원, 단국대학 대학원 초빙교수, 한일역사문학연구회 회장.

한국문학상과 한국문학평론가협회상을 수상했으며, 저서로는 시집 <내가 처음 너에게 던진 것은>, <수수한 꽃이여> 등이 있으며 시 해설집 <한국현대시-이해와 감상>, 일본 관련저서로 <한국인이 만든 일본 국보>와 서문당에서 펴낸 <일본문화사>, <일본문화 백과>, <일본속의 한국 문화유적을 찾아서> 등 많은 저서가 있다.

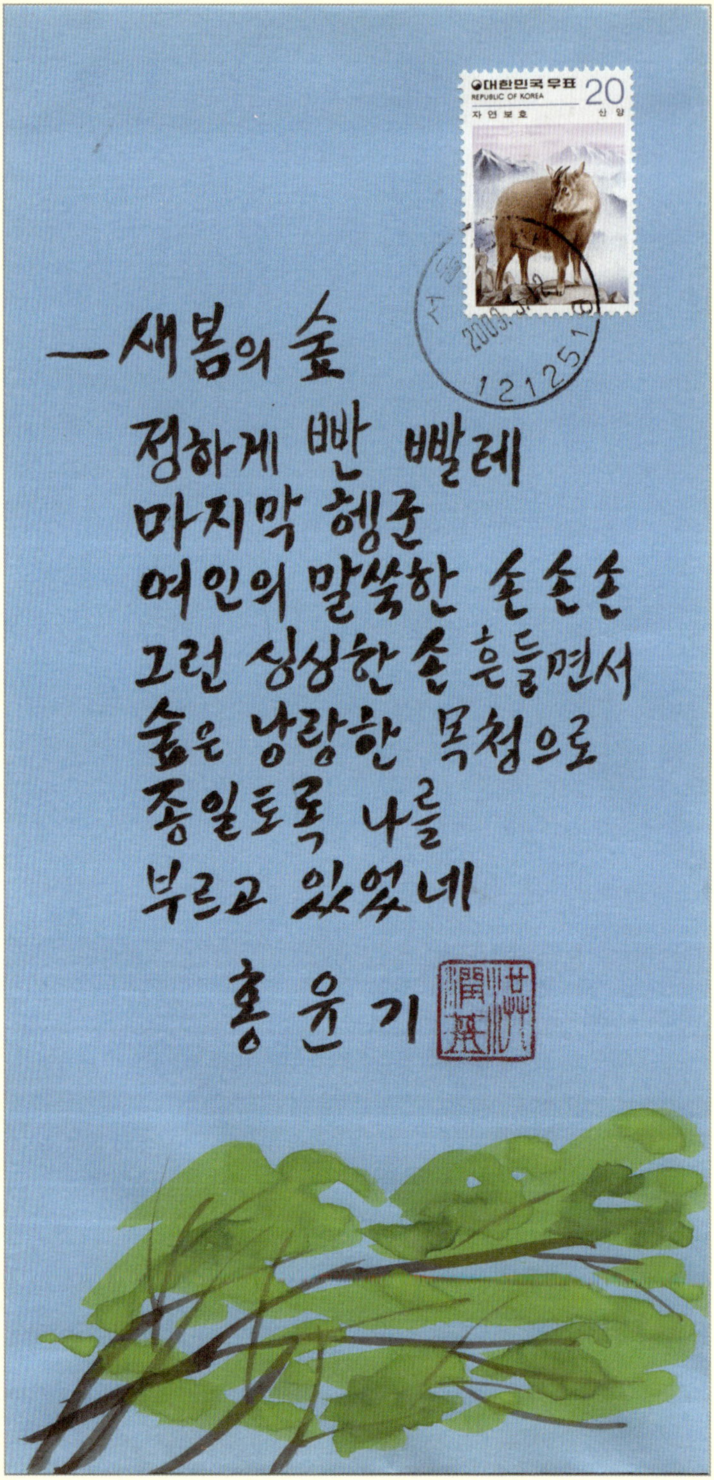

―새봄의 숲

정하게 빤 빨래
마지막 헹군
여인의 말쑥한 손 손 손
그런 싱싱한 손 흔들면서
숲은 낭랑한 목청으로
종일토록 나를
부르고 있었네

홍윤기

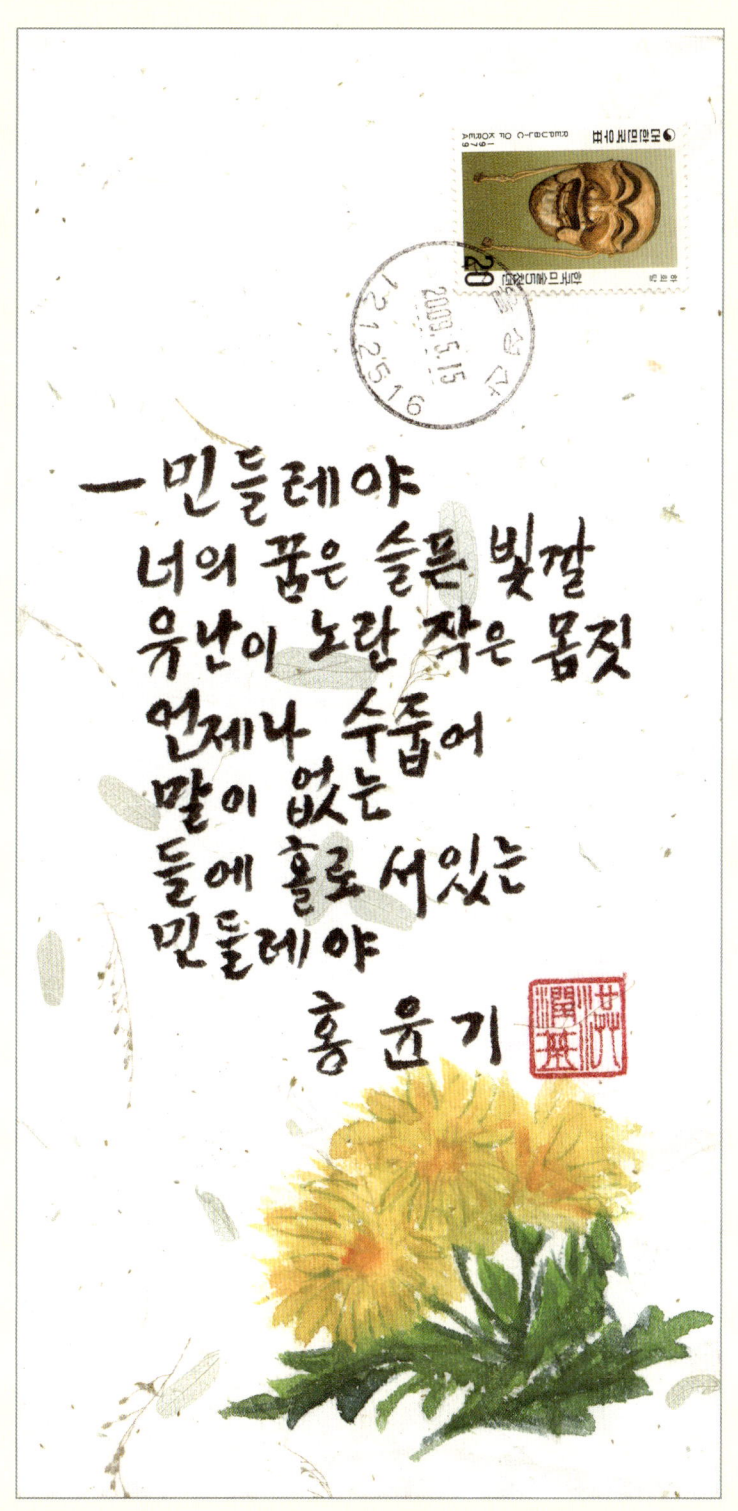

─ 민들레야
너의 꿈은 슬픈 빛깔
유난이 노란 작은 몸짓
언제나 수줍어
말이 없는
들에 홀로 서있는
민들레야
　　　　홍윤기

홍윤숙 시인

1925년 평북 정주 출생. 1950년 6·25 한국전쟁으로 서울대 사범대 중퇴. 1947년 「문예신보」에 '가을'로 등단, 한국시인협회, 한국여성문학인회 회장 등 역임. 국제펜클럽 한국본부, 한국여성문학인회 고문. 대한민국예술원 회원.

주요 작품집으로는 <장식론>, <사는법>, <경의선 보통열차>, <하루 한 순간을>, <해질녘 한시간> 등이 있다. 1975년 한국시인협회상 수상, 1986년 한국시인협회장, 1993년 대한민국 문화훈장 수상, 현 예술원 회원, 공초문학상, 예술원상 등을 수상하였다.

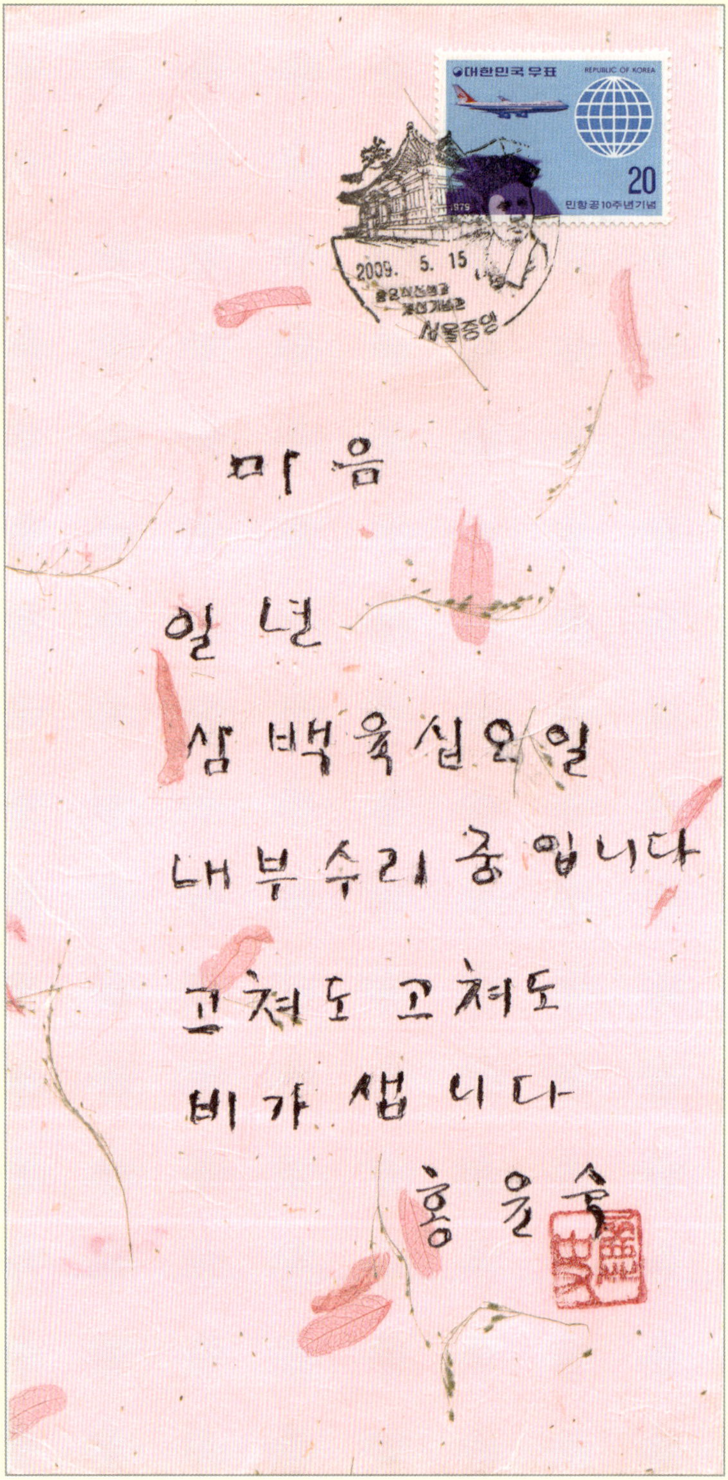

마음

일 년
삼백육십오일
내부수리중입니다

고쳐도 고쳐도
비가 샙니다

홍윤숙

낙 화

꽃이 아름다운 것은
지기 때문임을
처음 안 그날부터
나는 속수무책 지켜보는
일밖엔 할일이 없었다
경건히 숨 모아 그 뜰에 서서
피어난 꽃이 지는 모습을
태어난 생명이
죽음을 예비 함을

오늘도 하오의 눈부신 빛 속에
황홀하던 한때의
꽃 한 송이 지고 있다

홍윤숙

황경애 화 가

황경애(黃慶愛) 화가 : 이화여자대학교 미술대학 서양화 전공. 개인전 5회, 그룹전 다수 Art Expo New York(뉴욕, 미국-2006), Art Sydney(오스트랄리아, 시드니-2006), Sipa(Seoul International Prints Art Fair 예술의 전당, 한가람미술관-2006) 등.

황금찬 시인

황금찬(黃錦燦) 시인 : 1918년 강원 속초 출생, 1953년 「문예」지와 「현대문학」을 통해 등단. 월탄문학상, 대한민국 문학부문 문화예술상 수상, 한국기독교문학상, 서울시 문화상 수상, 문화의 달 보관문화훈장 수상. 1951 시동인 청포도 결성, 1946~1978 강릉농업고등학교, 동성고등학교 교사, 해변시인학교 교장.

시집으로는 〈현장〉, 〈떨어져 있는 곳에서도 잊지 못하는 것은?〉, 〈물새의 꿈과 젊은 잉크로 쓴 편지〉, 〈구름은 비에 젖지 않는다〉, 〈행복을 파는 가게〉, 〈옛날과 물푸레나무〉 등 30여 권이 있고, 산문집으로 〈행복과 불행 사이〉 등 20여 권이 있다.

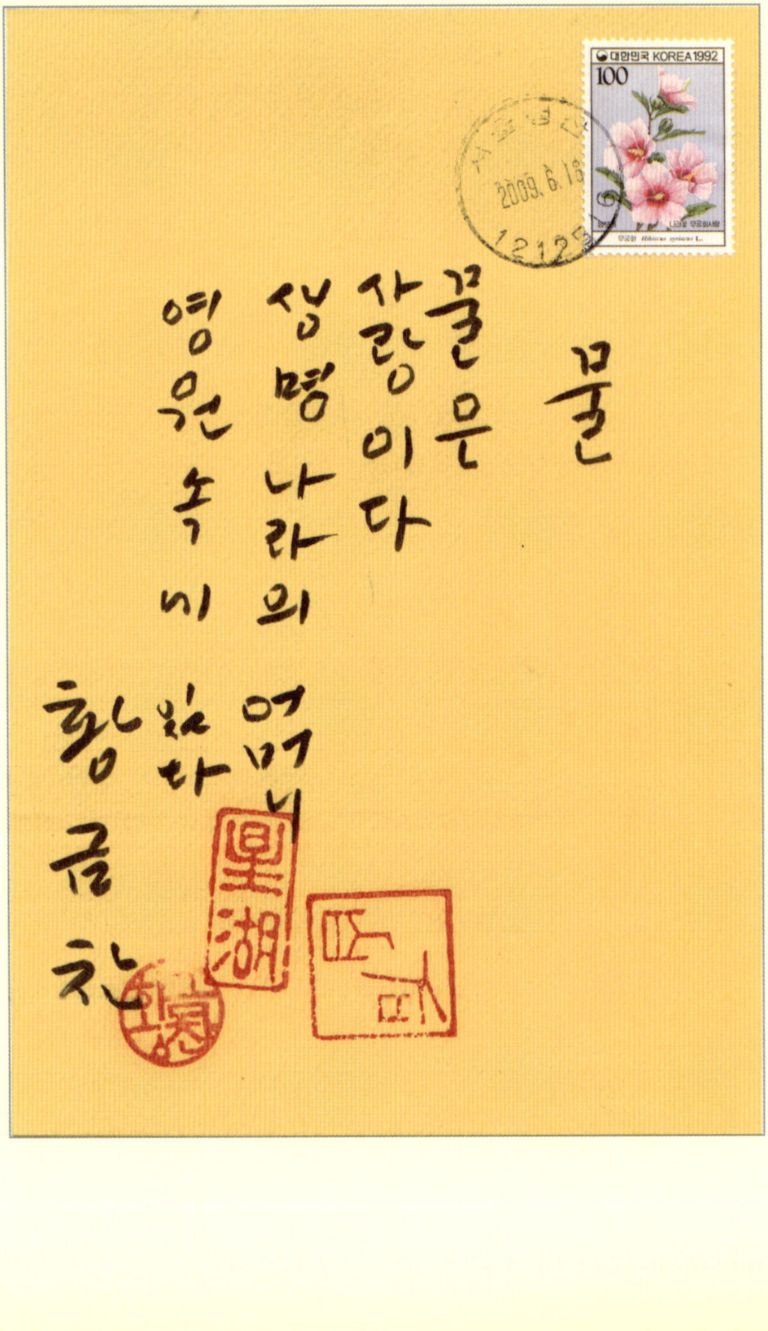

물
끝은 삶이다
강물은
생명 나라의
영원 속에
없다

황금찬

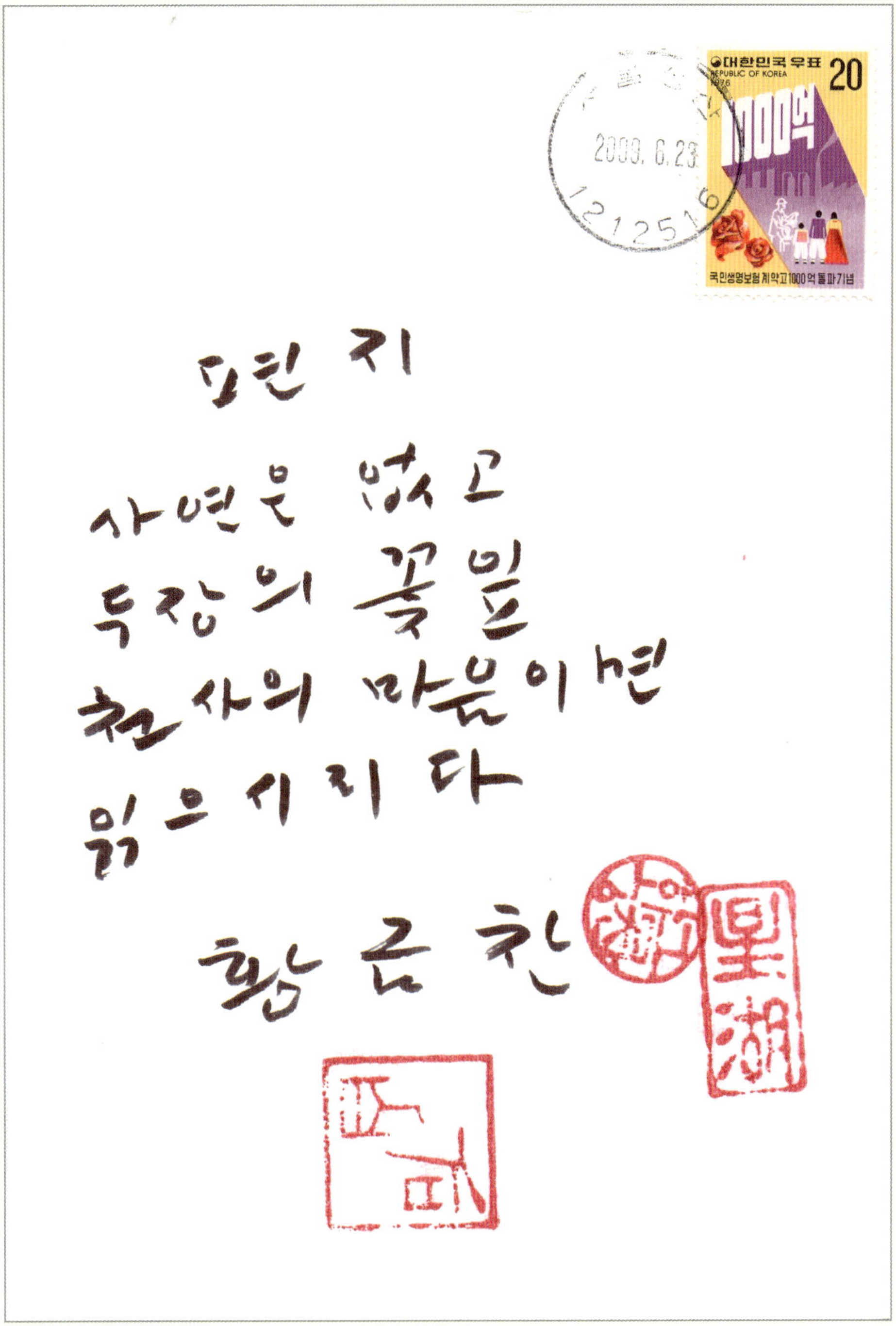

어린 지
사연은 없고
두장의 꽃을
천사의 마음이면
읽으시지다

황 근 찬

황명걸 시인

황명걸(黃命杰) 시인 : 1935년 평양에서 태어나고, 서울대학교 문리대에서 불문학을 전공했다. 1962년 「자유문학」에서 '이 봄의 미아'로 등단했다. 1976년 첫 시집 <한국의 아이>를 출간하고, 이후 <내 마음의 솔밭>과 <흰 저고리 검정치마>를 간행 했으며 최근에는 <황명걸 시화집>도 낸 바 있다.

오리가족
　　　　황명걸

남한강 오리 새끼들
커다란 화통을 앞세우고
야, 신난다! 칙칙폭폭―
기차놀이 한다

황성이 시인

황성이(본명 黃惠蓮) 시인 : 「현대시학」전 봉건 선생님의 시 추천으로 등단, 한국문인협회 사료발굴 위원, 한국여성문학인회 이사, 국제펜클럽 한국본부 회원, 이화여대 동창 문인회 이사 역임, 숙명여고의 자랑스러운 숙명인 추대. 2005년. 월드 아카데미에서 명예문학박사 학위 수여, 월드 아카데미에서 개관시인으로 추대(서울, 2008), 영국 캠브리지 IBC(International Biography Center) 멤버 역임, 각종 국제 회의 다수 참가.

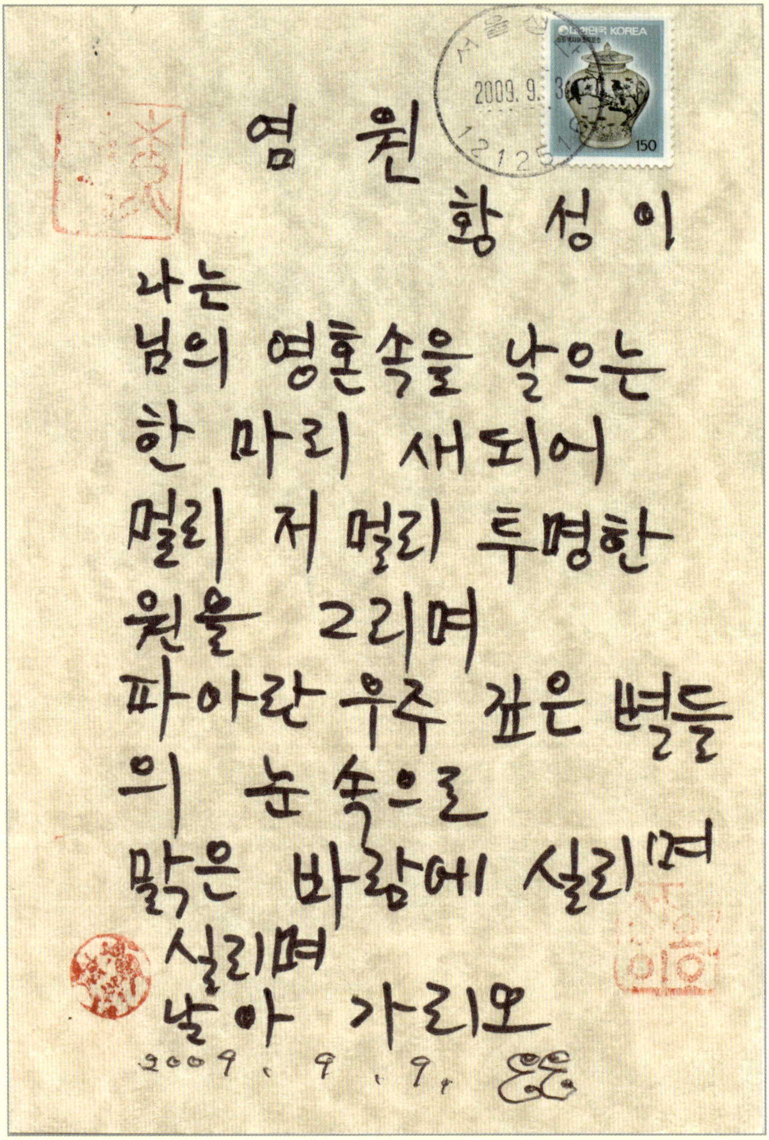

염 원
황 성 이

나는
님의 영혼속을 날으는
한 마리 새되어
멀리 저 멀리 투명한
원을 그리며
파아란 우주 깊은 별들
의 눈 속으로
맑은 바람에 실리며
실리며
날아 가리오

2009. 9. 9.

황성이

황송문 시인

황송문(黃松文) 시인 : 1941년 전북 임실 오수 출생. 시인·소설가·선문대학교 교수, 인문학부장, 문학박사, 동아일보 문화센터 강사(시작법, 문장강화), 한국현대시인협회 부회장, 홍익문학회 회장, 월간「시문학」편집위원, 「문학사계」주간, 국제펜클럽 한국본부 이사, 감사.

중국 연변대학 객원교수, 한국문인산악회 회장 역임. 제3회 홍익문학상, 제18회 현대시인상 수상.

저서에 시선집 <바위 속에 피는 꽃>, 논저 <현대시 창작법>, <수필 창작법> 등 60여 권이 있다.

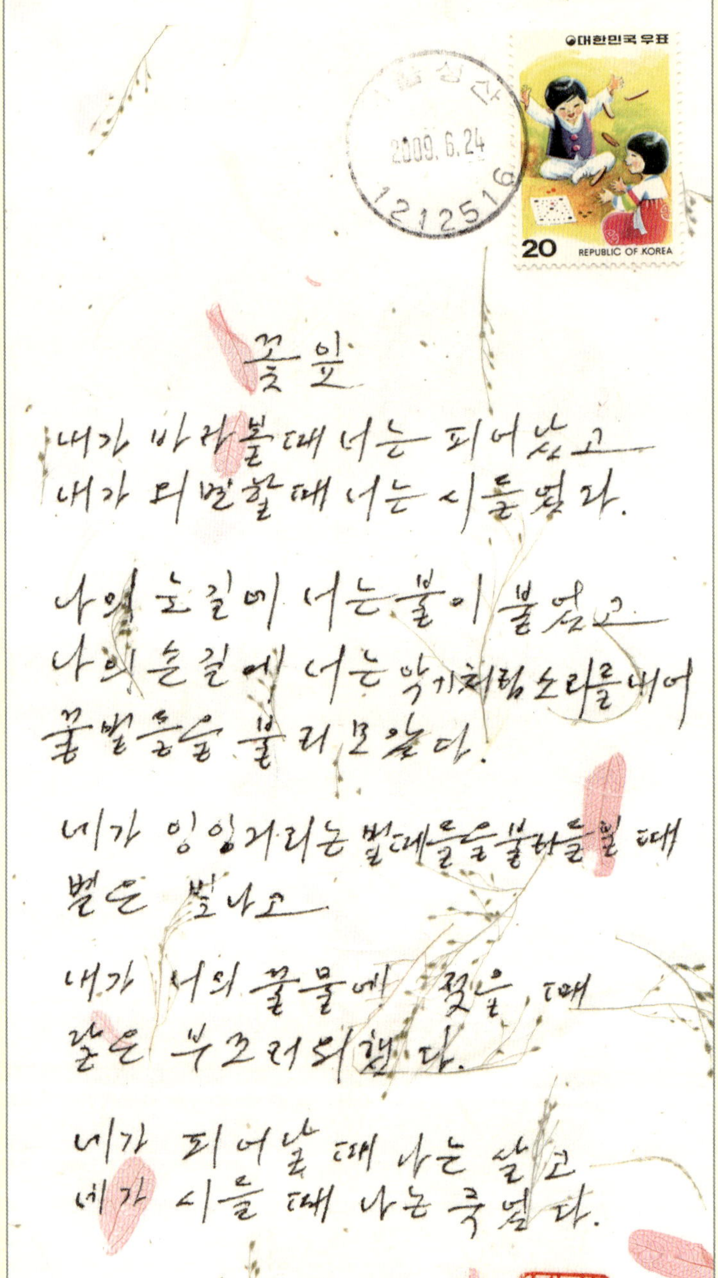

꽃잎

내가 바라볼때 너는 피어났고
내가 외면할때 너는 시들었다.

나의 노래에 너는 불이 붙었고
나의 손길에 너는 악기처럼 소리를 내어
꿈벌들을 불러모았다.

네가 잉잉거리는 벌떼들을 불러들일 때
별은 빛나고
내가 너의 꿀물에 젖을 때
달은 부끄러웠다.

네가 피어날 때 나는 살고
네가 시들 때 나는 죽었다.

황송문

돌

불 속에서 한 천년 달구어지다가
산적이 되어 한 천년 숨어 살다가
칼날같은 소슬바람에 몸두를집어들고

물 속에서 한 천년 원없이 구르다가
영겁의 돌이 되어 둘둘 구르다가
매훌한 목소리 가다듬고 일어나

神仙峰 花潭先生 바둑알이 되어서
한 천년 雲霧속에 잠겨 살다가
잠 놓는 들끓는 俗界에 내려와
좋은 詩 한 편만 남기고 죽으리

황송문

황순구 시인

황 순구(黃淳九) 시인 : 동국대학교 국문학과 졸업. 서일대학 학장을 거쳐 동국대 교수 역임. 문학박사, 한국일보 신춘문예로 문단에 데뷔. 저서로는 서사시 <동명 5편연구> 외 시집 <꽃이 피는 지역> 외 다수가 있다.

한 국시조협회 회장 역임, 한국고서연구회 회장 역임.

이야기

황순구

오오랜
이야기를
굽이굽이 사려노면

살아온
만큼이나
별빛으로 빛나는데

이밤은
미련도 없이
새까맣게 밀려온다

神鍾

황순구

에밀레
에밀레
봉덕사 거룩한 종

동경 달 밝은 밤에
만고 신종의
웅장한 소리

다솟이
인종을 깨치며
긴 세월을 안는다.

황정자 화가

황 정자(黃靜子) 화가 : 세종대학교 회화과를 졸업했고, 개인전 15회(국내, 일본, 미국), 한일 여류화가 교류전 한국대표 역임(서울, 동경), 제14차 I.A.A국제회의 한국대표로 참가(멕시코), 아주 여성화가전 한국대표로 참가(홍콩), 서울국제현대미술제 초대전(국립현대미술관), 경상북도, 경기도, 남농미술대전 심사위원장 역임, 대한민국 미술대전 운영위원 및 심사위원 역임, 한국미술협회 부이사장, 한국여류화가회 회장 역임,
현 재 한국미술협회 고문, 한국여류화가회 고문, 일본 "日動畵廊"계약작가.

한국의 유명 시인 화가 223인의
까세 육필 시화집

초판인쇄 2010. 2. 15
초판발행 2010. 3. 1

발 행 인   최 석 로
발 행 처   서 문 당
주   소   경기도 파주시 교하읍 문발리 514-3 파주출판단지
우편번호   413-756
전   화   (031) 955-8255~6
팩   스   (031) 955-8254
등록번호   제 406-313-2001-000005호
등록일자   2001. 1.10
창업일자   1968.12.24

ISBN   89-7243-632-1

* 값은 뒤면에 표기되어 있습니다.
* 잘못된 책은 구입하신 서점에서 바꾸어 드립니다.

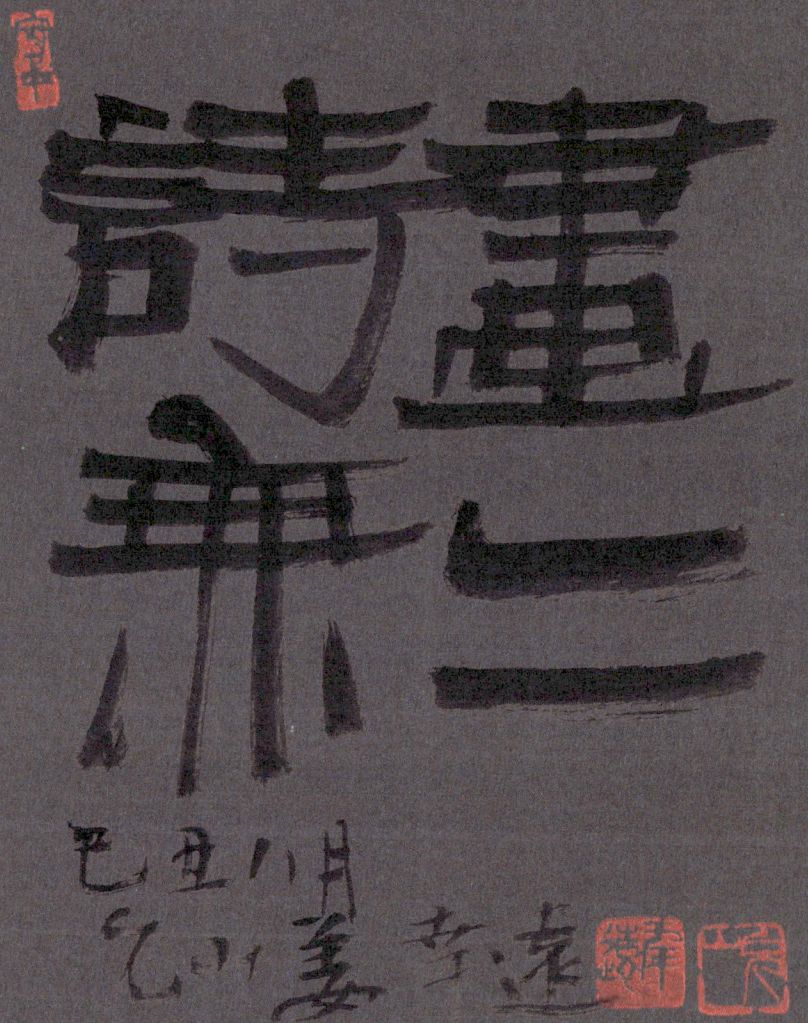